Elke Mattheus-Staack, Jochen Veser, Manfred Fischer,
Hans-Joachim Albrecht, Martin Geibel

Wissen für Kleingärtner

kompakt

Obst, Gemüse, Pflanzenschutz

420 Arten und Sorten
593 Farbfotos

Ulmer

Inhalt

Vorwort

Obst und Gemüse aus eigenem Anbau besitzen einen hohen Wert, da der Gärtner eine umweltfreundliche Produktionsweise beispielsweise durch die Wahl resistenter Sorten oder angemessene Pflanzenschutzmaßnahmen fördern kann.
Dieses kompakte Handbuch ist ein Nachschlagewerk, welches den Kleingärtner bei diesen Bemühungen unterstützt.

Der erste Teil des Buches beschäftigt sich mit dem Anbau von **Obst**. Einleitend wird die Entstehung der Obstarten und ihre Bedeutung aus heutiger Sicht dargestellt, sowie die Befruchtungsbiologie der Obstarten erläutert. Bei den anschließenden Sortenbeschreibungen stellen die Autoren zunächst die Wildobst-, dann die zahlreichen Kulturobstsorten vor. Die Verwendung der einzelnen Obstsorten ist anhand von Symbolen sofort erkennbar. Im Text folgen Informationen zu Herkunft, Wuchs, Reifezeit, Ertrag, Frucht, Resistenzen, Anbaueignung und -hinweisen.

Der zweite Teil ist dem **Gemüseanbau** gewidmet und wird mit grundsätzlichen Hinweisen zum Anbau eingeleitet. Im großen Porträtteil werden Hauptkulturen sowie einige Raritäten beschrieben. Die Angaben von wichtigen Inhaltsstoffen und Verwendungsmöglichkeiten belegen den gesundheitlichen Wert und die vielfältigen Einsatzmöglichkeiten von Gemüse. Informationen zu Standort, Klima, Anbau, Düngung, Bewässerung, Ernte und Lagerung runden die Kulturbeschreibungen ab.

Im dritten Teil werden relevante **Pflanzenkrankheiten und deren Behandlung** näher betrachtet. Fotos und Beschreibungen helfen dem Gärtner, das beobachtete Symptom der richtigen Ursache zuzuordnen. Die wichtigsten Daten zur Biologie eines Schaderregers ermöglichen die Bestimmung des geeigneten Zeitpunkts und Art der Maßnahme.

Zunächst werden allgemeine Schadursachen und deren mögliche Behandlung beschrieben.

Häufige Probleme bei einigen Hauptkulturen im Obst- und Gemüsebau, beim Rasen sowie die Unkrautbekämpfung im Garten schließen sich an. Dieser Teil endet mit der Anwendung von Pflanzenschutzmitteln. Nach allgemeinen Hinweisen folgen Tabellen mit den Zulassungen für den Haus- und Kleingarten (Stand März 2008). Hier ist der Anwender aufgefordert, sich bei der zuständigen Stelle über den aktuellen Zulassungsstand zu informieren.

Ein praktischer **Arbeitskalender** am Ende des Buches gibt Anregungen für Monatsarbeiten im Kleingarten.

Insgesamt bietet dieses Buch für den Kleingärtner eine Fülle von Informationen, die zum Gelingen eines umweltfreundlichen Gartenbaus beitragen.

Geldern, im Frühjahr 2008
Im Namen der Autoren,
ELKE MATTHEUS-STAACK

Obst

Entstehung unserer Obstarten und ihre Bedeutung aus heutiger Sicht

Apfel

Der Apfel, *Malus domestica* BORKH., ist schon lange kein Genussmittel mehr, er ist Grundnahrungsmittel. Immerhin liegt der Apfel mit etwa 56 Mio. t jährlicher Erntemenge an der zwölften Stelle in der Weltproduktion an Nahrungsmitteln (Mais 604 Mio. t, Zitrusfrüchte 103 Mio. t, Bananen 57 Mio. t) (FAO 1998). Die Tendenz ist steigend. Grund für diese Entwicklung sind der ernährungsphysiologische Wert der Früchte einerseits und die gute Handhabung derselben bei Ernte, Lagerung, Transport und Vermarktung andererseits. Der Apfel ist ein Produkt weltweiten Handels geworden.

Als Nahrungsmittel ist der Apfel seit etwa 8000 Jahren bekannt. Er verbreitete sich aus seinem Mannigfaltigkeitszentrum (Genzentrum), einem Gebiet, welches etwa dem heutigen südwestlichen China, Kasachstan und Kirgisien entspricht, über Zentralasien und von dort über die historische Seidenstraße in den Vorderen Orient. Aus diesem gelangte er durch die Griechen und Römer nach Europa und erst viel später von Europa nach Amerika. Als Ausgangsform wird heute die in Zentralasien beheimatete Wildart *Malus sieversii* betrachtet. Auf seinem Weg nach dem Vorderen Orient erfolgten nördlich des Kaukasus Einkreuzungen des Kaukasus-Apfels, *Malus orientalis*. Dagegen besitzt der im zentralen Europa heimische Holz-Apfel, *Malus sylvestris*, nur eine geringe Bedeutung für die Herausbildung unserer Apfelsorten.

Die Verbreitung des Apfels, der sich ja bekanntlich durch eine sehr hohe genetische Variabilität auszeichnet, ging stets einher mit einer entsprechenden Selektion, sodass letztlich wohlschmeckende und großfrüchtige Formen vermehrt wurden, die als Urformen unserer heutigen Sorten angesehen werden können. Um die Entwicklung auch im Bild zu charakterisieren, sind die zwei bedeutendsten Ursprungsformen unserer Kultursorten mit in das Buch aufgenommen worden. Daran ist die enorme Selektionsarbeit, die über Jahrhunderte betrieben worden ist, deutlich abzulesen.

Der Apfelanbau in der Welt wird gegenwärtig durch eine starke Konzentration auf wenige Sorten bestimmt, wobei die Anforderungen an die Sorten besonders durch die Anforderungen der Vermarktung bestimmt werden: hohe Festigkeit, gute Lagerfähigkeit mit günstigem Nachlagerverhalten („shelf life"), gute Transportfestigkeit, abknackendes und saftiges Fruchtfleisch, mittlere Größe und gutes Aussehen, wobei gelbgrüne Grundfarbe und rote Deckfarbe dominieren. Im Geschmack geht der Trend eindeutig nach mehr süßen Früchten. Zu den weltweit gehandelten alten Hauptsorten 'Golden Delicious', 'Red Delicious' und 'Granny Smith' sind 'Jonagold', 'Elstar', 'Gala', 'Fuji', 'Braeburn' und zuletzt 'Pinova' hinzugekommen. Vielfach werden besser gefärbte Mutanten der Ausgangssorten bevorzugt, die aber letztlich das Grundproblem der zunehmenden Sortenverarmung an den Märkten nicht mindern. Mehr Sortenvielfalt ist bereits zur Nischenproduktion geworden, die nur bei Direktvermarktung eine Chance besitzt. Außerdem sind Klein- und Hausgärten angehalten, von dieser Vielfalt zu profitieren und nicht die Sorten anzupflanzen, die ständig in den Einkaufsmärkten ausliegen. Dazu werden in diesem Buch zahlreiche Anregungen vermittelt.

In der Züchtung wird weltweit an krankheitsresistenten Sorten gearbeitet. Die haupt-

sächlichen Zuchtziele in der Apfelzüchtung lassen sich zusammenfassend folgendermaßen formulieren: Kombination von Fruchtqualität + Ertrag + Resistenz. Das klingt sehr einfach, ist aber schwer zu realisieren, da die Zuchtzeit für eine neue Sorte etwa 16 bis 20-Jahre beträgt und die ersten Früchte an-neuen Sämlingen erst im vierten bzw. fünften Jahr ansetzen. Erst dann kann die Fruchtqualität beurteilt werden, Ertragsverhalten sowie Resistenzeigenschaften in der Obstanlage entsprechend später. Hauptzuchtrichtung sind Tafelapfelsorten für den Frischverzehr, wobei die Fruchtqualität absolut an vorderster Stelle steht. Resistente Sorten können zahlreiche Pflanzenschutzprobleme lösen helfen, besonders für Öko-Anbauer, Kleingärtner, Landschaftsgestalter und in Streuobstanlagen.

Eine Idealsorte wird und kann es nicht geben, dazu sind die Anforderungen viel zu komplex und ständigen Änderungen unterworfen. Neue Sorten brauchen einen langen Zeitraum, um sich im Anbau zu etablieren. Alte Sorten durchleben derzeit eine Art Renaissance. Das liegt einmal an der bereits erwähnten Sorteneinfalt in den Einkaufsmärkten, andererseits an der Entwicklung zu mehr süßen neuen Sorten. Wenn säuerliche Sorten gewünscht werden, gibt es höchstens noch den 'Boskoop' zu kaufen. Ansonsten gilt: „Selbst ist der Mann“. Hier haben Selbstversorger, Kleingärtner und Direktvermarkter ein ideales Betätigungsfeld, zu einer größeren Sortenvielfalt beizutragen. Man sollte nur beachten, dass nicht jede alte Sorte so gut ist, wie sie mitunter geredet wird. Objektive Prüfungsdaten sollten eine Voraussetzung für die Auswahl für eine Pflanzung sein. Das vorliegende Buch möchte dazu seinen Beitrag leisten.

Birne

Die Gattung *Pyrus* (Wildbirne) ist beheimatet im Kaukasus und in Zentralasien (ähnlich dem Apfel), etwa 20 *Pyrus*-Arten wurden in Kleinasien, Nordafrika und Europa gefunden. Daraus entwickelten sich zwei Gruppen domestizierter Birnen: *Pyrus communis* L., die saftige, aromatische, weichfleischige europäische Birne, und *Pyrus pyrifolia* (BURM.) NAKAI, die mehr festfleischige und meist steinzellenreiche, weniger aromatische und rund geformte Asien-Birne („Nashi“-Birne). Ein exakter Nachweis der Entstehung der europäischen Birne ist bisher nicht gelungen.

Im Laufe der Zeit entwickelten sich innerhalb der Gattung *Pyrus* in unterschiedlichen geografischen Regionen verschiedene Arten, so die Ussuri-Birne (*P. ussuriensis*) in Nordchina, der Mandschurei und Sibirien, die Sand-Birne oder Asien-Birne (*P. pyrifolia*) in Japan, China und Korea, die Birkenblättrige Birne (*P. betulifolia*) in Zentralchina und der südlichen Mandschurei, die Weidenblättrige Birne (*P. salicifolia*) in Persien, Südostrussland und Südwestasien, die Ölweidenblättrige Birne (*P. elaeagrifolia*) in Kleinasien, dem Kaukasus und Südosteuropa, im Kaukasus die Kaukasische Wildbirne (*P. caucasica*), im Mittelmeerraum die Dornige Birne (*P. spinosa*), im Kaukasus, in Marokko, Kleinasien bis Europa die Holz-Birne (*P. pyraster*) – die einzige in unseren Breiten noch natürlich vorkommende Birnenwildart –, in West- und Südeuropa die Schnee-Birne (*P. nivalis*) und letztlich in Kleinasien, West- und Südeuropa und im Kaukasus Urformen der Kultur-Birne (*P. communis*). An der Entstehung der Kultur-Birne scheinen vor allem *P. communis*, *P. pyraster* und *P. nivalis* beteiligt gewesen zu-sein, aber auch die Beteiligung anderer Wildarten, wie *P. elaeagrifolia*, *P. salicifolia* und *P. spinosa* wird nicht ausgeschlossen (SILBEREISEN et al. 1996). Einige dieser Wildarten sind in den Taschenatlas aufgenommen worden, um den Schritt zur Kulturbirne als großartiges Werk menschlicher Auslese- und Züchtungsarbeit aufzuzeigen.

In der Vorzeit bis ins Mittelalter spielte die Birne eine weit größere Rolle als der Apfel. Vor allem in Klöstern beschäftigte man sich ausgiebig mit Obstbau, mit der Baumerziehung (Spalier- und Kunstformen) und der Verarbeitung von Obst.

Es waren meist Liebhaber und damals schon enthusiastische Sammler, die sich der Vielfalt der Birnen annahmen. Die eigentliche bäuerliche Tradition war auf die Eigenversorgung ausgerichtet. Man pflanzte meist Hochstämme – in der Regel auf Sämlingsunterlagen von Holz-Birne veredelt. Erst Mitte des 19. Jahrhunderts begann man auch mit Obst in größerem Umfang zu handeln. Mit der Herausbildung des Marktobstbaues aber zeigten sich sehr schnell die Grenzen der Birne mit ihrer meist kurzen Genussreifezeit. Der Apfel hatte dagegen wesentliche Vorteile. Er war besser zu handhaben, fester, dadurch besser transportabel und viele Sorten hielten sich länger. Außerdem war eine solch strenge Terminierung der Genussreife nicht erforderlich. So setzte eine Sortenbereinigung und damit zwangsläufig Sortenverringerung ein, die dem Anliegen nach größerer Marktfreundlichkeit entgegenkamen. Immer mehr wurde damit die Birne vom Apfel als marktbestimmende Frucht verdrängt.

Die weltweite Birnenproduktion beläuft sich heute auf rund 17 Mio. t. Der größte Teil des Zuwachses erfolgte in den 90er Jahren und ist eng mit der Ausweitung der Birnenproduktion in China verbunden. In Europa herrscht eher Stagnation.

Leider haben in den letzten Jahren Krankheiten, wie der Feuerbrand, und Schädlinge, wie der Birnenblattsauger (*Psylla*), den Anbau von Birnen im Vergleich zum Apfel noch risikoreicher gemacht. So ist es kein Wunder, dass ein steigender Bedarf an Früchten zu verzeichnen ist, der offenbar aus einem Minderangebot zu erklären ist. Verbesserte Lagerbedingungen (CA, ULO), neue Winterbirnensorten und erste feuerbrandwiderstandsfähige Sorten sind gute Vorzeichen, die zweifelsohne existierenden Probleme besser zu beherrschen und wieder mehr Birnen anzubauen.

Einen höheren Anteil als im Erwerbsanbau wird die Birne stets im Kleingarten- und Selbstversorgerbereich einnehmen. Hier ist es möglich, die vorhandene Vielfalt auszuprobieren und auszuleben. So kamen findige Gärtner schon vor Jahrhunderten auf die Idee, Mehrsortenbäume zu pflanzen bzw. sich selbst zu veredeln. Es ist durchaus denkbar, dass diese Art der Platzersparnis und der zeitlich gestaffelten Angebotsgestaltung mit mehreren Sorten, aber in verwertbaren Mengen, schon im Mittelalter bekannt war und in Klostergärten praktiziert wurde. Die heute vielfach gepriesenen „Duobäume“ sind also so neu nicht, wie es mitunter zu lesen ist. Da auch heute die meisten Kleingärtner mit dem Veredlungsmesser umgehen können, liegt es auf der Hand, sich der Vielsortenbäume zu erinnern und das Angebot vor allem an neuen geschmackvollen Sorten unterschiedlichster Reifezeiten aus der Züchtung auf diese Weise selbst auszuprobieren. Anregungen dazu vermittelt das vorliegende Buch.

Wildobstarten

Früchte vieler Wildobstarten (auch „Besondere Obstarten“ oder „Seltene Obstarten“) können mit sehr geringem Pflanzenschutzaufwand in guter Qualität erzeugt werden. Das unterscheidet sie von vielen herkömmlichen Obstarten. Deshalb wurde im vorliegenden Buch diesen Wildobstarten breiter Raum gewidmet. Sie kommen für eine kommerzielle Verwertung und einen Anbau im Bereich Selbstversorger, Kleingarten oder auch Direktvermarkter in Betracht. Die Wildobstarten stellen echte Alternativen zur Sorteneinfalt, wie sie heute leider häufig anzutreffen ist, dar. Die aufgeführten Arten und Sorten mögen dazu viele Anregungen vermitteln.

Steinobst

Aprikosen (*Armeniaca vulgaris* LAM., auch *Prunus armeniaca* L.) stammen aus Mittelasien und Nordchina. Dort wurden mehrere Wildarten gefunden. Kultiviert wird die Aprikose bereits seit etwa 4000 Jahren in China, sowohl als Tafelfrucht als auch als Ziergehölz. Erst relativ spät, etwa im 1. Jahrhundert n. Chr., gelangte die Aprikose über Kleinasien nach Griechenland und Italien, von wo aus sie sich etwa ab dem 16. Jahrhundert in allen wärmeren Gegenden Europas ausbreitete. In Europa und in Deutschland ist ihr Anbau heute auf wenige wärmere Gebiete beschränkt, da sie nur dort ihre volle Fruchtqualität erreicht und vor allem den Frühjahrsfrösten entgeht, so in Rheinhessen, in der Rheinpfalz, am Süßen See bei Halle oder im Elbtal bei Radebeul. Berühmt sind die Aprikosen aus der Wachau.

Heute wird in Ländern, in denen die Aprikose größere Bedeutung besitzt, fleißig gezüchtet, ständig werden neue Sorten auf den Markt gebracht. Deutschland importiert diese und prüft sie auf ihre Eignung unter den gegebenen Bedingungen. Eine kleine Kollektion empfehlenswerter Sorten wird in diesem Buch vorgestellt.

Pfirsiche (*Persica vulgaris* MILL., auch *Prunus persica* L.) gehören zu den ältesten Kulturobstarten. Auch der Pfirsich stammt aus Zentralasien, wo es heute noch zahlreiche Wildvorkommen verschiedener Arten gibt. Man geht davon aus, dass der Pfirsich, ähnlich wie die Aprikose, seit etwa 4000 Jahren kultiviert wird. Der Pfirsich gelangte ebenfalls von Zentralasien entlang der Seidenstraße nach Kleinasien, von dort wurde er durch die Griechen und Römer nach Europa gebracht. Die Römer brachten den Pfirsich auch nach Deutschland, wo er im Taunus bereits im 2. Jahrhundert n. Chr. nachgewiesen worden ist. Im 17. und 18. Jahrhundert war der Pfirsich neben Weintrauben eine beliebte Delikatessfrucht bei Hofe, von wo aus sich die Anbaukultur weiter verbreitete. Hauptanbauländer sind heute Kalifornien, Südeuropa und China, wo auch die züchterischen Aktivitäten konzentriert sind.

Über die Herkunft der europäischen **Pflaume** (*Prunus domestica* L.) bestehen heute noch unterschiedliche Auffassungen. Wahrscheinlich stammt sie aus dem nördlichen Kaukasus oder/und dem Altaigebiet. Dort gibt es heute noch zahlreiche Wildvorkommen, die diese Annahme stützen. Unsere Hauspflaume ist offenbar ein natürlicher Bastard zwischen der Schlehe (*Prunus spinosa* L.) und der Myrobalane (*Prunus cerasifera* EHRH.). Kultiviert wird sie seit über 2500 Jahren in Griechenland, es gibt aber Vermutungen, dass bereits vor etwa 5000 Jahren in Europa primitive Formen der Pflaume angebaut wurden. Die mehr oder minder großfrüchtigen Kulturpflaumen gelangten durch die Römer nach Deutschland und Frankreich. Hier entwickelten sich im 18. und 19. Jahrhundert typische Anbaugebiete, so z.B. das Bühler Gebiet oder Thüringen, wo vor allem die Hauspflaume angebaut wurde.

Gegenwärtig werden Pflaumen in vielen Ländern angebaut und gezüchtet. Die Verwendung der Früchte ist vielseitig, ihre diätetische Wirkung unumstritten. Die Bemü-

hungen, gegen Scharka resistente Sorten zu züchten, waren erstmalig in Deutschland mit der Sorte 'Jojo' von Erfolg gekrönt. Damit ist eine neue Perspektive für den Pflaumenanbau weltweit eröffnet. Im vorliegenden Buch wird bei der Beschreibung der Pflaumensorten ausdrücklich auf deren Verhalten gegenüber der Scharkakrankheit hingewiesen. Da Scharka nicht in allen Gebieten verbreitet ist, sollte man hierzu vor einer Pflanzung genauere Informationen einholen.

Die **Sauerkirsche** (*Cerasus vulgaris* MILL., auch *Prunus cerasus* L.) stammt aus Kleinasien. Sie entstand dort vermutlich durch die natürliche Bastardierung von *Cerasus avium* L., der Vogel-Kirsche, mit der Steppen-Kirsche (*Cerasus fruticosa* PALL.). Sie ist in Europa überall verbreitet. Für die Mosterei und die Marmeladenindustrie ist sie die wichtigste Frucht, findet aber auch weitere vielseitige Verwendung. Erst im 19. Jahrhundert wurden die zahlreichen Verwertungsmöglichkeiten entdeckt und es erfolgte eine enorme Ausweitung des Anbaus. Heute leidet die Sauerkirsche an einer permanenten Überproduktion in Europa. Wenn man von Sauerkirschen spricht, ist in den meisten Fällen von der 'Schattenmorelle' die Rede, von der es zwar inzwischen viele Typen und Verbesserungen gibt, die aber trotzdem mit zahlreichen Mängeln behaftet ist. Deshalb wird in vielen Züchtungsstationen versucht, diese Sorte weiter zu optimieren oder Sauerkirschensorten mit anderen Eigenschaften zu züchten. Einige neue Sorten werden im Buch entsprechend beschrieben.

Auch die **Süßkirsche** (*Cerasus avium* (L.) MOENCH, auch *Prunus avium* L.) ist in Kleinasien und im Kaukasus beheimatet. Vermutlich ging sie den gleichen Weg wie die Sauerkirsche, indem durch die Gärtner der frühen Hochkulturen großfrüchtige und wohlschmeckende Formen unter den Wildbeständen in den Mischwäldern Südeuropas selektiert und weitervermehrt wurden. Die Entwicklung führte in den letzten 100 Jah-

ren zu Regionalsortimenten mit mehr oder weniger fließenden Grenzen, die an spezifische Boden- und Witterungsbedingungen gut angepasst sind (z.B. im Alten Land). Neuere Entwicklungen gehen hin zu mehr großfrüchtigen Sorten und vor allem zu selbstfertilen Sorten. Neue Sorten und zahlreiche einschneidende technologische Veränderungen (Überdachung, schwach wachsende Unterlagen) machen den Anbau heute sicherer und auch für den Erwerbsanbau lukrativer. Auch der Kleingärtner profitiert davon, sodass sich Süßkirschen derzeit im Aufwind befinden. Neben alten bewährten werden im Buch auch einige neue selbstfertile Sorten vorgestellt, die den Fortschritt im Süßkirschenanbau dokumentieren.

Strauchbeerenobst

Brombeeren (*Rubus fruticosus* L., heute verschiedenen Unterarten zugeordnet) kommen in vielen gebirgigen Gegenden Europas und Amerikas wild vor. Sie wurden bereits im Altertum gesammelt und durch Auslese großfrüchtiger Formen zu Kulturpflanzen entwickelt. Es gibt in Europa und Nordamerika zahlreiche Arten, deren Früchte verwertbar sind. Kreuzungen untereinander und mit Arten führten zu interessanten Arthybriden, wie Taybeere, Loganbeere oder Boysenbeere. Es würde zu weit führen, diese alle in dem vorliegenden Buch zu beschreiben. Neue Sorten sollen vor allem weniger Stacheln, bessere Frostresistenz und höheren Ertrag bringen. Meist wird dann das volle Aroma der Wildbrombeere nicht erreicht. Im Buch werden einige Sorten vorgestellt, die unterschiedlicher botanischer Herkunft sind.

Ihre Verwertungsmöglichkeiten sind recht vielfältig. Im Kleingarten oder bei Direktvermarktern sind sie wohl am ehesten willkommen.

Himbeeren (*Rubus idaeus* L.) sind ebenso wie Brombeeren Wildfrüchte, die seit jeher gesammelt worden sind und durch Auslese zu Kultursorten entwickelt wurden. Die Herkunft der Himbeere ist nicht ganz geklärt. Man ist heute der Auffassung, dass sie aus dem türkischen Hochland stammt und von dort durch die Griechen und Römer nach Europa gebracht wurde. Die meisten Himbeersorten sind heute Arthybriden. Erkennbar ist die züchterische Vielfalt auch daran, dass es neben den rotfrüchtigen Sorten auch gelb- und rosafrüchtige gibt. Wie bei Brombeeren, lässt auch bei Himbeeren die genetische Vielfalt zahlreiche Möglichkeiten der Verbesserung der zurzeit existierenden Sorten zu, sodass ständig neue Sorten mit neuen Eigenschaften zu erwarten sind.

Stachelbeeren (*Ribes uva-crispa* L.) gehören nicht zu den Rosaceen, sondern sind Steinbrechgewächse (Saxifragaceae). Sie kommen wild in den Wäldern Europas von Spanien bis zum Kaukasus vor. In Nordamerika wurden wild wachsend vor allem mehltauresistente Formen gefunden, die heute als Ausgangsmaterial für die Resistenzzüchtung genutzt werden (*R. hirtellum, R. cynosbati*). Als Kulturpflanze wurde die Stachelbeere etwa im 17. Jahrhundert in England weiterentwickelt. Mitte des 19. Jahrhunderts wurden in Deutschland nahezu 1000 Sorten genannt! Die Vielfalt ist heute noch an der Farbe der Sorten gut zu erkennen: Es gibt gelb-, grün- und rotfrüchtige Sorten mit allen Übergängen. Die Zukunft dürfte vor allem den resistenten Sorten gehören.

Auch die **Johannisbeere** gehört zur Gattung *Ribes*. Sie hat mehrere Untergattungen, u. a. *Ribesia*, zu der die Roten und Weißen Johannisbeeren gerechnet werden, und *Coreosma*, zu der die Schwarzen Johannisbeeren gehören. Die heutigen Sorten werden unter der Sammelbezeichnung *Ribes rubrum* L. geführt (Silbereisen et al. 1996). Die meisten Sorten sind Kreuzungsprodukte innerhalb der Arten. Die schwarzfrüchtigen Sorten gehen auf *Ribes nigrum* zurück. Auch hier gibt es bereits interspezifische Kreuzungen. Als Kulturpflanzen sind Johannisbeeren etwa seit 600 Jahren bekannt. Der hohe diätetische Wert der Früchte wird heute hoch geschätzt und findet im stabilen Anbauumfang der letzten Jahre seinen Niederschlag.

Erdbeere

Bereits 200 v. Chr. sollen die Römer Erdbeeren kultiviert haben. Es handelte sich um die Wald-Erdbeere, *Fragaria vesca* L., die heute noch an vielen Stellen Europas wild vorkommt. Die Früchte waren klein, aber sehr aromatisch. Eine weitere Art, *Fragaria moschata* Weston, kommt vor allem in Osteuropa wild vor und wurde im 17. Jahrhundert kultiviert. Heute gibt es davon keine Sorten mehr. *Fragaria virginiana* Mill., die Scharlach- oder Himbeer-Erdbeere, wurde im 17. Jahrhundert von Nordamerika nach Frankreich gebracht, von der es auf Grund der relativ großen Früchte und des guten Geschmacks um 1820 etwa 70 Sorten gab. Zur gleichen Zeit wurden aus Chile einige Pflanzen der Chile-Erdbeere, *Fragaria chiloensis* (L.) Mill., nach Frankreich gebracht. Diese Pflanzen waren zwar trockenresistent, aber frostempfindlich und befriedigten oft nicht im Ertrag. Erst als beide Arten mehr zufällig in Mischpflanzungen zusammengepflanzt wurden, bemerkte man, dass Sämlinge der Hybriden größere rote Früchte brachten, die auch interessant im Geschmack waren. Auf diese Weise entstand um 1750 die heutige Garten-Erdbeere, *Fragaria* × *ananassa* Duchesne. Der lateinische Name erklärt sich aus der Tatsache, dass die Holländer die neue Art Ananas-Erdbeere nannten.

Aus dem riesigen Spektrum der existierenden Sorten konnten vergleichsweise nur wenige in das Buch aufgenommen werden, diese können aber heute allgemein empfohlen werden. Gerade bei Erdbeeren sind sehr schnell neue Sorten am Markt zu erwarten, sodass eine ständige Information über Neuheiten zu empfehlen ist. Dies gilt übrigens für alle im Buch behandelten Obstarten in gleicher Weise.

Befruchtungsbiologie

Viele unserer Obstarten, so auch Apfel und Birne, sind selbststeril, d.h., jede Sorte benötigt den Pollen einer anderen Sorte zur Befruchtung. Bei Steinobst finden wir selbstfertile und selbststerile Formen innerhalb einer Art nebeneinander, so bei Sauerkirsche, Pflaume und neuerdings auch bei Süßkirsche. Auch bei Erdbeeren gibt es neben selbstfertilen Sorten noch ältere Sorten, die infolge schlechter Pollenfertilität auf Bestäubersorten angewiesen sind. 'Mieze Schindler' ist eine rein weibliche Sorte, die gar keine Antheren ausbildet und deshalb auf Fremdbestäubung angewiesen ist. Strauchbeerenobstsorten sind in der Regel selbstfertil, ebenso wie Pfirsich, Aprikose und Quitte. Sanddorn ist ein Windbestäuber, er ist zweihäusig, d.h., man muss männliche und weibliche Pflanzen nebeneinander pflanzen. Einige *Malus*-Arten vermehren sich apomiktisch, also generativ, aber ohne Befruchtung. Aus Samen gezogene Nachkommen dieser Formen sind dann zum größten Teil muttergleich. Es gilt also, die verschiedensten befruchtungsbiologischen Besonderheiten zu beachten. Grundvoraussetzung für eine ausreichende Bestäubung ist ein ausreichender Insektenbeflug (Bienen, Hummeln), Windbestäubung spielt nur bei Sanddorn eine Rolle.

Am wichtigsten sind Befruchtungsangaben für Süßkirschen. Bis auf die neuen selbstfertilen Sorten (s.u.) sind unsere Süßkirschen selbststeril. Das Sterilitätssystem wird durch eine Erbanlage, das Gen »S«, gesteuert, das in verschiedenen Stufen, so genannten S-Allelen, vorkommt. Besitzen zwei verschiedene Sorten im Griffel bzw. im Pollenschlauch die gleichen S-Allele, wird das Wachstum der Pollenschläuche im Griffel gehemmt, die Sorten sind untereinander steril, d.h. sie sind intersteril. Alle Sorten mit mindestens einem unterschiedlichen S-Allel sind untereinander fertil (also: S_1S_2 ist fertil mit S_1S_3, besser S_1S_2 ist fertil mit S_3S_4). Eine Einteilung von Süßkirschensorten in Intersterilitätsgruppen wurde erstmals 1969 von Matthews und Dow in England vorgenommen. Bekannt waren damals 6 S-Allele, deren Klassifizierung in 13 Intersterilitätsgruppen und einer Gruppe 0 mit unbekannten Allelen lange Zeit als Richtlinie für die Bestimmung der S-Allele durch Kreuzungsexperimente neuer Sorten diente. Mittels molekularbiologischer Techniken gelang es in den letzten Jahren Boskovic, Tobutt und Sonneveld aus East Malling in Zusammenarbeit mit deutschen, japanischen, kanadischen und amerikanischen Wissenschaftlern, die bekannten S-Allel-Gruppen zu bestätigen, teils zu korrigieren und neue S-Allele zu benennen, sodass nunmehr alle untersuchten Süßkirschensorten 22 Intersterilitätsgruppen zugeordnet werden können. Auch hier wurde eine Gruppe 0 gefunden, das sind Sorten, die mit allen anderen fertil sind. Im Sortenteil sind die S-Allele und geeignete Befruchter für jede Sorte angegeben.

Selbstfertile Sorten (Gruppe SC), die auch gute Befruchter sind, sind 'Celeste', 'Lapins', 'Santina', 'Newstar', 'Sandra Rose', 'Sonata', 'Sunburst', 'Sweetheart', 'Vandelay'.

Wer Süßkirschen pflanzt, sollte sich also vorher genau informieren, welche Sorten befruchtungsbiologisch zusammenpassen. Einzeln stehende Süßkirschenbäume – außer von selbstfertilen Sorten – sind immer der Gefahr ausgesetzt, durch unzureichende Bestäubung unzureichenden Ertrag zu bringen. Neben der gegenseitigen Befruchtungsfähigkeit ist auf Überschneidung der Blühzeiten zu achten.

Bei Apfel ist die Befruchtungsproblematik weniger kompliziert. Hier ist darauf zu achten, dass triploide Sorten, wie 'Boskoop', 'Jonagold', 'Gravensteiner', 'Jakob Lebel' u.a., selbst keine Pollenspender sind und – wie alle anderen diploiden Apfelsorten – auf Fremdpollen angewiesen sind. Triploiden Sorten muss man also immer zwei diploide Sorten dazu pflanzen – zur Bestäubung der triploiden Sorte und zur Bestäubung der diploiden Sorten untereinander. Wichtiger als bei Kirschen ist bei Apfel die Übereinstimmung der Blühzeiten. Intersterilität kommt bei Apfel ebenfalls vor, meist unter eng verwandten Sorten, was aber nicht immer zutreffen muss, so z.B. bei 'Golden Delicious' und seinem direkten Nachkommen 'Pinova'. Beide bestäuben sich untereinander ausgezeichnet im Gegensatz zu 'Jonagold', ebenfalls ein direkter Nachkomme von 'Golden Delicious', die untereinander nahezu steril sind. Einzelheiten finden Sie in den Sortenbeschreibungen.

Nicht alle Pflaumen und Sauerkirschen sind selbstfertil. Bei diesen Obstarten finden wir alle Übergänge von voll selbstfertil (z.B. 'Schattenmorelle', 'Hauszwetsche') über teilweise selbstfertil – bei diesen Sorten bringt Fremdbefruchtung meist mehr Fruchtansatz als Selbstbefruchtung – bis zu selbststerilen Formen ('Köröser' oder 'Große Grüne Reneklode'). Sie bringen ohne Fremdbestäubung keinen Ertrag. Auf Blühzeitüberschneidung ist auch bei diesen Arten zu achten.

Bei Erdbeeren wird seit langem im Zuchtprozess auf ausreichende Selbstbestäubungsfähigkeit der Sorten ausgelesen, bei Steinobst ist Selbstfertilität ein erstrebtes Zuchtziel. Durch Mutationsauslösung ist es bei Süßkirschen gelungen, den Hemmmechanismus im Griffel außer Betrieb zu setzen, der normalerweise das Durchwachsen des eigenen Pollens verhindert. Diese Mutation ist stabil und wird nach Mendelschen Erbgesetzen vererbt. Es ist also heute durch Kreuzung selbstfertiler und selbststeriler Sorten ohne große Schwierigkeiten möglich, weitere selbstfertile Sorten zu züchten. Für Kleingärtner dürfte das auf alle Fälle von Vorteil sein, im Erwerbsobstbau werden wohl immer mehrere Sorten gepflanzt werden, sodass eine gegenseitige Bestäubung in der Regel gewährleistet ist.

An Versuchen, Apfel oder Birne selbstfertil zu machen, hat es nicht gefehlt. Aufgrund der Struktur der Erbanlagen von Apfel und Birne ist dies als vorerst aussichtslos wieder aufgegeben worden. Ein geringer Fruchtansatz nach Selbstung ist unter sehr guten Witterungsbedingungen während der Blühzeit bei einigen Sorten manchmal möglich, das ist aber keinerlei Ertragsgarantie.

Obst von A–Z

Symbole

Folgende Symbole wurden verwendet, um eine schnelle Orientierung für die vorrangige Verwendung der Sorten zu ermöglichen:

Brennsorte

Erwerbsanbau; Tafelsorte

Hausgarten; Selbstversorger; Liebhabersorte

Mostobstsorte; Sorte für industrielle Verarbeitung

Ökoanbau; Bioanbau

Streuobst; Landschaftsgehölz

Wildart

Zierform

* Bei Birnensorten werden in den Beschreibungen nur Kurzformen der Namen verwendet (ab Seite 44).

** Süßkirschensorten mit gleichen S-Allelen sind untereinander unfruchtbar. S_4' bedeutet, dass dieses Allel mutiert ist und dadurch Selbstbestäubung ermöglicht (ab Seite 82).

A Anfang
E Ende
M Mitte
I–XII Monatsnamen

Malus orientalis
Orientalischer Apfel, Kaukasus-Apfel

Vorkommen: Nordanatolien, Nordiran, Kaukasus, Bergwälder, Waldrand, Flussufer
Beziehung zur Kulturform: Neben *M. sieversii* zweitwichtigster Vorfahre des Kulturapfels, jedoch von geringerem Einfluss als *M. sieversii,* natürliche Einkreuzung entlang der historischen Seidenstraße
Verwendung: Früchte z. T. in verarbeiteter Form genutzt, Sämlinge als Unterlage für Kulturäpfel
Resistenzen: Anfällig für Schorf, Feuerbrand, je nach Herkunft auch für Mehltau
Wuchs: Baum, 9 bis 12 m hoch, meist ohne Dornen
Frucht: Kugelig, 20 bis 30 mm Durchmesser, Kelch haftend, kurze, 10 bis 25 mm lange, dicht behaarte Stiele, süß bis sauer, oft bitter und adstringierend

Malus sieversii
Sievers' Apfel, Altai-Apfel

Vorkommen: Zentralasien von Tadschikistan über Kirgisien, Kasachstan bis Westchina, Bergwälder (800 bis 2000 m über NN), Böschungen, Flusstäler
Beziehung zur Kulturform: Wichtigster Vorfahre des Kulturapfels, durch ständige Auslese sowie generative bzw. vegetative Vermehrung zum Kulturapfel entwickelt
Verwendung: Obstnutzung und als Veredlungsunterlage
Resistenzen: Anfällig für Schorf und Mehltau, Resistenzen gegen Schorf, Mehltau, Feuerbrand, Kälte und Trockenheit wurden gefunden
Wuchs: Baum, 2 bis 10 (14) m hoch, meist bedornt, viele Wurzelschosser
Frucht: Sehr variabel, etwa 35 bis 60 mm Durchmesser, kugelig bis leicht länglich, gelb bis rot, meist genießbar, sauer, süß, auch bitter und adstringierend, Stiel gleich oder länger als Frucht

Ahrista

Synonyme: Keine
Herkunft: 'Elstar' × TSR 15T3 (F_3 von *Malus floribunda* 821/V_f)
Verwendung: Tafelsorte, Verarbeitung
Anbaueignung: Für alle Apfellagen
Wuchs: Stark wie 'Elstar', gut verzweigt
Unterlagen: M 9, M 26, Supporter 4, MM 106 für Viertel- oder Halbstamm
Befruchtung: Diploid, Befruchter u. a. 'Golden Delicious', 'Idared', 'James Grieve', 'Pinova', 'Rewena'
Ertrag: Mittelhoch, regelmäßig
Frucht: Mittelgroß bis groß, attraktiv, süß mit ausgewogener Säure, saftig, aromatisch, pflückreif M IX, folgernd, genussreif von Ernte bis E X
Resistenzen: Schorf (Resistenz nicht stabil), anfällig für Mehltau, Feuerbrand, Spinnmilben und Holzfrost, gering empfindlich für Blütenfrost
Anbauhinweise: Selbstversorger- und Liebhaberanbau; EU-Sortenschutz

Albrechtapfel

Synonym: 'Prinz Albrecht von Preußen'
Herkunft: 'Kaiser Alexander' frei abgeblüht
Verwendung: Tafelsorte, für Verarbeitung geeignet, Streuobst
Anbaueignung: Für alle Apfellagen, auch in Höhenlagen
Wuchs: Mittelstark bis stark, später im Wuchs nachlassend, gut verzweigt
Unterlagen: M 26 bis Sämling (Streuobst), MM 106 für Viertel- oder Halbstamm
Befruchtung: Diploid, Befruchter u. a. 'Croncels', 'Golden Delicious', 'Goldparmäne', 'Idared', 'James Grieve'
Ertrag: Früh bis mittelfrüh, regelmäßig, hoch
Frucht: Mittel bis groß, Geschmack fein süßsäuerlich, mild, pflückreif IX, genussreif ab Ernte bis XI
Resistenzen: Robust, kaum Schorf oder Mehltau, frostresistent, feuerbrandanfällig
Anbauhinweise: Sichere Massenträgersorte für Streuobst und Liebhaberanbau

Alkmene

Synonyme: Keine
Herkunft: 'Oldenburg' × 'Cox Orange'
Verwendung: Tafelsorte
Anbaueignung: Für alle spätfrostsicheren Apfellagen
Wuchs: Mittelstark bis stark, später im Wuchs nachlassend, gut verzweigt
Unterlagen: M 9, M 26 für gute Fruchtqualität, MM 106 für Viertel- oder Halbstamm
Befruchtung: Diploid, Befruchter u. a. 'Auralia', 'Carola', 'Cox Orange', 'Golden Delicious', 'Idared', 'James Grieve', 'Pinova', 'Piros'
Ertrag: Hoch, regelmäßig, Alternanz möglich
Frucht: Mittelgroß, Geschmack fein süßsäuerlich, kräftiges Aroma, pflückreif IX, genussreif ab Ernte bis XI, XII
Resistenzen: Robust, wenig Schorf und Mehltau, blütenfrost-, monilia- und feuerbrandempfindlich
Anbauhinweise: Intensiv- und Liebhaberanbau, Bioanbau, nicht für Streuobst

Ananasrenette

Synonym: 'Ananas Reinette'
Herkunft: Unbekannt, Zufallssämling
Verwendung: Verarbeitungs- und Tafelsorte, alte Wintersorte
Anbaueignung: Nur in guten Apfellagen
Wuchs: Schwach und buschig, viel kurzes Fruchtholz
Unterlagen: M 26 und stärker, auf Sämling sehr kleine Früchte
Befruchtung: Diploid, Befruchter u. a. 'Baumann', 'Cox Orange', 'Croncels', 'Goldparmäne', 'James Grieve'
Ertrag: Früh, mittel, neigt zu Alternanz
Frucht: Klein, Geschmack süßsäuerlich, pflückreif IX, genussreif ab X bis II
Resistenzen: Schorf, empfindlich für Blutläuse, Mehltau, Krebs und Feuerbrand
Anbauhinweise: Liebhaberanbau, nicht für Streuobst, kurzzeitig hoher Zierwert

Angold

Synonyme: Keine
Herkunft: 'Antonowka' × 'Golden Delicious'
Verwendung: Tafelsorte, auch für Verarbeitung geeignet
Anbaueignung: Für alle Apfellagen
Wuchs: Mittelstark, aufrecht, gut verzweigt
Unterlagen: M 9, M 26, MM 106 für Viertel- oder Halbstamm
Befruchtung: Diploid, Befruchter u. a. 'Golden Delicious', 'Idared', 'James Grieve', 'Pinova', 'Topaz'
Ertrag: Mittelfrüh, mittelhoch
Frucht: Groß, Geschmack süß mit ausgewogener Säure, saftig, aromatisch, pflückreif M-IX, genussreif X bis I
Resistenzen: Schorf, anfällig für Mehltau, Feuerbrand, Spinnmilben
Anbauhinweise: Erwerbs-, Selbstversorger- und Liebhaberanbau, Streuobst; Sortenschutz in mehreren Ländern

Baumanns Renette

Synonyme: 'Baumann', 'Rote Winterrenette', 'Rote Renette', 'Winterrenette'
Herkunft: Unbekannt, Zufallssämling
Verwendung: Alte Tafelsorte, Verarbeitung
Anbaueignung: Nur für gute Apfellagen, nicht in nassen oder Frostlagen
Wuchs: Mittelstark bis stark, gut verzweigt
Unterlagen: M 26 bis Sämling (Streuobst)
Befruchtung: Diploid, Befruchter u. a. 'Croncels', 'Golden Delicious', 'Goldparmäne', 'Idared', 'James Grieve'
Ertrag: Meist hoch, regelmäßig
Frucht: Mittel bis groß, Geschmack nur mäßig, pflückreif X, genussreif ab XII bis III
Resistenzen: Anfällig für Schorf, Krebs, Blutlaus, Holzfrost, Feuerbrand
Anbauhinweise: Streuobst, Liebhaberanbau, früher oft in Bauerngärten

Berlepsch

Synonyme: 'Berlepschs Goldrenette', 'Freiherr von Berlepsch' u. a.
Herkunft: 'Ananasrenette' × 'Ribston Pepping'
Verwendung: Eine der besten alten Tafelsorten, Verarbeitung
Anbaueignung: Nur für gute Apfellagen, nicht in Frostlagen
Wuchs: Stark, gut verzweigt
Unterlagen: M 9 (Erwerbsanbau) bis Sämling (Streuobst)
Befruchtung: Diploid, Befruchter u. a. 'Cox Orange', 'Golden Delicious', 'Goldparmäne', 'Idared', 'James Grieve', 'Weißer Klar' u. a.
Ertrag: Mittelfrüh, mittel, alternierend
Frucht: Mittelgroß bis klein, Geschmack feinwürzig süßsäuerlich, aromatisch, pflückreif M X, genussreif ab XI bis III
Resistenzen: Wenig Schorf, Mehltau, Holz- und Blütenfrost, anfällig für Krebs, Kragenfäule und Feuerbrand
Anbauhinweise: Liebhaberanbau, Streuobst, auch für Erwerbsanbau

Boskoop

Synonyme: 'Belle de Boskoop', 'Reinette von Montfort', 'Schöner von/aus Boskoop'
Herkunft: Unbekannt
Verwendung: Häusliche Verarbeitung, Tafelsorte, Brennen
Anbaueignung: Nicht zu trockene Apfellagen, bis in mittlere Höhenlagen
Wuchs: Sehr stark, gut verzweigt
Unterlagen: Nur M 9, für Streuobst MM 106 bis Sämling
Befruchtung: Triploid, kein guter Pollenspender, Befruchter u. a. 'Alkmene', 'Baumann', 'Carola', 'Cox Orange', 'Idared', 'James Grieve'
Ertrag: Hoch, alternierend (außer auf M-9)
Frucht: Groß, Geschmack angenehm säuerlich süß, aromatisch, pflückreif M X, genussreif bis IV
Resistenzen: Wenig Mehltau und Feuerbrand, empfindlich für Holz- und Blütenfrost, Schorf
Anbauhinweise: Erwerbs- und Liebhaberanbau, Streuobst

Braeburn

Synonym: 'Braeborn', zahlreiche Mutanten
Herkunft: 'Lady Hamilton' frei abgeblüht
Verwendung: Tafelsorte
Anbaueignung: Für gute Apfellagen in wärmeren Gebieten, benötigt lange Vegetationszeit!
Wuchs: Schwach, gut verzweigt
Unterlagen: M 9, M 26, Supporter 4
Befruchtung: Diploid, Befruchter u. a. 'Elstar', 'Fuji', 'Gala', 'Golden Delicious', 'Idared', 'Pinova', 'Retina', 'Rewena'
Ertrag: Hoch, regelmäßig
Frucht: Mittelgroß bis groß, Geschmack fein süßsäuerlich, kräftiges Aroma, pflückreif E X, A XI, genussreif ab XII bis V
Resistenzen: Empfindlich für Schorf, Mehltau, Blütenfrost, Feuerbrand, Rote Spinne
Anbauhinweise: Intensivanbau in warmen Lagen; Sortenschutz weltweit

Carola

Synonym: 'Kalco'
Herkunft: 'Cox Orange' frei abgeblüht
Verwendung: Tafelsorte
Anbaueignung: Für alle Apfellagen bis in mittlere Höhenlagen
Wuchs: Mittelstark bis schwach, gut verzweigt
Unterlagen: M 9, M 26, MM 106 für Viertel- oder Halbstamm
Befruchtung: Diploid, Befruchter u. a. 'Auralia', 'Cox Orange', 'Golden Delicious', 'Idared', 'James Grieve', 'Oldenburg', 'Pinova', 'Piros'
Ertrag: Hoch, Alternanz möglich
Frucht: Mittelgroß bis groß, Geschmack fein süßsäuerlich, mildes, angenehmes Aroma, pflückreif IX, genussreif ab Ernte bis XI
Resistenzen: Robust, wenig Mehltau, schorf- und feuerbrandempfindlich
Anbauhinweise: Intensiv- und Liebhaberanbau, Kleingarten, nicht für Streuobst

Cox Orange

Synonyme: 'Cox Orangenrenette', 'Cox's Orange Pippin'
Herkunft: 'Ribston Pepping' × 'Blenheim'
Verwendung: Tafelsorte, auch zum Brennen
Anbaueignung: Sehr gute Apfellagen in feuchten, maritimen Gebieten
Wuchs: Anfangs stark, später mittel mit guter Verzweigung
Unterlagen: M 9, M 26
Befruchtung: Diploid, Befruchter u. a. 'Alkmene', 'Berlepsch', 'Carola', 'Elstar', 'Gala', 'Golden Delicious', 'Goldparmäne', 'Idared'
Ertrag: Nur an optimalen Standorten hoch, sonst mittel, alternierend
Frucht: Mittelgroß bis klein, Geschmack würzig süßsäuerlich, hoch aromatisch, pflückreif E IX, genussreif X bis III
Resistenzen: Anfällig für Schorf, Mehltau, Holz- und Blütenfrost, Krebs, Blutläuse, Feuerbrand und Kragenfäule
Anbauhinweise: Erwerbsanbau, nur für erfahrene Selbstversorger

Delbarestivale

Synonym: 'Delcorf', zahlreiche Mutanten
Herkunft: 'Stark Jon Grimes' × 'Golden Delicious'
Verwendung: Frühe Tafelsorte
Anbaueignung: Für gute Apfellagen, hohe Standortansprüche
Wuchs: Stark, gut verzweigt
Unterlagen: M 9, M 26, Supporter 4
Befruchtung: Diploid, Befruchter u. a. 'Cox Orange', 'Discovery', 'Elstar', 'Florina', 'Golden Delicious', 'Idared', 'Pinova', 'Retina'
Ertrag: Mittel, stark alternierend, Ausdünnung erforderlich
Frucht: Mittelgroß bis groß, Geschmack süßsäuerlich, kräftiges Aroma, pflückreif E VIII, genussreif ab Ernte bis X
Resistenzen: Empfindlich für Schorf, Mehltau, Blütenfrost, Feuerbrand und Rote Spinne
Anbauhinweise: Intensivanbau und erfahrene Kleinanbauer; EU-Sortenschutz

Dülmener Rosenapfel

Synonyme: 'Dülmener Herbstrosenapfel', 'Herbstrosenapfel', 'Rosenapfel'
Herkunft: 'Gravensteiner' frei abgeblüht
Verwendung: Alte Tafelsorte, Verarbeitung
Anbaueignung: In allen, auch weniger günstigen Lagen
Wuchs: Mittelstark, gut verzweigt
Unterlagen: M 26 bis Sämling (Streuobst)
Befruchtung: Diploid, Befruchter u. a. 'Golden Delicious', 'Goldparmäne', 'James Grieve', 'Oldenburg', 'Weißer Klar'
Ertrag: Nur mittel, stark alternierend
Frucht: Groß, Geschmack süßsäuerlich, mildes Aroma, pflückreif IX, genussreif bis XI
Resistenzen: Wenig Schorf, Mehltau, Blutlaus, Holzfrost, empfindlich für Blütenfrost und Feuerbrand
Anbauhinweise: Streuobst, Liebhaberanbau

Elstar

Synonyme: Keine, zahlreiche Mutanten
Herkunft: 'Golden Delicious' × 'Ingrid Marie'
Verwendung: Tafelsorte
Anbaueignung: Für gute Apfellagen
Wuchs: Stark, sehr stark verzweigt
Unterlagen: M 9, nur für Intensivanlagen
Befruchtung: Diploid, Befruchter u. a. 'Braeburn', 'Cox Orange', 'Florina', 'Fuji', 'Gala', 'Golden Delicious', 'Pilot', 'Pinova', 'Retina', 'Rubinette'
Ertrag: Hoch, regelmäßig
Frucht: Mittelgroß bis groß, Geschmack fein süßsäuerlich, kräftiges Aroma, edelwürzig, pflückreif E IX, genussreif ab Ernte bis III/IV
Resistenzen: Wenig Schorf und Mehltau, empfindlich für Blütenfrost, Feuerbrand und Rote Spinne
Anbauhinweise: Intensivanbau, erfahrene Selbstversorger; Sortenschutz in mehreren Ländern

Florina

Synonym: 'Querina'
Herkunft: 'Rome Beauty' × *Malus floribunda* 821 (V_f), 5. Rückkreuzung mit 'Jonathan'
Verwendung: Tafelsorte
Anbaueignung: Für alle Apfellagen
Wuchs: Stark, überhängend
Unterlagen: M 9, M 26, Supporter 4
Befruchtung: Diploid, Befruchter u. a. 'Elstar', 'Gala', 'Golden Delicious', 'Goldparmäne', 'James Grieve', 'Pinova', 'Reanda', 'Reglindis', 'Rubinette'
Ertrag: Hoch, regelmäßig
Frucht: Mittelgroß bis groß, Geschmack süßlich bis fad, saftig, wenig aromatisch, pflückreif E IX, genussreif von XI bis III
Resistenzen: Schorf, wenig empfindlich für Feuerbrand, anfällig für Mehltau
Anbauhinweise: Erwerbs-, Selbstversorger- und Liebhaberanbau; EU-Sortenschutz

Fuji

Synonyme: Keine, zahlreiche Mutanten
Herkunft: 'Ralls Janet' × 'Golden Delicious'
Verwendung: Tafelsorte
Anbaueignung: Für gute Apfellagen in wärmeren Gebieten
Wuchs: Schwach bis mittelstark, leicht verkahlend
Unterlagen: M 9, M 26, Supporter 4
Befruchtung: Diploid, Befruchter u. a. 'Braeburn', 'Florina', 'Gala', 'Golden Delicious', 'Idared', 'Pinova', 'Retina'
Ertrag: Hoch bis sehr hoch, ohne Ausdünnung alternierend
Frucht: Groß, Geschmack süßlich bis fad, pflückreif XI, genussreif ab XII bis V
Resistenzen: Empfindlich für Schorf, Mehltau, Blütenfrost, Holzfrost, Feuerbrand und Blutlaus
Anbauhinweise: Intensivanbau in warmen Lagen (Weinbaulagen), keinesfalls für Kleingärtner; Sortenschutz für einige rote Mutanten

Gala

Synonym: 'Gala Delicious', zahlreiche Mutanten
Herkunft: 'Kidds Orange' × 'Golden Delicious'
Verwendung: Tafelsorte
Anbaueignung: Für gute Apfellagen
Wuchs: Mittelstark, mitteldichte Verzweigung
Unterlagen: M 9, M 26, Supporter 4
Befruchtung: Diploid, Befruchter u. a. 'Braeburn', 'Cox Orange', 'Elstar', 'Florina', 'Fuji', 'Golden Delicious', 'Pinova', 'Retina', 'Rubinette'
Ertrag: Sehr hoch, keine Alternanz
Frucht: Mittelgroß, Geschmack süß, wenig Aroma, pflückreif E IX, genussreif ab X bis III
Resistenzen: Wenig Mehltau, empfindlich für Schorf, Krebs und Feuerbrand
Anbauhinweise: Intensivanbau, nicht für Kleingärtner; rote Mutanten haben Sortenschutz

Gerlinde

Synonyme: Keine
Herkunft: TSR 15T3 (F_3 von *Malus floribunda* 821/V_f) × 'Elstar'
Verwendung: Tafelsorte, auch für Verarbeitung
Anbaueignung: Für alle Apfellagen
Wuchs: Stark, neigt später zur Verkahlung
Unterlagen: M 9, M 26, Supporter 4, MM 106 für Viertel- oder Halbstamm
Befruchtung: Diploid, Befruchter u. a. 'Florina', 'Gala', 'Golden Delicious', 'Pinova'
Ertrag: Mittelhoch bis hoch, neigt zu Alternanz
Frucht: Nur mittelgroß bis klein, Geschmack süßsäuerlich mit ausgewogener Säure, saftig, aromatisch, pflückreif A bis M IX, folgernd, genussreif von Ernte bis XI
Resistenzen: Schorf (nicht stabil), anfällig für Mehltau und Feuerbrand
Anbauhinweise: Kleingarten, Liebhaberanbau, evtl. Streuobst; EU-Sortenschutz

Golden Delicious

Synonym: 'Gelber Köstlicher', zahlreiche Mutanten, auch Spurtyp-Mutanten
Herkunft: 'Grimes Golden' × 'Golden Renette'
Verwendung: Tafelsorte
Anbaueignung: Für gute Apfellagen
Wuchs: Schwach bis mittelstark, gut verzweigt
Unterlagen: M 9, M 26, Supporter 4
Befruchtung: Diploid, Befruchter u. a. 'Alkmene', 'Cox Orange', 'Elstar', 'Florina', 'Fuji', 'Gala', 'Goldparmäne', 'Pilot', 'Pinova', 'Retina', 'Rewena'
Ertrag: Sehr hoch, regelmäßig, in älteren Anlagen Alternanz möglich
Frucht: Mittelgroß bis groß, Geschmack fein süß bis süßsäuerlich, mildes Aroma, pflückreif A X, genussreif ab XI bis IV
Resistenzen: Wenig Feuerbrand, empfindlich für Schorf und Mehltau
Anbauhinweise: Intensivanbau, nicht für Kleingärtner; Sortenschutz für zahlreiche Mutanten

Goldparmäne

Synonyme: 'Wintergoldparmäne', 'King of the Pippins', 'Reine des Reinettes', 'Goldrenette' u. a.
Herkunft: Unbekannt, Zufallssämling
Verwendung: Alte Tafelsorte, Verarbeitung
Anbaueignung: Nur für gute Apfellagen
Wuchs: Mittelstark bis stark
Unterlagen: M 9, M 26, MM 106 für Halbstämme, Sämling für Hochstamm
Befruchtung: Diploid, Befruchter u. a. 'Alkmene', 'Berlepsch', 'Carola', 'Cox Orange', 'Florina', 'Golden Delicious', 'Idared', 'James Grieve'
Ertrag: Mittel, oft alternierend
Frucht: Mittel bis groß, Geschmack fein süßsäuerlich, aromatisch, pflückreif M IX, genussreif ab X bis II
Resistenzen: Anfällig für Schorf, Mehltau, Blutlaus, Holzfrost, Feuerbrand, Krebs
Anbauhinweise: Liebhaberanbau, Streuobst

Grahams Jubiläumsapfel

Synonyme: 'Graham', 'Royal Jubilée'
Herkunft: Unbekannt, Zufallssämling
Verwendung: Alte Wirtschafts- und Tafelsorte, Verarbeitung
Anbaueignung: Sehr robust, für alle Apfellagen, auch in Höhenlagen
Wuchs: Stark bis mittelstark
Unterlagen: M 9, M 26, MM 106 bis Sämling (Streuobst)
Befruchtung: Diploid, Befruchter u. a. 'Rote Sternrenette', 'Roter Trierer Weinapfel'
Ertrag: Mittelhoch, oft alternierend
Frucht: Groß, Geschmack mild süßsäuerlich, schwaches Aroma, pflückreif IX, genussreif ab X bis XII
Resistenzen: Sehr frostfest und blütenfrostresistent, wenig Schorf und Mehltau, feuerbrandanfällig
Anbauhinweise: Liebhaberanbau, Streuobst in windgeschützten Lagen

Gravensteiner

Synonyme: 'Grafenapfel' (Württemberg), 'Haferapfel' (Hannover), 'Ernteapfel' (Elsass), 'Blumencalvill' (Bayern) u. a.
Herkunft: Unbekannt, Zufallssämling
Verwendung: Eine der besten Sommersorten
Anbaueignung: Nur für beste Apfellagen, pflegeintensiv
Wuchs: Sehr stark, gut verzweigt
Unterlagen: M 9, M 26, für Halb- oder Hochstämme MM 106 bis Sämling
Befruchtung: Triploid, als Bestäuber ungeeignet, Befruchter u. a. 'Baumann', 'Golden Delicious', 'Goldparmäne', 'Pinova', 'Weißer Klar'
Ertrag: Mittel, oft alternierend
Frucht: Groß, Geschmack kräftig süßsäuerlich mit edlem Aroma, pflückreif E VIII bis A IX, genussreif bis X
Resistenzen: Anfällig für Schorf, Mehltau, Krebs, Holzfrost, Feuerbrand
Anbauhinweise: Erwerbs- und Liebhaberanbau, Streuobst

Idared

Synonyme: Keine
Herkunft: 'Jonathan' × 'Wagenerapfel'
Verwendung: Tafelsorte
Anbaueignung: Für gute Apfellagen in nicht zu kühlen Gebieten
Wuchs: Schwach, gut verzweigt
Unterlagen: M 9, M 26, Supporter 4
Befruchtung: Diploid, Befruchter u. a. 'Gala', 'Golden Delicious', 'Pilot', 'Pinova', 'Piros', 'Reglindis', 'Rewena', 'Rubinette', 'Weißer Klar'
Ertrag: Sehr hoch, regelmäßig, keine Alternanz
Frucht: Groß, Geschmack schwach süß bis süßsäuerlich, geringes Aroma, pflückreif E IX, A X, genussreif ab XII bis V
Resistenzen: Wenig Schorf, empfindlich für Mehltau, Feuerbrand, Blütenfrost
Anbauhinweise: Intensivanbau in guten Apfellagen, Liebhaber

James Grieve

Synonyme: 'Frühe Cox Orangenrenette', 'Grieve'
Herkunft: 'Potts Sämling' frei abgeblüht
Verwendung: Tafelsorte
Anbaueignung: Für alle Apfellagen bis in mittlere Höhenlagen
Wuchs: Mittelstark, mittel bis gut verzweigt
Unterlagen: M 9, M 26, MM 106 für Viertel- oder Halbstamm
Befruchtung: Diploid, Befruchter u. a. 'Berlepsch', 'Cox Orange', 'Elstar', 'Golden Delicious', 'Goldparmäne', 'Idared', 'Oldenburg', 'Pinova'
Ertrag: Hoch bis sehr hoch, keine Alternanz
Frucht: Mittelgroß bis groß, Geschmack fein süßsäuerlich, mildes, angenehmes Aroma, pflückreif IX, genussreif ab Ernte bis X
Resistenzen: Wenig Schorf, empfindlich für Mehltau, Krebs, Kragenfäule, Blutlaus, Feuerbrand
Anbauhinweise: Intensiv-, Selbstversorger- und Liebhaberanbau, Streuobst

Jonagold

Synonyme: Keine, Sorte mit den meisten Mutanten weltweit
Herkunft: 'Golden Delicious' × 'Jonathan'
Verwendung: Tafelsorte
Anbaueignung: Für gute Apfellagen in wärmeren Gebieten
Wuchs: Stark, hängende Verzweigung
Unterlagen: M 27, M 9
Befruchtung: Triploid, als Bestäuber ungeeignet, Befruchter u. a. 'Braeburn', 'Cox Orange', 'Elstar', 'Florina', 'Fuji', 'Gala', 'Idared', 'James Grieve'
Ertrag: Hoch und regelmäßig
Frucht: Groß, Geschmack fein süßsäuerlich, kräftiges Aroma, pflückreif X, genussreif ab XI bis IV
Resistenzen: Empfindlich für Schorf, Mehltau, Blütenfrost, Feuerbrand, Krebs und Winterfrost
Anbauhinweise: Intensivanbau in günstigen Lagen

Kaiser Wilhelm

Synonym: 'Wilhelmapfel'
Herkunft: Wahrscheinlich 'Harberts Renette' frei abgeblüht
Verwendung: Alte Tafelsorte, Verarbeitung
Anbaueignung: Robust, für alle Lagen geeignet
Wuchs: Stark bis sehr stark, gut verzweigt
Unterlagen: M 9, M 26 bis Sämling (Streuobst)
Befruchtung: Triploid, als Bestäuber nicht geeignet, Befruchter u. a. 'Cox Orange', 'Croncels', 'Gelber Edel', 'Goldparmäne', 'Landsberger', 'Ontario'
Ertrag: Mittel, später hoch, alternierend
Frucht: Mittel bis groß, Geschmack kräftig säuerlich süß, schwaches Aroma, pflückreif E-IX, genussreif ab XI bis III
Resistenzen: Wenig Schorf, Holzfrost und Blütenfrost, mehltau- und feuerbrandempfindlich
Anbauhinweise: Streuobst, Liebhaberanbau

Ontario

Synonyme: Keine
Herkunft: 'Northern Spy' × 'Wagenerapfel'
Verwendung: Alte Langlager-Tafelsorte, Verarbeitung
Anbaueignung: In allen frostsicheren Lagen
Wuchs: Mittelstark bis schwach, gut verzweigt
Unterlagen: M 9, M 26, MM 106, Sämling für Hochstamm (Streuobst)
Befruchtung: Diploid, Befruchter u. a. 'Baumann', 'Carola', 'Cox Orange', 'Gelber Bellefleur', 'Gelber Edel', 'Golden Delicious', 'James Grieve'
Ertrag: Mittel bis hoch, regelmäßig
Frucht: Groß, Geschmack süßlich, wenig aromatisch, pflückreif X, genussreif ab II bis V
Resistenzen: Blutlaus, wenig Schorf, Mehltau und Feuerbrand, empfindlich für Holzfrost und Krebs
Anbauhinweise: Selbstversorger, Liebhaber, Streuobst, Erwerbsanbau

Pia

Synonyme: Keine
Herkunft: 'Idared' × 'Helios'
Verwendung: Tafelsorte
Anbaueignung: Für alle Apfellagen
Wuchs: Mittelstark, gut verzweigt
Unterlagen: M 9, M 26, MM 106 für Viertelstamm
Befruchtung: Diploid, Befruchter u. a. 'Carola', 'Golden Delicious', 'Piflora', 'Pilot', 'Pinova', 'Pirella', 'Piros', 'Rebella', 'Rewena'
Ertrag: Hoch und regelmäßig
Frucht: Groß, Geschmack kräftig süßsäuerlich, mildes Aroma, pflückreif E VIII, genussreif ab Ernte bis A X
Resistenzen: Wenig Schorf, Mehltau, Blüten- und Holzfrost, feuerbrandanfällig
Anbauhinweise: Intensivanbau, Selbstversorger, sehr gut im Kleingarten, nicht für Streuobst; Sortenschutz

Piflora

Synonyme: Keine
Herkunft: 'Idared' × 'Golden Delicious'
Verwendung: Tafelsorte
Anbaueignung: Für alle Apfellagen
Wuchs: Mittelstark, gut verzweigt, lockere Krone
Unterlagen: M 9, M 26, MM 106 für Viertelstamm
Befruchtung: Diploid, Befruchter u.a. 'Golden Delicious', 'Pia', 'Pilot', 'Pingo', 'Pinova', 'Pirella', 'Piros', 'Rebella', 'Reglindis', 'Rewena'
Ertrag: Hoch und regelmäßig
Frucht: Groß, Geschmack kräftig süßsäuerlich, starkes Aroma, pflückreif E IX, genussreif ab X bis II
Resistenzen: Wenig Schorf und Mehltau, feuerbrandanfällig
Anbauhinweise: Intensivanbau, Selbstversorger, sehr gut im Kleingarten, nicht für Streuobst; Sortenschutz

Pilot

Synonyme: Keine
Herkunft: 'Clivia' × 'Undine'
Verwendung: Tafelsorte für Langzeitlagerung, Verarbeitung
Anbaueignung: Für alle Apfellagen
Wuchs: Mittelstark bis schwach, gut verzweigt
Unterlagen: M 9, M 26, Supporter 4
Befruchtung: Diploid, Befruchter u.a. 'Golden Delicious', 'Idared', 'Pinova', 'Pirella', 'Piros', 'Rebella', 'Reglindis', 'Remo', 'Renora'
Ertrag: Hoch und regelmäßig, Alternanz möglich
Frucht: Mittelgroß, Geschmack kräftig süßsäuerlich, sehr starkes Aroma, fest, pflückreif A X, genussreif ab II bis VI
Resistenzen: Wenig Schorf und Mehltau, feuerbrandanfällig
Anbauhinweise: Intensiv-, Selbstversorger- und Liebhaberanbau, Bioanbau, nicht für Streuobst; Sortenschutz in mehreren Ländern

Pink Lady

Synonym: 'Cripps Pink' (Sortenname)
Herkunft: 'Lady Williams' × 'Golden Delicious'
Verwendung: Tafelsorte
Anbaueignung: Nur für warme Apfellagen mit sehr langer Vegetationszeit
Wuchs: Stark, gut verzweigt
Unterlagen: M 9, M 26
Befruchtung: Diploid, Bestäuber in Deutschland noch nicht geprüft
Ertrag: Meist hoch und regelmäßig
Frucht: Mittelgroß, Geschmack süß, wenig Aroma, pflückreif E XI in Deutschland, genussreif ab II bis V
Resistenzen: Anfällig für Schorf, Feuerbrand, Krebs, Mehltau
Anbauhinweise: Intensivanbau; Sortenschutz weltweit

Pinova

Synonym: 'Corail' (nur in Frankreich), erste rote Mutanten vorhanden
Herkunft: 'Clivia' × 'Golden Delicious'
Verwendung: Tafelsorte
Anbaueignung: Für alle Apfellagen mit ausreichender Tag-Nacht-Temperaturdifferenz vor der Ernte
Wuchs: Mittelstark bis schwach
Unterlagen: M 9, M 26, Supporter 4
Befruchtung: Diploid, Befruchter u. a. 'Elstar', 'Gala', 'Golden Delicious', 'Pilot', 'Piros', 'Reanda', 'Rebella', 'Rubinette'
Ertrag: Sehr hoch, regelmäßig, keine Alternanz, ausdünnen!
Frucht: Mittelgroß, Geschmack kräftig süß mit etwas Säure, mildes angenehmes Aroma, pflückreif X, genussreif ab Ernte bis V
Resistenzen: Wenig Schorf, empfindlich für Mehltau, nur mäßig feuerbrandanfällig
Anbauhinweise: Intensivanbau, nur für erfahrene Kleingärtner; EU-Sortenschutz

Piros

Synonyme: Keine
Herkunft: 'Helios' × 'Apollo'
Verwendung: Tafelsorte
Anbaueignung: Für alle Apfellagen
Wuchs: Mittelstark, sehr locker verzweigt
Unterlagen: M 9, M 26, Supporter 4, MM 106
Befruchtung: Diploid, Befruchter u. a. 'Elstar', 'Golden Delicious', 'Pilot', 'Pinova', 'Pirella', 'Rebella', 'Renora', 'Retina', 'Rewena'
Ertrag: Anfangs mittel, später hoch
Frucht: Mittel bis groß, Geschmack süß mit ausgewogener Säure, mildes Aroma, pflückreif E VII, genussreif VIII
Resistenzen: Wenig Schorf, anfällig für Mehltau, Krebs, Blütenfrost, Feuerbrand
Anbauhinweise: Intensiv-, Selbstversorger- und Liebhaberanbau, nicht für Streuobst; Sortenschutz in mehreren Ländern

Prinzenapfel

Synonyme: 'Echter Prinz', 'Sommerprinz', 'Hasenkopf', 'Melonenapfel', 'Schlotterapfel', 'Walzenapfel', 'Ananasapfel', 'Klapperapfel', 'Haferapfel', 'Langapfel', 'Schafsnase' u. v. a.
Herkunft: Unbekannt, Zufallssämling
Verwendung: Alte Tafelsorte, Streuobst
Anbaueignung: Auch für weniger geeignete, aber feuchte Standorte
Wuchs: Mittelstark bis stark
Unterlagen: Für Halb- und Hochstämme Sämling, A 2
Befruchtung: Diploid, Befruchter sind nicht geprüft
Ertrag: Meist hoch, Alternanz möglich
Frucht: Mittel bis groß, Geschmack feinsäuerlich, mildes Aroma, pflückreif E IX, genussreif ab X bis XI
Resistenzen: Allgemein robust, wenig Schorf und Mehltau, blütenfrostresistent, feuerbrandanfällig
Anbauhinweise: Liebhaberanbau, Streuobst in feuchten und rauen Lagen

Rebella

Synonyme: Keine
Herkunft: 'Golden Delicious' × 'Remo'
Verwendung: Tafelsorte, auch für Verarbeitung geeignet
Anbaueignung: Für alle Apfellagen
Wuchs: Schwach bis mittelstark
Unterlagen: M 9, M 26, MM 106 für Viertelstamm
Befruchtung: Diploid, Befruchter u. a. 'Golden Delicious', 'Pia', 'Pingo', 'Pinova', 'Pirella', 'Piros', 'Reglindis', 'Renora', 'Retina', 'Rewena'
Ertrag: Hoch und regelmäßig
Frucht: Mittelgroß bis groß, Geschmack kräftig süßsäuerlich, mittleres Aroma, pflückreif E IX, genussreif ab X bis XII
Resistenzen: Schorf, Mehltau, Feuerbrand, Rote Spinne, Bakterienbrand, bestimmte Blattlausarten, Holzfrost, Schorfresistenz instabil
Anbauhinweise: Intensiv-, Selbstversorger- und Liebhaberanbau, Kleingarten, Bioanbau; EU-Sortenschutz

Regia

Synonyme: Keine
Herkunft: 'Clivia' × Schorfresistenter Zuchtstamm (*Malus pumila,* V_r)
Verwendung: Tafelsorte, Verarbeitung
Anbaueignung: Für alle Apfellagen
Wuchs: Schwach bis mittelstark
Unterlagen: M 9, M 26, MM 106 für Viertelstamm
Befruchtung: Diploid, Befruchter u. a. 'Golden Delicious', 'Piflora', 'Pingo', 'Pinova', 'Pirella', 'Piros', 'Rebella', 'Retina', 'Rewena'
Ertrag: Mittel bis hoch, regelmäßig
Frucht: Groß, Geschmack kräftig süß mit leichter Säure, mittleres Aroma, pflückreif E-IX, genussreif ab XI bis II
Resistenzen: Schorf, wenig Mehltau, Feuerbrand, Bakterienbrand, Holzfrost, empfindlich für Spinnmilben und Blütenfrost
Anbauhinweise: Intensivanbau, Selbstversorger, Kleingarten, Bioanbau; Sortenschutz

Reglindis

Synonyme: Keine
Herkunft: 'James Grieve' × Schorfresistenter Zuchtstamm (Antonowka, V_A)
Verwendung: Tafelsorte, Verarbeitung
Anbaueignung: Für alle Apfellagen
Wuchs: Schwach bis mittelstark
Unterlagen: M 9, M 26, MM 106 für Viertelstamm
Befruchtung: Diploid, Befruchter u.a. 'Idared', 'James Grieve', 'Pia', 'Piflora', 'Pinova', 'Prima', 'Reanda', 'Rebella', 'Retina', 'Rewena'
Ertrag: Mittel bis hoch, nicht immer regelmäßig
Frucht: Mittelgroß, Geschmack süßsäuerlich mit angenehmem Aroma, pflückreif A bis M IX, genussreif bis X
Resistenzen: Schorf, wenig Mehltau, Feuerbrand, Holzfrost, Spinnmilben und Blütenfrost
Anbauhinweise: Intensivanbau, Selbstversorger, Bioanbau, Kleingarten; Sortenschutz in mehreren Ländern

Renora

Synonyme: Keine
Herkunft: 'Clivia' × Schorfresistenter Zuchtstamm (*Malus floribunda*, V_f)
Verwendung: Tafelsorte, Verarbeitung
Anbaueignung: Für alle Apfellagen
Wuchs: Schwach bis mittelstark
Unterlagen: M 9, M 26, Supporter 4, MM 106 für Viertelstamm
Befruchtung: Diploid, Befruchter u.a. 'Golden Delicious', 'Idared', 'James Grieve', 'Piflora', 'Pinova', 'Pirella', 'Reanda', 'Rebella', 'Rewena'
Ertrag: Mittel bis hoch, regelmäßig
Frucht: Groß, Geschmack kräftig süßsäuerlich, mittleres Aroma, pflückreif E IX, genussreif ab XII bis IV
Resistenzen: Schorf, wenig Mehltau, Feuerbrand und Holzfrost
Anbauhinweise: Intensiv-, Selbstversorgeranbau, Bioanbau, Kleingarten; EU-Sortenschutz

Resi

Synonyme: Keine
Herkunft: 'Clivia' × Schorfresistenter Zuchtstamm (*Malus floribunda*, V_f)
Verwendung: Tafelsorte
Anbaueignung: Für alle Apfellagen
Wuchs: Schwach
Unterlagen: M 9, M 26, Supporter 4
Befruchtung: Diploid, Befruchter u. a. 'Idared', 'James Grieve', 'Pia', 'Piflora', 'Pingo', 'Pinova', 'Piros', 'Rebella', 'Reglindis', 'Rewena'
Ertrag: Mittel bis hoch, meist regelmäßig
Frucht: Klein, Geschmack süßsäuerlich, sehr gut, kräftiges Aroma, pflückreif IX, genussreif bis XI
Resistenzen: Schorf, wenig Feuerbrand, Mehltau, Rote Spinne, Schorfresistenz instabil
Anbauhinweise: Intensiv-, Selbstversorgeranbau, Kleingarten; EU-Sortenschutz

Rote Sternrenette

Synonyme: 'Calvill etoilé', 'Herbstrenette', 'Herzapfel', 'Lambert', 'Perlrenette', 'Rote Herbstrenette', 'Starrenette' u. v. a.
Herkunft: Unbekannt
Verwendung: Alte Tafelsorte (Weihnachtsapfel), Verarbeitung, Streuobst
Anbaueignung: Für raue und Vorgebirgslagen
Wuchs: Erst mittel, dann stark
Unterlagen: M 26, für Halb- und Hochstämme MM 106, A 2, Sämling
Befruchtung: Diploid, Befruchter u. a. 'Cox Orange', 'James Grieve', 'Ontario', 'Weißer Klar'
Ertrag: Mittelhoch, oft alternierend
Frucht: Mittel bis groß, Geschmack kräftig säuerlich süß, parfümiert, schwaches Aroma, pflückreif A X, genussreif ab XI bis I
Resistenzen: Robust, wenig Schorf, Mehltau, Holzfrost und Krebs, anfällig für Feuerbrand
Anbauhinweise: Liebhaberanbau, Streuobst, Bioanbau

Rubinette

Synonym: 'Rafzubin' (Sortenname)
Herkunft: 'Golden Delicious' frei abgeblüht
Verwendung: Tafelsorte
Anbaueignung: Für gute Apfellagen in wärmeren Gebieten
Wuchs: Mittelstark, gut verzweigt
Unterlagen: M 9, M 26, Supporter 4
Befruchtung: Diploid, Befruchter u. a. 'Cox Orange', 'Florina', 'Gala', 'Gloster', 'Golden Delicious', 'Idared', 'Spartan'
Ertrag: Hoch und regelmäßig, Alternanz möglich, ausdünnen!
Frucht: Klein bis mittelgroß, Geschmack süß bis süßsäuerlich, kräftiges, edles Aroma, pflückreif E IX, genussreif bis I
Resistenzen: Empfindlich für Schorf, Mehltau, Feuerbrand, Holz relativ frosthart
Anbauhinweise: Intensivanbau in guten Apfellagen; Sortenschutz in mehreren Ländern

Shampion

Synonyme: Keine
Herkunft: 'Golden Delicious' × 'Lord Lambourne'
Verwendung: Tafelsorte
Anbaueignung: Für alle Apfellagen bis in mittlere Höhenlagen
Wuchs: Mittelstark
Unterlagen: M 9, M 26, Supporter 4
Befruchtung: Diploid, Befruchter u. a. 'Florina', 'Gala', 'Idared', 'Pilot', 'Pinova', 'Piros', 'Spartan'
Ertrag: Sehr hoch, regelmäßig, kaum Alternanz
Frucht: Groß, Geschmack schwach süß bis süßsäuerlich, geringes Aroma, Schattenfrüchte fad, pflückreif M IX, genussreif bis II
Resistenzen: Wenig Mehltau, anfällig für Schorf, Holzfrost, Feuerbrand, Blütenfrost, Gummiholzkrankheit
Anbauhinweise: Intensivanbau, Liebhaber

Topaz

Synonyme: Keine, erste rote Mutanten gefunden
Herkunft: 'Rubin' × 'Vanda' (*Malus floribunda*, V_f)
Verwendung: Tafelsorte, Verarbeitung
Anbaueignung: Für alle Apfellagen bis in mittlere Höhenlagen
Wuchs: Mittelstark, gut verzweigt
Unterlagen: M 9, M 26, Supporter 4, MM 106
Befruchtung: Diploid, Befruchter u. a. 'Angold', 'Braeburn', 'Golden Delicious', 'Idared', 'Resista', 'Retina', 'Rubinstep'
Ertrag: Hoch, regelmäßig, kaum Alternanz
Frucht: Groß, Geschmack säuerlich süß, starkes Aroma, pflückreif M bis E IX, genussreif bis II
Resistenzen: Schorf, empfindlich für Mehltau, Rote Spinne und Feuerbrand, blütenfrostgefährdet, Schorfresistenz instabil
Anbauhinweise: Intensivanbau, Selbstversorger, Bioanbau, Kleingarten, evtl. Streuobst; EU-Sortenschutz

Undine

Synonyme: Keine
Herkunft: 'Jonathan' frei abgeblüht
Verwendung: Tafelsorte, Verarbeitung
Anbaueignung: Für alle Apfellagen bis in mittlere Höhenlagen
Wuchs: Stark, gut verzweigt
Unterlagen: M 9, M 26, MM 106 für Viertel- oder Halbstamm
Befruchtung: Diploid, Befruchter u. a. 'Alkmene', 'Auralia', 'Carola', 'Cox Orange', 'Golden Delicious', 'Idared', 'Pinova', 'Pilot', 'Remo'
Ertrag: Mittelhoch, Alternanz möglich
Frucht: Mittelgroß bis groß, Geschmack säuerlich süß, kräftiges Aroma, pflückreif E IX, genussreif ab X bis IV
Resistenzen: Wenig Schorf, Holz- und Blütenfrost, mehltau- und feuerbrandempfindlich
Anbauhinweise: Intensivanbau, Selbstversorger, Streuobst

Weißer Klarapfel

Synonyme: 'Klarapfel', 'Kornapfel', 'Pomme de Reval', 'Weißer Transparent', 'Yellow Transparent', 'Grand Sultan' u. v. a.
Herkunft: Unbekannt
Verwendung: Alte Wirtschafts- und Tafelsorte
Anbaueignung: Sehr robust, für alle Apfellagen, auch in Höhenlagen
Wuchs: Stark, später schwächer
Unterlagen: M 9, M 26, für Halb- oder Hochstämme MM 106 bis Sämling
Befruchtung: Diploid, Befruchter u. a. 'Ananasrenette', 'Baumann', 'Cox Orange', 'Croncels', 'Oldenburg'
Ertrag: Mittelhoch, oft alternierend
Frucht: Mittel bis klein, Geschmack mild säuerlich, schwaches Aroma, mitunter fad, pflückreif VII, genussreif ca. 2 Wochen
Resistenzen: Robust, sehr frostfest, wenig Schorf, anfällig für Feuerbrand, Krebs und Mehltau
Anbauhinweise: Liebhaberanbau, Streuobst

Zabergäu

Synonyme: 'Graue Renette von Zabergäu', 'Zabergäurenette'
Herkunft: Unbekannt, Zufallssämling
Verwendung: Tafelsorte, Mostsorte
Anbaueignung: Für gute Böden in wärmeren Apfellagen
Wuchs: Sehr stark
Unterlagen: M 9 (Selbstversorger) bis Sämling (Streuobst)
Befruchtung: Triploid, als Pollenspender ungeeignet, Befruchter u. a. 'Cox Orange', 'Golden Delicious', 'Goldparmäne', 'Oldenburg'
Ertrag: Mittel, alternierend
Frucht: Groß, Geschmack würzig feinsäuerlich, aromatisch, pflückreif M X, genussreif ab XI bis III
Resistenzen: Robust, widerstandsfähig für Holz- und Blütenfrost, wenig Schorf, anfällig für Mehltau, Krebs, Blutlaus, Rote Spinne und Feuerbrand
Anbauhinweise: Liebhaberanbau, Streuobst, Selbstversorger

Pyrus elaeagrifolia
Ölweidenblättrige Birne
(Kleinasiatische Birne)

Vorkommen: Krim, Anatolien, Ostbulgarien, Rumänien, europäische Türkei
Beziehung zur Kulturform: Zusammen mit *P. pyraster* wichtigster Vorfahre der Kulturbirne
Verwendung: Veredlungsunterlage, Früchte werden z. T. verzehrt
Resistenzen: Gegenüber Trockenheit und Kälte wenig empfindlich, feuerbrandanfällig
Wuchs: Kleiner Baum oder Strauch, breit aufrecht, kandelaberartiger Wuchs, dornig bis unbewehrt, Triebe filzig
Frucht: Kugelförmig bis kreiselförmig, etwa 20 mm dick, 13 mm lang, grün, z. T. essbar nach Lagerung und Trocknung

Pyrus nivalis
Schnee-Birne

Vorkommen: Südliches Mitteleuropa, Südosteuropa; Schwarm von Hybriden aus *P. pyraster* × *P. elaeagrifolia;* Hecken, steinige Fluren, sonnige trockene Stellen
Beziehung zur Kulturform: Ausgangsart vor allem für Mostbirnen
Verwendung: Mostbirnen
Resistenzen: Gering frostempfindlich, trockenresistent, feuerbrandanfällig
Wuchs: Kleiner Baum, 10 (bis 20) m hoch, kräftige, aufrechte Zweige ohne Dornen
Frucht: 30 bis 50 mm Durchmesser, kugelförmig-kreiselförmig, gelbgrün, spät reifend, herb bis süß, Kelch nicht abfallend

Pyrus pyraster
Holz-Birne

Vorkommen: Mitteleuropa, Kleinasien, Auenwälder, steinige Gebüsche, wärmeliebend
Beziehung zur Kulturform: Zusammen mit *P. elaeagrifolia* wichtigster Vorfahre der Kulturbirne
Verwendung: Früher als Veredlungsunterlage, heute nur noch als seltenes Hartholz
Resistenzen: Anfällig für Schorf und Feuerbrand, wenig frostempfindlich
Wuchs: Baum, 5 bis 15 (20) m, Krone rundlich bis hochoval bzw. pyramidal, oft mit dünnen überhängenden Zweigen, meist stark bedornt
Frucht: 20 bis 25 mm, kugelig bis sehr kreiselförmig, gelblich grün, später braun und teigig werdend, stark adstringierend, wenig oder kaum aromatisch, viele Steinzellen, Kelch groß, haftend, langstielig

Pyrus pyrifolia
Sand-Birne

Vorkommen: Zentral- bis Südostchina, Korea, Japan
Beziehung zur Kulturform: Ausgangsform der asiatischen Birne („Nashi", in Asien verbreitet kultiviert), seit etwa 2000 Jahren in China domestiziert
Verwendung: Veredlungsunterlage, auch Rohgenuss
Resistenzen: Je nach Herkunft nur mäßig feuerbrandanfällig (in Literatur von resistent bis anfällig beschrieben), etwas frostempfindlich, was auch auf die meisten „Nashi"-Sorten zutrifft
Wuchs: Baum, 5 bis 12 m hoch, oval, später breitovale bis ausladende Krone, junge Triebe kahl oder flockig behaart, später kahl und rötlich bis braun mit großen Lentizellen
Frucht: 20 bis 30 mm Durchmesser, fast kugelig, grün bis braun, hell punktiert, berostet, hartes Fruchtfleisch, Kelch abfallend

Alexander Lucas

Synonyme: 'Beurré Alexandre Lucas', 'Alexander Lukas Butterbirne', 'Lucas'
Herkunft: Unbekannt, Zufallssämling
Verwendung: Tafelsorte
Anbaueignung: Wärmere Birnenlagen, bis mittlere Höhenlagen
Wuchs: Mittelstark, später schwächer, alle Baumformen
Unterlagen: Nicht sicher mit Quitte verträglich
Befruchtung: Triploid, als Bestäuber ungeeignet, Befruchter* u. a. 'Boscs', 'Concorde', 'Condo', 'Conference', 'Drouard', 'Verté', 'Williams', neigt zu Parthenokarpie
Ertrag: Hoch, wenig alternierend
Frucht: Groß, schwer, saftig, mittel aromatisch, halbschmelzend, pflückreif M X, genussreif XI bis XII, bis 6 Monate haltbar
Resistenzen: Wenig Schorf und Feuerbrand, Blüte frostempfindlich
Anbauhinweise: Erwerbsanbau, Selbstversorger, Hausgarten, Bioanbau

Boscs Flaschenbirne

Synonyme: 'Beurré Bosc', 'Calebasse Bosc', 'Kaiser Alexander', 'Kaiserkrone'
Herkunft: Unbekannt, Zufallssämling
Verwendung: Tafelsorte
Anbaueignung: Wärmere Birnenlagen, bis mittlere Höhenlagen
Wuchs: Mittelstark, steil aufrecht, für alle Baumformen
Unterlagen: Unverträglich mit Quitte
Befruchtung: Diploid, Befruchter* u. a. 'Clapps', 'Concorde', 'Condo', 'Conference', 'Drouard', 'Nordhäuser', 'Verdi', 'Verté', 'Williams'
Ertrag: Hoch, regelmäßig
Frucht: Groß, lang, saftig, aromatisch, schmelzend, pflückreif M IX, genussreif bis XI, im Kühl- bzw. CA-Lager bis 6 Monate haltbar
Resistenzen: Anfällig für Schorf, Feuerbrand, Holzfrost, weniger für Blütenfrost
Anbauhinweise: Erwerbsanbau, Intensivanlagen, Selbstversorger, Direktvermarkter

Clapps Liebling

Synonyme: 'Clapps', 'Clapps Favourite', zahlreiche Mutanten (teils rotfarbig)
Herkunft: 'Holzfarbige Butterbirne' frei abgeblüht
Verwendung: Tafelsorte
Anbaueignung: Wärmere Birnenlagen, bis mittlere Höhenlagen
Wuchs: Stark, aufrecht, neigt zur Überbauung, für alle Baumformen
Unterlagen: Nicht sicher mit Quitte verträglich
Befruchtung: Diploid, guter Bestäuber, Befruchter* u.a. 'Boscs', 'Concorde', 'Condo', 'Conference', 'Vereinsdechant', 'Williams', neigt zu Parthenokarpie
Ertrag: Mittelhoch, regelmäßig
Frucht: Groß, saftig, aromatisch, schmelzend, pflückreif M VIII, genussreif 2 Wochen
Resistenzen: Anfällig für Schorf und Feuerbrand, Blüte wenig frostempfindlich
Anbauhinweise: Erwerbsanbau bei gesichertem Absatz, Selbstversorger, Hausgarten

Concorde

Synonyme: Keine
Herkunft: 'Vereinsdechantsbirne' × 'Conference'
Verwendung: Tafelsorte
Anbaueignung: Wärmere Birnenlagen
Wuchs: Mittelstark, aufrecht, für alle Baumformen
Unterlagen: Nur mäßig mit Quitte verträglich
Befruchtung: Diploid, Befruchter* u. a. 'Abate Fetel', 'Clapps', 'Conference', 'Gute Luise', 'Guyot', 'Verdi', 'Vereinsdechant'
Ertrag: Hoch, regelmäßig
Frucht: Groß, lang, saftig, aromatisch, knackig bis schmelzend, pflückreif E IX, genussreif X, im Kühl- bzw. CA-Lager bis Februar/ März haltbar, druckempfindlich
Resistenzen: Wenig Schorf, anfällig für Feuerbrand, Rindenkrebs, Chlorose
Anbauhinweise: Erwerbsanbau, Direktvermarktung, Intensivanlagen, Bioanbau; Sortenschutz in mehreren Ländern

Condo

Synonyme: Keine
Herkunft: 'Conference' × 'Vereinsdechantsbirne'
Verwendung: Tafelsorte
Anbaueignung: Für wärmere Birnenlagen
Wuchs: Schwach bis mittelstark, gut als Superspindel
Unterlagen: Nur mäßig mit Quitte verträglich
Befruchtung: Diploid, guter Bestäuber, Befruchter* u. a. 'Abate Fetel', 'Clapps', 'Gute Luise', 'Verdi', 'Vereinsdechant'
Ertrag: Mittel bis hoch, regelmäßig
Frucht: Mittel bis groß, saftig, wenig aromatisch, schmelzend, pflückreif E IX, genussreif X, im Kühl- bzw. CA-Lager bis Februar/März haltbar
Resistenzen: Wenig Schorf, anfällig für Feuerbrand, Rindenkrebs, Chlorose, Blüte etwas frostgefährdet
Anbauhinweise: Erwerbsanbau, Direktvermarktung, Intensivanlagen, Bioanbau; Sortenschutz in mehreren Ländern

David

Synonyme:
Herkunft: 'Jules Guyot' × 'Vereinsdechantsbirne'
Verwendung: Tafelsorte
Anbaueignung: Für wärmere Birnenlagen
Wuchs: Schwach, wenig verzweigt, dünntriebig
Unterlagen: Mit Quitte verträglich
Befruchtung: Diploid, Befruchter* u. a. 'Anjou', 'Clapps', 'Conference', 'Tongern', 'Uta', 'Williams'
Ertrag: Mittel bis hoch, regelmäßig
Frucht: Mittel bis groß, nach der Lagerung gelb und saftig, mittel aromatisch, fest, vollreif schmelzend, pflückreif M X, genussreif XII, im Kühllager bis III/IV haltbar, gut transportabel
Resistenzen: Wenig Schorf, anfällig für Feuerbrand
Anbauhinweise: Erwerbsanbau, Direktvermarktung, nicht für Hochstämme; Sortenschutz in mehreren Ländern

Dekora

Synonyme: Keine
Herkunft: 'Conference' × 'Clapps Liebling'
Verwendung: Tafelsorte, für Dekorationszwecke nutzbar (Spalier, Columnarbäume)
Anbaueignung: Für alle Birnenlagen
Wuchs: Sehr stark, steil aufrecht, fast nicht verzweigt, starktriebig, bei vollem Behang Bruchgefahr
Unterlagen: Sämling, mit Quitte nicht geprüft, Zwischenveredlung
Befruchtung: Diploid, Befruchter* u. a. 'Conference', 'Radana'
Ertrag: Mittel bis hoch, neigt zu Alternanz, ausdünnen!
Frucht: Mittelgroß, mäßig saftig, mittel aromatisch, fest, pflückreif E IX, genussreif bis XII, gut transportabel
Resistenzen: Wenig Schorf, anfällig für Feuerbrand, noch wenig Erfahrung
Anbauhinweise: Erwerbsanbau, Direktvermarktung, als Spalierobst, für Säulenbäume geeignet, nicht für Hochstämme

Dessertnaja

Synonyme: 'Dessertbirne', 'Dessera'
Herkunft: 'Boscs Flaschenbirne' × 'Olivier de Serres'
Verwendung: Tafelsorte
Anbaueignung: Für alle Birnenlagen
Wuchs: Mittelstark, stark verzweigt, hängend
Unterlagen: Sämling, mit Quitte nicht geprüft, Zwischenveredlung
Befruchtung: Diploid, Befruchtersorten nicht geprüft
Ertrag: Hoch, kaum Alternanz
Frucht: Mittelgroß bis groß, saftig, angenehm aromatisch, schmelzend, pflückreif E-VIII, genussreif bis IX, rechtzeitig pflücken
Resistenzen: Wenig Schorf, anfällig für Feuerbrand, noch wenig Erfahrung
Anbauhinweise: Direktvermarktung, Selbstversorger, Erwerbsanbau nur bei gesichertem Absatz, nicht für Hochstämme

Eckehard

Synonym: SAXONIA™-'Eckehard' (Markenname)
Herkunft: 'Nordhäuser Winterforelle' × 'Clapps Liebling'
Verwendung: Tafelsorte
Anbaueignung: Wärmere Birnenlagen
Wuchs: Stark, breit-pyramidal, mitteldicht
Unterlagen: Auf Quitte noch wenig Erfahrung, Zwischenveredlung
Befruchtung: Diploid, Befruchter* u.a. 'Anjou', 'Clapps', 'Conference', 'Paris', 'Tongern', 'Uta', 'Williams'
Ertrag: Sehr hoch, regelmäßig, bei vollem Behang ausdünnen
Frucht: Groß, saftig, mittel aromatisch, fest, manchmal grobzellig, pflückreif E IX, genussreif ab X, im Kühllager bis III haltbar
Resistenzen: Robust, wenig Schorf, anfällig für Feuerbrand, noch wenig Erfahrung
Anbauhinweise: Erwerbsanbau, Direktvermarktung, Selbstversorger, auch für Hochstämme

Elektra

Synonym: SAXONIA™-'Elektra' (Markenname)
Herkunft: 'Nordhäuser Winterforelle' × 'Clapps Liebling'
Verwendung: Tafelsorte
Anbaueignung: Wärmere Birnenlagen
Wuchs: Mittel bis stark, pyramidal
Unterlagen: Quitte mit Zwischenveredlung, direkt auf Quitte noch wenig Erfahrung
Befruchtung: Diploid, Befruchter* u.a. 'Anjou', 'Clapps', 'Conference', 'Paris', 'Williams'
Ertrag: Mittel bis hoch, regelmäßig
Frucht: Groß, lang-elliptisch, saftig, feines Aroma, bissfest, schmelzend, pflückreif IX, genussreif ab X, im Kühllager bis II haltbar, gut transportabel
Resistenzen: Wenig Schorf, anfällig für Feuerbrand und Birnenverfall (pear decline), noch wenig Erfahrung
Anbauhinweise: Erwerbsanbau, Direktvermarktung, Selbstversorger, für Hochstämme möglich; EU-Sortenschutz angemeldet

Erika

Synonyme: Keine
Herkunft: 'Boscs Flaschenbirne' × 'Präsident Drouard'
Verwendung: Tafelsorte
Anbaueignung: Wärmere Birnenlagen
Wuchs: Mittel, pyramidal aufrecht bis breit
Unterlagen: Quitte mit Zwischenveredlung, direkt auf Quitte noch wenig Erfahrung
Befruchtung: Diploid, Befruchter* u. a. 'Bohemica', 'Conference', 'Delta', 'Dicolor'
Ertrag: Mittel bis hoch, regelmäßig, bei Überbehang Alternanz möglich
Frucht: Mittel bis groß, saftig, wenig Aroma (offenbar sehr standortabhängig), bissfest, nur beste Qualität schmelzend, pflückreif X, genussreif ab XI, im Kühllager bis III haltbar, gut transportabel
Resistenzen: Wenig Schorf, anfällig für Feuerbrand, noch wenig Erfahrung
Anbauhinweise: Erwerbsanbau, Selbstversorger; EU-Sortenschutz

Gerburg

Synonym: SAXONIA™-'Gerburg' (Markenname)
Herkunft: 'Clapps Liebling' × 'Nordhäuser Winterforelle'
Verwendung: Tafelsorte
Anbaueignung: Wärmere Birnenlagen
Wuchs: Stark, breit-pyramidal, gut verzweigt
Unterlagen: Quitte mit Zwischenveredlung, direkt auf Quitte noch wenig Erfahrung
Befruchtung: Diploid, Befruchter* u. a. 'Anjou', 'Clapps', 'Conference', 'Hortensia', 'Paris', 'Tongern', 'Uta', 'Williams'
Ertrag: Mittel bis hoch
Frucht: Groß und schwer, attraktiv, saftig, starkes Aroma, bissfest, schmelzend, pflückreif E IX, genussreif ab XI, im Kühllager bis III haltbar
Resistenzen: Blüte wenig frostempfindlich, bisher wenig Schorf, anfällig für Feuerbrand, noch wenig Erfahrung
Anbauhinweise: Erwerbsanbau, Direktvermarktung, auch für Hochstämme

Graf Dietrich

Synonym: Saxonia™-'Graf Dietrich' (Markenname)
Herkunft: 'Clapps Liebling' × 'Nordhäuser Winterforelle'
Verwendung: Tafelsorte
Anbaueignung: Für alle Birnenlagen
Wuchs: Mittelstark bis stark, pyramidal
Unterlagen: Quitte mit Zwischenveredlung, direkt auf Quitte noch wenig Erfahrung
Befruchtung: Diploid, Befruchter* u. a. 'Clapps', 'Conference', 'Hortensia', 'Paris', 'Tongern', 'Uta', 'Williams'
Ertrag: Hoch, regelmäßig
Frucht: Mittel bis groß, rundlich, saftig, kräftiges Aroma, meist schmelzend, pflückreif IX, genussreif bis XI, im Kühllager 2 Monate haltbar, rechtzeitig ernten
Resistenzen: Bisher wenig Schorf, anfällig für Feuerbrand, noch wenig Erfahrung
Anbauhinweise: Erwerbsanbau, Selbstversorger, Direktvermarktung, auch für Hochstämme; Sortenschutz

Gräfin Gepa

Synonym: Saxonia™-'Gräfin Gepa' (Markenname)
Herkunft: 'Nordhäuser Winterforelle' × 'Baierschmidt'
Verwendung: Tafelsorte
Anbaueignung: Für alle Birnenlagen
Wuchs: Mittelstark, pyramidal, mitunter etwas sparrig
Unterlagen: Quitte mit Zwischenveredlung, direkt auf Quitte noch wenig Erfahrung
Befruchtung: Diploid, Befruchter* u. a. 'Anjou', 'Clapps', 'Conference', 'Uta', 'Williams'
Ertrag: Mittel bis hoch
Frucht: Groß, attraktiv, saftig, starkes Aroma, schmelzend, pflückreif A IX, genussreif bis X, im Kühllager 1 Monat haltbar, rechtzeitig ernten
Resistenzen: Wenig Schorf, anfällig für Feuerbrand, noch wenig Erfahrung
Anbauhinweise: Erwerbsanbau, Selbstversorger, Direktvermarktung, Kleingarten, nicht für Hochstämme; EU-Sortenschutz

Gute Luise

Synonyme: 'Bonne de Longueval', 'Bonne Louise d'Avranches', 'Frühe St. Germain' u. a.
Herkunft: Unbekannt, Zufallssämling
Verwendung: Tafelsorte
Anbaueignung: Wärmere Birnenlagen, bis mittlere Höhenlagen
Wuchs: Mittelstark, pyramidal, für alle Baumformen
Unterlagen: Mit Quitte nicht sicher verträglich
Befruchtung: Diploid, Befruchter* u. a. 'Abate Fetel', 'Boscs', 'Charneu', 'Clapps', 'Conference', 'Gellert', 'Vereinsdechant'
Ertrag: Mittelhoch, mitunter alternierend
Frucht: Mittelgroß, saftig, aromatisch, schmelzend, pflückreif M IX, genussreif bis A-X, rechtzeitig ernten
Resistenzen: Anfällig für Schorf, Feuerbrand, Holzfrost
Anbauhinweise: Liebhabersorte, Selbstversorger, Direktvermarkter, für Hochstamm geeignet

Hortensia

Synonyme: Keine
Herkunft: 'Nordhäuser Winterforelle' × 'Clapps Liebling'
Verwendung: Tafelsorte
Anbaueignung: Für alle Birnenlagen
Wuchs: Stark, pyramidal
Unterlagen: Quitte mit Zwischenveredlung, direkt auf Quitte noch wenig Erfahrung
Befruchtung: Diploid, Befruchter* u. a. 'Anjou', 'Clapps', 'Conference', 'Paris', 'Williams'
Ertrag: Sehr hoch, regelmäßig, bei vollem Behang ausdünnen
Frucht: Mittel bis groß, saftig, mittel aromatisch, fest, pflückreif E IX, genussreif ab M X bis M XI, im Kühllager 2 Monate haltbar, gut transportabel
Resistenzen: Robust, wenig Schorf, anfällig für Feuerbrand, noch wenig Erfahrung
Anbauhinweise: Erwerbsanbau, Direktvermarktung, Selbstversorger, für Hochstämme möglich; Sortenschutz in mehreren Ländern

Isolda

Synonyme: Keine
Herkunft: 'Jules Guyot' × 'Bunte Julibirne'
Verwendung: Tafelsorte
Anbaueignung: Für alle Birnenlagen
Wuchs: Mittelstark, breit-pyramidal, etwas dünntriebig
Unterlagen: Zwischenveredlung, direkt auf Quitte problematisch
Befruchtung: Diploid, Befruchter* u.a-. 'Anjou', 'Clapps', 'Conference', 'Paris', 'Tongern', 'Williams'
Ertrag: Hoch, regelmäßig, bei vollem Behang ausdünnen, sonst Alternanz
Frucht: Mittel bis groß, süßsäuerlich, saftig, mittel aromatisch, meist schmelzend, pflückreif VIII, genussreif 3 Wochen, rechtzeitig ernten, sonst Fruchtfall
Resistenzen: Bisher wenig Schorf, anfällig für Feuerbrand, noch wenig Erfahrung
Anbauhinweise: Direktvermarktung, Selbstversorger, Erwerbsanbau, für Hochstämme möglich; Sortenschutz in mehreren Ländern

Konferenz

Synonyme: 'Conference', 'Conférence'
Herkunft: 'Léon Leclerc de Laval' frei abgeblüht
Verwendung: Tafelsorte
Anbaueignung: Alle Birnenlagen, bis mittlere Höhenlagen
Wuchs: Mittelstark, für alle Baumformen
Unterlagen: Quitte
Befruchtung: Diploid, Befruchter* u. a. 'Anjou', 'Boscs', 'Charneu', 'Clapps', 'Gellert', 'Verdi', 'Vereinsdechant', 'Williams', neigt zu Parthenokarpie
Ertrag: Sehr hoch, regelmäßig
Frucht: Mittel bis groß, saftig, aromatisch, schmelzend, pflückreif M IX, genussreif ab X, im Kühl- bzw. CA-Lager bis 5 Monate haltbar
Resistenzen: Wenig Schorf, anfällig für Feuerbrand, Krebs, Chlorose, Blüte wenig frostempfindlich
Anbauhinweise: Erwerbsanbau, Intensivanlagen, Bioanbau, Hausgarten

Madame Verté

Synonym: 'Verté'
Herkunft: Unbekannt, Zufallssämling
Verwendung: Tafelsorte
Anbaueignung: Wärmere und trockene Birnenlagen
Wuchs: Mittelstark bis schwach, für alle Baumformen
Unterlagen: Quitte
Befruchtung: Diploid, Befruchter* u. a. 'Boscs', 'Charneu', 'Clairgeau', 'Clapps', 'Gellert', 'Paris', 'Tongern', 'Williams'
Ertrag: Nur mittel, regelmäßig
Frucht: Klein bis mittelgroß, saftig, mittel aromatisch, nur bei besten Anbaubedingungen schmelzend, Steinzellenbildung, pflückreif E X, genussreif ab XI bis I, windfest
Resistenzen: Anfällig für Schorf, Feuerbrand, weniger für Holzfrost und Blütenfrost
Anbauhinweise: Selbstversorger, Liebhaber, für Spaliere geeignet

Präsident Heron

Synonyme: Keine
Herkunft: 'Beurré amandé' × 'Louise bonne Sannier'
Verwendung: Alte Tafelsorte
Anbaueignung: Wärmere Birnenlagen
Wuchs: Mittelstark, breit-pyramidal, für alle Baumformen
Unterlagen: Quitte mit Zwischenveredlung
Befruchtung: Diploid, Befruchter* u. a. 'Bunte Juli', 'Charneu', 'Clairgeau', 'Paris, 'Tongern'
Ertrag: Hoch bis sehr hoch, regelmäßig, ausdünnen
Frucht: Mittelgroß, süßsäuerlich, saftig, angenehm aromatisch, schmelzend, pflückreif E IX, genussreif bis XI, Kühllager bis XII
Resistenzen: Wenig Schorf, Holzfrost und Blütenfrost, anfällig für Feuerbrand
Anbauhinweise: Selbstversorger, Direktvermarkter, Liebhaber, Erwerbsanbau

Radana

Synonyme: Keine
Herkunft: 'Gute Luise' × 'Clapps Liebling'
Verwendung: Frühe Tafelsorte
Anbaueignung: Für alle Birnenlagen
Wuchs: Mittelstark, breit-pyramidal, für alle Baumformen
Unterlagen: Quitte mit Zwischenveredlung
Befruchtung: Diploid, Befruchter* u. a. 'Dekora', 'Williams'
Ertrag: Hoch, regelmäßig
Frucht: Klein bis mittelgroß, breit-rundlich, süßsäuerlich, saftig, schwach aromatisch, schmelzend, pflückreif VIII, genussreif 2 Wochen, druckempfindlich, rechtzeitig ernten
Resistenzen: Bisher wenig Schorf, anfällig für Feuerbrand, wenig Erfahrung
Anbauhinweise: Selbstversorger, Direktvermarkter, Liebhaber, Erwerbsanbau; EU-Sortenschutz beantragt

Thimo

Synonym: SAXONIA™-'Thimo' (Markenname)
Herkunft: 'Nordhäuser Winterforelle' × 'Madame Verté'
Verwendung: Tafelsorte
Anbaueignung: Für alle Birnenlagen
Wuchs: Mittelstark bis stark, pyramidal, verzweigungsfördernd schneiden
Unterlagen: Quitte
Befruchtung: Diploid, Befruchter* u. a. 'Anjou', 'Clapps', 'Conference', 'Hortensia', 'Paris', 'Uta', 'Williams'
Ertrag: Mittel bis hoch, regelmäßig, bei vollem Behang ausdünnen
Frucht: Groß, lang, edel geformt, sehr attraktiv, saftig, süßsäuerlich, aromatisch, fest, schmelzend, pflückreif E IX, genussreif ab X, im Kühllager bis I haltbar
Resistenzen: Bisher wenig Schorf, anfällig für Feuerbrand, noch wenig Erfahrung
Anbauhinweise: Erwerbsanbau, Direktvermarktung, Selbstversorger, für Hochstämme geeignet; EU-Sortenschutz

Tongern

Synonyme: 'Beurré Durandeau', 'Birne von Tongern', 'Birne von Tongre'
Herkunft: Unbekannt, Zufallssämling
Verwendung: Tafelsorte
Anbaueignung: Wärmere Birnenlagen, keine nassen Standorte
Wuchs: Schwach, ausladende hängende Äste
Unterlagen: Sämling, Quitte mit Zwischenveredlung
Befruchtung: Diploid, Befruchter* u.a. 'Isolda', 'Uta', 'Vereinsdechant', 'Verté', 'Williams'
Ertrag: Mittel bis hoch, regelmäßig
Frucht: Mittelgroß, nur unter optimalen Bedingungen saftig, mäßig süß bis weinsäuerlich, etwas aromatisch, halbschmelzend, pflückreif M IX, genussreif bis X
Resistenzen: Wenig Schorf, anfällig für Feuerbrand, wenig frostempfindlich (widersprüchliche Ergebnisse)
Anbauhinweise: Selbstversorger, Direktvermarkter, Erwerbsanbau, nicht für Hochstämme

Uta

Synonyme: Keine
Herkunft: 'Madame Verté' × 'Boscs Flaschenbirne'
Verwendung: Tafelsorte, Brennsorte
Anbaueignung: Für alle Birnenlagen
Wuchs: Schwach bis mittelstark, pyramidal
Unterlagen: Quitte mit Zwischenveredlung
Befruchtung: Diploid, Befruchter* u.a. 'Clapps', 'Conference', 'Paris', 'Williams'
Ertrag: Hoch, regelmäßig, bei vollem Behang ausdünnen
Frucht: Groß, kurzachsig, saftig, süßsäuerlich, stark aromatisch, bissfest, schmelzend, pflückreif E X, genussreif ab XI, im Kühllager bis II haltbar
Resistenzen: Bisher wenig Schorf, mittel anfällig für Feuerbrand, junges Holz etwas frostempfindlich
Anbauhinweise: Erwerbsanbau, Direktvermarktung, Selbstversorger, Bioanbau, Kleingarten, für Hochstämme nicht geeignet; EU-Sortenschutz

Vereinsdechantsbirne

Synonyme: 'Comice', 'Doyenne du Comice d'Angers', 'Vereinsdechant'
Herkunft: Unbekannt, Zufallssämling
Verwendung: Tafelsorte
Anbaueignung: Wärmere Birnenlagen
Wuchs: Stark, hochpyramidal
Unterlagen: Quitte
Befruchtung: Diploid, Befruchter* u. a. 'Boscs', 'Clapps', 'Concorde', 'Condo', 'Conference', 'Gellert', 'Gute Graue', 'Williams', neigt zu Parthenokarpie
Ertrag: Meist unter mittel, alternierend
Frucht: Mittelgroß bis groß, unter optimalen Bedingungen saftig, schmelzend, würzig, sehr feines Aroma, pflückreif M X, genussreif bis XI
Resistenzen: Wenig Schorf, anfällig für Feuerbrand, Blütenfrost, wenig frostempfindlich im Holz
Anbauhinweise: Erwerbsanbau, Selbstversorger, Direktvermarkter, für Hochstämme geeignet (dann mindere Fruchtqualität)

Williams Christ

Synonyme: 'Williams', 'Bartlett', 'Williams Bon Chrétien', 'Aldermaston Pear'
Herkunft: Unbekannt, Zufallssämling
Verwendung: Tafelsorte, Brennsorte
Anbaueignung: Für alle Birnenlagen
Wuchs: Mittelstark, aufrecht bis breit
Unterlagen: Quitte mit Zwischenveredlung
Befruchtung: Diploid, Befruchter* u. a. 'Abate Fetel', 'Boscs', 'Concorde', 'Condo', 'Conference', 'Gellert', 'Paris', 'Verté', 'Williams', neigt zu Parthenokarpie
Ertrag: Hoch, kann alternieren, ausdünnen
Frucht: Mittelgroß bis groß, saftig, schmelzend, würzig, feines Aroma, pflückreif M VIII bis A IX, genussreif bis X, im Kühllager 2 Monate lagerfähig
Resistenzen: Anfällig für Schorf, Feuerbrand, Winterfrost, Blüte weniger frostempfindlich
Anbauhinweise: Erwerbsanbau, Selbstversorger, Direktvermarkter, für Hochstämme geeignet

Scharfzähniger Strahlengriffel, Mini-Kiwi

Actinidia arguta

Herkunft: SO-Sibirien, Japan, China, zahlreiche Hybriden mit anderen *Actinidia*-Arten
Sorten: 'Ambrosia', 'Issai', 'Jumbo verde', 'Kiwino', 'Mykos', 'Rannjaja', 'Weiki' u. a.
Verwendung: Naschfrucht (größere Mengen leicht abführend), für Marmelade, Likör u. Ä.
Anbau: An Spalieren, Gerüsten in sonniger bis schattiger Lage, saure bis neutrale Böden
Zierwert: Dekorativ durch Laub und Blüte
Wuchs: Schlingstrauch, bis 10 m hoch
Resistenzen: Allgemein widerstandsfähig, winterhart, spätfrostempfindlich
Frucht: Längliche oder rundliche glattschalige Beeren, stachelbeerähnlich, grün oder rötlich, 1,5 bis 2,5 cm lang, angenehm süß, Reife IX bis X, enthalten u. a. etwa 10 % Zucker und 60 bis 300 mg Vitamin C/100 g Frischsubstanz, mit Schale essbar
Anbauhinweise: Selbstversorger, Hausgarten, häusliche Verwertung, Zierform

Kiwi-Frucht

Actinidia deliciosa

Herkunft: Großfrüchtige Zuchtsorten aus Neuseeland
Sorten: 'Abott', 'Bruno', 'Hayward', 'Jenny' (einhäusig), 'Starella'
Verwendung: Rohverzehr, Einfrosten, Dünsten, Braten, Marmelade
Anbau: An Wandspalieren, Pergolen oder Gerüsten in sonniger bis halbschattiger, geschützter Lage, nicht für kalte Gebiete, für tiefgründige, schwach saure Böden
Zierwert: Durch Blätter, Blüten und Früchte
Wuchs: Schlingstrauch, 3 bis 6 m hoch
Resistenzen: Allgemein wenig krankheitsanfällig, frostempfindlich, spätfrostgefährdet
Frucht: Ei- bis walzenförmig, bis 5 cm lang mit brauner pelziger Schale, Fleisch saftig, grün, auch gelb und rot, Reife X bis XI, Früchte enthalten 150 bis 250 mg Vitamin C/100 g Frischsubstanz
Anbauhinweise: Erwerbsanbau, Hausgarten, häusliche Verwertung; Sortenschutz

Kolomikta-Strahlengriffel
Actinidia kolomikta

Herkunft: SO-Sibirien, Japan, Nordchina
Sorten: 'Ananasnaja', 'Aromatnaja', 'Klara Zetkin', 'Matowaja'
Verwendung: Naschfrucht, in Mischung für Marmelade u.Ä.
Anbau: An Spalieren, Pergolen oder Gerüsten in sonniger bis schattiger Lage, auf frischen sauren bis neutralen Böden
Zierwert: Viele weiß bis rosa gescheckte Blätter, besonders männliche Pflanzen
Wuchs: 4 bis 8 m hoher Schlingstrauch
Resistenzen: Allgemein gering anfällig, winterhart, spätfrostempfindlich
Frucht: Längliche, oft flache, glattschalige grüne Beeren, 2,0 bis 2,5 cm lang, süß, wohlschmeckend, enthalten etwa 10% Zucker und bis 1500 mg Vitamin C/100 g Frischsubstanz, Reife VII bis IX
Anbauhinweise: Hausgarten, häusliche Verwertung, Zierform

Erlenblättrige Felsenbirne, 'Saskatoon Berry'
Amelanchier alnifolia

Herkunft: Westliches bis zentrales Nordamerika
Weitere Sorten: 'Honeywood', 'Pembina', 'Smoky', 'Thiessen'
Verwendung: Naschfrucht, Kompott, Saft, Marmelade, Gelee, Trockenfrucht
Anbau: Als Strauch einzeln oder in Hecken, in sonniger bis halbschattiger Lage auf schwach sauren bis neutralen Böden
Zierwert: Schöne Blüte, Herbstfärbung
Wuchs: 1,5 bis 4,0 m hoher aufrechter vieltriebiger Strauch, Ausläufer treibend
Resistenzen: Frosthart, feuerbrandanfällig, anpassungsfähig
Frucht: Schwarze, blau bereifte beerenartige Frucht, bis 1,5 cm dick, sehr saftig und süß, enthält u. a. Zucker, Gerbstoffe und Leucoanthocyane, Reife VI bis VII
Anbauhinweise: Hausgarten, Selbstversorger, häusliche Verwertung, Ziergehölz

Kahle Felsenbirne, Sorte 'Ballerina'

Amelanchier laevis

Herkunft: Zuchtsorte aus Boskoop, Niederlande

Verwendung: Naschfrucht, Kompott, Mischfruchtmarmelade, Trockenfrucht, Korinthen

Anbau: In Gärten als Zierbaum, in sonniger bis halbschattiger Lage auf schwach sauren bis leicht alkalischen Böden, muss veredelt werden

Zierwert: Üppige Blüte, dunkelpurpurne Herbstfärbung

Wuchs: 4 bis 6 m hoher aufrechter Strauch oder Baum, meist überhängende Zweige

Resistenzen: Frosthart, feuerbrandanfällig

Frucht: Hellrot, bei Vollreife purpurschwarz, etwas bereift, 1,0 bis 1,3 cm dick, süß, sehr schmackhaft, reich fruchtend, Reife VII

Anbauhinweise: Hausgarten, häusliche Verwertung, Ziergehölz

Schwarzfrüchtige Apfelbeere

Aronia melanocarpa

Herkunft: Östliches Nordamerika, nach Russland eingeführt

Sorten: 'Ahonnen', 'Hugin', 'Fertödi'

Verwendung: Gelee, Marmelade, Saft für Nektar, Zusatz für Obstsäfte, Molkereiprodukte, Backwaren, blutzuckersenkend

Anbau: Einzeln, in Gruppen oder Hecken, die Sorte 'Hugin' auch in Plantagen, in sonniger Lage, anspruchslos, Bienenweide

Zierwert: Auffällig durch Blüte, dekorative orange bis rote Herbstfärbung

Wuchs: 1 bis 2 m hoher vieltriebiger Strauch mit Ausläuferbildung

Resistenzen: Frosthart, kaum Krankheiten und Schädlinge, feuerbrandresistent

Frucht: Kleine, kugelige, schwarze, glänzende Frucht, Reife VIII bis IX, enthält u. a. Flavonoide, mehrere Vitamine und Anthocyanfarbstoffe

Anbauhinweise: Erwerbsanbau, Hausgarten, Ziergehölz

Pflaumenblättrige Apfelbeere
Aronia × prunifolia

Herkunft: Östliches Nordamerika, Arthybride aus *A. arbutifolia × A. melanocarpa*
Sorten: 'Aron', 'Nero', 'Rubina', 'Viking'
Verwendung: Saft, färbender Zusatz für Obstsäfte, Molkereiprodukte und Backwaren, Gelee, Marmelade
Anbau: Einzeln in sonniger Lage, auch für Plantagen, anspruchslos, für Höhenlagen
Zierwert: Blüte, Fruchtschmuck, Herbstfärbung
Wuchs: 1,5 bis 2,5 m hoher vieltriebiger Strauch mit Wurzelausläuferbildung, auf *Sorbus aucuparia* veredelt bis 4 m hoch
Resistenzen: Frosthart, wenig Krankheiten und Schädlinge
Frucht: Etwa 12 mm dicke, rundliche, violettschwarze, schwach bereifte beerenartige Früchte, herbsauer, Reife VIII bis IX, enthalten Flavonoide, Vitamine und Anthocyane
Anbauhinweise: Erwerbsanbau, Hausgarten, häusliche Verwertung

Japanische Scheinquitte, Sorte 'Cido'
Chaenomeles japonica

Herkunft: Japan, Sorte 'Cido' aus Lettland
Verwendung: Saft, Gelee, Marmelade und Likör, Fruchtstücke zum Kandieren, zum Säuern von Säften, Salaten usw.
Anbau: Einzeln, auch für Plantagenanbau, benötigt sonnige Lage und nährstoffreiche schwach saure bis neutrale Böden
Zierwert: Orangerote Blüte, hoher Zierwert im Frühjahr
Wuchs: Bis zu 1 m hoher vieltriebiger Strauch mit übergeneigten Zweigen, dornenlos (Wildform ist stark bedornt)
Resistenzen: Mittel feuerbrandanfällig, frosthart, auf kalkhaltigen Böden Chlorose
Frucht: Gelb, uneinheitlich in Größe und Form, glatt, duftend, Früchte enthalten 2 bis 3% Zucker und etwa 100 mg Vitamin C/100 g Frischsubstanz („Zitrone des Nordens"), Reife IX bis X
Anbauhinweise: Hausgarten, Zierform

Japanische Scheinquitte, Sorte 'Fusion'

Chaenomeles × superba

Herkunft: Zuchtsorte aus 'Crimson and Gold' aus Berlin
Verwendung: Saft, Gelee, Marmelade und Likör, Fruchtstücke zum Kandieren, zum Säuern von Salaten und Fruchtsäften
Anbau: Einzeln, in Gruppen, im Plantagenanbau bewährt, sonnige Lagen auf tiefgründigen neutralen bis leicht sauren Böden
Zierwert: Attraktiver Blütenstrauch, schönes Laub, gelbe Herbstfärbung
Wuchs: Etwa 1 m hoher, breit aufrechter und vieltriebiger Strauch, etwas bedornt
Resistenzen: Frosthart, mäßig feuerbrandanfällig
Frucht: Gelb, länglich birnenförmig, bis 100 g, aromatisch duftend, Früchte enthalten 5,5 % Fruchtsäure und um 100 mg Vitamin C/100 g Frischsubstanz, Reife X
Anbauhinweise: Hausgarten, Erwerbsanbau, Direktvermarkter, Ziergehölz

Kornelkirsche, Sorte 'Jolico'

Cornus mas

Herkunft: Wildart stammt aus dem Kaukasus, Zuchtsorte 'Jolico' aus Wien
Verwendung: Gelee, Konfitüre, Marmelade, Säfte und Likör, roh essbar, Mischfrucht
Anbau: Solitärstrauch, Hecken, plantagenmäßig auch in Stammform, für sonnige bis halbschattige Lagen, bevorzugt kalkhaltige Böden, vegetative Vermehrung
Zierwert: Auffallende frühe Blüte, herbstlicher Fruchtschmuck
Wuchs: Breit aufrechter Strauch oder Baum von 3 bis 6 m Höhe mit sehr hartem Holz
Resistenzen: Widerstandsfähig gegen Trockenheit, spätfrostempfindlich
Frucht: Trübrot bis rötlich braun, oval, Fruchtgewicht 6,5 g (bis 8,5 g), Steinanteil nur etwa 10 %, relativ hoher Zucker- und Vitamin-C-Gehalt, Reife E IX, folgernd
Anbauhinweise: Erwerbsanbau, Hausgarten, Ziergehölz, Landschaftsgehölz, Wildobst

Kornelkirsche, Sorte 'Kasanlak'
Cornus mas

Herkunft: Zuchtsorte 'Kasanlak' aus Bulgarien
Verwendung: Gelee, Konfitüre, Marmelade, Saft, Likör, roh essbar
Anbau: Solitärstrauch, in Hecken, plantagenmäßig auch mit kurzem Stamm, in sonniger bis halbschattiger Lage, bevorzugt kalkhaltige Böden, vegetative Vermehrung
Zierwert: Prächtiger Vorfrühlingsblüher
Wuchs: Breit aufrechter Strauch oder Baum, 3 bis 6 m hoch mit sehr hartem Holz
Resistenzen: Frosthart und trockenresistent, spätfrostgefährdet
Frucht: Hochrot, groß, länglich flaschenförmig, Reife A IX, etwa 2 Wochen vor 'Jolico', hoher Zucker- und Vitamin-C-Gehalt
Anbauhinweise: Erwerbsanbau, Hausgarten, Ziergehölz, Landschaftsgehölz

Edel-Ölweide
Elaeagnus multiflora

Herkunft: Japan, China
Sorten: 'Red Cherry', 'Sweet Scarlet' (USA)
Verwendung: Saft, Marmelade, Gelee, Mischfrucht
Anbau: Einzeln, in Hecken in vollsonniger Lage, auch auf leichten Böden; Luftstickstoffbindung
Zierwert: Laub, Blüte, Früchte
Wuchs: Breit-buschiger, 2 bis 3 m hoher Strauch mit dornenlosen Zweigen
Resistenzen: Anspruchslose Pionierpflanze, kaum Krankheiten und Schädlinge, salztolerant
Frucht: Dunkelrot, walzenförmig, etwa 1,5 cm lang, an langen fadenförmigen Stielen hängend, saftig und herbsauer, Reife E VI bis VIII
Anbauhinweise: Zur Befestigung von Böschungen im Hausgarten, zur häuslichen Verwertung, Ziergehölz

Sanddorn, Sorte 'Askola'
Hippophae rhamnoides

Herkunft: Zuchtsorte aus Berlin
Verwendung: Saft, Gelee, Konfitüre, Öl aus Kernen und Fruchtfleisch für Kosmetik und Pharmazie
Anbau: Einzeln oder in Plantagen heckenförmig, für sonnige Lagen und gut durchlüftete, schwach saure bis schwach alkalische Böden; Luftstickstoffbindung, rein weiblich, Befruchtersorte 'Pollmix'
Zierwert: Lang anhaltender Fruchtschmuck
Wuchs: Starkwüchsiger Großstrauch, bis 5 m hoch, lockere Verzweigung, kurzes Fruchtholz, treibt Wurzelausläufer
Resistenzen: Frostresistent, trockenresistent, kaum Schädlinge und Krankheiten
Frucht: Tieforange, mittelgroß, reich und dicht fruchtend, hoher Fruchtsäure- und Vitamin-A- und -C-Gehalt, Ernte E VIII bis A IX
Anbauhinweise: Erwerbsanbau, Hausgarten, Zier- und Landschaftsgehölz

Sanddorn, Sorte 'Dorana'
Hippophae rhamnoides

Herkunft: Zuchtsorte aus Berlin
Verwendung: Saft, Sirup, Gelee u. Ä., Öl für Kosmetik und Pharmazie
Anbau: Bevorzugt in Gärten einzeln oder als Hecke, für Plantagen bedingt geeignet, für freie sonnige Lage und gut durchlüftete, schwach saure bis alkalische Böden; symbiontische Luftstickstoffbindung, rein weiblich, Befruchtersorte 'Pollmix'
Zierwert: Lang anhaltender Fruchtschmuck
Wuchs: Schwach, straff aufrecht, bis 3 m hoch, mittelstark bedornt, wenig Wurzelausläufer, mäßiges Regenerationsvermögen
Resistenzen: Frostresistent, kaum Schädlinge und Krankheiten
Frucht: Tieforange, mittelgroß, reich fruchtend, sehr viel Vitamin C sowie weitere Vitamine, Ernte E VIII bis M IX
Anbauhinweise: Hausgarten, Zier- und Landschaftsgehölz, bedingt für Erwerbsanbau

Sanddorn, Sorte 'Hergo'
Hippophae rhamnoides

Herkunft: Zuchtsorte aus Berlin
Verwendung: Saft, Sirup, Gelee, Konfitüre u. Ä., Öl für Kosmetik und Pharmazie
Anbau: Plantagenanbau in Heckenform, verlangt freie sonnige Lage und gut durchlüftete, schwach saure bis alkalische Böden; symbiontische Luftstickstoffbindung, rein weiblich, Befruchtersorte 'Pollmix'
Zierwert: Gering, Früchte verblassen im Herbst
Wuchs: Mittelstark, breit aufrecht, gute Verzweigung, bis 4 m hoch, dünnholzig, schwach bedornt, bildet Wurzelausläufer, gutes Regenerationsvermögen
Resistenzen: Frostresistent, trockenresistent, kaum Schädlinge und Krankheiten
Frucht: Hellorange, mittelgroß, reich fruchtend, reich an Vitaminen und Öl, Ernte A bis M IX
Anbauhinweise: Vorwiegend für Erwerbsanbau, Landschaftsgehölz

Sanddorn, Sorte 'Leikora'
Hippophae rhamnoides

Herkunft: Zuchtsorte aus Berlin
Verwendung: Saft, Sirup, Gelee u. Ä., Öl für Kosmetik und Pharmazie, Schmuckreisig
Anbau: In Gärten einzeln, in Plantagen heckenförmig, freie sonnige Lage und gut durchlüftete, schwach saure bis alkalische Böden, anpassungsfähig; symbiontische Luftstickstoffbindung, rein weiblich, Befruchtersorte 'Pollmix'
Zierwert: Dauerhafter Fruchtschmuck
Wuchs: Mittelstark bis stark, viel Seitenholz, bis 4 m hoch, dickholzig, schwach bedornt, wenig Wurzelausläufer, gut regenerierend
Resistenzen: Frostresistent, trockenresistent, wenig Krankheiten und Schädlinge
Frucht: Tieforange, groß, fest am Holz sitzend, reich fruchtend, reich an Vitaminen und Öl, Ernte M IX bis M X
Anbauhinweise: Erwerbsanbau, Hausgarten, Zier- und Landschaftsgehölz

Maibeere (auch Honigbeere)
Lonicera caerulea var. *edulis*

Herkunft: Wildart in Eurasien
Sorten: 'Altai', 'Berry Blue', 'Blue Bird', 'Fialka', 'Maistar', 'Mailon', 'Morena'
Verwendung: Frischverzehr, Naschfrucht, Kompott, Mus, Marmelade, soll bakterizide Wirkung haben
Anbau: In Gärten in sonniger bis halbschattiger Lage auf frischen durchlässigen Böden, in Spätfrostlagen Ertrag unsicher
Zierwert: Interessanter Gruppen- und Deckstrauch
Wuchs: Steil aufrecht, dicht, 1,5 bis 2,0 m hoch, Triebe rötlich mit 2 bis 3 Beiaugenpaaren, vegetative Vermehrung durch Ausläufer und Ableger
Resistenzen: Frostresistent, empfindlich für Trockenheit und Spätfrost
Frucht: Schwarzblau, hellblau bereift, unregelmäßig oval-walzenförmig, 1,0 bis 1,5 cm lang, saftig, süß, Reife V bis VI
Anbauhinweise: Hausgarten, Zierstrauch

Maibeere, Sibirische Blaubeere
Lonicera caerulea var. *kamtschatica*

Herkunft: Kamtschatka, Kurilen, Sachalin
Sorte: 'Blue Velvet'
Verwendung: Frischverzehr, Naschfrucht, Kompott, Mus, Marmelade, eine gewisse bakterizide Wirkung wurde beobachtet
Anbau: In Gärten in sonniger bis halbschattiger Lage auf frischen durchlässigen Böden, in Spätfrostlagen Ertrag unsicher
Zierwert: Graugrünes Laub, dichter Wuchs
Wuchs: Kleiner, 0,7 bis 1,0 m hoher dichter Strauch mit aufrechter Verzweigung
Resistenzen: Frostresistent, spätfrostgefährdet
Frucht: Schwarzblau, hellblau bereift, unregelmäßig oval-walzenförmig, 1,0 bis 1,5 cm lang, saftig, süß, wohlschmeckend, folgernd reifend von V bis VI
Anbauhinweise: Hausgarten, Zierform

Mispel, Sorte 'Holländische Großfrüchtige'

Mespilus germanica

Synonyme: 'Monstreuse de Hollande', 'Große Ancienne', 'Große Gartenmispel'
Herkunft: Herkunft der Sorte unbekannt
Verwendung: Nach Frosteinwirkung oder längerer Lagerung roh essbar, Mus, Marmelade, Mischung mit anderen Früchten, Zusatz zum Schönen von Obstwein
Anbau: Solitärgehölz in sonniger bis leicht schattiger Lage auf nährstoffreichen, durchlässigen Böden, meist auf Weißdorn veredelt
Zierwert: Laub, Blüte, Fruchtschmuck
Wuchs: Sparrig und breitästig wachsender Strauch, 3 bis 5 m hoch
Resistenzen: Trockenresistent, feuerbrandanfällig
Frucht: Groß, bis 6 cm breit und 65 g schwer, hoher Kernanteil, Reife X, enthält Stärke, Zucker, Pektin, Vitamin C, Samen enthält Öl
Anbauhinweise: Landschaftsgehölz, Hausgarten selten, Ziergehölz

Mispel, Sorte 'Nottingham'

Mespilus germanica

Synonyme: 'Frühe Englische', 'Großfrüchtige von Nottingham'
Herkunft: Zuchtsorte aus England
Verwendung: Nach Frosteinwirkung oder längerer Lagerung roh essbar, Mus, Marmelade in Mischung mit anderen Früchten, als Zusatz zum Schönen von Obstwein
Anbau: Solitärgehölz in sonniger bis leicht schattiger Lage auf nährstoffreichen, durchlässigen Böden, meist auf Weißdorn veredelt
Zierwert: Laub, Blüte, Fruchtschmuck
Wuchs: Sparrig und breitästig wachsender Strauch, 3 bis 4 m hoch
Resistenzen: Trockenresistent, feuerbrandanfällig
Frucht: Mittelgroß, kugelig, geringer Kernanteil, geschmacklich beste Sorte, enthält Stärke, Zucker, Pektin und Vitamin C
Anbauhinweise: Landschaftsgehölz, Zierstrauch, Hausgarten

Filz-Kirsche, Korea-Kirsche
Prunus tomentosa

Herkunft: Japan, Korea, China, Himalaja
Verwendung: Rohgenuss, Naschfrucht, Saft, Kompott, Marmelade, Gelee, Kuchenbelag
Anbau: Einzelstrauch, in Gruppen und frei wachsenden Hecken, für sonnige Lage, anspruchslos an Boden, verträgt Trockenheit; als Sämlingsunterlage für Pflaumen und Kirschen in Prüfung
Zierwert: Reich blühender Strauch, Fruchtschmuck
Wuchs: Breit aufrechter, dichter Strauch, 1,5 bis 2,5 m hoch, Jungtriebe filzig
Resistenzen: Frosthart, trockenresistent, empfindlich für Zweig-*Monilia*
Frucht: Helles Scharlachrot, kugelig, etwa 1 cm dick, fast sitzend, sehr saftreich, angenehm süßsäuerlich (ähnlich Amarellen), Reife VII, enthält Fruchtsäure, Zucker, Vitamine und Mineralstoffe
Anbauhinweise: Noch wenig bekannt, Hausgarten, Ziergehölz

Vitamin-Rose, Sorte 'Pi Ro 3'
Rosa dumalis × *R. pendulina* var. *salaevensis*

Synonyme: 'Pirosa', 'Rosamunde'
Herkunft: Zuchtsorte aus Dresden-Pillnitz
Verwendung: Tee, Mark, Marmelade, Gelee, Saft, Wein, Beilagen, Gebäckfüllungen
Anbau: Einzeln oder Hecken, auch für Plantagen, in sonniger Lage auf leichten bis mittelschweren, schwach sauren bis leicht alkalischen Böden
Zierwert: Blüten- und Fruchtschmuck
Wuchs: Breit aufrechter, lockerer Strauch, breit ausladende Zweige, bis 2 m hoch, Zweige fast stachellos
Resistenzen: Frosthart, kaum Mehltau oder Sternrußtau
Frucht: Leuchtend rot, 2,5 bis 3,5 cm lang, leicht borstig, Reife VIII bis IX, Früchte enthalten bis 1200 mg Vitamin C/100 g Frischsubstanz (!), sie werden schnell weich
Anbauhinweise: Hecken, erwerbsmäßig erst in den Anfängen, Zierstrauch, Hausgarten

Japanische Weinbeere
Rubus phoenicolasius

Herkunft: Japan, Korea, China
Verwendung: Naschfrucht, Marmelade
Anbau: Unter Bäumen oder an Mauern und Spalieren in halbschattiger oder absonniger Lage auf humosen, frischen neutralen bis leicht alkalischen Böden
Zierwert: Rotborstige Triebe, hübsche Blüte, leuchtende Früchte
Wuchs: Aufrecht bis stark bogenförmig überhängend, Ausläufer bildend, 2 bis 3 m hoch, Triebe borstig mit einzelnen derben Stacheln
Resistenzen: Resistent gegen Himbeerkäfer, auf Virusbefall ist zu achten
Frucht: Orange bis hochrote halbkugelige Sammelfrucht, saftig und wohlschmeckend, Reife VII bis VIII
Anbauhinweise: Hausgarten, Hecken, Anbauversuche am Beginn

Schwarzer Holunder, Sorte 'Black Beauty'
Sambucus nigra

Synonym: 'Gerda'
Herkunft: Wild wachsend in Europa, Westasien, Nordafrika, Zuchtsorte aus England
Verwendung: Zierstrauch, Saftgewinnung, Gelee, Marmelade, nicht für Rohgenuss
Anbau: In Gärten und Grünanlagen in sonniger bis halbschattiger Lage auf frischen, möglichst humosen, nährstoffreichen Böden
Zierwert: Dunkelbraunrote Belaubung, große rosa Blütenstände
Wuchs: 3 bis 4 m hoher, lockerer, breit ausladender Strauch
Resistenzen: Frostresistent, wenig Krankheiten und Schädlinge, bei Trockenheit kleinere Früchte und geringerer Ertrag, auf Läuse- und Milbenbefall achten
Frucht: Violettschwarze, kleine kugelige, saftreiche Beeren, Reife VIII bis IX
Anbauhinweise: Hausgarten, Landschaftsgehölz, Zierstrauch

Schwarzer Holunder, Sorte 'Haschberg'
Sambucus nigra

Herkunft: Zuchtsorte aus Österreich
Verwendung: Getränke, Gelee, Marmelade, industriell zur Farbstoffgewinnung, für Rohgenuss ungeeignet; Blüte für Tee und Holundersekt
Anbau: In sonniger bis halbschattiger Lage auf frischen, möglichst humosen, nährstoffreichen Böden
Zierwert: Schönes Blütengehölz
Wuchs: Starkwüchsiger, 3 bis 5 m hoher, breit buschiger Großstrauch
Resistenzen: Frostresistent, spätfrostverträglich, auf Läuse- und Milbenbefall achten, bei Nässe *Botrytis*-Gefahr
Frucht: Schwarzblaue, kugelige bis ovale saftreiche Beeren in großen, bis 1 kg schweren Fruchtständen, folgernd reifend, Reife IX, reich an Vitamin B, C, Karotin, Kalium
Anbauhinweise: Erwerbsanbau, Hausgarten, Landschaftsgehölz, Zierstrauch

Schwarzer Holunder, Sorte 'Sampo'
Sambucus nigra

Herkunft: Zuchtsorte aus Dänemark
Verwendung: Saftgewinnung, Getränke, Gelee, Marmelade, nicht für Rohgenuss; Blüte für Tee und Holundersekt
Anbau: In sonniger bis halbschattiger Lage auf frischen, möglichst humosen, nährstoffreichen Böden
Zierwert: Schönes Blütengehölz
Wuchs: Mittelstark, relativ dicht, 3 bis 4 m hoch
Resistenzen: Frostresistent, spätfrostverträglich, auf Läuse- und Milbenbefall achten, bei Nässe *Botrytis*-Gefahr
Frucht: Schwarze, glänzende, kugelige, relativ große saftreiche Beeren in mittelgroßen dichten Schirmrispen mit dunkelroten Stielen, gleichmäßig reifend von VIII bis IX
Anbauhinweise: Erwerbsanbau, Hausgarten, Landschaftsgehölz, Zierstrauch

Ebereschen-Hybride, Sorte 'Titan'

× *Sorbaronia*

Herkunft: Russische Zuchtsorte
Verwendung: Saft, Marmelade u. Ä., als Rohkost und Kompott nicht geeignet
Anbau: Einzelstrauch in freier sonniger Lage auf frischen tiefgründigen, schwach sauren Böden, Veredlung auf *Sorbus aucuparia*, auf Weißdorn weniger geeignet
Zierwert: Blüte, Fruchtschmuck, Herbstfärbung
Wuchs: Großer Strauch, 3 bis 4 m hoch, mit lockerer Verzweigung
Resistenzen: Kaum Schädlinge oder Krankheiten, frostresistent
Frucht: Stumpf dunkelrot, in kleiner lockerer Schirmrispe, hochkugelig, etwa 1,5 cm hoch und 1,4 cm breit, geringer Bitterstoffgehalt, Reife IX bis X
Anbauhinweise: Noch wenig bekannt, Hausgarten, Landschaftsgehölz, Zierstrauch

Edeleberesche, Sorte 'Klosterneuburger IV'

Sorbus aucuparia

Herkunft: Zuchtsorte aus Österreich
Verwendung: Ebereschendestillat (Vogelbeerschnaps), Konfitüre, Gelee, Sirup
Anbau: In Gärten, Plantagen, an Straßen, als Hausbaum in sonniger Lage auf frischen, tiefgründigen, auch steinigen, schwach sauren Böden, für Höhenlagen gut geeignet
Zierwert: Blüte, Fruchtschmuck
Wuchs: Kleiner bis mittelgroßer Baum mit kegelförmiger Krone
Resistenzen: Nicht trocken- und hitzetolerant, salzempfindlich (Schäden an Straßenbäumen)
Frucht: Orangerot, kugelig, bis 1,5 cm dick, Fruchtfleisch gelborange, frei von Bitterstoffen, Doldengewicht um 250 g, hoher Gehalt an Zucker (Sorbit für Diabetiker) und Vitamin C, Reife IX
Anbauhinweise: Erwerbsanbau, Hausgarten, Ziergehölz, Landschaftsbaum

Edeleberesche, Sorte ‘Rosina’
Sorbus aucuparia

Herkunft: Zuchtsorte aus Dresden-Pillnitz
Verwendung: Süßmost, Sirup, Likör, Gelee, Konfitüre, Kompott, Branntweingewinnung
Anbau: In Gärten, Plantagen, an Straßen, als Hausbaum in sonniger Lage auf frischen, tiefgründigen, schwach sauren Böden, gut für Höhenlagen, nicht für Stadtklima
Zierwert: Blüte, Fruchtschmuck, Herbstfärbung
Wuchs: Kleiner bis mittelgroßer Baum, verträgt keinen starken Rückschnitt
Resistenzen: Trocken-, hitze- und salzempfindlich, wenig Krankheiten und Schädlinge
Frucht: Orangerot, kugelig, 1,0 bis 1,5 cm Durchmesser, Fruchtfleisch gelborange, herbsäuerlich, frei von Bitterstoffen, Reife IX, enthält 70 bis 120 mg Vitamin C/100 g Frischsubstanz, etwa 8 % Zucker (teils als Sorbit)
Anbauhinweise: Erwerbsanbau, Hausgarten, Landschafts- und Straßenbaum

Speierling, Sorte ‘Sossenheimer Riesen’
Sorbus domestica

Herkunft: Wildform Kleinasien, Südosteuropa, Sorte bei Frankfurt/M. ausgelesen
Verwendung: Für Apfelwein zur Klärung und besseren Haltbarkeit, Branntwein, teigige Früchte roh genießbar, wertvolles Edelholz
Anbau: In Obstgärten, Streuobstanlagen, wärmeliebend, in sonniger und halbschattiger Lage, kalkhaltige, auch trockene Böden
Zierwert: Blütenbaum, Blatt- und Fruchtschmuck
Wuchs: 10 (bis 20) m hoher Baum mit ausladender Krone
Resistenzen: Nur mäßig frostfest, windanfällig, gering feuerbrandanfällig, kaum spätfrostgefährdet, jung schorfanfällig
Frucht: Birnenförmig, 2 bis 4 cm lang und 3 cm dick, herbsauer, Reife IX bis X, enthält u. a. bis zu 2,5 % Gerbstoff
Anbauhinweise: Parkbaum, Landschaftsgehölz, Streuobst

Prunus cerasifera
Kirschpflaume, Myrobalane

Vorkommen: Balkan bis Mittelasien (Iran, Irak, Kaukasus, Krim, Anatolien), viele Ökotypen
Beziehung zur Kulturform: Neben der Schlehe eine Elternart der Pflaumen und Zwetschen, durch natürliche Bastardierung beider Arten und Chromosomenverdoppelung entstand aller Wahrscheinlichkeit nach unsere Hauspflaume
Verwendung: Häufig als starkwüchsige Unterlage für Pflaumen und Zwetschen, Pfirsiche, Aprikosen und Mandeln, in Mittelasien und im Kaukasus auch Früchte verarbeitet, gute Brennfrucht
Resistenzen: Trockenheitsresistent, resistent gegen Scharka
Wuchs: Baum, 5 bis 8 m hoch, breit, lockerkronig, schwachdornig oder dornenlos
Frucht: Sehr variabel, bis 20 mm Durchmesser, kugelig, Stiel 10 mm lang, gelb bis rot, violett, steinlösend, Stein rundlich glatt

Prunus spinosa
Schlehe, Schwarzdorn

Vorkommen: Nordafrika, Europa bis zum Ural, Nordanatolien, Kaukasus, Nordiran, Nordwestturkmenistan, Wald und Wegränder, sonnige Hecken, Magerweiden, Halden, Trockenhänge, kalkliebend
Beziehung zur Kulturform: Zusammen mit *P. cerasifera* (siehe dort) Elternart der Pflaumen und Zwetschen
Resistenzen: Scharkatolerant, robust, wenig Krankheiten und Schädlinge
Verwendung: Früchte nach Frosteinwirkung als Likör oder andere Verarbeitungsprodukte, Heckengehölz, selten als Pflaumenunterlage
Wuchs: Strauch, 1 bis 3 (4) m hoch, sparrig und stark dornig, dicht verzweigt, straff aufrecht, stark Ausläufer treibend
Frucht: 10 bis 15 (20) mm Durchmesser, kugelig, dunkelblau bereift, grünes Fleisch, sauer und stark adstringierend, Stein nicht lösend

Bühler Frühzwetsche

Synonyme: 'Bühler', 'Bühlertaler Frühzwetsche', zahlreiche Klone
Herkunft: Unbekannt, Zufallssämling
Verwendung: Tafelsorte, Verarbeitung, Mus, Bäckerei, Brennerei
Anbaueignung: Wärmere Lagen, feuchter Boden
Wuchs: Mittel bis stark, Krone mitteldicht
Unterlagen: Starkwüchsig GF 8/1, St. Julien, *Prunus domestica*; mittelstark GF 655/2 (Intensivanlagen!), Wangenheim, Ishtara
Befruchtung: Selbstfertil
Ertrag: Hoch bis sehr hoch, bei guter Pflege regelmäßig
Frucht: Mittelgroß, gut steinlösend, pflückreif M bis E VIII, folgernd, wohlschmeckend, angenehm süßsäuerlich, sehr gut zu transportieren, sehr hoher Marktwert
Resistenzen: Tolerant gegenüber Scharka, Blüte und Holz mittel frostresistent
Anbauhinweise: Erwerbsanbau, Selbstversorger, Hausgarten

Cacaks Beste

Synonym: 'Čačanska najbolja' (originaler Sortenname)
Herkunft: 'Wangenheim' × 'Pozegaca'
Verwendung: Tafelsorte
Anbaueignung: Nur für wärmere Lagen
Wuchs: Mittelstark, locker bis mitteldicht, neigt zur Verkahlung
Unterlagen: Starkwüchsig GF 8/1, St. Julien, *Prunus domestica*; mittelstark GF 655/2 (Intensivanlagen!), Wangenheim, Ishtara
Befruchtung: Selbststeril, Bestäuber u. a. 'Cacaks Schöne', 'Hanita', 'Ortenauer'
Ertrag: Hoch bei ausreichender Fremdbestäubung, bei guter Pflege regelmäßig
Frucht: Groß, gut steinlösend, pflückreif E VIII, folgernd, Geschmack mittel bis fad, sehr gut zu transportieren, Marktwert zurückgehend
Resistenzen: Tolerant gegenüber Scharka, Blüte und Holz mittel frostresistent
Anbauhinweise: Erwerbsanbau, Selbstversorger, Hausgarten

Cacaks Schöne

Synonym: 'Čačanska lepotica' (originaler Sortenname)
Herkunft: 'Wangenheim' × 'Pozegaca'
Verwendung: Tafelsorte, Konserven, Bäckerei, Verarbeitung
Anbaueignung: Für wärmere Lagen
Wuchs: Schwach bis mittelstark, locker bis mitteldicht
Unterlagen: Starkwüchsig GF 8/1, St. Julien, *Prunus domestica*; mittelstark GF 655/2 (Intensivanlagen!), Wangenheim, Ishtara
Befruchtung: Selbstfertil, unter ungünstigen Blühbedingungen guter Fruchtansatz
Ertrag: Sehr hoch, regelmäßig
Frucht: Groß, gut steinlösend, pflückreif A bis M VIII, Geschmack nur bei Vollreife gut, sehr gut zu transportieren, lange haltbar, Marktwert hoch
Resistenzen: Tolerant gegenüber Scharka
Anbauhinweise: Erwerbsanbau, Selbstversorger, Hausgarten

Elena

Synonyme: Keine
Herkunft: 'Fellenberg' × 'Stanley'
Verwendung: Tafelsorte, Konserven, Bäckerei, Verarbeitung
Anbaueignung: Für alle Lagen, wo die Sorte noch ausreift
Wuchs: Stark, nach Ertragsbeginn mittelstark, mitteldicht
Unterlagen: Starkwüchsig: GF 8/1, St. Julien, *Prunus domestica*; mittelstark GF 655/2 (Intensivanlagen!), Wangenheim, Ishtara
Befruchtung: Selbstfertil
Ertrag: Sehr hoch, regelmäßig
Frucht: Mittelgroß, von älteren Bäumen gut steinlösend, pflückreif nach 'Hauszwetsche' A X, Geschmack gut, sehr gut zu transportieren, lange haltbar, Marktwert hoch
Resistenzen: Tolerant gegenüber Scharka, wenig spätfrostempfindlich
Anbauhinweise: Erwerbsanbau, Selbstversorger, Hausgarten; EU-Sortenschutz

Gräfin Cosel

Synonyme: Keine
Herkunft: ('Frühe Fruchtbare' frei abgeblüht × 'Frigga') × 'Ruth Gerstetter'
Verwendung: Tafelsorte, nicht für Konservierung
Anbaueignung: Für alle Lagen
Wuchs: Mittelstark bis stark, hängende Gerüstäste, breitwüchsig
Unterlagen: Starkwüchsig GF 8/1, St. Julien, *Prunus domestica*; mittelstark GF 655/2 (Intensivanlagen!), Wangenheim, Ishtara
Befruchtung: Selbststeril, Bestäuber u. a. 'Frigga', 'Hauszwetsche', 'The Czar'
Ertrag: Mittel bis hoch, meist regelmäßig
Frucht: Groß, gut steinlösend, pflückreif A-VIII, Geschmack für eine Frühsorte sehr gut, bei rechtzeitiger Pflücke gut transportabel
Resistenzen: Hochgradig tolerant gegenüber Scharka, wenig spätfrostempfindlich
Anbauhinweise: Selbstversorger, Hausgarten, Direktvermarkter

Hanita

Synonyme: Keine
Herkunft: 'President' × 'Auerbacher'
Verwendung: Tafelsorte, Konserven, Bäckerei, Brennerei, Verarbeitung
Anbaueignung: Für alle Lagen
Wuchs: Stark, nach Ertragsbeginn mittelstark, mitteldicht
Unterlagen: Starkwüchsig GF 8/1, St. Julien, *Prunus domestica*; mittelstark GF 655/2 (Intensivanlagen!), Wangenheim, Ishtara
Befruchtung: Selbstfertil
Ertrag: Hoch bis sehr hoch, regelmäßig
Frucht: Mittelgroß, meist gut steinlösend, pflückreif M VIII bis A IX, Geschmack sehr gut, sehr gut zu transportieren, lange haltbar, Marktwert hoch
Resistenzen: Scharkaanfällig, Früchte tolerant gegenüber Scharka, wenig spätfrostempfindlich
Anbauhinweise: Erwerbsanbau, Selbstversorger, Hausgarten; Sortenschutz in mehreren Ländern

Hauszwetsche

Synonyme: 'Hauspflaume', 'Bauernpflaume', 'Basler Zwetsche', 'Pozegaca', 'Bestercei', 'Quetsche Commune' u. a., viele Typen
Herkunft: Unbekannt
Verwendung: Tafelsorte, Konserven, Bäckerei, Brennerei, Verarbeitung, Mus
Anbaueignung: Für alle nicht scharkagefährdeten Lagen
Wuchs: Stark, Krone dicht
Unterlagen: Starkwüchsig GF 8/1, St. Julien, *Prunus domestica*; schwachwüchsig *Prunus tomentosa*
Befruchtung: Selbstfertil
Ertrag: Hoch bis sehr hoch, kann alternieren
Frucht: Klein, meist gut steinlösend, pflückreif M IX, Geschmack sehr gut, sehr gut zu transportieren, lange haltbar, Marktwert hoch
Resistenzen: Hochanfällig für Scharka, wenig spätfrostempfindlich
Anbauhinweise: Erwerbsanbau, Selbstversorger, Hausgarten, Streuobst

Jojo

Synonyme: Keine
Herkunft: 'Ortenauer' × 'Stanley'
Verwendung: Tafelsorte, Konserven, Bäckerei
Anbaueignung: Für alle scharkagefährdeten Lagen
Wuchs: Mittelstark, breitwüchsig, mitteldicht
Unterlagen: Keine Unverträglichkeit mit üblichen Unterlagen bekannt, starkwüchsig GF 8/1, St. Julien, *Prunus domestica*; mittelstark GF 655/2 (Intensivanlagen!), Wangenheim, Ishtara
Befruchtung: Selbstfertil
Ertrag: Sehr hoch, regelmäßig
Frucht: Mittelgroß, gut steinlösend, pflückreif vor 'Hauszwetsche' A IX, Geschmack mittel bis gut, gut zu transportieren, nicht vorzeitig ernten
Resistenzen: Weltweit erste Sorte mit Scharka-Resistenz
Anbauhinweise: Erwerbsanbau, Selbstversorger; EU-Sortenschutz

Katinka

Synonyme: Keine
Herkunft: 'Ortenauer' × 'Ruth Gerstetter'
Verwendung: Tafelsorte, Frühsorte für Bäckerei
Anbaueignung: Für alle frühen Lagen
Wuchs: Stark, nach Ertragsbeginn mittelstark, mitteldicht, kann etwas verkahlen
Unterlagen: Starkwüchsig GF 8/1, St. Julien, *Prunus domestica*; mittelstark GF 655/2 (Intensivanlagen!), Wangenheim, Ishtara
Befruchtung: Selbstfertil
Ertrag: Sehr hoch, regelmäßig, ausdünnen
Frucht: Mittelgroß, sehr gut steinlösend, pflückreif E VII bis A VIII, Geschmack gut, ausreichende Fruchtqualität bei guter Pflege, gut haltbar und transportabel
Resistenzen: Scharkaanfällig, Früchte sind tolerant gegenüber Scharka, wenig spätfrostempfindlich
Anbauhinweise: Erwerbsanbau, Selbstversorger, Hausgarten; EU-Sortenschutz

Ortenauer

Synonyme: 'Kruft II', 'Johannisberg II', 'Borsumer'
Herkunft: Unbekannt, Zufallssämling
Verwendung: Tafelsorte, Konserven, Bäckerei
Anbaueignung: Für alle nicht scharkagefährdeten Lagen
Wuchs: Mittelstark, mitteldicht, breitwüchsig
Unterlagen: Starkwüchsig GF 8/1, St. Julien, *Prunus domestica*; mittelstark GF 655/2 (Intensivanlagen!), Wangenheim, Ishtara
Befruchtunge: Selbstfertil
Ertrag: Hoch, regelmäßig
Frucht: Mittelgroß, bei starkem Behang klein, gut steinlösend, pflückreif A bis M IX, Geschmack bei schlechter Pflege flach, sehr gut zu transportieren, lange haltbar
Resistenzen: Anfällig für Scharka, wenig Monilia-Fruchtfäule
Anbauhinweise: Erwerbsanbau, Selbstversorger, Hausgarten, Streuobst

Presenta

Synonyme: Keine
Herkunft: 'President' × 'Ortenauer'
Verwendung: Tafelsorte, Konserven, Bäckerei, Brennerei
Anbaueignung: Für späte Lagen
Wuchs: Mittelstark, mitteldicht, später hängendes Fruchtholz
Unterlagen: Starkwüchsig GF 8/1, St. Julien, *Prunus domestica*; mittelstark GF 655/2 (Intensivanlagen!), Wangenheim, Ishtara
Befruchtung: Selbstfertil
Ertrag: Sehr hoch, regelmäßig
Frucht: Mittelgroß, mittel bis gut steinlösend, pflückreif nach 'Hauszwetsche' M X, Geschmack sehr gut, sehr gut zu transportieren, rechtzeitig geerntet bis XII haltbar, Marktwert hoch
Resistenzen: Tolerant gegenüber Scharka
Anbauhinweise: Erwerbsanbau, Selbstversorger, Hausgarten; EU-Sortenschutz

President

Synonyme: Keine
Herkunft: Unbekannt, Zufallssämling
Verwendung: Tafelsorte, Verarbeitung
Anbaueignung: Wärmere Lagen
Wuchs: Sehr stark, locker, neigt zum Verkahlen
Unterlagen: Starkwüchsig GF 8/1, St. Julien, *Prunus domestica*; mittelstark GF 655/2 (Intensivanlagen!), Wangenheim, Ishtara
Befruchtung: Selbststeril, Bestäuber u. a. 'Cacacs Schöne', 'Jojo', 'Ruth Gerstetter', 'Stanley'
Ertrag: Hoch, regelmäßig, ausdünnen
Frucht: Sehr groß, gut steinlösend, pflückreif nach 'Hauszwetsche' E IX, Geschmack gut bei rechtzeitiger Ernte, sehr gut zu transportieren, bis XII haltbar, Marktwert hoch
Resistenzen: Scharkaanfällig, Früchte tolerant gegenüber Scharka, in feuchten Jahren Fruchtmonilia
Anbauhinweise: Erwerbsanbau, Selbstversorger, Hausgarten

Tegera

Synonyme: Keine
Herkunft: 'Ortenauer' × 'Ruth Gerstetter'
Verwendung: Tafelsorte, Konserven, Bäckerei
Anbaueignung: Für alle Lagen
Wuchs: Stark, Krone locker aufgebaut
Unterlagen: Starkwüchsig GF 8/1, St. Julien, *Prunus domestica*; mittelstark GF 655/2 (Intensivanlagen!), Wangenheim, Ishtara
Befruchtung: Selbstfertil, guter Pollenspender
Ertrag: Hoch, regelmäßig
Frucht: Mittelgroß, sehr gut steinlösend, pflückreif M VII, A VIII, Geschmack harmonisch, sehr gut zu transportieren, Marktwert hoch besonders wegen ihrer Backfähigkeit als Frühsorte, wenig fäulnisanfällig
Resistenzen: Mittel anfällig für Scharka, Schäden an Früchten gering
Anbauhinweise: Erwerbsanbau, Selbstversorger, Hausgarten; EU-Sortenschutz

Valjevka

Synonyme: Keine
Herkunft: 'Prun d'Agen' × 'Stanley'
Verwendung: Tafelsorte, Konserven, Bäckerei, Brennerei
Anbaueignung: Für wärmere Lagen
Wuchs: Stark, breitpyramidale dichte Krone
Unterlagen: Starkwüchsig GF 8/1, St. Julien, *Prunus domestica*; mittelstark GF 655/2 (Intensivanlagen!), Wangenheim, Ishtara
Befruchtung: Selbstfertil
Ertrag: Hoch bis sehr hoch, bei guter Pflege regelmäßig, in ungünstigen Lagen nicht befriedigend
Frucht: Klein bis mittelgroß, meist gut steinlösend, pflückreif M IX, Geschmack bei voller Ausreife gut, transportabel und lange haltbar
Resistenzen: Scharkaanfällig, Früchte sind tolerant gegenüber Scharka
Anbauhinweise: Erwerbsanbau, Selbstversorger, Hausgarten

Nancymirabelle

Synonyme: 'Doppelte Mirabelle', 'Drap d'Or', 'Mirabelle aus Nancy', mehrere Klone
Herkunft: Unbekannt
Verwendung: Tafelsorte, Konserven, Brennerei
Anbaueignung: Für alle Lagen, in scharkagefährdeten Gebieten
Wuchs: Stark, locker verzweigt
Unterlagen: Starkwüchsig GF 8/1, St. Julien, *Prunus domestica*; mittelstark GF 655/2 (Intensivanlagen!), Wangenheim, Ishtara; schwach *Prunus tomentosa*
Befruchtung: Selbstfertil
Ertrag: Sehr hoch, nach vollem Behang Alternanz
Frucht: Klein, gut steinlösend, Pflückreif A IX, folgernd, Geschmack sehr gut, süß aromatisch, maschinell erntbar, gut zu transportieren
Resistenzen: Scharka, insgesamt sehr gesund
Anbauhinweise: Erwerbsanbau, Selbstversorger, Hausgarten, Landschaftsgehölz

Große Grüne Reneclode

Synonyme: 'Zuckerpflaume', 'Dauphine', 'Reine Claude Verté', 'Green Gage'
Herkunft: Unbekannt
Verwendung: Tafelsorte, Konserven, Verarbeitung, Brennerei
Anbaueignung: Für wärmere Lagen
Wuchs: Mittelstark, locker verzweigt, im Alter breitwüchsig
Unterlagen: Starkwüchsig GF 8/1, St. Julien, *Prunus domestica*; mittelstark GF 655/2 (Intensivanlagen!), Wangenheim, Ishtara
Befruchtung: Selbststeril, Befruchter u.a. 'Bühler Frühzwetsche', 'Hanita', 'Löhrpflaume', 'Nancymirabelle'
Ertrag: Mittelhoch, nach vollem Behang Alternanz
Frucht: Mittelgroß, rund, nur mäßig steinlösend, pflückreif E VIII, A IX, folgernd, Geschmack sehr gut, süß aromatisch, würzig
Resistenzen: Scharka, sehr gesund
Anbauhinweise: Selbstversorger, Hausgarten, Direktvermarktung

Cerasus avium

Vogel-Kirsche

Vorkommen: Europa bis Ukraine, Kaukasus, Nordanatolien, Nordafrika; Haine, Mischwälder

Beziehung zur Kulturform: Durch ständige Auslese großfrüchtiger Formen zur Süßkirsche domestiziert, mit *C. fruticosa* einer der Eltern der Sauerkirsche

Verwendung: Weit verbreitetes Forstgehölz, als Sämlingsunterlagen für Süß- und Sauerkirschen (bestimmte Auslesen, z.B. Alkavo), gut für Verarbeitung zu Likör oder als Brennkirsche

Resistenzen: Wenig anfällig für Sprühfleckenkrankheit (*Blumeriella jaapii*)

Wuchs: Baum, 30 m hoch, sehr wüchsig, aufrecht wachsend, pyramidal bis kegelförmig

Frucht: Bis 10 mm Durchmesser, Steinfrucht, kugelig, gelb, rosa, rot bis schwarzrot, süß, oft auch bitter, heutzutage nicht mehr verzehrt, Stiele 30 bis 40 mm lang, rotbraun

Cerasus fruticosa

Zwergweichsel, Steppen-Kirsche

Vorkommen: Osteuropa bis Ural; trockenes Gebüsch, vorwiegend auf Kalk und Lehm

Beziehung zur Kulturform: Zusammen mit *C. avium* einer der Eltern der Sauerkirsche

Verwendung: Als Kreuzungspartner in der Unterlagen- und Sauerkirschenzüchtung als Resistenzträger für Kokkomykoseresistenz genutzt

Resistenzen: Resistent gegen *Coccomyces hiemalis* (Kokkomykose), spätfrostgefährdet, allgemein sehr gesund

Wuchs: Strauch, 0,5 bis 1,0 m groß, Ausläufer treibend

Frucht: Erbsengroß, korallenrot, genießbare Steinfrucht, Stein spitz, zweikantig

Burlat

Synonyme: 'Bigarreau Burlat', 'Hativ Burlat', 'Early Burlat'
Herkunft: Unbekannt, Zufallssämling
Verwendung: Frühe Tafelsorte
Anbaueignung: Für spätfrostsichere Lagen
Wuchs: Stark, breit ausladend, mitteldicht
Unterlagen: Starkwüchsig *Prunus avium* (Alkavo), auf leichten Böden *P. mahaleb*; mittelstark Weiroot 13, PiKu 3; schwach Gisela 5, PiKu 1
Befruchtung: Selbststeril, Sterilitäts-Allele S_3S_9**, Befruchter u. a. 'Büttners', 'Johanna', 'Nadino', 'Van'
Ertrag: Hoch, regelmäßig
Frucht: Sehr groß, relativ fest, gut transportabel, Marktwert hoch, platzt und fault bei Nässe, Reife 2. Kirschwoche
Resistenzen: Valsa-Krankheit, mäßig blütenfrostempfindlich
Anbauhinweise: Erwerbsanbau, Direktvermarkter, Hausgärten (auf schwach wachsender Unterlage)

Büttners Rote Knorpel

Synonyme: 'Altenburger Melone', 'Napoleon', 'Lauermanns Kirsche', 'Melonenkirsche', 'Royal Ann', 'Emporer Francis', 'Königskirsche' u. a.
Herkunft: Unbekannt, Zufallssämling
Verwendung: Tafelsorte, Konserve
Anbaueignung: Für alle Lagen
Wuchs: Stark, anfangs steil, später breit ausladend, mitteldicht
Unterlagen: wie 'Burlat' (siehe dort)
Befruchtung: Selbststeril, Sterilitäts-Allele S_3S_4**, Befruchter u. a. 'Burlat', 'Hedelfinger', 'Kassins', 'Sam', 'Spansche Knorpel', 'Van'
Ertrag: Sehr hoch, regelmäßig
Frucht: Mittelgroß, gut transportabel, Marktwert hoch, platzt und fault bei Nässe, Reife 4. bis 5. Kirschwoche
Resistenzen: Robust und gesund, mäßig blütenfrostempfindlich
Anbauhinweise: Erwerbsanbau, Selbstversorger, Hausgärten, Landschaftsgehölz

Große Schwarze Knorpel

Synonyme: 'Cerise Coeur Noir', 'Elkhorn', 'Bigarreau Noir', 'Weilheimer Riesen' u. a.
Herkunft: Unbekannt, Zufallssämling
Verwendung: Tafelsorte, Konserve
Anbaueignung: Für wärmere Lagen, in milden Höhenlagen
Wuchs: Sehr stark, breit ausladend
Unterlagen: wie 'Burlat' (siehe dort)
Befruchtung: Selbststeril, Sterilitäts-Allele S_3S_5**, Befruchter u. a. 'Büttners', 'Kassins', 'Knauffs', 'Kordia', 'Sam', 'Spansche Knorpel', 'Van'
Ertrag: Mittelhoch, regelmäßig
Frucht: Mittelgroß, feinknorpelig, gut transportabel, Marktwert hoch, platzt bei Nässe, Reife 6. Kirschwoche
Resistenzen: Gering blütenfrostempfindlich, mittlere Anfälligkeit für Valsa, staunässeempfindlich (Gummifluss)
Anbauhinweise: Erwerbsanbau, Selbstversorger, Hausgärten, Landschaftsgehölz

Hedelfinger

Synonyme: 'Hedelfinger Riesen', 'Wahler Kirsche', 'Froschmaul', 'Abels Späte' u. a.
Herkunft: Unbekannt, Zufallssämling
Verwendung: Tafelsorte, Konserve
Anbaueignung: Für alle Lagen mit wenig Sommerniederschlägen
Wuchs: Stark, breit ausladend
Unterlagen: wie 'Burlat' (siehe dort)
Befruchtung: Selbststeril, Sterilitäts-Allele S_3S_5**, Befruchter u. a. 'Kassins', 'Knauffs', 'Kordia', 'Sam', 'Spansche Knorpel', 'Van'
Ertrag: Hoch, regelmäßig
Frucht: Mittelgroß, relativ fest, gut transportabel, Marktwert hoch, platzt und fault bei Nässe, Reife 7. Kirschwoche
Resistenzen: Mäßig blütenfrostempfindlich, anfällig für Valsa, Monilia, Gummifluss
Anbauhinweise: Erwerbsanbau, Selbstversorger, Landschaftsgehölz (Streuobst)

Katalin

Synonyme: Keine
Herkunft: 'Germersdorfer' × 'Podebrad sarga'
Verwendung: Tafelsorte, Konserve
Anbaueignung: Für alle Kirschlagen
Wuchs: Mittel bis stark, breit ausladend
Unterlagen: wie 'Burlat' (siehe dort)
Befruchtung: Selbststeril, Sterilitäts-Allele S_4S_{12}**, Befruchter u. a. 'Hedelfinger', 'Linda', 'Regina', 'Sam', 'Van'
Ertrag: Hoch, regelmäßig
Frucht: Groß, fest, gut transportabel, platzt wenig, Reife 7. bis 8. Kirschwoche
Resistenzen: Bisher sehr gesund, noch wenig Erfahrung
Anbauhinweise: Erwerbsanbau, Selbstversorger, Hausgärten (auf schwach wachsenden Unterlagen); Sortenschutz in mehreren Ländern

Kordia

Synonyme: 'Techlovicka II', 'Techlo'
Herkunft: Unbekannt, Zufallssämling
Verwendung: Tafelsorte, Konserve
Anbaueignung: Für alle spätfrostsicheren, auch höheren Lagen
Wuchs: Stark bis sehr stark, breit ausladend
Unterlagen: wie 'Burlat' (siehe dort)
Befruchtung: Selbststeril, Sterilitäts-Allele S_3S_6**, Befruchter u. a. 'Hedelfinger', 'Johanna', 'Nadino', 'Schneiders', 'Van'
Ertrag: Hoch, regelmäßig
Frucht: Groß, glänzend, knorpelig, gut transportabel, Marktwert sehr hoch, geringe Platzneigung, Reife 6. Kirschwoche
Resistenzen: Blütenfrostempfindlich, mäßig anfällig für Valsa
Anbauhinweise: Erwerbsanbau, Selbstversorger, Hausgärten (auf schwach wachsenden Unterlagen)

Namare

Synonyme: Keine
Herkunft: 'Große Schwarze Knorpel' frei abgeblüht
Verwendung: Tafelsorte, Konserve
Anbaueignung: Für alle spätfrostsicheren Lagen, auch in höheren Lagen
Wuchs: Mittelstark, ausladend, dicht
Unterlagen: wie 'Burlat' (siehe dort)
Befruchtung: Selbststeril, Sterilitäts-Allele S_3S_4**, Befruchter u. a. 'Hedelfinger', 'Knauffs', 'Sam', 'Valeska', 'Van', 'Victor'
Ertrag: Sehr hoch, regelmäßig
Frucht: Mittelgroß, mittelfest, gut transportabel, geringe Neigung zum Faulen und Platzen, Reife 4. bis 5. Kirschwoche
Resistenzen: Wenig blütenfrostempfindlich, mäßig anfällig für Valsa
Anbauhinweise: Erwerbsanbau, Selbstversorger, Hausgärten (auf schwach wachsenden Unterlagen); Sortenschutz

Namati

Synonyme: Keine
Herkunft: 'Boppard Kracher' frei abgeblüht
Verwendung: Tafelsorte, Konserve
Anbaueignung: Für alle, auch höhere Lagen
Wuchs: Mittelstark, mitteldicht
Unterlagen: wie 'Burlat' (siehe dort)
Befruchtung: Selbststeril, Sterilitäts-Allele S_1S_4**, Befruchter u. a. 'Hedelfinger', 'Knauffs', 'Nanni', 'Sam', 'Spansche Knorpel', 'Valeska', 'Van'
Ertrag: Hoch, regelmäßig
Frucht: Mittelgroß, mittelfest und knorpelig, geringe Neigung zum Platzen, Reife 7. bis 8. Kirschwoche
Resistenzen: Wenig blütenfrostempfindlich, anfällig für Schrotschusskrankheit
Anbauhinweise: Erwerbsanbau, Selbstversorger, Hausgärten (auf schwach wachsenden Unterlagen); Sortenschutz

Regina

Synonyme: Keine
Herkunft: 'Schneiders Späte Knorpel' × 'Rube'
Verwendung: Tafelsorte, Konserve
Anbaueignung: Für alle Kirschlagen, auch in kühleren Lagen
Wuchs: Mittelstark, aufrecht, mitteldicht
Unterlagen: Wie 'Burlat' (siehe dort)
Befruchtung: Selbststeril, Sterilitäts-Allele S_1S_3**, Befruchter u. a. 'Große Schwarze Knorpel', 'Hudson', 'Sam', 'Summit'
Ertrag: Hoch, regelmäßig
Frucht: Groß bis sehr groß, fest und stark knorpelig, geringe Neigung zum Platzen und Faulen, sehr gut transportabel, sehr hoher Marktwert, Reife 7. Kirschwoche
Resistenzen: Wenig blütenfrostempfindlich
Anbauhinweise: Erwerbsanbau, Selbstversorger (auf schwach wachsenden Unterlagen)

Schneiders Späte Knorpel

Synonyme: 'Haumüller', 'Höfchenkirsche', 'Nürtinger Riesen', 'Kaukasische', 'Zeppelin', wahrscheinlich auch 'Germersdorfer'
Herkunft: Unbekannt, Zufallssämling
Verwendung: Tafelsorte, Konserve
Anbaueignung: Für wärmere Kirschlagen auf guten Böden
Wuchs: Stark, steil, pyramidal, mitteldicht
Unterlagen: Wie 'Burlat' (siehe dort)
Befruchtung: Selbststeril, Sterilitäts-Allele S_3S_{12}**, Befruchter u. a. 'Büttners', 'Hedelfinger', 'Kordia', 'Regina', 'Sam', 'Valeska', 'Van'
Ertrag: Mittelhoch, nur unter optimalen Bedingungen regelmäßig
Frucht: Mittelgroß, knorpelig, hohe Neigung zum Platzen, Faulen, Röteln, Reife 6. Kirschwoche
Resistenzen: Wenig blütenfrostempfindlich, anfällig für Valsa und Monilia
Anbauhinweise: Erwerbsanbau, Selbstversorger, Hausgärten, Streuobst

Spansche Knorpel

Synonyme: 'Rote Leberkirsche', 'Rote Spansche Knorpel'
Herkunft: Unbekannt, Zufallssämling
Verwendung: Tafelsorte, Konserve
Anbaueignung: Für Kirschlagen mit leichten Böden und guter Wasserführung
Wuchs: Mittelstark, breit ausladend, mitteldicht
Unterlagen: Wie 'Burlat' (siehe dort)
Befruchtung: Selbststeril, Sterilitäts-Allele S_3S_5**, Befruchter u. a. 'Büttners', 'Burlat', 'Hedelfinger', 'Kassins', 'Nadino', 'Sam', 'Van'
Ertrag: Sehr hoch, regelmäßig
Frucht: Mittelgroß, knorpelig, hohe Neigung zum Platzen und Faulen, Reife 5. Kirschwoche
Resistenzen: Mittel blütenfrostempfindlich, gering anfällig für Valsa
Anbauhinweise: Erwerbsanbau, Selbstversorger, Hausgärten (auf schwach wachsenden Unterlagen)

Stella

Synonyme: Keine
Herkunft: 'Lambert' × John Innes Sämling 2420 (selbstfertil)
Verwendung: Tafelsorte, Konserve
Anbaueignung: Für alle Kirschlagen
Wuchs: Stark, breit ausladend, dicht
Unterlagen: Wie 'Burlat' (siehe dort)
Befruchtung: Selbstfertil, guter Bestäuber, Sterilitäts-Allele S_1S_4**
Ertrag: Hoch bis sehr hoch, regelmäßig
Frucht: Groß, mittelfest und knorpelig, hohe Neigung zum Platzen und Faulen, Reife 6. Kirschwoche
Resistenzen: Mittel blütenfrostempfindlich, anfällig für Valsa und Monilia
Anbauhinweise: Erwerbsanbau, Selbstversorger, Hausgärten (auf schwach wachsenden Unterlagen), günstig als Einzelbaum zu pflanzen, da kein Bestäuber notwendig

Summit

Synonyme: Keine
Herkunft: 'Van' × 'Sam'
Verwendung: Tafelsorte
Anbaueignung: Frostfreie Kirschlagen mit guten Böden, anspruchsvoll
Wuchs: Sehr stark, dicht
Unterlagen: Wie 'Burlat' (siehe dort)
Befruchtung: Selbststeril, Sterilitäts-Allele S_1S_2**, Befruchter u. a. 'Große Schwarze Knorpel', 'Kordia', 'Regina'
Ertrag: Hoch bis sehr hoch, regelmäßig
Frucht: Sehr groß, mittelfest und knorpelig, nur mittlere Neigung zum Platzen und Faulen, hervorragende Qualität, vor allem für Frischmarkt, Reife 6. Kirschwoche
Resistenzen: Mittel blütenfrostempfindlich
Anbauhinweise: Erwerbsanbau, Selbstversorger, Hausgärten (auf schwach wachsenden Unterlagen)

Sunburst

Synonyme: Keine
Herkunft: 'Van' × 'Stella'
Verwendung: Tafelsorte
Anbaueignung: Für gute Kirschlagen in sommertrockenen Gebieten
Wuchs: Stark, aufrecht, mitteldicht
Unterlagen: Wie 'Burlat' (siehe dort)
Befruchtung: Selbstfertil, guter Bestäuber, Sterilitäts-Allele S_3S_4'**
Ertrag: Hoch, regelmäßig
Frucht: Sehr groß, weich, hohe Neigung zum Platzen und Faulen, wenig transportfest, Reife 4. Kirschwoche
Resistenzen: Anfällig für Fruchtmonilia, noch wenig Erfahrung
Anbauhinweise: Selbstversorger, Hausgärten (auf schwach wachsenden Unterlagen), günstig als Einzelbaum zu pflanzen, da kein Bestäuber notwendig

Sweetheart

Synonym: 'Sumtare' (Sortenname)
Herkunft: 'Van' × 'Newstar'
Verwendung: Tafelsorte, Konserve
Anbaueignung: Nur für beste Kirschlagen in sommertrockenen Gebieten
Wuchs: Mittelstark, breitwüchsig
Unterlagen: Wie 'Burlat' (siehe dort)
Befruchtung: Selbstfertil, guter Bestäuber, Sterilitäts-Allele S_3S_4'**
Ertrag: Sehr hoch, regelmäßig
Frucht: Mittelgroß bis groß, fest, hohe Neigung zum Platzen und Faulen, transportfest, Reife 7. Kirschwoche
Resistenzen: Anfällig für Fruchtmonilia, noch wenig Erfahrung
Anbauhinweise: Erwerbsanbau (unter Folie), Selbstversorger (auf schwach wachsenden Unterlagen), günstig als Einzelbaum zu pflanzen, da kein Bestäuber notwendig; EU-Sortenschutz

Techlovan

Synonyme: Keine
Herkunft: 'Van' × 'Kordia'
Verwendung: Tafelsorte, Konserve
Anbaueignung: Für alle nicht zu nassen Kirschlagen, auch in kühleren Gebieten
Wuchs: Mittelstark, etwas hängend, mitteldicht
Unterlagen: Wie 'Burlat' (siehe dort)
Befruchtung: Selbststeril, Sterilitäts-Allele S_3S_6**, Befruchter u. a. 'Hedelfinger', 'Oktavia', 'Stella', 'Regina'
Ertrag: Hoch, regelmäßig
Frucht: Groß bis sehr groß, fest und knorpelig, Neigung zum Platzen und Faulen ist mittel, gut transportfähig, hoher Marktwert, Reife 6. Kirschwoche
Resistenzen: Mittel blütenfrostempfindlich
Anbauhinweise: Erwerbsanbau, Selbstversorger, Hausgärten; Sortenschutz in mehreren Ländern

Fanal

Synonyme: 'Heimanns Konservenweichsel', 'Heimann 23'
Herkunft: Unbekannt, Zufallssämling
Verwendung: Steril-, Gefrierkonserve, Saft
Anbaueignung: Für alle Kirschlagen
Wuchs: Mittel bis stark, aufrecht, mitteldicht, kaum verkahlend, gute Regeneration
Unterlagen: Starkwüchsig *Prunus avium* (Alkavo, F12/1), auf leichten Böden besser *P. mahaleb*; mittelstark Weiroot-Klone (13, 154, 158)
Befruchtung: Selbstfertil
Ertrag: Hoch, regelmäßig
Frucht: Mittel bis groß, weich bis mittelfest, gut transportabel, sauer und aromatisch, stark saftend, Saft dunkelweinrot, wohlschmeckend, Reife M VI (6. Kirschwoche)
Resistenzen: Wenig blütenfrostgefährdet, stark anfällig für *Pseudomonas* (Bakterienbrand)
Anbauhinweise: Erwerbsanbau, Selbstversorger, Hausgärten

Karneol

Synonyme: Keine
Herkunft: 'Köröser' × 'Schattenmorelle'
Verwendung: Steril- und Gefrierkonserve, Tafelfrucht, häusliche Verwertung
Anbaueignung: Für geschützte und warme Standorte
Wuchs: Stark, aufrecht, mitteldicht verzweigt
Unterlagen: wie 'Fanal' (siehe dort)
Befruchtung: Teilweise selbstfertil, Befruchter u. a. 'Fanal', 'Kelleriis 16', 'Schattenmorelle', auch Süßkirschen
Ertrag: Mittelhoch, regelmäßig
Frucht: Groß, mittelfest, gut transportabel, süßsauer und aromatisch, stark saftend, Saft rot bis dunkelrot, sehr wohlschmeckend, Reife E VII (7. Kirschwoche)
Resistenzen: Wenig Monilia-Spitzendürre, tolerant gegen Stecklenberger Krankheit, blütenfrostempfindlich
Anbauhinweise: Selbstversorger, Hausgärten, Erwerbsanbau; Sortenschutz

Köröser

Synonyme: 'Köröser Weichsel', 'Pandy'
Herkunft: Unbekannt, zahlreiche Klone
Verwendung: Steril- und Gefrierkonserve, Tafelfrucht
Anbaueignung: Für geschützte und warme Standorte
Wuchs: Mittelstark bis stark, aufrecht, mitteldicht verzweigt
Unterlagen: wie 'Fanal' (siehe dort)
Befruchtung: Selbststeril, Befruchter u. a. 'Fanal', 'Kelleriis 16', 'Schattenmorelle', auch Süßkirschen
Ertrag: Mittelhoch, unregelmäßig, kann gänzlich versagen
Frucht: Mittelgroß, mittelfest, gut transportabel, sehr aromatisch, Saft rot bis braunrot, sehr wohlschmeckend, Reife E VII (7. Kirschwoche)
Resistenzen: Wenig Monilia-Spitzendürre und *Pseudomonas*, tolerant gegen Stecklenberger Krankheit, blütenfrostempfindlich
Anbauhinweise: Selbstversorger, Hausgärten

Morina

Synonym: 'Morion'
Herkunft: 'Köröser' × 'Reinhards Ostheimer'
Verwendung: Steril- und Gefrierkonserve, Tafelfrucht, Saft
Anbaueignung: Für alle Lagen mit besseren Böden
Wuchs: Mittelstark, aufrecht, dicht verzweigt, Spindelerziehung
Unterlagen: wie 'Fanal' (siehe dort)
Befruchtung: Teilweise selbstfertil, Befruchter u. a. 'Fanal', 'Kelleriis 16', 'Schattenmorelle', benötigt gutes Blühwetter
Ertrag: Mittelhoch bis hoch, regelmäßig
Frucht: Mittelgroß, fest, gut transportabel, würzig sauer, Saft dunkelrot, wohlschmeckend, Reife M VI (6. Kirschwoche)
Resistenzen: Monilia-Spitzendürre, tolerant gegen Stecklenberger Krankheit, wenig blütenfrostempfindlich
Anbauhinweise: Selbstversorger, Hausgärten, Erwerbsanbau; Sortenschutz

Safir

Synonyme: Keine
Herkunft: 'Schattenmorelle' × 'Fanal'
Verwendung: Steril- und Gefrierkonserve, Tafelfrucht, Saft
Anbaueignung: Für alle Lagen mit besseren Böden
Wuchs: Mittelstark, aufrecht, dicht verzweigt
Unterlagen: wie 'Fanal' (siehe dort)
Befruchtung: Selbstfertil
Ertrag: Mittelhoch bis hoch, regelmäßig
Frucht: Groß, weich, süßsauer, Saft dunkelrot, wohlschmeckend, Reife M VII (6. Kirschwoche)
Resistenzen: Wenig Monilia-Spitzendürre, tolerant gegen Stecklenberger Krankheit, mäßig widerstandsfähig gegenüber Blütenfrost
Anbauhinweise: Selbstversorger, Hausgärten, Erwerbsanbau; Sortenschutz

Schattenmorelle

Synonym: 'Große Lange Lotkirsche'
Herkunft: Unbekannt, Zufallssämling, zahlreiche Klone
Verwendung: Saft, Steril- und Gefrierkonserve
Anbaueignung: Für alle nicht zu trockene und spätfrostsichere Lagen, sehr anpassungsfähig
Wuchs: Mittelstark, hängend bis schleudernd, dicht verzweigt, neigt zur Verkahlung, (ständiges Verjüngen!)
Unterlagen: wie 'Fanal' (siehe dort)
Befruchtung: Selbstfertil
Ertrag: Sehr hoch, regelmäßig
Frucht: Klein bis mittelgroß, weich, maschinell erntbar, stark saftend, sauer, Saft dunkelrot, aromatisch, Reife M VII bis A VIII (7. Kirschwoche)
Resistenzen: Hoch anfällig für Monilia-Spitzendürre und Stecklenberger Krankheit, empfindlich für Blütenfrost
Anbauhinweise: Erwerbsanbau, Selbstversorger, Hausgärten

Topas

Synonyme: Keine
Herkunft: 'Kelleriis 16' × 'Fanal'
Verwendung: Saft, nicht für Frischverzehr
Anbaueignung: Für frostgeschützte Lagen mit besseren Böden
Wuchs: Stark, streng aufrecht, dicht verzweigt
Unterlagen: *Prunus avium* (Alkavo, F12/1), auf leichten Böden besser *P. mahaleb*
Befruchtung: Teilweise selbstfertil, Befruchter u. a. 'Fanal', 'Kelleriis 16'
Ertrag: Mittelhoch bis hoch, regelmäßig
Frucht: Mittelgroß bis groß, weich, stark sauer, Saft tief weinrot, Früchte lange hängen lassen erhöht Fruchtqualität und Erntbarkeit, Reife M VII (6. Kirschwoche)
Resistenzen: Anfällig für Monilia-Spitzendürre und Blütenfrost
Anbauhinweise: Erwerbsanbau, Hausgärten; Sortenschutz

Ungarische Traubige

Synonym: 'Ujfehertoi fürtös' (Originalname)
Herkunft: Unbekannt, Zufallssämling
Verwendung: Steril- und Gefrierkonserve, Tafelfrucht, Saft
Anbaueignung: Für geschützte Standorte
Wuchs: Sehr stark, steil aufrecht, mitteldicht verzweigt
Unterlagen: wie 'Fanal' (siehe dort)
Befruchtung: Selbstfertil, unter ungünstigen Blühbedingungen Fremdbestäubung vorteilhaft, Befruchter u. a. 'Fanal', 'Kelleriis 16', 'Schattenmorelle'
Ertrag: Mittelhoch, nicht immer regelmäßig
Frucht: Mittelgroß, mittelfest, gut transportabel, süßsauer und aromatisch, stark saftend, Saft rot bis rotviolett, sehr wohlschmeckend, Reife E VII (7. Kirschwoche)
Resistenzen: Tolerant gegen Stecklenberger Krankheit, empfindlich für Blütenfrost und Kokkomykose
Anbauhinweise: Erwerbsanbau, Selbstversorger, Hausgärten

Armeniaca vulgaris (*Prunus armeniaca*)

Aprikose, Wildaprikose

Vorkommen: N- und NO-China entlang der Großen Mauer, Zentralasien, Iran, Afghanistan bis in Gebirgsregionen der Türkei, viele verwandte Arten und Unterarten, *Armeniaca brigantiaca* ist in den Alpen beheimatet
Beziehung zur Kulturform: Vorfahre der Kulturaprikose, durch ständige Auslese, später durch gezielte Kreuzungen zu den heutigen Sorten entwickelt
Verwendung: Obstnutzung, Brennerei, Veredlungsunterlage
Resistenzen: Resistent gegenüber *Monilia laxa, Stigmina carpophila* (Schrotschusskrankheit), Winterfrost, trockenresistent
Wuchs: Busch, 3 bis 8 m hoch
Frucht: Sehr variabel, etwa 15 bis 30 mm Durchmesser, kugelig bis leicht länglich, meist grüngelb, mitunter rötlich, meist genießbar, sauer bis süßsauer, mehlig, meist steinlösend, Stein stark ölhaltig

Persica vulgaris (*Prunus persica*)

Pfirsich, Wildpfirsich

Vorkommen: Zentralasien, China, eine Wärme liebende Gruppe (vor allem *P. vulgaris*) wird in allen südchinesischen Provinzen, eine weniger frostempfindliche Gruppe entlang und nördlich des Gelben Flusses gefunden (*P. mongolica, P. triloba, P. davidiana* u. a.).
Beziehung zur Kulturform: Vorfahre des Kulturpfirsichs, ständige Auslese, später gezielte Kreuzung führte zu den heutigen Sorten
Verwendung: Obstnutzung, Brennerei und als Veredlungsunterlage
Resistenzen: Anfällig für viele Pilzkrankheiten und Virosen sowie Insektenbefall
Wuchs: Busch, 2 bis 6 m hoch
Frucht: Sehr variabel, etwa 20 bis 60 mm Durchmesser, kugelig bis leicht länglich, meist rötlich, auch grüngelb, meist genießbar, süß, auch bitter und mehlig, steinlösend und steinhaftend, je nach Art und Unterart

Bergeron

Synonym: 'Gabrielle Bergeron'
Herkunft: Um 1920 von Bergeron bei Lyon, Frankreich, gezüchtet
Verwendung: Konservenindustrie, Tafelfrucht, häusliche Verwertung, Brennen
Anbaueignung: Frostsichere warme Lagen
Wuchs: Stark, halb aufrecht
Unterlagen: Aprikosen-Sämling, St. Julien A, GF 522, Wangenheim-Sämling, Hinduka-Sämling, Orleans-Sämling, je nach gebietsspezifischer Eignung
Befruchtung: Selbstfertil, benötigt gutes Blühwetter
Ertrag: Früh, sehr hoch, regelmäßig, mehrmaliges Durchpflücken erforderlich
Frucht: Mittelgroß, orange, rot punktiert, fast glatte Schale, fest, sehr gut transportabel, gut steinlösend, wenig saftig, säuerlich, aromatisch, Reife M VIII
Resistenzen: Wenig spätfrostanfällig
Anbauhinweise: Erwerbsanbau, Selbstversorger, Direktvermarkter, Hausgärten

Hargrand

Synonyme: Keine
Herkunft: Zufallssämling, von Layne, Harrow in Kanada, 1972 ausgelesen
Verwendung: Konserven, Tafelfrucht, häusliche Verwertung, Brennen
Anbaueignung: Frostsichere warme Lagen
Wuchs: Stark, halb aufrecht, breite Krone
Unterlagen: Aprikosen-Sämling, St. Julien A, GF 522, Wangenheim-Sämling, Hinduka-Sämling, Orleans-Sämling, je nach gebietsspezifischer Eignung
Befruchtung: Selbstfertil
Ertrag: Sehr früh, sehr hoch, regelmäßig
Frucht: Sehr groß, mattorange, leicht rot punktiert, fast glatte Schale, fest, sehr gut transportabel, sehr gut steinlösend, festfleischig, säuerlich, aromatisch, Reife E VII bis A VIII, bis 4 Wochen lagerfähig
Resistenzen: Wenig spätfrostempfindlich, allgemein wenig krankheitsanfällig
Anbauhinweise: Erwerbsanbau, Selbstversorger, Direktvermarkter, Hausgärten

Kuresia

Synonyme: Keine
Herkunft: Unbekannt, Zufallssämling, von Fuchs und Grüntzig, (Halle), ausgelesen
Verwendung: Tafelfrucht, häusliche Verwertung, Konserven, Brennen
Anbaueignung: Frostsichere warme Lagen, wenig anspruchsvoll, Anbau vor allem in scharkagefährdeten Gebieten
Wuchs: Mittelstark, halb aufrecht
Unterlagen: Siehe 'Bergeron'
Befruchtung: Wahrscheinlich selbstfertil, benötigt gutes Blühwetter
Ertrag: Früh, hoch, regelmäßig
Frucht: Mittelgroß, fast glatte Schale, sehr gut transportabel, gut steinlösend, mittelfestfleischig, säuerlich, mäßig aromatisch, Reife E VII bis A VIII
Resistenzen: Erste Sorte mit Resistenz gegenüber Scharka, wenig spätfrostempfindlich, wenig krankheitsanfällig
Anbauhinweise: Selbstversorger, Direktvermarkter, Erwerbsanbau, Hausgärten

Ungarische Beste

Synonyme: 'Klosterneuburger', 'Rote Marille', 'Rote Aprikose', 'Ungarische'
Herkunft: Unbekannt, Zufallssämling
Verwendung: Konserven, Tafelfrucht, häusliche Verwertung, Brennen
Anbaueignung: Frostsichere warme Lagen
Wuchs: Stark, später mittelstark, halb aufrecht, breite kleine Krone
Unterlagen: Siehe 'Bergeron'
Befruchtung: Selbstfertil, benötigt gutes Blühwetter, guter Bestäuber
Ertrag: Früh, hoch, regelmäßig, mehrmaliges Durchpflücken erforderlich
Frucht: Mittelgroß, leicht bewollte Schale, fest, sehr gut transportabel, gut steinlösend, reif saftig, süßsäuerlich, wenig aromatisch, Aroma entwickelt sich erst während der Verarbeitung, Reife M VII bis A VIII, wird mehlig
Resistenzen: Wenig spätfrostanfällig, empfindlich für Monilia
Anbauhinweise: Erwerbsanbau, Selbstversorger, Direktvermarkter, Hausgärten

Benedicte

Synonyme: Keine
Herkunft: Zuchtsorte aus Frankreich
Verwendung: Tafelfrucht, häusliche Verwertung, Konserve
Anbaueignung: Frostsichere wärmere Lagen
Wuchs: Stark, breit ausladende Krone
Unterlagen: Pfirsich-Sämling, Rubira, St. Julien A, GF 522, Wangenheim-Sämling, Ackermann, Hinduka-Sämling, je nach gebietsspezifischer Eignung
Befruchtung: Selbstfertil, benötigt gutes Blühwetter
Ertrag: Hoch, regelmäßig
Frucht: Sehr groß, wenig behaart, fest, gut transportabel, kaum druckempfindlich, sehr gut steinlösend, sehr süß und saftig, kräftiges Aroma, Reife E VIII, einige Zeit lagerbar
Resistenzen: Allgemein sehr gesund, frostempfindlich, wenig Kräuselkrankheit
Anbauhinweise: Erwerbsanbau, Selbstversorger, Hausgärten

Bero

Synonyme: Keine
Herkunft: Auslese aus 'Beste von Rothe'
Verwendung: Tafelfrucht, häusliche Verwertung, Konserve
Anbaueignung: Frostsichere wärmere Lagen
Wuchs: Wächst stark, aufrecht, breit ausladende Krone
Unterlagen: Pfirsich-Sämling, Rubira, St. Julien A, GF 522, Wangenheim-Sämling, Ackermann, Hinduka-Sämling, je nach gebietsspezifischer Eignung
Befruchtung: Selbstfertil, benötigt gutes Blühwetter
Ertrag: Hoch, regelmäßig
Frucht: Mittelgroß, mäßig fest, gut transportabel, wenn rechtzeitig geerntet, später druckempfindlich, gut steinlösend, sehr süß und saftig, Reife E VIII bis A IX
Resistenzen: Blüte und Holz gut frostverträglich, wenig Kräuselkrankheit
Anbauhinweise: Selbstversorger, Hausgärten, Erwerbsanbau

Fairhaven

Synonyme: Keine
Herkunft: 'J.H. Hale' × 'South Haven'
Verwendung: Tafelfrucht, häusliche Verwertung, Konserve
Anbaueignung: Frostsichere wärmere Lagen
Wuchs: Stark, breit ausladende Krone
Unterlagen: Pfirsich-Sämling, Rubira, St. Julien A, GF 522, Wangenheim-Sämling, Ackermann, Hinduka-Sämling, je nach gebietsspezifischer Eignung
Befruchtung: Selbstfertil, benötigt gutes Blühwetter
Ertrag: Hoch, regelmäßig
Frucht: Groß bis sehr groß, wenig behaart, fest, gut transportabel, kaum druckempfindlich, gut steinlösend, sehr süß und saftig, kräftiges Aroma, Reife M VIII, bessere Qualität als 'Red Haven'
Resistenzen: Frostempfindlich, mittel empfindlich für Kräuselkrankheit
Anbauhinweise: Erwerbsanbau, Selbstversorger, Hausgärten

Kernechter vom Vorgebirge

Synonyme: 'Roter Ellerstädter', 'Vorgebirgspfirsich'
Herkunft: Auslese von 'Roter Ellerstädter', viele Typen
Verwendung: Tafelfrucht, Konserve, Brennerei
Anbaueignung: Auch in Grenzlagen für Pfirsiche
Wuchs: Sehr stark, später nachlassend, breit ausladende Krone
Unterlagen: Siehe 'Fairhaven'
Befruchtung: Selbstfertil, benötigt gutes Blühwetter
Ertrag: Sehr hoch, regelmäßig, ausdünnen
Frucht: Mittelgroß, stark behaart, fest, gut transportabel, sehr gut steinlösend, sehr süß und saftig, kräftiges Aroma, Reife M IX, Früchte einige Zeit lagerbar
Resistenzen: Frostempfindlich, wenig Kräuselkrankheit
Anbauhinweise: Erwerbsanbau, Selbstversorger, Hausgärten

Nerine

Synonyme: Keine
Herkunft: 'Fairhaven' geselbstet
Verwendung: Tafelfrucht, häusliche Verwertung, Konserve
Anbaueignung: Frostsichere wärmere Lagen
Wuchs: Sehr stark, später nachlassend, breit ausladende Krone
Unterlagen: Pfirsich-Sämling, Rubira, St. Julien A, GF 522, Wangenheim-Sämling, Ackermann, Hinduka-Sämling
Befruchtung: Selbstfertil, benötigt gutes Blühwetter
Ertrag: Hoch
Frucht: Mittelgroß bis groß, leicht behaart, fest, gut transportabel, kaum druckempfindlich, mittelmäßig steinlösend, sehr süß und saftig, angenehmes mittleres Aroma, Reife M VII
Resistenzen: Frostempfindlich, empfindlich für Kräuselkrankheit
Anbauhinweise: Selbstversorger, Hausgärten, Erwerbsanbau

Pilot

Synonyme: Keine
Herkunft: Unbekannt, Zufallssämling
Verwendung: Tafelfrucht, häusliche Verwertung, Konserve
Anbaueignung: Auch in Grenzlagen
Wuchs: Stark, hochkugelige Krone
Unterlagen: Pfirsich-Sämling, Rubira, St. Julien A, GF 522, Wangenheim-Sämling, Ackermann, Hinduka-Sämling, je nach gebietsspezifischer Eignung
Befruchtung: Selbstfertil, benötigt gutes Blühwetter
Ertrag: Sehr hoch, regelmäßig, ausdünnen
Frucht: Mittelgroß bis groß, stark behaart, fest, gut transportabel, gut steinlösend, süß und saftig, kräftiges Aroma, Reife M VIII, einige Zeit lagerbar
Resistenzen: Wenig frostempfindlich, wenig Kräuselkrankheit, Blüte weniger frostgefährdet als bei anderen Pfirsichsorten
Anbauhinweise: Erwerbsanbau, Selbstversorger, Hausgärten

Red Haven

Synonym: 'Redhaven'
Herkunft: 'Hale Haven' × 'Kalhaven'
Verwendung: Tafelfrucht, häusliche Verwertung, Konserve
Anbaueignung: Frostsichere wärmere Lagen, sehr anpassungsfähig
Wuchs: Mittelstark bis stark, breit ausladende Krone, Fruchtastumtrieb wichtig
Unterlagen: Siehe 'Fairhaven'
Befruchtung: Selbstfertil, benötigt gutes Blühwetter
Ertrag: Sehr hoch, regelmäßig, ausdünnen
Frucht: Mittelgroß bis groß, stark behaart, fest, gut transportabel, kaum druckempfindlich, sehr gut steinlösend, sehr süß und saftig, kräftiges Aroma, Reife A VIII
Resistenzen: Empfindlich für Kräuselkrankheit und Frost
Anbauhinweise: Erwerbsanbau, Selbstversorger, Hausgärten

Starcrest

Synonyme: Keine
Herkunft: Mutation aus 'Springcrest'
Verwendung: Tafelfrucht, häusliche Verwertung, Konserve
Anbaueignung: Frostsichere wärmere Lagen
Wuchs: Mittelstark bis stark, breit ausladende Krone
Unterlagen: Siehe 'Fairhaven'
Befruchtung: Selbstfertil, benötigt gutes Blühwetter
Ertrag: Hoch, regelmäßig
Frucht: Mittelgroß, stark behaart, mittel bis schlecht steinlösend, Stein oft gespalten, süß und saftig, mittleres Aroma, Reife A VII, für die frühe Reife sehr schöne Früchte von guter Qualität
Resistenzen: Empfindlich für Kräuselkrankheit und Frost
Anbauhinweise: Erwerbsanbau, Selbstversorger, Hausgärten

Arapaho

Synonyme: Keine
Herkunft: Zuchtsorte aus USA
Verwendung: Frischverzehr, häusliche Verwertung, Verarbeitung
Anbaueignung: Ohne besondere Ansprüche
Wuchs: Stark bis sehr stark, unbestachelt
Reifezeit: Sehr früh, ab E VII
Befruchtung: Selbstfertil, guter Bienenbeflug notwendig, Fremdbestäubung kann höheren Ertrag bringen, im Hausgarten reicht eine Sorte
Ertrag: Sehr hoch, lange Ernteperiode, zahlreiche Pflückdurchgänge
Frucht: Sehr groß, stark glänzend, fest, am Strauch einige Zeit haltbar, leicht zu pflücken, mildes Aroma, Geschmack sehr gut
Resistenzen: Brombeerrost, wenig Mehltau, mittelstark anfällig für *Gnomonia*-Rindenbrand
Anbauhinweise: Erwerbsanbau, Direktvermarkter, Hausgärten; Sortenschutz in mehreren Ländern

Black Satin

Synonyme: Keine
Herkunft: (Resistente Zuchtstämme × 'Darrow') × 'Thornfree'
Verwendung: Frischverzehr, häusliche Verwertung, Verarbeitung
Anbaueignung: Frostschutz im Winter, regelmäßiger Schnitt
Wuchs: Stark bis sehr stark, unbestachelt
Reifezeit: Zwischen VIII und X
Befruchtung: Selbstfertil, guter Bienenbeflug notwendig, Fremdbestäubung kann höheren Ertrag bringen, im Hausgarten reicht eine Sorte
Ertrag: Sehr hoch, sehr lange Ernteperiode, zahlreiche Pflückdurchgänge
Frucht: Sehr groß, stark glänzend, mittelfest, am Strauch kaum haltbar, leicht zu pflücken, mildes Aroma, Geschmack säuerlich, gut
Resistenzen: Anfällig für Fruchtfäule und Brombeermilbe, Blüte spätfrostgefährdet
Anbauhinweise: Erwerbsanbau, Direktvermarkter, Hausgärten

Nessy

Synonyme: 'Loch Ness', 'Nessie'
Herkunft: Zuchtsorte aus Schottland
Verwendung: Frischverzehr, häusliche Verwertung, Verarbeitung
Anbaueignung: Frostschutz im Winter, regelmäßiger Schnitt, Stützgerüst
Wuchs: Sehr stark, unbestachelt
Reifezeit: Zwischen E VII und IX
Befruchtung: Selbstfertil, guter Bienenbeflug notwendig, Fremdbestäubung kann höheren Ertrag bringen, im Hausgarten reicht eine Sorte
Ertrag: Mittelhoch, lange Ernteperiode, zahlreiche Pflückdurchgänge
Frucht: Groß, stark glänzend, fest, am Strauch wenige Tage haltbar, leicht zu pflücken, kräftiges Aroma, Geschmack süß-säuerlich, gut
Resistenzen: Wenig Fruchtfäulen
Anbauhinweise: Erwerbsanbau, Direktvermarkter, Hausgärten; Sortenschutz in mehreren Ländern

Theodor Reimers

Synonyme: 'Himalaya', 'Black Diamond', 'Sandbrombeere'
Herkunft: Auslese aus der Sandbrombeere, *Rubus discolor*
Verwendung: Frischverzehr, häusliche Verwertung, Verarbeitung
Anbaueignung: Frostschutz im Winter, regelmäßiger Schnitt, Stützgerüst, gutes Regenerationsvermögen
Wuchs: Sehr stark, stark bestachelt
Reifezeit: Zwischen E VII und IX
Befruchtung: Selbstfertil
Ertrag: Mittelhoch bis hoch, lange Ernteperiode, zahlreiche Pflückdurchgänge
Frucht: Mittelgroß, glänzend, fest, am Strauch einige Tage haltbar, schwer zu pflücken, vollreif kräftiges Aroma, süß
Resistenzen: Wenig anfällig für Fruchtfäulen, Ruten frostempfindlich, Blüten weniger
Anbauhinweise: Direktvermarkter, Hausgärten

Thornfree

Synonym: 'Black Thornfree'
Herkunft: ('Merton Thornless' × 'Brainerd') × ('Eldorado' × 'Merton Thornless')
Verwendung: Frischverzehr, häusliche Verwertung, Verarbeitung
Anbaueignung: Frostschutz im Winter, regelmäßiger Schnitt, Stützgerüst
Wuchs: Sehr stark, unbestachelt
Reifezeit: Zwischen E VIII und X
Befruchtung: Selbstfertil, Fremdbestäubung kann höheren Ertrag bringen, im Hausgarten reicht eine Sorte
Ertrag: Hoch, lange Ernteperiode, zahlreiche Pflückdurchgänge
Frucht: Sehr groß, stark glänzend, fest, am Strauch wenige Tage haltbar, am Gerüst leicht zu pflücken, vollreif kräftiges Aroma, Geschmack säuerlich
Resistenzen: Anfällig für Fruchtfäulen, Brombeermilbe, Rutenkrankheiten
Anbauhinweise: Direktvermarkter, Hausgärten

Thornless Evergreen

Synonyme: 'Blacky', 'Domino'
Herkunft: Mutation von 'Oregon Evergreen' (*Rubus laciniatus*)
Verwendung: Frischverzehr, häusliche Verwertung, Verarbeitung
Anbaueignung: Ohne besondere Anforderungen, regelmäßiger Schnitt, Stützgerüst
Wuchs: Stark, unbestachelt, bildet bestachelte Bodentriebe
Reifezeit: Von VIII bis zum Frosteintritt
Befruchtung: Selbstfertil, Fremdbestäubung kann höheren Ertrag bringen, im Hausgarten reicht eine Sorte
Ertrag: Hoch, lange Ernteperiode, zahlreiche Pflückdurchgänge
Frucht: Mittelgroß, glänzend, fest, am Strauch einige Tage haltbar, am Gerüst leicht zu pflücken, Geschmack säuerlich
Resistenzen: Anfällig für Brombeermilbe, Rote Spinne, weniger für Rutenkrankheiten
Anbauhinweise: Erwerbsanbau, Direktvermarkter, Hausgärten

Blissy

Synonym: 'Autumn Bliss' (Sortenname)
Herkunft: Mehrfachkreuzung mit 'Malling M'
Verwendung: Frischverzehr, häusliche Verwertung, Verarbeitung
Anbaueignung: Herbsttragende Sorte ohne besondere Ansprüche
Wuchs: Stark, Jungruten zahlreich, mittelstark bewehrt
Reifezeit: VIII, für herbsttragende Sorten früh, trägt bis zum ersten Frost
Befruchtung: Selbstfertil, Fremdbestäubung kann höheren Ertrag bringen
Ertrag: Sommerernte gering, Herbsternte hoch
Frucht: Groß, mittelstark glänzend, fest, leicht vom Zapfen lösend, Aroma mittel bis gut, häufiges Durchpflücken erforderlich
Resistenzen: Wenig Wurzelfäule und Himbeerblattlaus (Virusüberträger)
Anbauhinweise: Erwerbsanbau, Selbstversorger, Hausgärten; Sortenschutz in mehreren Ländern

Elida

Synonym: 'Rafzmach' (Sortenname)
Herkunft: 'Malling M' × 'Chilcotin'
Verwendung: Frischverzehr, häusliche Verwertung
Anbaueignung: Sommertragend, ohne besondere Ansprüche
Wuchs: Schwach, Jungruten zahlreich, leicht bewehrt
Reifezeit: VII, nur kurze Ernteperiode
Befruchtung: Selbstfertil, guter Bienenbeflug ist notwendig, Fremdbestäubung kann höheren Ertrag bringen
Ertrag: Hoch, Sorte neigt zum Remontieren
Frucht: Mittelgroß, nur mittelfest, leicht vom Zapfen lösend, Aroma mittel, Geschmack mittelmäßig bis gut, häufiges Durchpflücken erforderlich
Resistenzen: Früchte sind witterungsempfindlich, über Krankheiten wenig Erfahrung
Anbauhinweise: Erwerbsanbau, Selbstversorger, Hausgärten; Sortenschutz in mehreren Ländern

Glen Ample

Synonyme: Keine
Herkunft: Mehrfachkreuzung von 'Glen Prosen' und 'Meeker'
Verwendung: Frischverzehr, Verarbeitung
Anbaueignung: Sommertragend, ohne besondere Ansprüche
Wuchs: Stark, Jungruten zahlreich, stachellos
Reifezeit: VII, A VIII, nach 'Elida', lange Ernteperiode
Befruchtung: Selbstfertil, guter Bienenbeflug ist notwendig, Fremdbestäubung kann höheren Ertrag bringen
Ertrag: Hoch
Frucht: Groß, glänzend, fest, attraktiv, leicht vom Zapfen lösend, Aroma mittel, Geschmack leicht säuerlich, angenehm, häufiges Durchpflücken erforderlich
Resistenzen: Wenig Rutenkrankheiten, stärker empfindlich für Himbeerrost
Anbauhinweise: Erwerbsanbau, Direktvermarkter, Selbstversorger; EU-Sortenschutz

Himbo Queen

Synonym: 'Rafzeter' (Sortenname)
Herkunft: 'Puyallup Large' × 'Malling Expoit'
Verwendung: Frischverzehr, Verarbeitung
Anbaueignung: Sommertragende Sorte, Windschutz empfehlenswert
Wuchs: Stark, Jungruten zahlreich, mittelstark bewehrt
Reifezeit: VII, VIII, mittelspät
Befruchtung: Selbstfertil, guter Bienenbeflug notwendig, Fremdbestäubung kann höheren Ertrag bringen
Ertrag: Hoch bis sehr hoch
Frucht: Groß, glänzend, mittelfest, gut vom Zapfen lösend, Aroma stark, Geschmack gut, angenehm, häufiges Durchpflücken erforderlich
Resistenzen: Anfällig für Rutenkrankheiten, wenig Fruchtfäule
Anbauhinweise: Erwerbsanbau, Direktvermarkter, Hausgärten; Sortenschutz

Rubaca

Synonym: 'Niniane'
Herkunft: 'Rutrago' × 'Latham'
Verwendung: Frischverzehr, häusliche Verwertung, Verarbeitung
Anbaueignung: Sommertragend, ohne besondere Ansprüche
Wuchs: Mittelstark, Jungruten weniger zahlreich, stark bewehrt
Reifezeit: VII, VIII, mittelspät
Befruchtung: Selbstfertil, guter Bienenbeflug notwendig, Fremdbestäubung kann höheren Ertrag bringen
Ertrag: Mittel bis hoch, lange Ernteperiode
Frucht: Mittel bis groß, nur mäßig fest, daher nur kurze Zeit haltbar, gut vom Zapfen lösend, Aroma stark, Geschmack gut, häufiges Durchpflücken erforderlich
Resistenzen: *Phytophtora*-Wurzelfäule, winterfrosthart
Anbauhinweise: Direktvermarkter, Hausgärten, Erwerbsanbau; EU-Sortenschutz

Rumiloba

Synonyme: Keine
Herkunft: 'Promiloy' × Resistenter Zuchtstamm
Verwendung: Frischverzehr, häusliche Verwertung, Verarbeitung, günstig unter Folie
Anbaueignung: Sommertragend, ohne besondere Ansprüche
Wuchs: Stark bis sehr stark, Jungruten zahlreich, mittelstark bewehrt
Reifezeit: VIII, IX, sehr spät
Befruchtung: Selbstfertil, guter Bienenbeflug notwendig
Ertrag: Mittel bis hoch, lange Ernteperiode
Frucht: Groß bis sehr groß, stark glänzend, fest, am Strauch einige Zeit haltbar, mittelschwer vom Zapfen lösend, Aroma stark, Geschmack gut, zahlreiche Pflückdurchgänge
Resistenzen: Himbeerblattlaus (Virusüberträger) und Rutensterben, bei Nässe nicht winterfrosthart
Anbauhinweise: Erwerbsanbau, Direktvermarkter, Hausgärten; Sortenschutz

Rutrago

Synonyme: 'Bauer 50', 'Rucanta'
Herkunft: Resistenter Zuchtstamm × 'Tragilo'
Verwendung: Frischverzehr, häusliche Verwertung, Verarbeitung
Anbaueignung: Sommertragend, ohne besondere Ansprüche
Wuchs: Sehr stark, wenig Jungruten, nur gering bewehrt
Reifezeit: VIII, mittelspät
Befruchtung: Selbstfertil, guter Bienenbeflug notwendig
Ertrag: Sehr hoch, lange Ernteperiode, zahlreiche Pflückdurchgänge
Frucht: Groß, glänzend, sehr fest, am Strauch einige Zeit haltbar, mittelschwer vom Zapfen lösend, Aroma stark mit starker Säure und Süße, Geschmack sehr gut
Resistenzen: Himbeerblattlaus (Virusüberträger), Rutensterben, empfindlich für Fruchtfäule
Anbauhinweise: Erwerbsanbau, Direktvermarkter, Hausgärten; Sortenschutz

Schönemann

Synonyme: Keine
Herkunft: 'Lloyd George' × 'Preußen'
Verwendung: Frischverzehr, häusliche Verwertung, Gefrierkonservierung
Anbaueignung: Sommertragend, ausreichende Wasserversorgung wichtig, nur virusfreies Pflanzmaterial verwenden, sonst Abbauerscheinungen
Wuchs: Sehr stark, viele Jungruten, mittelstark bewehrt
Reifezeit: VIII, spät
Befruchtung: Selbstfertil
Ertrag: Hoch bis sehr hoch, lange Ernteperiode, zahlreiche Pflückdurchgänge
Frucht: Groß, glänzend, mittelfest bis fest, am Strauch einige Zeit haltbar, leicht vom Zapfen lösend, Aroma stark mit starker Säure und Süße, Geschmack sehr gut
Resistenzen: Wenig Rutensterben, empfindlich für Fruchtfäule
Anbauhinweise: Erwerbsanbau, Direktvermarkter, Hausgärten

Jonkheer van Tets

Synonyme: Keine
Herkunft: 'Fays Fruchtbare' frei abgeblüht
Verwendung: Frischverzehr, häusliche Verwertung, Verarbeitung
Anbaueignung: Ohne besondere Anforderungen, Auslichtungsschnitt erforderlich, zur Heckenerziehung geeignet
Wuchs: Stark, sparrig, aufrecht, buschig
Reifezeit: Sehr früh
Befruchtung: Selbstfertil
Ertrag: Mittelhoch, neigt zum Verrieseln
Frucht: Langer Fruchtstand, lockerer Beerensitz, Früchte mittelfest bis weich, platzen und faulen bei Nässe, schlecht zu transportieren, mittelgroß, säuerlicher Geschmack, kräftiges Aroma
Resistenzen: Anfällig für Rotpustelkrankheit und Fruchtfäulnis, spätfrostempfindlich, wenig Blattfallkrankheit
Anbauhinweise: Direktvermarkter, Hausgärten, Erwerbsanbau

Koral

Synonyme: Keine
Herkunft: Zuchtklon × 'Rote Vierländer'
Verwendung: Frischverzehr, häusliche Verwertung, Verarbeitung
Anbaueignung: Ohne besondere Anforderungen, Auslichtungsschnitt erforderlich, zur Heckenerziehung geeignet
Wuchs: Mittel bis stark, gerade, aufrecht, gutes Regenerationsvermögen
Reifezeit: Spät
Befruchtung: Selbstfertil
Ertrag: Hoch, Sorte neigt kaum zum Verrieseln
Frucht: Langer Fruchtstand, lockerer Beerensitz, Früchte fest, längere Zeit am Strauch haltbar, gut zu transportieren, süß-säuerlicher Geschmack, kräftiges Aroma
Resistenzen: Mittel anfällig für Blasenlausbefall, wenig regenempfindlich
Anbauhinweise: Erwerbsanbau, Direktvermarkter, Hausgärten; Sortenschutz in mehreren Ländern

Rolan

Synonyme: Keine
Herkunft: 'Jonkheer van Tets' × 'Rosetta'
Verwendung: Frischverzehr, häusliche Verwertung, Verarbeitung
Anbaueignung: Ohne besondere Anforderungen, Auslichtungsschnitt erforderlich
Wuchs: Stark, gerade, aufrecht, mittelstark verzweigt, gutes Regenerationsvermögen
Reifezeit: Mittelspät
Befruchtung: Selbstfertil
Ertrag: Hoch bis sehr hoch, Sorte neigt kaum zum Verrieseln
Frucht: Langer Fruchtstand, lockerer Beerensitz, Früchte sehr fest, längere Zeit am Strauch haltbar, gut zu transportieren, saurer Geschmack, kräftiges Aroma
Resistenzen: Wenig Blattfallkrankheit, gering regenempfindlich, gering anfällig für Mehltau
Anbauhinweise: Erwerbsanbau, Direktvermarkter, Hausgärten

Rosetta

Synonyme: Keine
Herkunft: 'Jonkheer van Tets' × 'Heinemanns Rote Spätlese'
Verwendung: Häusliche Verwertung, Verarbeitung
Anbaueignung: Ohne besondere Anforderungen, Auslichtungsschnitt erforderlich
Wuchs: Sehr stark, gerade, aufrecht, dichte Büsche, stark verzweigt
Reifezeit: Spät
Befruchtung: Selbstfertil
Ertrag: Sehr hoch, Sorte neigt nicht zum Verrieseln
Frucht: Langer Fruchtstand, dichter Beerensitz, Früchte sehr fest, längere Zeit am Strauch haltbar, gut zu transportieren, säuerlicher Geschmack, kräftiges Aroma
Resistenzen: Wenig Blattfallkrankheit und Mehltau, Früchte regenempfindlich
Anbauhinweise: Hausgärten

Rotet

Synonyme: Keine
Herkunft: 'Jonkheer van Tets' × 'Heinemanns Rote Spätlese'
Verwendung: Frischmarkt, häusliche Verwertung, Verarbeitung
Anbaueignung: Ohne besondere Anforderungen, Auslichtungsschnitt erforderlich
Wuchs: Sehr stark, gerade, teils überhängend, buschig, mittelstark verzweigt
Reifezeit: Mittelspät
Befruchtung: Selbstfertil
Ertrag: Sehr hoch, Sorte neigt nicht zum Verrieseln
Frucht: Langer Fruchtstand, etwas dichter Beerensitz, Früchte fest, längere Zeit am Strauch haltbar, gut zu transportieren, groß, säuerlicher Geschmack, kräftiges Aroma
Resistenzen: Blattfallkrankheit, Früchte regenfest, gering anfällig für Mehltau
Anbauhinweise: Direktvermarkter, Hausgärten

Rovada

Synonym: 'Robella'
Herkunft: 'Fays Fruchtbare' × 'Heinemanns Rote Spätlese'
Verwendung: Frischmarkt, häusliche Verwertung, Verarbeitung
Anbaueignung: Ohne besondere Anforderungen, Auslichtungsschnitt erforderlich
Wuchs: Mittelstark, buschig bis breit buschig, wenig verzweigt, aufrecht
Reifezeit: Spät
Befruchtung: Selbstfertil
Ertrag: Hoch, Sorte neigt kaum zum Verrieseln
Frucht: Langer Fruchtstand, lockerer Beerensitz, Früchte fest, längere Zeit am Strauch haltbar, gut zu transportieren, groß, saurer Geschmack, kräftiges Aroma
Resistenzen: Wenig Blattfallkrankheit und Mehltau, Früchte mittel regenfest, anfällig für Anthraknose
Anbauhinweise: Erwerbsanbau, Direktvermarkter, Hausgärten

Ben Lomond

Synonyme: Keine
Herkunft: ('Consort' × 'Magnus') × ('Brödtorp' × 'Janslunda')
Verwendung: Frischmarkt, Verarbeitung
Anbaueignung: Ohne besondere Anforderungen, regelmäßiger Schnitt
Wuchs: Stark, mitteldicht, buschig, viele Basistriebe
Reifezeit: Mittelspät
Befruchtung: Selbstfertil, Fremdbestäubung günstiger für bessere Befruchtung (2 Sorten pflanzen!)
Ertrag: Mittel bis hoch, neigt wenig zum Verrieseln
Frucht: Mittellanger Fruchtstand, Früchte fest, groß, längere Zeit am Strauch haltbar, säuerlicher Geschmack, mittleres Aroma
Resistenzen: Wenig Mehltau, anfällig für Kospengallmilbe, wenig spätfrostgefährdet
Anbauhinweise: Erwerbsanbau, Direktvermarkter, Hausgärten

Bona

Synonyme: Keine
Herkunft: 'Ojebin' × (*Ribes dikusa* × 'Climax')
Verwendung: Frischmarkt, Verarbeitung
Anbaueignung: Spätfrostgeschützte Lagen, regelmäßiger Schnitt
Wuchs: Mittelstark, mitteldicht, breit ausladende Büsche
Reifezeit: Früh
Befruchtung: Selbstfertil, Fremdbestäubung günstiger für bessere Befruchtung (2 Sorten pflanzen!)
Ertrag: Nur mittel, Sorte neigt wenig zum Verrieseln
Frucht: Kurzer Fruchtstand, Früchte fest, groß, nur kurze Zeit am Strauch haltbar, sehr milder, süßlich aromatischer Geschmack, angenehmes Aroma
Resistenzen: Mehltau, etwas Säulenrost, anfällig für Gallmilbe, spätfrostgefährdet
Anbauhinweise: Hausgärten, Erwerbsanbau, Direktvermarkter; Sortenschutz in mehreren Ländern

Ometa

Synonyme: Keine
Herkunft: 'Westra' × Resistenter Zuchtstamm
Verwendung: Frischmarkt, Verarbeitung
Anbaueignung: Ohne besondere Anforderungen, regelmäßiger Schnitt
Wuchs: Stark, mittelhoch, breit buschig, wenig Basistriebe
Reifezeit: Früh
Befruchtung: Selbstfertil, Fremdbestäubung günstiger für bessere Befruchtung und verminderte Rieselneigung (2 Sorten pflanzen!)
Ertrag: Hoch
Frucht: Mittellanger Fruchtstand, Früchte fest, groß, längere Zeit am Strauch haltbar, süßsäuerlicher aromatischer Geschmack, kräftiges Aroma
Resistenzen: Mehltau, nur gering anfällig für Knospengallmilbe und Säulenrost
Anbauhinweise: Erwerbsanbau, Direktvermarkter, Hausgärten; Sortenschutz in mehreren Ländern

Titania

Synonyme: Keine
Herkunft: 'Altajskaja Desertnaja' × ('Consort' × 'Kajaanin Musta')
Verwendung: Frischmarkt, Verarbeitung
Anbaueignung: Ohne besondere Anforderungen, starker Schnitt
Wuchs: Sehr stark, mittelhoch, breit buschig
Reifezeit: Mittelspät
Befruchtung: Selbstfertil, Fremdbestäubung günstiger für bessere Befruchtung und verminderte Rieselneigung (2 Sorten pflanzen!)
Ertrag: Hoch
Frucht: Langer Fruchtstand, Früchte fest, groß, längere Zeit am Strauch haltbar, säuerlicher aromatischer Geschmack, kräftiges Aroma, maschinell erntbar
Resistenzen: Mehltau und andere Pilzkrankheiten, gering anfällig für Knospengallmilbe
Anbauhinweise: Besonders für Erwerbsanbau, Direktvermarkter, Hausgärten; Sortenschutz in mehreren Ländern

Blanka

Synonyme: Keine
Herkunft: 'Heinemanns Rote Spätlese' × 'Red Lake'
Verwendung: Frischverzehr, Verarbeitung
Anbaueignung: Ohne besondere Anforderungen, Auslichtungsschnitt
Wuchs: Stark, aufrecht, hochbuschig, mitteldicht verzweigt
Reifezeit: Spät
Befruchtung: Selbstfertil
Ertrag: Hoch, Sorte neigt zum Verrieseln
Frucht: Langer Fruchtstand, lockerer Beerensitz, Früchte mittelfest bis fest, lange am Strauch haltbar, gut zu transportieren, mittelgroß, gelblich weiß durchscheinend, wenig süßer, kräftig säuerlicher Geschmack, kräftiges Aroma
Resistenzen: Wenig Mehltau, mittel anfällig für Blattfallkrankheit
Anbauhinweise: Direktvermarkter, Hausgärten, Erwerbsanbau

Zitavia

Synonyme: Keine
Herkunft: Zufallssämling
Verwendung: Frischverzehr, Verarbeitung
Anbaueignung: Ohne besondere Anforderungen, regelmäßiger Auslichtungsschnitt, gutes Regenerationsvermögen
Wuchs: Mittelstark, aufrecht, hochbuschig, mitteldicht verzweigt
Reifezeit: Früh
Befruchtung: Selbstfertil
Ertrag: Hoch, Sorte neigt wenig zum Verrieseln
Frucht: Langer Fruchtstand, lockerer Beerensitz, Früchte mittelfest bis fest, lange am Strauch haltbar, gut zu transportieren, mittelgroß, gelblich weiß durchscheinend, säuerlich milder Geschmack, mittleres Aroma
Resistenzen: Mehltau, nur gering anfällig für Blattfallkrankheit, spätfrostgefährdet
Anbauhinweise: Direktvermarkter, Hausgärten, Erwerbsanbau

Invicta

Synonym: 'Invictus'
Herkunft: ('Resistenta' × 'Rote Triumph') × 'Keepsake'
Verwendung: Häusliche Verwertung, Verarbeitung
Anbaueignung: Für alle Lagen
Wuchs: Stark, breit buschig, meist überhängend, mittel bestachelt
Reifezeit: Mittel bis spät
Befruchtung: Selbstfertil, guter Bienenbeflug notwendig, Fremdbestäubung kann höheren Ertrag bringen
Ertrag: Sehr hoch
Frucht: Mittelgroß, fest, mittelstark behaart, geringe Säure, mäßig süß, angenehmer Geschmack, gut pflückbar, gut transportabel, Früchte neigen wenig zum Platzen
Resistenzen: Wenig Mehltau und Blattfallkrankheit
Anbauhinweise: Erwerbsanbau, Selbstversorger, Hausgärten; Sortenschutz in mehreren Ländern

Pax

Synonyme: Keine
Herkunft: 'Rote Triumph' × [('Captivator' × 'Lancashire Lad') × selbst]
Verwendung: Häusliche Verwertung, Verarbeitung
Anbaueignung: Für alle Lagen
Wuchs: Stark, breit buschig, meist überhängend, wenig bestachelt
Reifezeit: Mittel bis spät
Befruchtung: Selbstfertil, guter Bienenbeflug ist notwendig, Fremdbestäubung kann höheren Ertrag bringen
Ertrag: Hoch
Frucht: Groß, fest, gering behaart, geringe Säure, mäßig süß, süßlich sauerer Geschmack, Früchte sind gut pflückbar, gut transportabel
Resistenzen: Wenig Mehltau und Blattfallkrankheit
Anbauhinweise: Erwerbsanbau, Selbstversorger, Hausgärten; EU-Sortenschutz

Reflamba

Synonyme: Keine
Herkunft: ['Keepsake' × ('Goldkugel' × *Ribes divaricatum*)] × frei abgeblüht
Verwendung: Häusliche Verwertung, Verarbeitung
Anbaueignung: Für alle Lagen
Wuchs: Stark, breitbuschig, etwas sparrig, mittelstark bestachelt, teils lange Stacheln
Reifezeit: Spät bis sehr spät
Befruchtung: Selbstfertil, guter Bienenbeflug notwendig, Fremdbestäubung kann höheren Ertrag bringen
Ertrag: Hoch bis sehr hoch
Frucht: Frucht mittelgroß bis groß, nicht behaart, mittlere Säure, mäßig süß, wenig Aroma, säurebetonter Geschmack, Früchte gut pflückbar, gut transportabel, am Strauch lange haltbar
Resistenzen: Wenig Mehltau und Blattfallkrankheit
Anbauhinweise: Erwerbsanbau, Selbstversorger, Hausgärten; Sortenschutz

Remarka

Synonyme: Keine
Herkunft: ['Keepsake' × ('Goldkugel' × *Ribes divaricatum*)] × 'Mauks Frühe Rote'
Verwendung: Häusliche Verwertung, Verarbeitung
Anbaueignung: Für alle Lagen
Wuchs: Stark, breit buschig, dicht, halb aufrecht, stark bestachelt, lange Stacheln, ständiger Auslichtungsschnitt ist erforderlich
Reifezeit: Austrieb mittelfrüh, sehr früh bis früh reifend
Befruchtung: Selbstfertil, Fremdbestäubung kann höheren Ertrag bringen
Ertrag: Mittel bis hoch
Frucht: Mittelgroß, gering behaart, mittelfest, mittlere Säure, mäßig süß, angenehmer Geschmack, aromatisch, gut pflückbar, gut transportabel, Früchte neigen zum Platzen
Resistenzen: Wenig Mehltau, mittel anfällig für Blattfallkrankheit
Anbauhinweise: Erwerbsanbau, Selbstversorger, Hausgärten

Reverta

Synonyme: Keine
Herkunft: Zuchtklon × 'Früheste Gelbe'
Verwendung: Häusliche Verwertung, Verarbeitung
Anbaueignung: Für spätfrostsichere Lagen
Wuchs: Mittelstark, breit buschig, dicht, halb aufrecht, lange Stacheln, ständiger Auslichtungsschnitt
Reifezeit: Austrieb mittelfrüh, mittelfrüh reifend
Befruchtung: Selbstfertil, Fremdbestäubung kann höheren Ertrag bringen
Ertrag: Mittel bis hoch
Frucht: Mittelgroß, mittelstark behaart, fest, sehr süß mit geringer Säure, angenehmer Geschmack, aromatisch, gut pflückbar, gut transportabel, am Strauch nicht lange haltbar, Früchte neigen zum Platzen
Resistenzen: Wenig Mehltau und Blattfallkrankheit
Anbauhinweise: Erwerbsanbau, Selbstversorger, Hausgärten

Rixanta

Synonyme: Keine
Herkunft: ['Keepsake' × ('Goldkugel' × *Ribes divaricatum*)] × 'Mauks Frühe Rote'
Verwendung: Grünpflücke, häusliche Verwertung, Verarbeitung
Anbaueignung: Für alle Lagen, düngen fördert Mehltauanfälligkeit
Wuchs: Mittelstark, buschig, mitteldicht, etwas sparrig, Triebe gering bestachelt
Reifezeit: Austrieb mittelfrüh, mittelspät reifend
Befruchtung: Selbstfertil
Ertrag: Hoch
Frucht: Mittelgroß, mittelstark behaart, fest, süß mit ausgewogener Säure, angenehmer Geschmack, mäßig aromatisch, gut pflückbar, gut transportabel, am Strauch lange haltbar, Früchte neigen kaum zum Platzen
Resistenzen: Wenig Mehltau und Blattfallkrankheit
Anbauhinweise: Erwerbsanbau, Selbstversorger, Hausgärten; Sortenschutz

Rokula

Synonyme: Keine
Herkunft: 'Mauks Frühe Rote' × Resistenter Zuchtklon
Verwendung: Häusliche Verwertung, Verarbeitung
Anbaueignung: Für alle Lagen
Wuchs: Mittel bis stark, buschig, dichte Büsche, gering bestachelt
Reifezeit: Austrieb mittelfrüh, mittelspät reifend
Befruchtung: Selbstfertil, guter Bienenbeflug notwendig, Fremdbestäubung kann höheren Ertrag bringen
Ertrag: Mittel bis hoch
Frucht: Mittelgroß, schwach behaart, mittelfest, süß mit ausgewogener Säure, angenehmer Geschmack, aromatisch, gut pflückbar, Früchte neigen wenig zum Platzen
Resistenzen: Mehltau und Blattfallkrankheit
Anbauhinweise: Erwerbsanbau, Selbstversorger, Hausgärten; EU-Sortenschutz

Rolonda

Synonyme: Keine
Herkunft: 'London' frei abgeblüht
Verwendung: Häusliche Verwertung, Verarbeitung
Anbaueignung: Für alle Lagen, auch für Heckenkultur
Wuchs: Mittel bis stark, breit buschig, aufrechte Triebe, gering bestachelt
Reifezeit: Austrieb mittelspät, spät reifend
Befruchtung: Selbstfertil, Fremdbestäubung kann höheren Ertrag bringen
Ertrag: Mittel bis hoch
Frucht: Mittelgroß, schwach behaart, sehr fest, mittlere Säure und Süße, sehr angenehmer Geschmack, mittel aromatisch, Früchte sind gut pflückbar, neigen wenig zum Platzen, können sehr lange am Strauch hängen bleiben
Resistenzen: Wenig Mehltau, stärker anfällig für Blattfallkrankheit
Anbauhinweise: Erwerbsanbau, Selbstversorger, Hausgärten; Sortenschutz

Fragaria chiloensis
Chile-Erdbeere (4 Unterarten)

Vorkommen: Gesamte Pazifikküste Nord- und Südamerikas mit angrenzenden Gebirgen, Anfang des 18. Jahrhunderts nach Europa importiert
Beziehung zur Kulturform: Mutter der Kulturerdbeere, zufällige Kreuzung mit *F. virginiana* ergab Hybriden, die später als *F. × ananassa* zur Kulturerdbeere entwickelt worden sind
Verwendung: In Lateinamerika seit über 1000 Jahren kultiviert
Resistenzen: Resistent gegen Trockenheit und salzhaltige Böden, frostempfindlich
Wuchs: Rosette mit dicken, roten und sehr wüchsigen Ausläufern, oft nicht winterhart
Frucht: Bis 35 mm Durchmesser, kugelig bis flachrund, rot bis weiß, süß, mild, weißfleischig, fest, spät reifend, große rotbraune bis dunkelbraune Nüsschen, leicht eingesunken bis aufliegend

Fragaria virginiana
Scharlach-Erdbeere, Himbeer-Erdbeere (4 Unterarten)

Vorkommen: Zentrales und östliches Nordamerika, Ende des 16. Jahrhunderts nach Europa eingeführt
Beziehung zur Kulturform: Vater der Kulturerdbeere, neuerdings erneut zur Rückkreuzung verwendet (siehe *F. chiloensis*)
Verwendung: Vor der europäischen Besiedlung schon Früchte genutzt, im 17. und 18. Jahrhundert in Europa kultiviert
Resistenzen: Resistent gegen Trockenheit und niedrige Temperaturen
Wuchs: Rosette mit dünnen, grünen und sehr wüchsigen Ausläufern
Frucht: 6 bis 25 mm Durchmesser, rotfleischig, weich, rund, säuerlich, sehr aromatisch, frühe Reife, tief eingesunkene Nüsschen, sehr fruchtbar, stark zurückgeschlagener Kelch

Darselect

Herkunft: 'Elsanta' × 'Parker'
Verwendung: Frischmarkt, Verarbeitung, nach 'Elsanta' beliebteste Sorte weltweit
Anbaueignung: Ohne besondere Anforderungen, Verfrühung unter Folie
Wuchs: Bildet kräftige, locker aufgebaute Pflanzen
Reifezeit: Mittelfrüh, etwa 2 Tage vor 'Elsanta', einmal tragend
Befruchtung: Selbstfertil
Ertrag: Mittel bis hoch, geringer als 'Elsanta'
Frucht: Groß, gut pflückbar, glänzend, orangerotes Fruchtfleisch, fest, gut zu transportieren, Geschmack mittel bis gut, kräftiges Aroma
Resistenzen: Krankheitsanfälligkeit hält sich in Grenzen, noch wenig Erfahrungen, weniger empfindlich als 'Elsanta'
Anbauhinweise: Direktvermarkter, Erwerbsanbau, Hausgärten; EU-Sortenschutz

Elsanta

Herkunft: 'Gorella' × 'Holiday'
Verwendung: Frischmarkt, Verarbeitung
Anbaueignung: Hohe Anforderungen an Standort, Verfrühung unter Folie, einjähriger Anbau empfehlenswert
Wuchs: Bildet kräftige, mitteldichte Pflanzen
Reifezeit: Mittelfrüh, einmal tragend
Befruchtung: Selbstfertil
Ertrag: Sehr hoch, ertragsfähigste Sorte im gegenwärtigen Sortiment
Frucht: Groß, ab 2. Pflücke kleiner, gut pflückbar, stark glänzend, sehr attraktiv, hellorangerotes Fruchtfleisch, fest, sehr gut zu transportieren, Geschmack süßsäuerlich, sehr gut, kräftiges Aroma
Resistenzen: Anfällig für Wurzel- (*Phytophthora*) und Welkeerkrankungen (*Verticillium*), empfindlich für Barfrost und Spätfrost
Anbauhinweise: Erwerbsanbau, Direktvermarkter; Sortenschutz in mehreren Ländern

Florence

Eltern: Nicht bekannt
Verwendung: Frischmarkt, häusliche Verwertung, Verarbeitung
Anbaueignung: Keine besonderen Ansprüche
Wuchs: Bildet kräftige, dichte Pflanzen mit gesundem Laub
Reifezeit: Spät, 6 bis 12 Tage nach 'Elsanta', einmal tragend
Befruchtung: Selbstfertil
Ertrag: Hoch bis sehr hoch
Frucht: Groß, gut pflückbar, stark glänzend, rotes Fruchtfleisch, mittelfest, gut zu transportieren, Geschmack süßsäuerlich, mittel bis gut, mittleres Aroma
Resistenzen: Allgemein robust, wenig Wurzel- und Welkeerkrankungen, Weißfleckenkrankheit, Mehltau und Grauschimmel, Befall durch starken Wuchs kompensiert
Anbauhinweise: Erwerbsanbau, Hausgärten, Direktvermarkter; EU-Sortenschutz

Korona

Herkunft: 'Tamella' × 'Induka'
Verwendung: Frischmarkt, Verarbeitung, für Gefrierkonservierung weniger gut geeignet
Anbaueignung: Keine besonderen Ansprüche
Wuchs: Bildet kräftige, dichte und große Pflanzen
Reifezeit: Mittelfrüh, wenig vor 'Elsanta', lange Reifeperiode, einmal tragend
Befruchtung: Selbstfertil
Ertrag: Hoch bis sehr hoch
Frucht: Groß, ab 2. Pflücke kleiner, gut mit Kelch, aber schwer ohne Kelch pflückbar, etwas glänzend, orangerotes Fruchtfleisch, mittelfest bis fest, wenig druckempfindlich, gut zu transportieren, Geschmack säuerlich süß, mittel bis gut, mittleres Aroma
Resistenzen: Mittel anfällig für Mehltau, anfällig für Grauschimmel
Anbauhinweise: Erwerbsanbau, Direktvermarkter, Hausgärten; Sortenschutz in mehreren Ländern

Symphony

Herkunft: 'Rhapsody' × 'Holiday'
Verwendung: Frischmarkt, häusliche Verwertung, Verarbeitung
Anbaueignung: Allgemein anbaufähig, besonders für späte Lagen und schwere Böden geeignet
Wuchs: Bildet kräftige, dichte Pflanzen
Reifezeit: Mittelspät, wenig nach 'Elsanta', einmal tragend
Befruchtung: Selbstfertil
Ertrag: Hoch
Frucht: Groß, gut pflückbar, glänzend, orangerotes Fruchtfleisch, mittelfest, wenig druckempfindlich, gut zu transportieren, Geschmack säuerlich, nur mittel, mittleres Aroma
Resistenzen: Nur mäßig empfindlich für Rote Wurzelfäule (*Phytophthora fragariae*), mittel anfällig für Grauschimmel, noch wenig Erfahrung
Anbauhinweise: Erwerbsanbau, Direktvermarkter, Hausgärten; EU-Sortenschutz

Tenira

Herkunft: 'Red Gauntlet' × 'Gorella'
Verwendung: Frischmarkt, häusliche Verwertung, Verarbeitung
Anbaueignung: Allgemein anbaufähig, keine besonderen Ansprüche
Wuchs: Mittelstark wachsend, bildet kräftige, mitteldichte, meist flache Pflanzen
Reifezeit: Mittelfrüh, wenig vor 'Elsanta', einmal tragend
Befruchtung: Selbstfertil
Ertrag: Mittelhoch bis hoch
Frucht: Mittelgroß bis groß, ab 2. Pflücke kleiner, gut mit Kelch, schwer ohne Kelch pflückbar, stark glänzend, orangerotes Fruchtfleisch, fest, wenig druckempfindlich, gut zu transportieren, Geschmack säuerlich süß, mittleres bis kräftiges Aroma
Resistenzen: Allgemein robust, mittel anfällig für Grauschimmel
Anbauhinweise: Erwerbsanbau, Direktvermarkter, Hausgärten

Gemüse

Was ist Gemüse?

Auf rund 190 Seiten werden im folgenden Teil dieses Buches die verschiedensten Gemüsearten vorgestellt. Doch zunächst ist zu klären, was zum Gemüse zählt und worin sein besonderer Wert liegt.

Nach einer Definition von Schuphan (1948) werden als Gemüse alle nicht zum Obst oder Getreide zählenden Nahrungspflanzen aus gärtnerischem oder landwirtschaftlichem Anbau bezeichnet, gleichgültig ob Blätter, Knospen, Wurzeln, Knollen, Zwiebeln, Stängel, Sprosse, Blüten, Früchte, Samen oder auch Pilze, welche ganz und ohne Entzug wesentlicher Bestandteile entweder roh, gekocht, konserviert oder auf andere Art zubereitet direkt der menschlichen Ernährung dienen. Die Kulturen werden nach der Nutzung ihrer Organe in Wurzel-, Frucht-, Zwiebel-, Blatt- und Stiel- sowie Kohlgemüse und Gemüsehülsenfrüchte gegliedert.

Gesundheitswert

Ein Nahrungsmittel soll nicht nur sättigen, sondern auch schmecken, bekömmlich und gesund sein. Der gesundheitliche Wert wird von den Inhaltsstoffen bestimmt:

Der Anteil der Vitamine ist von der Gemüseart, Sorte, Reife, Witterung, Anbautechnik und Behandlung nach der Ernte abhängig. Der Carotin-, Vitamin-B_1- und insbesondere der Vitamin-C-Gehalt übertreffen den von Fleisch, Getreide und auch Butter. Mineralstoffe (P, K, Ca, Fe, Mg) sind in Abhängigkeit von der Düngung reichlich vorhanden. Würzstoffe, z. B. ätherische Öle und Senföle, sind geschmacksbestimmend und fördern die Bekömmlichkeit. Ballaststoffe, wie Zellulose und Pektin, spielen bei der Darmfunktion eine große Rolle. Sekundäre Pflanzenstoffe, wie Carotinoide und Bitterstoffe, bestimmen Geschmack und Aroma. Sie besitzen zudem gesundheitliche Bedeutung, so wirken z. B. Carotinoide und Phenole krebshemmend. Sie stimulieren die Abwehrstoffe und senken den Cholesterinspiegel. Glucosinolate hemmen die Entwicklung von Bakterien, Pilzen und Viren. Darüber hinaus verbessern Phenole die Fließeigenschaft des Blutes, wirken blutdruckregulierend und entzündungshemmend. Phthalide besitzen eine beruhigende Wirkung.

Bei Sauerkraut oder sauer konservierten Gurken kommt die durch die Bakterien entstandene Milchsäure hinzu, die sich u. a. positiv auf Verdauung und Cholesterinspiegel auswirkt. Energieliefernde Grundnährstoffe, wie Zucker, Eiweiß und Fett, sind weniger enthalten. Der Kohlenhydratanteil erreicht etwa 10 % von dem eines Weizenbrotes. Gemüse ist energiearm: Es macht satt, aber nicht dick und besitzt viele wertvolle Inhaltsstoffe.

Gemüseanbau

Ein erfolgreicher Gemüseanbau beginnt mit der Wahl der geeigneten Kultur für den entsprechenden Boden, gefolgt von dessen Vorbereitung. Die Bemessung der erforderlichen Düngemengen geht der Aussaat oder Pflanzung voran. Bevor geerntet werden kann, steht während der Kulturzeit die Gesunderhaltung der Pflanzen im Mittelpunkt.

Wahl der geeigneten Kultur: Die Pflanze braucht den Boden als Standort. Sie wurzelt ein, verankert sich und entzieht ihm über die Wurzeln Wasser und Nährstoffe. Für die meisten Arten sind humose (mit mehr als 5 % organischer Substanz), sandige Lehm- oder Lößlehmböden geeignet. Spargel und Möhren wachsen bevorzugt auf leichten Böden (überwiegend Sand bis sandiger Lehm), Kohlarten auf schweren Böden (Lehm, Ton). Bei der Wahl der Sorten ist der Anbauzeitraum zu berücksichtigen. Zudem sind Sorten mit Resistenzen oder Toleranzen

z. B. pilzlichen Krankheiten gegenüber zu bevorzugen.

Bodenbearbeitung: Nach der Kulturwahl wird der Boden für die Aussaat bzw. Pflanzung vorbereitet. Zunächst wird er spatentief bearbeitet, um eine für das Pflanzenwachstum angepasste Bodenstruktur zu schaffen. Sie ermöglicht eine optimale Durchwurzelbarkeit. Im Hausgarten setzt man Grabgabel und Spaten ein, im Erwerbsbetrieb Pflüge verschiedener Bauart (u. a. Volldrehpflug, Beetpflug), Grubber und Spatenmaschinen. Pflüge lockern und wenden, Grubber lockern, mischen, zerkleinern und ebnen, Spatenmaschinen wenden und lockern den Boden. Zudem kann man Unkraut, langjährig keimfähigen Unkrautsamen sowie anorganische Dünger in die unteren Bereiche vergraben oder die Grunddüngung (z. B. mit Phosphor) durchführen.

Bei der Saat- oder Pflanzbettvorbereitung wird die oberste Schicht (< 8 cm) u. a. mit Eggen und Walzen (zum Anschluss an den Untergrund) bearbeitet. Es werden kleine Aggregate („Krümel") hergestellt, die eine rasche Erwärmung des Bodens und damit die Keimung (optimaler Saataufgang) sowie ein schnelles Einwurzeln des Keimlings in den Boden (Anwachsen) fördern.

Nährstoffbedarf: Für Wachstum und Ertrag ist die ausreichende Versorgung der Pflanzen mit Nährstoffen unerlässlich. Zu den Hauptnährstoffen, welche die Pflanze in größeren Mengen benötigt, gehören:

- Stickstoff (N), als Baustein u. a. von Aminosäuren und Eiweiß,
- Phosphor (P), als Baustein vieler Verbindungen, ist am Stoffwechsel aktiv beteiligt,
- Kalium (K), es reguliert den Wasserhaushalt der Pflanzen, Geschmack und Haltbarkeit und
- Magnesium (Mg), welches u. a. für die Chlorophyllbildung benötigt wird.

Neben diesen Nährstoffen braucht die Pflanze in kleinen Mengen die sog. Mikro- oder Spurennährstoffe, wie Eisen (Fe), Bor (B), Kupfer (Cu), Mangan (Mn), Zink (Zn), Chlor (Cl) und Molybdän (Mo). Die Arten unterscheiden sich in ihrem Nährstoffbedarf.

Düngung: Die N-Düngung erfolgt umweltschonend nach der sog. N_{min}-Methode. Mit N_{min} ist der mineralische Stickstoff gemeint, der sich aus Ammonium- und Nitratstickstoff zusammensetzt. Die Höhe der Düngung orientiert sich am N_{min}-Sollwert (Summe aus dem N-Entzug durch die Pflanzen und dem erforderlichen N_{min}-Mindestvorrat zum Kulturende), von dem der Bodenvorrat und der aus Ernterückständen mineralisierte („frei werdende") Stickstoff abgezogen werden. Je nach Kulturart ist die Düngung auf mehrere Termine zu verteilen. Hierbei wird zur Grunddüngung (falls erforderlich) nicht mehr als ein Viertel des Gesamtbedarfs und die letzte Gabe wegen des Nitratgehalts im Erntegut zwei bis drei Wochen vor Erntetermin gegeben. Bei Lagergemüse liegt der letzte Düngetermin noch weiter vor der Ernte.

Bei den Angaben zur Düngung mit Phosphor, Kalium und Magnesium wurde in diesem Buch in aller Regel ein mittleres Ertragsniveau zugrunde gelegt. Die durch die Ernte zu erwartenden Nährstoffentzüge werden mit mineralischen Düngemitteln als Oxide ausgeglichen. Mittels Umrechnungsfaktoren lässt sich, ausgehend vom P-, K- und Mg-Nährstoffentzug, die Höhe der erforderlichen Düngergabe als P_2O_5, K_2O und MgO berechnen. Bei der Düngergabe ist zudem der Versorgungsgrad des Bodens zu berücksichtigen, über den das Ergebnis einer Bodenanalyse informiert. Im Erwerbsgemüsebau werden mindestens alle sechs Jahre P- und K-Gehalt, jährlich der N_{min}-Gehalt und in nicht festgelegten Abständen der Mg- und S-Gehalt sowie der pH-Wert ermittelt. In vielen Betrieben führen die Betriebsleiter z. B.

zum Nachdüngetermin zusätzliche N_{min}-Analysen (u. a. mit Schnelltestmethoden) durch. Je nach Höhe der ermittelten P-, K- und Mg-Gehalte erfolgt die Zuordnung in Gehaltsklassen (siehe Tab. 1), an der sich die Höhe der Düngung orientiert (siehe Tab. 2).

Erfolgt die Zuordnung in die Gehaltsklasse A, ist die Düngung in Bezug auf diesen Nährstoff zu verdoppeln.

Folieneinsatz: Zur Verfrühung werden Folien und Vliese eingesetzt: gelochte transparente Polyethylenfolien (PE) mit Stärken von 0,025 bis 0,05 mm sowie 17 bis 23 g/m² schwere Vliese aus Polypropylen (PP), entweder als Doppelbedeckung bei den ersten Pflanz-/Saatsätzen oder als Einfachbedeckung bei den späteren Sätzen. Im Spargelanbau setzt man u. a. transparente PE-Folien mit Zusätzen gegen Tropfenbildung (Antitau) oder zur Verringerung der Wärmerückstrahlung ein.

Bodenpflege: Während der Kultur wird mit starren und rotierenden Geräten gehackt, um die Kruste zu brechen, Luft- und Wasserhaushalt zu verbessern, Dünger einzumischen und Unkraut zu beseitigen. Mit Jäten und Häufeln können zudem die Unkräuter bekämpft werden.

Wasserbedarf (Niederschlag und Beregnung): Der Gesamtwasserbedarf einer Pflanze ist von Vegetationsdauer, Einstrahlung und Masseentwicklung abhängig. Je nach Kultur(-dauer) liegt der Bedarf im Freiland von 200 bis > 600 mm, im Gewächshaus bis > 900 mm. Er wird aus den Niederschlägen im Freiland, dem Bodenvorrat und zusätzlichen Beregnungsgaben mit durchschnittlich 20 bis 30 mm/Gabe gedeckt. Um den Bewässerungszeitpunkt festzustellen, kann man u. a. mit dem Tensiometer die Bodenfeuchte ermitteln. Mit Beregnungsmaschi-

Tab. 1. Gehaltsklassen für die P-, K- und Mg-Düngung (nach Landwirtschaftskammer Hannover 1998, unveröffentlicht)

	Phosphor (als P_2O_5)	**Kalium (als K_2O)**		**Magnesium (MgO)**	
Gehaltsklasse	alle Bodenarten (Angaben in mg/100 g Boden, CAL-Methode)	leichter Boden (Angaben in mg/100 g Boden, CAL-Methode)	mittlerer bis schwerer Boden	leichter Boden (Angaben in mg/100 g Boden, $CaCl_2$-Methode)	mittlerer bis schwerer Boden
A	< 4	< 4	< 8	< 2	< 4
B	5–10	5– 8	9–15	3– 4	5– 7
C	11–20	9–15	16–25	5– 7	8–10
D	21–30	16–25	26–35	8–10	11–13
E	> 30	> 25	> 35	> 10	> 13

Tab. 2. P-, K- und Mg-Düngeempfehlung in Abhängigkeit von der Einstufung der Bodenuntersuchung in die Nährstoffgehaltsklassen (nach VDLUFA 1997, 1999)

Nährstoffgehaltsklasse	**Düngeempfehlung**	**Düngebedarf**
A (sehr niedrig)	stark erhöhte Düngung	2,0 × Nährstoffentzug
B (niedrig)	erhöhte Düngung	1,5 × Nährstoffentzug
C (anzustreben)	Erhaltungsdüngung	1,0 × Nährstoffentzug
D (hoch)	verminderte Düngung	0,5 × Nährstoffentzug
E (sehr hoch)	keine Düngung	

nen erfolgt die Bewässerung der Freilandkulturen von oben. Im Gewächshaus werden, abhängig von der Einstrahlung, die Kulturen über Düsenrohre von oben, bei Tomaten-, Gurken- oder Paprikakulturen besser über eine bodennahe Tropfbewässerung ebenerdig bewässert.

Einsatz von Kulturschutznetzen: Als Schutz der Gemüsekulturen vor Insektenbefall werden Kulturschutznetze z. B. gegen Kohl- und Möhrenfliege (1,35 mm Maschenweite) oder gegen Erdflöhe (0,8 mm Maschenweite) eingesetzt.

Fruchtwechsel und -folge: Als Fruchtfolge wird die planmäßige Abfolge von Pflanzenarten für die geordnete Nutzung eines Feldes bezeichnet. Beim Fruchtwechsel wählt man für eine Fläche eine Abfolge von Arten aus verschiedenen Familien. So wird der Anreicherung schädlicher Bodenorganismen, wie Kohlhernie bei Kreuzblütlern, vorgebeugt.

Lagerung: Nach der Ernte laufen in allen Gemüsekulturen viele physiologische Prozesse, wie Reifungsvorgänge und Transpiration, weiter, die den Frischegrad und somit die Qualität mindern. Bei der Lagerung soll das Gemüse frisch gehalten werden, z. B. durch schnelles Herunterkühlen, Einhaltung der für jede Kultur speziellen Lagertemperatur. Darüber hinaus sollte nur unbeschädigtes Gemüse gelagert werden, denn jede Beschädigung begünstigt das Auftreten von Fäulen. Obst und Gemüse sollte getrennt gelagert werden.

Gemüse von A–Z

Abkürzungen

Zum besseren Verständnis dienen die folgenden Erläuterungen zu den verwendeten Abkürzungen, botanischen Begriffen und zum allgemeinen Gemüseanbau.

A	Anfang
bot.	botanisch
convar.	Convarietät, Gruppe von Sorten innerhalb einer variablen Art
E	Ende
I–XII	Monatsnamen
Jh.	Jahrhundert
JP	Jungpflanze
M	Mitte
NP	Nitrophoska Perfekt (NPK 15–5–20–2)
Pfl.	Pflanze
sp.	Species, Art (Plural = spp.)
subsp./ssp.	Subspecies, Unterart mit von der Art abweichenden Merkmalen
Syn.	Synonym, bedeutungsgleicher Name, überholter Nebenname
TKG	Tausendkorngewicht
var.	Varietät, Varietät mit abweichenden Merkmalen
×	Kreuzung zweier naher verwandter Gattungen oder Arten

Andenbeere oder Kap-Stachelbeere

Physalis peruviana (Solanaceae, Nachtschattengewächse)

Herkunft: Südamerika.

Pflanze: Krautig, frostempfindlich, im geschützten Anbau mehrjährig, buschiges Wachstum, alle Pflanzenteile schwach behaart, 1 bis 1,5 m hoch.

Blatt: Wechselständig, am Grund herzförmig, gleichmäßig abgerundet.

Blüte: Einzeln blattachselständig, hellgelb mit dunkelbraunem Schlund.

Nutzung: Früchte (gelblich orangefarben, 4–15 g schwer, bot. Beere) als Gemüse. Roh, als Salat, Konfitüre, Kompott, zur Dekoration, süß-, säuerlicher Geschmack.

Gesundheitswert: Reich an Carotin, Vitamin B und C, Phosphor, Eisen.

Standort: Lockere, leicht erwärmbare, humusreiche Böden, pH-Wert 5,5–7.

Klima: Anbau im Freiland nur in Weinbaugebieten in geschützten, vollsonnigen Lagen.

Anbauzeitraum: JP M III–E IV ins Gewächshaus, M V ins Freiland pflanzen.

Aussaat: III für Pflanzung M V oder vegetative Vermehrung über Kopfstecklinge einjähriger Pflanzen ab A XI möglich. Stecklinge bewurzeln im Folientunnel bei 18–20 °C, dann 14–16 °C, ab I regelmäßig zurückschneiden.

Pflanzung: 2–2,5 Pfl./m^2.

Düngung (g/m^2): N: 13, P_2O_5: 5, K_2O: 26, MgO: 5 (wie Tomaten). Kopfdüngungen mit 5–6 g N ab Beginn Fruchtwachstum.

Wasserbedarf (Niederschlag und Beregnung): Wie Tomaten hoher Bedarf.

Ernte: M VI–X, wenn die Blütenkelche hellbraun verfärben und eintrocknen.

Lagerung: Bei 10 °C, trockener Luft 8–14 Tage.

Hinweise: 2- bis 3-triebige Kultur an Stützgerüsten aufleiten. Seitentriebe regelmäßig ausgeizen.

Artischocke

Cynara scolymus (Asteraceae, Korbblütler)

Herkunft: Östlicher Mittelmeerraum.

Pflanze: Ausdauernd, bis über 1 m hohe distelartige Staude, im mitteleuropäischen Klima nicht winterhart.

Blatt: Grundständig, groß, fiederteilig, graufilzig.

Blüte: Purpurblau in kiefernzapfenähnlich aussehenden Blütenköpfen (rund, zylindrisch, oval, 8–16 cm Durchmesser, grün bis violett) an langen Achsen.

Nutzung: Blütenköpfe (bestehend aus fleischigem Boden und Blütenhüllblättern) als Gemüse. Gekocht mit nussartigem, leicht bitterem Geschmack.

Gesundheitswert: Reich an Vitaminen der B-Gruppe, Phosphor und phenolischen Stoffen (u. a. Cynarin); wirkt appetitanregend, galle- und harntreibend. Neuerdings genutzt, um erhöhte Blutfettwerte zu senken.

Standort: Nährstoffreiche, tiefgründige, lockere, warme Böden, pH-Wert 6,5–7,2.

Klima: Sonnige, windgeschützte Lagen optimal. Pflanzen im Winter bedecken oder frostfrei überwintern.

Anbauzeitraum: Vorkultivierte JP M IV unter Vlies und Folie, ab A V unter Folie oder Vlies, ab 20.V ohne Bedeckung ins Freiland pflanzen.

Aussaat: M II für Pflanzung M IV in 5-, 6-, 8-cm-Töpfe.

Pflanzung: 150 × 60 cm, 100 × 75 cm.

Düngung (g/m²): N: 8 (in 2–3 Gaben), P_2O_5: 6, K_2O: 10, MgO: 2; 5–6 g Stallmist/m².

Wasserbedarf (Niederschlag und Beregnung): Hoch. Während der Vegetationsperiode reichlich beregnen.

Ernte: VII–IX, ca. 70–75 Tage nach Pflanzung. Blütenköpfe im Knospenstadium schneiden.

Lagerung: Bei −0,5 bis 0 °C, 95–98 % rel. Luftfeuchte bis 2 Wochen.

Asia-Salate: Mini-Pak Choi

Brassica rapa subsp. *chinensis* (Brassicaceae, Kreuzblütler)

Herkunft: Als Asia-Salate bezeichnet man eine Vielzahl von Arten und Sorten, die im asiatischen Raum als Gemüse verwendet werden.

Pflanze: Im gemäßigten Klima einjährig, in Heimatgebieten zweijährig, hitzetolerant.

Blatt: Blasig, dunkelgrün mit breiten, weißen Rippen.

Nutzung: Blätter als Gemüse. Geschmack reicht von rucolaähnlich, scharf bis leicht kohlig mild. Als Zugabe zu Salaten, gedünstet (z. B. im Wok) als Beigabe zu Fisch und Fleisch sowie zum Füllen einer Ente.

Gesundheitswert: Eisen- und Vitamin-C-Gehalt bedeutsam.

Standort: Mittelschwere, humusreiche, durchlässige Böden mit guter Struktur und Wasserführung.

Klima: Gemäßigt.

Anbauzeitraum: III–IX im Freiland. Kulturdauer: 34–56 Tage. Unter Glas ganzjährig bzw. II–X im ungeheizten Folienhaus kultivieren. Kulturdauer: je nach Art und Jahreszeit: 40–75 Tage. Direktsaat möglich.

Aussaat: Für Schnitt-, Bund- und Stückware 5–10 Korn/4-cm-Presstopf. Keimung bei 20/18 °C, nach Aufgang 15/16 °C.

Pflanzung: 10 × 10 bis 15 × 15 cm (Schnittware), 20 × 15 bis 25 × 15 cm (Bund-, Stückware).

Düngung (g/m²): N: 4, P_2O_5: 2, K_2O: 6.

Wasserbedarf (Niederschlag und Beregnung): Boden gleichmäßig feucht halten.

Ernte: Bei Einmalernte ganze Rosette, bei Mehrfachernte oberhalb des Vegetationspunktes lose Blätter schneiden.

Lagerung: Im Folienbeutel im Kühlschrank nur wenige Tage.

Hinweise: Auch als Topfkräuter im 9-cm-Topf mit 9–20 Pfl./Topf kultivierbar.

Sorten: 'Tatsoi'.

▲ Mizuna
Brassica rapa subsp. *nipposinica*

▲ Senf-Spinat oder Komatsuna
Brassica rapa subsp. *nipposinica* var. *chinoleifera*

▼ Blatt-Senf oder Amchoi
Brassica juncea

▼ Perilla oder Shiso
Perilla frutescens

Aubergine oder Eierfrucht

Solanum melongena (Solanaceae, Nachtschattengewächse)

Herkunft: Tropische Gebiete Hinterindiens.

Pflanze: Mehrjährig, meist einjährig kultiviert, tagneutral, strauchartiger, buschförmiger, determinierter Wuchs, 45–60 cm hoch.

Blatt: Groß oval oder oval-länglich, wollähnlich behaart.

Blüte: 2–4 cm Durchmesser, tief gelappt, gezähnter Kelch. VI–VII.

Nutzung: Früchte (bot. Beere, bis 40 cm lang, 1,2 kg schwer) als Gemüse.

Gesundheitswert: Leicht verdaulich. Verzehr nur gekocht, geschmort aufgrund von Solanin- und Bitterstoffgehalt, vitamin- und mineralstoffreich, als Diätgemüse geeignet.

Standort: Mittelschwere, tiefgründige Böden mit guter Struktur, pH-Wert 6–7.

Klima: Weinbauklima in geschützten Lagen.

Anbauzeitraum: JP ab M V ins Freiland pflanzen, ca. 4 Wochen mit Vliesbedeckung.

Aussaat: Unter Glas ab A III in Erdtöpfe. Keimung bei 20–25 °C.

Pflanzung: 2–4 Pfl./m^2, Reihenabstand 0,70–1,00 m.

Nährstoffentzug (g/10 kg Ertrag): N: 25, P: 3,5, K: 30, Mg: 1,2.

Düngung (g/m^2): N_{min}-Sollwert: 19, P_2O_5: 3, K_2O: 14, MgO: 1; 3–4 kg/m^2 Stallmist positiv.

Wasserbedarf (Niederschlag und Beregnung): Ausreichend ebenerdig mit Tropfbewässerung.

Ernte: E VII bis zu den ersten Nachtfrösten.

Lagerung: Bei 10–12 °C, mindestens 95 % rel. Luftfeuchte 10 Tage.

Hinweise: Pflanzen mit Stäben stützen. Haupttriebe mit 3–4 Früchten/Trieb kultivieren. Überschüssige und deformierte Früchte ständig ausschneiden.

Sorten: 'Madonna'. 'Mohican', Balkon-Aubergine, cremeweiße bis 20 cm lange Früchte.

Aubergine oder Eierfrucht (Treib-)

Solanum melongena (Solanaceae, Nachtschattengewächse)

Herkunft: Tropische Gebiete Hinterindiens.

Pflanze: Mehrjährig, meist einjährig kultiviert, strauchartiger, buschförmiger, determinierter Wuchs, bis 2,50 m hoch.

Blatt: Oval oder oval-länglich, wollähnlich behaart.

Blüte: 2–4 cm Durchmesser, tief gelappt, gezähnter Kelch.

Nutzung: Früchte (bot. Beere, oval, keulig, bis 40 cm lang, 1,2 kg schwer). Verzehr gekocht, geschmort.

Gesundheitswert: Vitamin- und mineralstoffreich, als Diätgemüse geeignet.

Standort: Mittelschwere, tiefgründige Böden mit guter Struktur, pH-Wert 6–7.

Klima: Lufttemperaturen tags 22–27 °C, nachts 16–18 °C, < 16 °C Wachstumsstockungen.

Anbauzeitraum: JP ab M IV ins frostfreie Gewächshaus, von M V–A VII ins Kalthaus pflanzen.

Aussaat: M II unter Glas in Aussaatplatten für Pflanzung M IV, dann in 8- bis 10-cm-Töpfe pikieren. Keimung bei 20–25 °C, in der ersten Anzuchtphase > 20 °C, nach Anwachsen tags 18 °C, nachts 16 °C.

Pflanzung: 1,4–2 Pfl./m^2.

Nährstoffentzug (g/10 kg Ertrag): N: 25, P: 3,5, K: 30, Mg: 1,2.

Düngung (g/m^2): N_{min}-Sollwert: 18 zu Vegetationsbeginn, dann reduzieren, aber nicht unter 12, P_2O_5: 7,2, K_2O: 33, MgO: 2,2, bei Erträgen bis 9 kg/m^2.

Wasserbedarf (Niederschlag und Beregnung): Ausreichend mittels Tropfbewässerung.

Ernte: Ca. 20–28 Tage nach Fruchtansatz.

Lagerung: Bei 10–12 °C, mindestens 95 % rel. Luftfeuchte 10 Tage.

Hinweise: Späte Pflanzung an Stäben, frühe 2-triebige Pflanzen an Schnüren kultivieren.

Sorten: 'Madonna'.

Bärlauch

Allium ursinum (Alliaceae, Zwiebelgewächse)

Herkunft: Europa, Kleinasien, Sibirien.

Pflanze: Ausdauernd, bis 40 cm hoch, im Vergleich zum Knoblauch mit weniger Geruchsstoffen.

Blatt: Treibt ab III aus, grundständig, 15–50 cm lang, lanzettlich, gestielt.

Blüte: Sternförmig, 1,2–2,0 cm Durchmesser, gestielt, weiß, in Scheindolde. IV–V.

Nutzung: Frische Blätter als Würzkraut. Mit knoblauchartigem Geruch z. B. für Bärlauchbutter, als Salat, in Aufläufen, Suppen.

Gesundheitswert: Ätherische Öle u. a. mit Schwefelverbindungen geschmacksbestimmend; reich an Vitamin C, Eisen, Mangan, Magnesium, regt Verdauung an, günstiger Einfluss auf Leber, Galle Magen, Darm, blutdruckregulierend, blutreinigend.

Standort: Nährstoffreiche, humose, feuchte Laubwälder.

Klima: Mitteleuropäischem Klima angepasst, schattige Plätze bevorzugt.

Anbauzeitraum: Direktsaat im Herbst/Winter (Kaltkeimer). Alternativ: Zwiebeln im IX pflanzen, im nächsten Frühjahr erfolgt Austrieb mit Blüte im V, Samen werden z. B. über Ameisen verbreitet, im Folgejahr erscheinen E III/A IV Sämlinge.

Aussaat: Breitwürfig oder in Töpfe.

Pflanzung: 50 × 20 cm, 7–10 cm tief (Zwiebeloberkante mindestens 2 cm unter der Bodenoberfläche).

Ernte: E III–V, mit Erscheinen der ersten Blätter bis zur vollen Blüte voll ausgereifte Blätter schneiden.

Lagerung: Bei 2–10 °C, hoher rel. Luftfeuchte.

Hinweise: Mit Herbstzeitlose, Maiglöckchen verwechselbar.

Basilikum

Ocimum basilicum (Lamiaceae, Lippenblütler)

Herkunft: Tropische Gebiete Asiens.

Pflanze: Kälte-, frostempfindlich, in Mitteleuropa einjährig, in der Heimat mehrjährig, 30–40 cm hoch, behaart, duftend, kantige Stängel.

Blatt: Gegenständig, eiförmig-elliptisch, kurz gestielt, unregelmäßig gezähnter Rand, wellig bis blasige Blattfläche.

Blüte: Mit weißer Krone, in Scheinquirl. VI–IX.

Nutzung: Blätter als Gewürz. Frisch und getrocknet mit süßlichem, pfeffrigem Aroma, Gewürz der italienischen Küche.

Gesundheitswert: Enthält ätherische Öle und Gerbstoffe, verdauungsfördernde, harntreibende, beruhigende, appetitanregende Wirkung.

Standort: Leichte, humose, wasserdurchlässige Böden mit guter Struktur, pH-Wert 6,5–7,2.

Klima: Sonnige Lagen, < 12 °C kaum Wachstum.

Anbauzeitraum: Direktsaat im Freiland ab M V. Besser: vorkultivierte JP (zeitweilig unter Vlies) pflanzen. Kulturdauer ca. 7–8 Wochen.

Aussaat: Flach, Reihenabstand 30–40 cm, 50 g Saatgut/100 m^2. JP-Vorkultur unter Glas ab M/E IV, 4–6 Korn/Topf (Erdpresstopf, Anzuchtpalette) aussäen, Keimung bei 18–22 °C, dann tags 20 °C, nachts 14–16 °C.

Pflanzung: 25–30 × 10–15 cm.

Nährstoffentzug (g/10 kg Ertrag): N: 30, P: 9, K: 30, Mg: 7.

Düngung (g/m^2): N: 9, P_2O_5: 6, K_2O: 11, MgO: 3.

Wasserbedarf (Niederschlag und Beregnung): In Trockenperioden regelmäßig mit kleinen Gaben (5–10 mm) beregnen.

Ernte: Für Frischverbrauch ständig junge Triebe, Blätter schneiden.

Lagerung: Tiefgekühlt oder getrocknet.

Sorten: 'Genoveser'.

▲ Rotlaubiges Basilikum, Sorten ‘Rubin’, ‘Opal’: Aromatisch mit intensiv dunkelroter bzw. kräftig roter Farbe.

▼ Zitronen-Basilikum, Sorte ‘Lemon’: Feinblättrig, schnell wachsend mit deutlichem Zitronenaroma.

▲ Thai-Basilikum, Sorte ‘Siam Queen’: Mit aromatischem, asiatisch-süßlichem Duft und Geschmack, späte Blüte, rötlich grünes Laub.

▼ Strauch-Basilikum (*Ocimum* × *hybrida*), Sorte ‘Magic Blue’: Rotblättrig, wüchsig, hoch aromatisch, mehrjährig, dekorativ.

Basilikum (Treib-)

Ocimum basilicum (Lamiaceae, Lippenblütler)

Herkunft: Tropische Gebiete Asiens.

Pflanze: Kälte- und frostempfindlich, in Mitteleuropa einjährig, in der Heimat mehrjährig. Wuchshöhe 30–40 cm. Stängel behaart, duftend, kantig.

Blatt: Gegenständig, eiförmig-elliptisch, kurz gestielt, unregelmäßig gezähnter Rand, wellige bis blasige Blattfläche.

Blüte: Lippenblüte mit weißer Krone, in Scheinquirl. VI–IX.

Nutzung: Blätter als universelles Küchengewürz mit süßlichem, pfeffrigem Aroma.

Gesundheitswert: Enthält ätherische Öle, Gerbstoffe, wirken krampflösend, beruhigend, appetitanregend, harntreibend, verdauungsfördernd.

Standort: Lockeres, wasserdurchlässiges Substrat mit guter Struktur, pH-Wert 6,5–7,2.

Klima: Temperaturen tags 18–22 °C, nachts 16–18 °C, bei direkter Strahlung > 22–24 °C lüften.

Anbauzeitraum: Im beheizten Gewächshaus bis zu 8 Sätze/Jahr.

Aussaat: JP-Anzucht unter Glas in Erdpresstöpfen, Anzuchtpaletten mit 4–6 Korn/Topf. Keimung bei 18–22 °C in 8–10 Tagen. Bei Kultur im 9-cm-Topf 20g/1000 Töpfe aussäen.

Pflanzung: Rund 30 Pfl./m^2, 25–30 × 10–15 cm; bei Topfkultur 16–20 Töpfe/m^2.

Nährstoffentzug (g/10 kg Ertrag): N: 30, P: 9, K: 30, Mg: 7.

Düngung (g/m^2): N: 9, P_2O_5: 6, K_2O: 11, MgO: 3.

Wasserbedarf (Niederschlag und Beregnung): Regelmäßig kleine Gaben (5–10 mm).

Ernte: Ganzjährig.

Lagerung: Tiefgekühlt, getrocknet.

Hinweise: Im Sommer mit Vliesbedeckung vor dem Austrocknen schützen.

Sorten: 'Siam Queen', 'Cinnamon', 'Großes Grünes Genoveser'.

Beifuß

Artemisia vulgaris (Asteraceae, Korbblütler)

Herkunft: Wild wachsend in Europa, vom Mittelmeergebiet bis nach Skandinavien.

Pflanze: Ausdauernde Staude, 0,90–1,50 m hoch, ästiger mehrköpfiger Wurzelstock ohne Ausläufer, überwinternde Blattrosette. Stängel krautig, flaumig behaart, rötlich angelaufen, reich verzweigt.

Blatt: Rosettenblätter kurz gestielt, breit gefiedert; Stängelblätter sitzend, untere doppelt, mittlere und obere einfach gefiedert, oberseits kahl, dunkelgrün, unterseits weißfilzig behaart.

Blüte: Röhrenblüte, länglich-oval, kurz gestielt, filzig behaart, in verzweigten Rispen. VI–IX.

Nutzung: Blattlose Blütenrispen als Würzkraut. Frisch oder getrocknet mit würzig-bitterem Geschmack u. a. zu Schweinebraten.

Gesundheitswert: Enthält ätherische Öle, Bitter- und Gerbstoffe, regt Appetit und Verdauung an.

Standort: Trockene, kalkhaltige Böden an Wegrändern, Hecken, Uferböschungen, Schuttplätzen.

Klima: Mitteleuropäischem Klima angepasst.

Anbauzeitraum: Direktsaat ab V. Vorkultivierte JP im III/IV pflanzen.

Aussaat: 30 g Saatgut/100 m^2.

Pflanzung: 40×50 cm, 5 Pfl./m^2.

Düngung (g/m^2): Stickstoff liebend.

Ernte: Nur Rispe mit den geschlossenen Blütenknospen ernten, bündeln, trocknen, Blätter abzupfen, da zu bitter.

Lagerung: Blütenknospen trocken und luftig.

Bohne: Busch-Bohne

Phaseolus vulgaris var. *nanus* (Fabaceae, Schmetterlingsblütler)

Herkunft: Mittel- und Südamerika.

Pflanze: Einjährig, frostempfindlich, 30–60 cm hoch, mit bis 30 cm langen Seitenwurzeln mit in Knöllchen lebenden N-bindenden Knöllchenbakterien.

Blatt: Dreizählig, aus Achseln Seitentriebe hervorgehend.

Blüte: Blütenkrone 1–2 cm lang. VI–IX.

Nutzung: Hülsen (flach, rund, sortenabhängig gelb, grün, blau bis schwarz, 5–25 cm lang) als Gemüse. Unreif geerntete Hülsen, reife Samen als Gemüsebeilage, für Salate, Suppen, mit typischem Bohnengeschmack. Für Rohgenuss ungeeignet.

Gesundheitswert: Hoher Mineralstoff- (Kalium-), Vitamin-, Ballaststoffgehalt, wirkt harntreibend, blutzucker-, cholesterinsenkend, reich an sog. Lignanen (wirken krebsbekämpfend).

Standort: Alle Böden geeignet, günstig sind tiefgründige, sandige Lehme, pH-Wert > 6.

Klima: Windgeschützt, günstig 18–25 °C; < 12 °C Blütenabwurf, < 5 °C Stoffwechselstörungen.

Anbauzeitraum: Direktsaat 20. IV unter Vlies, M V–M VII ins Freiland.

Aussaat: 25–32 Pfl./m^2, 40–50 × 6–8 cm, 2–3 cm tief; Keimung ab 12 °C.

Nährstoffentzug (g/10 kg Ertrag): N: 25, P: 4, K: 25, Mg: 2,5.

Düngung (g/m^2): N_{min}-Sollwert: 11, P_2O_5: 1, K_2O: 2,4, MgO: 0,3, chloridarme Dünger vorziehen.

Wasserbedarf (Niederschlag und Beregnung): 200–400 mm. Höchster Bedarf nach Hauptblüte und zur Fruchtausbildung.

Ernte: M VII–X, in 2–3 Handernten/Satz.

Lagerung: Bei 4–5 °C, 95 % rel. Luftfeuchte bis 14 Tage.

Hinweise: Mindestens 3-jährige Anbaupause.

Sorten: 'Berggold', 'Hildora': gelbhülsig.

Bohne: Dicke Bohne oder Puff-Bohne

Vicia faba var. *faba* (Fabaceae, Schmetterlingsblütler)

Herkunft: Mitteleuropa, Nordafrika.

Pflanze: Einjährig mit kräftiger, vierkantiger, über 0,80 m hoher Sprossachse.

Blatt: Gefiedert, verstreut um Sprossachse, Nebenblätter am Blattgrund.

Blüte: 3–11 an kurz gestielten achselständigen Trauben, ab V bei frühen Pflanzungen.

Nutzung: Hülsen (innen samtartig, elliptisch bis zylindrisch, 10–20 cm lang, 1,5–2,5 cm breit, mit 3–4 bzw. 4–6 Samen) als Gemüse. Verzehr der jungen, unausgereiften, gekochten Samen z.B. mit Schweinefleisch, vollreife Samen in Eintöpfe.

Gesundheitswert: Hoher Eiweiß-, Mineralstoff- (Kalium-, Eisen-, Phosphor-), Lysin- und beachtlicher Vitamin-C-Gehalt.

Standort: Mittlere bis schwere Böden mit gutem Wasserhaltevermögen, pH-Wert 7.

Klima: Maritimes Klima optimal.

Anbauzeitraum: JP ab A III pflanzen. Direktsaat an frostfreien Tagen ab M II möglich.

Aussaat: Direkt 15–20 Pfl./m^2, 8–10 cm tief. Ab II in Handkisten, 8×4 cm (JP-Vorkultur).

Pflanzung: 50×15–20 cm, 10–13 Pfl./m^2.

Nährstoffentzug (g/10 kg Ertrag): N: 80, P: 7, K: 29, Mg: 2,4.

Düngung (g/m^2): Bei Hülsenabfuhr N_{min}-Sollwert: 9, P_2O_5: 1, K_2O: 2, MgO: 0,3. Zum Start meist nur 5 g N/m^2 erforderlich.

Wasserbedarf (Niederschlag und Beregnung): 400–600 mm. Während und nach der Blüte in Trockenperioden beregnen.

Ernte: Ab M VI, ohne Verfrühung ab M VII.

Lagerung: Von Hand geerntete Hülsen bei 0–1 °C, 95 % rel. Luftfeuchte 10–14 Tage, aus Hülsen gelöste Samen nur einige Stunden.

Sorten: 'Frühe Weißkeimige'.

Bohne: Feuer-Bohne

Phaseolus coccineus (Fabaceae, Schmetterlingsblütler)

Herkunft: Vermutlich subtropische Gebirgslagen Zentralamerikas.

Pflanze: In gemäßigter Zone einjährig, in mildem Klima ohne Frost zweijährig, 2–5 m hoch, linkswindend.

Blatt: Dreiteilig, Oberseite stark, Unterseite schwach behaart.

Blüte: Rot, weiß blühende Sorten, 2,5–3,0 cm lang, in Trauben, Fremdbefruchter.

Nutzung: Hülsen (fleischig, 10–15 cm lang, leicht gebogen) als Gemüse. Junge Hülsen mit typischem Bohnengeschmack, als Schnittbohnen.

Gesundheitswert: Eiweiß-, mineralstoff-, vitaminreich, wertbestimmende Inhaltsstoffe siehe Stangen- bzw. Busch-Bohne.

Standort: Alle Böden geeignet, günstig sind humushaltige Lößlehme, pH-Wert 6–7.

Klima: Auch in kühleren Lagen bei Tagesmitteltemperaturen von 13,5–15,0 °C kultivierbar.

Anbauzeitraum: Direktsaat A/M V (ratsam erst ab M/E V) ins Freiland. Alternativ vorkultivierte JP ab M/E V pflanzen.

Aussaat: 1,00–1,50 × 0,50–0,60 m, Tiefe 3–4 cm; 5–6 Samen/Ablagestelle.

Düngung (g/m²): Wie Stangen-Bohne, N_{min}-Sollwert: 14, P_2O_5: 2, K_2O: 8, MgO: 1, zur Saat und zu Beginn der Blüte.

Wasserbedarf (Niederschlag und Beregnung): Je nach Einstrahlung 170–200 mm, höchster Bedarf ab Blühbeginn E VI/A VII.

Ernte: Ab E VI/A VII.

Lagerung: Getrocknete Bohnen unbegrenzt haltbar.

Hinweise: Anbau auch als Mauer-, Dachbegrünung.

Sorten: Rot blühend: 'Rotblühende', 'Butler', weiß blühend: 'Weiße Riesen'.

Bohne: Lima- oder Mond-Bohne

Phaseolus lunatus (Fabaceae, Schmetterlingsblütler)

Herkunft: Wahrscheinlich Mittel- (Mexiko, Guatemala) und Südamerika (Peru).

Pflanze: Im sub-, tropischen Klima ausdauernd, im gemäßigten einjährig, buschige bzw. windende (bis 4 m hohe) Formen.

Blatt: Kleiner als bei Gartenbohnen, wachsüberzogen, dreiteilig.

Blüte: In Trauben, weiß- bis gelblich. VII–VIII.

Nutzung: Hülsen (bis 12 cm lang, 3 cm breit, mondsichelartig mit 3–5 Samen) als Gemüse.

Gesundheitswert: Reife, getrocknete Bohnen mit hohem Eiweiß-, Kohlenhydrat- und bemerkenswert hohem Eisengehalt, unreife Bohnen mit hohem Eisen-, Vitamin-A- und C-Gehalt; leichter verdaulich als Gartenbohne.

Standort: Alle Böden, pH-Wert 6–7.

Klima: Warmes Klima mit durchschnittlich 21 °C, zur Blüte 16 °C, 80 % rel. Luftfeuchte, hohe Bodenfeuchte günstig.

Anbauzeitraum: Direktaussaat ab M V unter Vlies. Besser: vorkultivierte JP verwenden.

Aussaat: Buschig wachsende Sorten 70–90 × 15–20 cm (Einzelkornablage), windende Sorten 90–120 × 15–20 cm; für Pflanzung M V Saatgut M–E IV aussäen.

Pflanzung: Abstände siehe Aussaat, 6–7 Pfl./m^2.

Düngung (g/m^2): Geringer Nährstoffbedarf.

Wasserbedarf (Niederschlag und Beregnung): Ab Blühbeginn regelmäßige Gaben.

Ernte: Ab E VII (A VIII bei kühler Witterung).

Lagerung: Siehe Busch- bzw. Stangen-Bohne.

Hinweise: 4-jährige Anbaupause einhalten. Stützgerüste für windende Sorten erforderlich.

Bohne: Mungbohne

Vigna radiata var. *radiata* (Fabaceae, Schmetterlingsblütler)

Herkunft: Umstritten, vermutlich u. a. Indien.

Pflanze: Einjährig, aufrechter, verzweigter Wuchs, 0,50–1,30 m hoch, dicht behaart.

Blatt: Ei- bis rautenförmig.

Blüte: Gelb. VII–VIII.

Nutzung: Hülsen (6–12 cm lang, 5–6 mm breit, grünlich oder bräunlich, mit 10–15 Samen) als Gemüse. Verzehr ausgereifter oder angekeimter Samen, Hülsen, Keimlinge, Sprosse. Reife Samen gekocht als Suppe, gemahlen zu Mehl für Nudelwaren, Keimlinge für asiatische Küche.

Gesundheitswert: Hoher Eiweiß- und Kohlenhydratgehalt bei getrockneten Bohnen, Keimlinge mit höherem Gehalt an Vitamin C und wesentlich geringerem Energiewert.

Standort: Mittlerer bis schwerer, humusreicher Boden.

Klima: Tropisch, subtropisch, bei uns in wärmebegünstigten Lagen (Weinbauklima).

Anbauzeitraum: Vorkultivierte JP ab M V unter Vlies oder Folie ins Freiland pflanzen. Direktsaat möglich.

Aussaat: 25–50 cm Reihenabstand, 3–4 cm tief, zur Keimung mindestens 10–12 °C.

Pflanzung: 30 × 40 cm, 8 Pfl./m^2.

Düngung (g/m^2): Mittlerer Nährstoffbedarf.

Wasserbedarf: (Niederschlag und Beregnung): Höchster Bedarf nach Hauptblüte und zur Fruchtausbildung, bei Trockenheit beregnen.

Ernte: Ca. 3,5–4 Monate nach Aussaat, ab A/M IX.

Lagerung: Keimlinge sind bei 5 °C, 60 % rel. Luftfeuchte maximal 3–4 Tage, Trockenbohnen unbegrenzt haltbar.

Hinweise: Anbau im Gewächshaus möglich. Keimsprossenanzucht: Saatgut 12 Stunden in lauwarmem Wasser (22–25 °C) vorquellen. Bei Lufttemperaturen von 22–25 °C, 90–100 % rel. Luftfeuchte entwickeln sich in 4–5 Tagen 5–6 cm lange Keimlinge.

Bohne: Sojabohne

Glycine max (Fabaceae, Schmetterlingsblütler)

Herkunft: China.

Pflanze: Einjährig, behaart, 25–90 cm lang, Stängel verzweigt, windend.

Blatt: 3- bis 5-teilig, unpaarig gefiedert.

Blüte: 5 mm lang, bläulich violett, in Trauben. VII–VIII.

Nutzung: Hülsen (schwertförmig, 4–8 cm lang, mit 2–5 kugeligen oder abgeflachten Samen) als Gemüse. Verzehr unreifer (wie Erbsen zubereitet) und reifer Bohnen (wie dicke Bohnen), Keimsprosse (pikant, nussartig schmeckend).

Gesundheitswert: Mit konzentriertem Mineralstoff-, Vitamin-, Pflanzeneiweißgehalt, reife Samen mit hohem Eiweiß-, Mineralstoff-, Fettgehalt; senkt Blutcholesterinspiegel, schränkt Blutgerinnselbildung ein, senkt Infarktentstehung.

Standort: Leicht erwärmbare, tiefgründige Böden, pH-Wert 6–6,5.

Klima: Geschützte sonnige Lagen.

Anbauzeitraum: Direktsaat unter Vlies oder Folie 20. IV bis 10. V.

Aussaat: 50–70 Pfl./m^2, 4–5 cm tief.

Nährstoffentzug (g/10 kg Ertrag): Siehe Busch- bzw. Stangen-Bohne.

Düngung (g/m^2): N-Startdüngung von 4–5 g, P_2O_5: 1, K_2O: 3, MgO: 0,5.

Wasserbedarf (Niederschlag und Beregnung): Wassergaben in Blüh- und Hülsenfüllungsperiode.

Ernte: Als grüne Bohne ab VIII.

Lagerung: Grünreife Hülsen bei 10 °C, 95 % rel. Luftfeuchte einige Tage, Trockenbohnen unbegrenzt.

Hinweise: Keimsprossenanzucht: 12-stündiges Vorquellen der trockenen Bohnen im Wasser. Bei 16–18 °C, mit periodischer Befeuchtung erfolgt im Dunklen Keimung nach 5–7 Tagen. 3–6 cm lange Keimlinge ernten.

Bohne: Spargel- oder Spaghettibohne

Vigna unguiculata subsp. *sesquipedalis* (Fabaceae, Schmetterlingsblütler)

Herkunft: Wahrscheinlich Südostasien.

Pflanze: Einjährig, buschartig oder kletternd mit windenden Ranken (an Stangen, Drähten). Höhe 2,50–3,00 m, wärmebedürftig.

Blatt: Dreigeteilt, in Achseln.

Blüte: An 4–6 cm langen Stielen, weiß, hellgelb oder violett. VI–VIII.

Nutzung: Blätter, Hülsen (30–50 cm lang, im tropischen Klima 60–90 cm, Durchmesser 0,80–1,10 cm, cremefarben, hell- oder dunkelgrün) als Gemüse. Verzehr der jungen wie Spinat zubereiteten Blätter, keimenden Samen als Keimsprossen. Samen als Trockenbohnen (in den Erzeugerländern), jungen nicht ausgereiften Hülsen, die wie Gartenbohnen zubereitet werden, angenehm süß, mild schmeckend.

Gesundheitswert: Mittlerer Mineralstoff- und Vitamingehalt.

Standort: Mittlere Böden mit hohem Humusgehalt, Lößböden, pH-Wert 5–7,5.

Klima: Warme, geschützte Lagen; im Gewächshaus: tags 21 °C, nachts nicht unter 18 °C.

Anbauzeitraum: Direktsaat im Freiland ab M V. Besser: im Gewächshaus von E III–E IV vorkultivierte JP pflanzen.

Aussaat: M III–M IV, 8–10 cm Töpfe. Keimung bei 20–24 °C in 3–4 Tagen.

Pflanzung: 1,3–2,0 Pfl./m^2.

Nährstoffentzug (g/10 kg Ertrag): Siehe Busch- bzw. Stangen-Bohne.

Düngung (g/m^2): Siehe Stangen-Bohne N_{min}-Sollwert: 14, P_2O_5: 2, K_2O: 8, MgO: 1.

Wasserbedarf (Niederschlag und Beregnung): Regelmäßig bewässern.

Ernte: Ca. 6–8 Tage nach der Blüte.

Lagerung: Hülsen bei 5–7 °C 6–10 Tage, getrocknete Samen unbeschränkt.

Hinweise: Bei 20 cm Wuchshöhe anhäufeln. 2- bis 3-jährige Anbaupause einhalten.

Bohne: Stangen-Bohne

Phaseolus vulgaris var. vulgaris (Fabaceae, Schmetterlingsblütler)

Herkunft: Mittel- und Südamerika.

Pflanze: Einjährig, ungestutzt/entspitzt 2–4 m hoch, linkswindend, bis 30 cm lange Seitenwurzeln mit N-bindenden Knöllchenbakterien.

Blatt: Dreizählig, aus Achseln gehen Seitentriebe hervor.

Nutzung: Hülsen (flach, rund, oval, sortenabhängig gelb, grün oder blau, 5–25 cm lang) als Gemüse. Unreif geerntete Hülsen, reife Samen mit typischem Bohnengeschmack, gekocht als Gemüsebeilage, für Salate, Suppen. Für Rohgenuss ungeeignet.

Gesundheitswert: Hoher Mineralstoff- (Kalium-), Vitamingehalt, reich an Ballaststoffen; wirkt harntreibend, blutzucker-, cholesterinsenkend, gilt als antikarzinogen.

Standort: Alle Böden (außer extrem verdichtete oder staunasse) geeignet, tiefgründige, sandige Lehme optimal, pH-Wert > 6.

Klima: Sonnige windgeschützte Lagen.

Anbauzeitraum: Direktsaat M IV unter Vlies, M V–A VII ins Freiland.

Aussaat: 10–12 Pfl./m^2, 2,2 Saatstellen/m^2, z. B. 150 × 30 cm, 5–6 Samen/Saatstelle, 2–3 cm tief. Keimung ab 12 °C.

Nährstoffentzug (g/10 kg Ertrag): N: 25, P: 4, K: 25, Mg: 2,5.

Düngung (g/m^2): N_{min}-Sollwert: 14, P_2O_5: 2, K_2O: 8, MgO: 1. Chloridarme Dünger verwenden.

Wasserbedarf (Niederschlag und Beregnung): Höherer Bedarf als Busch-Bohne.

Ernte: Ab A VII in 5–6 Erntegängen/Satz.

Lagerung: Bei 5–7 °C 6–10 Tage.

Hinweise: Aufleitgerüst notwendig.

Sorten: 'Markant': grünhülsig, 'Neckargold': mit gelber, ovaler Hülse.

Bohne: Stangen-Bohne (Treib-)

Phaseolus vulgaris var. *vulgaris* (Fabaceae, Schmetterlingsblütler)

Herkunft: Mittel- und Südamerika.

Pflanze: Einjährig, 2–4 m hoch, linkswindend, mit N-bindenden Knöllchenbakterien.

Blatt: Dreizählig.

Nutzung: Hülsen (flach, rund, oval, sortenabhängig gelb, grün oder blau, 5–25 cm lang) als Gemüsebeilage, in Suppen und für Salate. Nur gekocht genießen!

Gesundheitswert: Inhaltsstoffe siehe Stangen-Bohne (S. 148); harntreibend, blutzucker-, cholesterinsenkend, gilt als antikarzinogen.

Standort: Mittelschwerer bis schwerer, tiefgründiger, lockerer, humusreicher Boden.

Klima: Nach Pflanzung 20/18 °C, später 18/14 °C und niedriger, von IV–V ab 22–24 °C lüften, später bei 20 °C, rel. Luftfeuchte 60–80 %.

Anbauzeitraum: Vorkultivierte JP A II ins Warmhaus, ab A V ins temperierte Haus, 5. V bis E VI ins Kalthaus. Ab M III Direktsaat möglich.

Aussaat: Direkt mit 2 Korn/Saatstelle. E I für Pflanzung M III in 9- bis 10-cm-Töpfe, 2–3 Samen/Topf (später auf 2 reduzieren), 3–4 cm tief. Keimung bei 20–24 °C in 4 Tagen.

Pflanzung: 6 Pfl./m^2, z. B. 100 × 33 cm.

Nährstoffentzug (g/10 kg Ertrag): N: 25, P: 4, K: 25, Mg: 2,5.

Düngung (g/m^2): N_{min}-Sollwert: 14, P_2O_5: 2, K_2O: 8, MgO: 1.

Wasserbedarf (Niederschlag und Beregnung): Höher als Busch-Bohne, anfangs über Düsen, dann ebenerdig über Tropfbewässerung.

Ernte: 4–5 Wochen nach dem Pflanzen.

Lagerung: Bei 5–7 °C ca. 6–10 Tage.

Hinweise: Aufleiten notwendig.

Sorten: 'Markant', 'Neckargold'.

Bohnenkraut: Einjähriges oder Sommer-Bohnenkraut

Satureja hortensis (Lamiaceae, Lippenblütler)

Herkunft: Mittelmeergebiet.

Pflanze: Einjährig, 30–50 cm hoch, Stängel verzweigt, unten verholzend.

Blatt: Gegenständig, lineal-lanzettlich, an der Basis stielartig verschmälert, oben zugespitzt, ganzrandig.

Blüte: Zu fünft in Blattachseln, kurz gestielt, klein, weißlich bis violettfarben. VII–IX.

Nutzung: Triebe als Würzkraut, aromatisch-würzig riechendes, etwas scharf schmeckendes Gewürz für Suppen, Salate, Pilz-, Fleischgerichte mit Hülsenfrüchten.

Gesundheitswert: Enthält ätherische Öle, Gerbstoffe, wirkt magenstärkend, appetitanregend, verdauungsfördernd.

Standort: Leichte, lockere Böden, pH-Wert 5,7–7,2.

Klima: Sonnige, warme Lagen.

Anbauzeitraum: Direktsaat im Freiland A IV (zeitweilig unter Vlies), Ernte ab A V. Alternativ: M V vorkultivierte JP pflanzen.

Aussaat: Flach, 1,0–1,5 cm tief, 45 cm Reihenabstand, 8–10 g Saatgut/10 m^2 (direkt). JP-Anzucht unter Glas: 5–7 Korn/4- bis 5-cm-Topf.

Pflanzung: 25 × 25 cm, 16 Pfl./m^2.

Nährstoffentzug (g/10 kg Ertrag): N: 32, P: 5,7, K: 43, Mg: 5.

Düngung (g/m^2): N: 14,5 (mehrere Gaben), P_2O_5: 6, K_2O: 23, MgO: 4.

Wasserbedarf (Niederschlag und Beregnung): Gering, nur bei anhaltender Trockenheit beregnen.

Ernte: Laufend, beste Würzkraft zu Beginn der Blüte, Triebe 8–10 cm über dem Boden schneiden.

Lagerung: Getrocknet, gefroren.

Hinweise: 4-jährigen Fruchtwechsel einhalten.

Sorten: 'Einjähriges Blatt', 'Aromata'.

Bohnenkraut: Mehrjähriges oder Winter-Bohnenkraut
Satureja montana subsp. *montana* (Lamiaceae, Lippenblütler)

Herkunft: Südeuropa bis Ukraine und Türkei.

Pflanze: 25–40 cm hoher Halbstrauch. Kraut wächst mehr in die Breite. Stängel verholzt ganz.

Blatt: Gegenständig, lineal-lanzettlich, an der Basis stielartig verschmälert, oben zugespitzt, ganzrandig.

Blüte: Zu fünft in Blattachseln, kurz gestielt, klein, weißlich bis violettfarben. IX.

Nutzung: Als Würzkraut. Aromatisch-würzig riechendes, etwas scharf schmeckendes Küchengewürz (herber als das einjährige) für Suppen, Salate, Pilzgerichte, Eintöpfe mit Hülsenfrüchten.

Gesundheitswert: Enthält ätherische Öle (Carvacol, Thymol, Cymol) und Gerbstoffe, fördert Verdauung, wirkt magenstärkend, appetitanregend.

Standort: Leichte, lockere, gut erwärmbare Böden, pH-Wert 5,7–7,2.

Klima: Warme Lagen bevorzugt.

Anbauzeitraum: Direktsaat im Freiland ab V, auch im VIII möglich, mehrjährig nutzbar.

Aussaat: Flach, 1,0–1,5 cm tief, 40–50 cm Reihenabstand.

Pflanzung: 8–12 Pfl./m^2, 40–50 cm Reihenabstand.

Nährstoffentzug (g/10 kg Ertrag): N: 32, P: 5,7, K: 43, Mg: 5.

Düngung (g/m^2): N: 14,5 (in mehreren Gaben, mit 4 g nach jedem Schnitt), P_2O_5: 6, K_2O: 23, MgO: 4.

Wasserbedarf (Niederschlag und Beregnung): Gering, bei anhaltender Trockenheit beregnen.

Ernte: VI–IX, beste Würzkraft zu Beginn der Blüte. Triebe 8–10 cm über dem Boden schneiden.

Lagerung: Getrocknet, gefroren.

Hinweise: 4-jährigen Fruchtwechsel einhalten.

Borretsch oder Gurkenkraut

Borago officinalis (Boraginaceae, Raublattgewächse)

Herkunft: Mittelmeerraum.

Pflanze: Einjährig, frostempfindlich, 40–80 cm hoch, mit starren, auf Knötchen sitzenden, abstehenden Borstenhaaren, Insektenpflanze.

Blatt: Zunächst grundständig, dann wechselständig, kurz gestielt, elliptisch bis eiförmig, ganzrandig oder etwas ausgebuchtet, beidseits behaart.

Blüte: Im Doppelwickel, azurblau, weiß. V–IX.

Nutzung: Junge Blätter als Gewürz, mit gurkenähnlichem Geschmack, für Salate, Fleisch-, Fisch-, Pilzgerichte, Soßen („Grüne Soße"), als Gemüse mit Spinat gekocht; Blüten essbar, zur Dekoration.

Gesundheitswert: Mineralstoffreich.

Standort: Kalkhaltige, sandige Lehmböden, pH-Wert 6,5–7,5.

Klima: Vollsonnige Lagen.

Anbauzeitraum: Direktsaat E IV–E VII.

Aussaat: 12–16 Pfl./m^2, 25–40 × 15–25 cm, 2 cm tief, 2–3 g Saatgut/m^2.

Nährstoffentzug (g/10 kg Ertrag): N: 15, P: 2,2, K: 37, Mg: 2.

Düngung (g/m^2): N: 10,5, P_2O_5: 4, K_2O: 31, MgO: 2, geringe Düngegabe nach gut gedüngten Vorfrüchten.

Wasserbedarf (Niederschlag und Beregnung): In Trockenperioden beregnen.

Ernte: Ca. 4 Wochen nach der Aussaat, Triebspitzen, Blätter mehrmals pflücken.

Lagerung: Geschnittenes Kraut welkt schnell, daher trocknen.

Hinweise: Zur gleichen Familie gehört die blau blühende Ochsenzunge (*Anchusa officinalis*), deren Blätter, Blüten in Salaten verwendet werden.

Sorten: 'Boretsch': blau und weiß blühend.

Cardy

Cynara cardunculus (Asteraceae, Korbblütler)

Herkunft: Südeuropäisches und nordafrikanisches Mittelmeergebiet.

Pflanze: Ausgangsform der Artischocke, ausdauernd, bedingt winterhart, wärmebedürftig, 1,00–1,60 m hoch, als Gemüsepflanze ein-, als Samen-, Zierpflanze zweijährig.

Blatt: In Rosette, lang gestielt, geschlitzt, graugrün bis silberweiß, oft stachelig mit fleischigem Stiel.

Blüte: Ab 2. Jahr. Im Vergleich zur Artischocke sind die Blütenköpfe kleiner, ohne fleischigen Blütenboden. VIII–IX.

Nutzung: Gebleichte Stiele als Gemüse mit bitterem, leicht nussartigem Geschmack, vorgegart als Salat, gekocht wie Sellerie als Beilage zu Fleischgerichten.

Gesundheitswert: Wirkt verdauungsfördernd, regt Gallentätigkeit an.

Standort: Mittelschwere, tiefgründige, humose, nährstoffreiche Böden, pH-Wert 6–7,2.

Klima: Nach Ende der Vegetationsperiode mit organischem Material bedecken bzw. Ballen ausgraben, frostfrei überwintern.

Anbauzeitraum: Vorkultivierte JP ab M V pflanzen. Direktsaat in Mitteleuropa unüblich.

Pflanzung: 100 × 60–75 cm, 1–2 Pfl./m^2.

Düngung (g/m^2): N: 8, P_2O_5: 6, K_2O: 10, MgO: 2, N in 2–3 Gaben, 5–6 g Stallmist/m^2 (siehe Artischocke).

Wasserbedarf (Niederschlag und Beregnung): Hoch, während der Vegetationsperiode reichlich wässern.

Ernte: Blattstiele M/E IX schneiden.

Lagerung: Nur wenige Tage bei 2–4 °C, 90–95 % rel. Luftfeuchte.

Hinweise: Zum Bleichen ca. 2 Wochen vor Ernte Blätter zusammenbinden und z. B. mit Mulchfolie umhüllen.

Chicorée (Treib-)

Cichorium intybus var. *foliosum* (Asteraceae, Korbblütler)

Herkunft: Eurosibirien, Nordafrika, Vorderasien.

Pflanze: Zweijährige Halbrosettenpflanze. Hauptwurzel ist Sprossrübe. Im 2. Jahr Bildung eines knospenähnlichen Sprosses, aus dem später Blütenspross wächst.

Blatt: Grundständig, löwenzahnähnlich.

Blüte: An gestreckter Achse, im Körbchen. Kälteeinwirkung von V–M VI führt bereits im 1. Jahr zum Schossen.

Nutzung: Auf den Wurzeln getriebene Sprosse als zartbitteres Koch-, Salatgemüse.

Gesundheitswert: Gehalt an Vitamin C und Provitamin A bedeutsam.

Standort: Leichte bis mittelschwere, tiefgründige, siebfähige, steinfreie Böden, pH-Wert 6,5–7.

Klima: Mitteleuropäischem Klima angepasst.

Anbauzeitraum: Direktsaat M–E IV unter Folie, M V–M(E) VI ohne Bedeckung ins Freiland.

Aussaat: 30–40 Korn/m², Reihenabstand 30–40 cm, 1,0–1,5 cm tief.

Nährstoffentzug (g/10 kg Ertrag): N: 25, P: 5,3, K: 45, Mg: 4.

Düngung (g/m²): N_{min}-Sollwert: 6–7, P_2O_5: 5, K_2O: 24, MgO: 3, weitere Gaben in Treibphase.

Wasserbedarf (Niederschlag und Beregnung): Bei Bedarf 3 × 20 mm ab Beginn der Kopfbildung.

Ernte: Wurzelernte ab IX mit anschließender Treibphase, danach die auf den Wurzeln getriebenen Sprosse ernten.

Lagerung: Bei 1 °C, > 95 % rel. Luftfeuchte bis 2 Wochen.

Hinweise: Nach Wurzelernte folgt erst Kühlphase (ca. 8–10 Tage) mit −1 bis 1 °C, 97 % rel. Luftfeuchte, dann Treibphase (18–24 Tage) in Grundbeeten oder als Wassertreiberei.

Dill, Garten-

Anethum graveolens var. *hortorum* (Apiaceae, Doldenblütler)

Herkunft: Vorderasien, Südeuropa.

Pflanze: Einjährig, in vegetativer Phase 15–45 cm, in generativer 0,80–1,30 m hoch.

Blatt: Linealisch, mehrfach gefiedert, Stängel wechselständig umwachsend, obere Blätter enden in fädigen Spitzen.

Blüte: Zwittrig, dottergelb, in bis 20 cm großen, flach gewölbten Doppeldolden. VI–IX.

Nutzung: Fädige Blattspitzen, Dolden als Gewürz. Dillspitzen frisch, getrocknet, tiefgefroren, gefriergetrocknet zu Salaten, Soßen, Konserven, Essenzen; Dillblätter, Dolden als Gewürz für Einlegegurken.

Gesundheitswert: Durch ätherische Öle typischer Geschmack, regt Magenfunktion und Verdauung an, Samen gegen Blähungen, Magenkrämpfe, Durchfall, Erbrechen.

Standort: Mittelschwere, humusreiche, feucht-warme Böden.

Klima: Im europäischen Klima überall anbaubar, mittlere Temperaturansprüche.

Anbauzeitraum: Direktsaat M IV unter Folie, M V–A IX ins Freiland.

Aussaat: Reihenabstand für Dillspitzen: 12–25 cm (in der Reihe 1,1 cm); Dillkraut: 25–30 cm; Blütendill: 25–35 cm; Saattiefe: 2–3 cm.

Nährstoffentzug (g/10 kg Ertrag): N: 30, P: 4, K: 50, Mg: 2.

Düngung (g/m²): N_{min}-Sollwert: 12, P_2O_5: 3, K_2O: 18, MgO: 1.

Wasserbedarf (Niederschlag und Beregnung): Regelmäßige Wasserversorgung.

Ernte: Ab ca. M VI bis zum Frosteintritt 15–25 cm lange Dillspitzen, für Gewürzgurken bei Blühbeginn 40–60 cm langes Dillkraut ernten.

Lagerung: Bei −1 bis 0 °C im PE-Folienbeutel, rel. Luftfeuchte > 95 %.

Hinweise: Anbaupause von 4 Jahren.

Sorten: 'Tetra', 'Blattreicher'.

Dill, Garten- (Treib-)

Anethum graveolens var. *hortorum* (Apiaceae, Doldenblütler)

Herkunft: Vorderasien, Südeuropa.

Pflanze: Einjährig, in vegetativer Phase 15–45 cm hoch.

Blatt: Linealisch, mehrfach gefiedert, den Stängel wechselständig umwachsend, obere Blätter enden in fädigen Spitzen.

Blüte: Zwittrig, dottergelb, in bis zu 20 cm großen, flach gewölbten Doppeldolden. VI–IX.

Nutzung: Blätter, Dolden als Gewürz. Sog. Dillspitzen mit typischem Geschmack vielseitig verwendbar, u. a. frisch, getrocknet zu Salaten; Dillblätter, Dolden für Einlegegurken.

Gesundheitswert: Enthält ätherische Öle, regt Magenfunktion, Verdauung an, Samen gegen Blähungen, Magenkrämpfe, Durchfall, Erbrechen.

Standort: Mittelschwere, feucht-warme Böden mit hohem Humusanteil.

Klima: Nach Auflaufen 12–15 °C, nachts 8–10 °C, > 20 °C lüften.

Anbauzeitraum: Direktsaat A I und ab A IX ins temperierte Haus, A III ins frostfreie Haus (Ernte ab A V), ab M IV ins Kalthaus mit Ernte ab A VI.

Aussaat: Direkt mit 10–12 cm Reihenabstand; als Topfkultur 15–20 Samenkörner/9-cm-Topf, 2–3 cm tief, bei 16 °C Keimung in 9 Tagen.

Nährstoffentzug (g/10 kg Ertrag): N: 30, P: 4, K: 50, Mg: 2.

Düngung (g/m²): N_{min}-Sollwert: 12, P_2O_5: 3, K_2O: 18, MgO: 1.

Wasserbedarf (Niederschlag und Beregnung): Kontinuierliche Wasserversorgung positiv.

Ernte: Im Winter nach ca. 80 Tagen, im Sommer nach 35 Tagen.

Lagerung: Bei −1 bis 0 °C im PE-Folienbeutel, < 95 % rel. Luftfeuchte.

Sorten: 'Fernleaf': 25–30 cm hoch.

Eberraute

Artemisia abrotanum (Asteraceae, Korbblütler)

Herkunft: Vorderasien, wild wachsend in Südeuropa.

Pflanze: Ausdauernd, 80–100 cm hoher Halbstrauch, Wurzelstock stark verästelt, Stängel aufrecht, oben rispenartig verzweigt.

Blatt: Schmal, fein drüsig punktiert, gefiedert, obere Blätter dreispaltig bis ungeteilt, kahle Oberseite, grau behaarte Unterseite.

Blüte: Blassgelbe, kugelige Blütenköpfe bilden beblätterte Traube. VII–X.

Nutzung: Blätter, junge Triebspitzen als Würzkraut. Mit zitronenähnlichem, aromatischem Geruch, zu Braten, fettem Fleisch und Soßen.

Gesundheitswert: Enthält ätherische Öle, Bitter-, Gerbstoffe, Abrotamin (Alkaloid), wirkt magenstärkend, verdauungsfördernd.

Standort: Kalkhaltige, humose Böden.

Klima: Sonnige, geschützte Lagen.

Anbauzeitraum: Im Frühjahr Teilung der älteren Stöcke, im Sommer von den Triebspitzen Stecklinge schneiden. Pflanzen mehrjährig nutzen.

Pflanzung: 40 × 30 cm, 8 Pfl./m^2.

Düngung (g/m^2): Verrotteter Kompost (5 l/m^2) oder Mineraldünger.

Ernte: Junge Triebe, Blätter im VII und VIII schneiden.

Lagerung: Frisch verwenden oder in Bündeln an luftigem Ort trocknen.

Hinweise: Unkraut entfernen. Pflanzen vor starken Winterfrösten schützen.

Eiskraut

Mesembryanthemum crystallinum (Aizoaceae, Eiskrautgewächse)

Herkunft: Küstengebiete Südafrikas.

Pflanze: Im tropischen, subtropischen Klima zwei- und mehrjährig, in Mitteleuropa einjährig, niedrig wachsend, kriechend. Name aufgrund der Salzausscheidungen an Blättern und Stielen. Frostempfindlich, wärmeliebend.

Blatt: Gegen- und wechselständig, 7–12 cm lang, sukkulent (= wasserspeichernd), 1 mm dick, fleischig, schwach verholzte Achse.

Blüte: Endständig, unscheinbar, klein, vielstrahlig. VIII–IX.

Nutzung: Blätter als Koch-, Salatgemüse, wie Spinat zubereitet; mit leicht salzig-säuerlichem Geschmack.

Gesundheitswert: Enthält organische Säuren, Arzneipflanze in Südafrika.

Standort: Lockere, humusreiche Böden mit guter Wasserhaltekraft, pH-Wert 6–7,5.

Klima: Anbau unter Glas, im Freiland unter Folien-, Vliesbedeckung.

Anbauzeitraum: Direktsaat unter Folie oder Vlies ab A–M V. Pflanzung vorkultivierter JP möglich. Anbau ab M IV im Kalthaus, ab II im beheizten Haus.

Aussaat: Siehe Pflanzung.

Pflanzung: 25–45 × 15–25 cm, 15–16 Pfl./m^2.

Nährstoffentzug (g/10 kg Ertrag): N: 20, P: 3, K: 30, Mg: 4 (siehe Neuseeländer Spinat).

Düngung (g/m^2): N_{min}-Sollwert: 10, P_2O_5: 2, K_2O: 11, MgO: 2.

Wasserbedarf (Niederschlag und Beregnung): M VI–E VIII bei Trockenheit drei- bis viermal 10–15 mm.

Ernte: Bei V-Aussaaten bzw. Pflanzungen ab A VII–X 6–10 cm lange Triebspitzen im Abstand von 1–3 Wochen schneiden bzw. pflücken.

Lagerung: Kühl, feucht maximal 1–2 Tage.

Hinweise: Auch als Zierpflanze geeignet.

Endivie: Breitblättrige Endivie

Cichorium endivia var. *latifolium* (Asteraceae, Korbblütler)

Herkunft: Östlicher Mittelmeerraum.

Pflanze: Einjährige Langtagpflanze, Pfahlwurzel reicht bis 1,50 m in den Boden.

Blatt: Breit, gewellt, ganzrandig, fast glatt, ziemlich derb mit breiten, dicken Rippen, grundständig, Blätter bilden halbgeschlossenen Kopf mit gelbem Herz.

Blüte: In Körbchen angeordnet, blau.

Nutzung: Blätter als Salatgemüse.

Gesundheitswert: Typisch bitterer Geschmack durch Intybin, wirkt appetitanregend, verdauungsfördernd.

Standort: Mittelschwere, humusreiche, durchlässige Böden mit guter Struktur und Wasserführung, pH-Wert 6–7.

Klima: Maritimes Klima günstig, früh- und spätfrostgefährdete Lagen meiden.

Anbauzeitraum: Vorkultivierte JP ab A III unter Vlies und Folie, A IV–A VI unter Vlies, M VI–M VIII ohne Bedeckung ins Freiland pflanzen. Direktsaat von M VI–M VII.

Aussaat: M II unter Glas für Pflanzung A/M III in 4-cm-Presstöpfe. Keimung bei 21–25 °C, nach Auflaufen 20 °C, dann 15–18 °C.

Pflanzung: 8–11 Pfl./m², 30 × 30 cm (Frühjahr), 40 × 30 cm (Sommer/Herbst).

Nährstoffentzug (g/10 kg Ertrag): N: 20, P: 2,6, K: 46, Mg: 1,8.

Düngung (g/m²): N_{min}-Sollwert: 19, P_2O_5: 4, K_2O: 33, MgO: 2.

Wasserbedarf (Niederschlag und Beregnung): Bis 200 mm. Wassergaben zum Anwachsen, später während der Kopfbildung.

Ernte: Ab A V, ca. 60 Tage nach der Pflanzung.

Lagerung: 2–3 Tage bei 0–8 °C, 90–95 % rel. Luftfeuchte; ungeputzt bei 0–1 °C, 90–95 % rel. Luftfeuchte bis 10 Tage.

Endivie: Krause oder Frisée-Endivie

Cichorium endivia var. *crispum* (Asteraceae, Korbblütler)

Herkunft: Östlicher Mittelmeerraum.

Pflanze: Einjährige Langtagpflanze. Pfahlwurzel wächst bis 1,50 m in den Boden.

Blatt: Geschlitzt, kraus, ziemlich derb, grundständig, in Kopfmitte sortenabhängig grün oder gelb.

Blüte: In Körbchen angeordnet, blau.

Nutzung: Blätter als Salatgemüse.

Gesundheitswert: Typisch bitterer Geschmack durch Intybin; wirkt appetitanregend, verdauungsfördernd.

Standort: Mittelschwere, humusreiche, durchlässige Böden mit guter Struktur und Wasserführung (sandige Lehm- und Lößlehmböden), pH-Wert 6–7.

Klima: Maritimes Klima günstig, früh- und spätfrostgefährdete Lagen meiden.

Anbauzeitraum: Vorkultivierte JP ab M III unter Vlies und Folie, A IV–A VI unter Vlies, M VI–M VIII ohne Bedeckung ins Freiland pflanzen. Direktsaat von M VI–M VII.

Aussaat: M II unter Glas für Pflanzung A/M III in 4-cm-Presstöpfe. Keimung bei 21–25 °C, nach Auflaufen 20 °C, dann 15–18 °C.

Pflanzung: 8–11 Pfl./m^2, 30 × 30 cm (Frühjahr), 40 × 30 cm (Sommer/Herbst).

Nährstoffentzug (g/10 kg Ertrag): N: 20, P: 2,6, K: 46, Mg: 1,8.

Düngung (g/m^2): N_{min}-Sollwert: 15, P_2O_5: 4, K_2O: 33, MgO: 2.

Wasserbedarf (Niederschlag und Beregnung): Bis 200 mm. Zum Anwachsen und während der Kopfbildung beregnen.

Ernte: Ab M V, im Frühjahr ca. 60 Tage, im Sommer ca. 45 Tage nach Pflanzung.

Lagerung: Bei 0–1 °C, > 96 % rel. Luftfeuchte.

Erbse: Kichererbse

Cicer arietinum (Fabaceae, Schmetterlingsblütler)

Herkunft: Nur als Kulturform bekannt, früheste Nachweise aus Kleinasien, Mittelmeerländern.

Pflanze: Einjährig, 40–50 cm hoch, aufrecht buschig.

Blatt: Unpaarig gefiedert, gezähnte Fieder.

Blüte: Weiß, rot oder bläulich. VI–VII.

Nutzung: Samen als Keimlingsgemüse. Hülsenfrüchte (Hülsen: aufgeblasen, ein- bis dreisamig, zuckererbsengroß, dünnschalig) grün oder reif als Gemüse mit ähnlichen Eigenschaften, Verwendung wie Trockenerbsen. Nach Vorweichen gekocht für Suppen, Breie; zu Mehl verarbeitet, trocken, geschält, geröstet; nussartig aromatisch.

Gesundheitswert: Reich an Proteinen.

Standort: Nicht staunässegefährdete Böden, pH-Wert 5,5–8,6.

Klima: Optimale Lufttemperaturen 18–26 °C, wärmebegünstigte Lagen (Weinbauklima) bevorzugt.

Anbauzeitraum: Direktsaat im Freiland A V, unter Vlies M V. Vorkultivierte JP bringen frühere und sichere Ernten.

Aussaat: Direkt mit 30–40 cm × 15–25 cm, 3–4 cm tief, vereinzeln auf 12–18 Pfl./m^2; E IV für JP-Anzucht in 4- bis 6-cm-Töpfen, 3–4 Korn/Topf bei 20–22 °C.

Pflanzung: 30 × 15 bis 40 × 25 cm, 10–20 Töpfe/m^2.

Düngung (g/m^2): N: 3–4, P_2O_5: 4–5, K_2O: 7–10, in Abhängigkeit vom Bodenvorrat.

Wasserbedarf (Niederschlag und Beregnung): Gering, nur in extremen Trockenjahren beregnen.

Ernte: Unreife Hülsen, Samen ab M–E VIII.

Lagerung: Getrocknet über längeren Zeitraum haltbar.

Hinweise: 4- bis 5-jährige Anbaupause einhalten.

Erbse: Mark-Erbse

Pisum sativum convar. *medullare* (Fabaceae, Schmetterlingsblütler)

Herkunft: Östlicher Mittelmeerraum bis Tibet und Indien.

Pflanze: Einjährig, krautartig, relativ frostempfindlich, sortenabhängig 0,50 bis > 1,20 m hoch. Stängel rund, innen hohl. Pfahlwurzel reicht bis 1,20 m tief in den Boden, Seitenwurzeln mit N-bindenden Bakterien.

Blatt: Zwei- bis dreipaarig gefiedert, rund bis eiförmig, ganzrandig.

Blüte: In Trauben, weißlich, rosa- oder purpurfarben. V–VI.

Nutzung: Samen (glattschalig, oft größer, dunkler als bei Pal-Erbsen, in Hülsen) als Gemüse. Ausgepalte gekochte Erbsen allein oder als Mischgemüse mit pikant, süßlichem Geschmack.

Gesundheitswert: Reich an hochwertigem Eiweiß, Vitamin B, gilt als cholesterinsenkend, antikarzinogen.

Standort: (Sandige) Lehmböden, die sich früh erwärmen, gut feucht bleiben.

Klima: Ausgeglichenes Klima, 12–20 °C optimal.

Anbauzeitraum: Direktsaat A/M III–V.

Aussaat: Reihenabstand 12–25 cm, 5 cm tief, je nach TKG 80 Korn/m^2.

Nährstoffentzug (g/10 kg Ertrag): N: 100, P: 10, K: 30, Mg: 3,5.

Düngung (g/m^2): N_{min}-Sollwert: 9, P_2O_5: 1,4, K_2O: 2,2, MgO: 0,3. Auf ausreichende Mn-, Mo-Versorgung achten.

Wasserbedarf (Niederschlag und Beregnung): 200–400 mm, 20–30 mm/Gabe.

Ernte: E V–X, 1 maschinelle Ernte für Industrie, für Frischmarkt 2–5 Ernten.

Lagerung: Handgepflückte Erbsen rasch auf 0 °C kühlen, bei −1 bis 0,5 °C, > 95 % rel. Luftfeuchte maximal 1–2 Wochen. Zum Einfrieren, Einkochen geeignet.

Sorten: 'Evita': sehr früh, 'Novelia': mittelfrüh.

Erbse: Schal- oder Pal-Erbse

Pisum sativum convar. *sativum* (Fabaceae, Schmetterlingsblütler)

Herkunft: Vorderasien.

Pflanze: Einjährig, krautig, relativ frostempfindlich, sortenabhängig 0,20 bis > 1,30 m hoch. Stängel rund, manchmal längs verwachsen, innen hohl.

Blatt: Zwei- bis dreipaarig gefiedert, kann eiförmig, verkehrt eiförmig, breit eiförmig oder länglich sein, ganzrandig.

Blüte: In Trauben, weißlich, rosa- oder purpurfarben. V–VI.

Nutzung: Junge, unreif geerntete Erbsen (glattschalig in Hülsen) als Gemüse. Verzehr der ausgepalten gekochten Erbsen pur oder als Mischgemüse zubereitet. Hauptnutzung als Dosenware, weniger süß im Geschmack.

Gesundheitswert: Reich an hochwertigem Eiweiß, Vitamin B, getrocknete Erbsen sind energiereicher als frische.

Standort: Sandige Lehmböden, die sich früh erwärmen, gut feucht bleiben, pH-Wert 6,5–7,5. Staunässe vermeiden!

Klima: Ausgeglichenes Klima, bis zur Blüte warm (> 15 °C), zur Reife 12–20 °C.

Anbauzeitraum: Direktsaat A/M III–V.

Aussaat: Reihenabstand 12–25 cm, 5 cm tief, je nach TKG 80 Korn/m^2.

Nährstoffentzug (g/10 kg Ertrag): N: 100, P: 10, K: 30, Mg: 3,5.

Düngung (g/m^2): N_{min}-Sollwert: 9, P_2O_5: 1,4, K_2O: 2,2, MgO: 0,3. Auf ausreichende Mn-, Mo-Versorgung achten.

Wasserbedarf (Niederschlag und Beregnung): 200–400 mm, 20–30 mm/Gabe.

Ernte: E V–X in 2–5 Ernten (Frischmarkt, Hausgarten), 1 maschinelle Ernte für Industrie.

Lagerung: Handgepflückte Erbsen rasch herunter kühlen. Bei –1 bis 0,5 °C, > 95 % rel. Luftfeuchte maximal 1–2 Wochen. Zum Trocknen geeignet.

Sorten: 'Kleine Rheinländerin', 'Blauwschokker'.

Erbse: Zucker-Erbse

Pisum sativum convar. *axiphium* (Fabaceae, Schmetterlingsblütler)

Herkunft: Vorderasien.

Pflanze: Einjährig, krautartig, sortenabhängig 0,25 bis > 1,20 m hoch. Stängel rund, manchmal längs verwachsen, innen hohl.

Blatt: Zwei- bis dreipaarig gefiedert, kann eiförmig, verkehrt eiförmig, breit eiförmig oder länglich sein, ganzrandig.

Blüte: In Trauben, weißlich, rosa- oder purpurfarben. V–VI.

Nutzung: Erbsen mit Hülsen (ohne Pergamentschicht, daher zart) als Gemüse. Pur oder als Mischgemüse zubereitet, pikant, süßlicher Geschmack.

Gesundheitswert: Enthält Zucker (Glucose, Fructose, Saccharose), organische Säuren (ausgeglichenes Äpfelsäure-Zitronensäure-Verhältnis), reich an hochwertigem Eiweiß, Vitamin B, gilt als cholesterinsenkend, antikarzinogen.

Standort: Sandige Lehmböden, die sich früh erwärmen, gut feucht bleiben.

Klima: Ausgeglichenes Klima, 12–20 °C optimal.

Anbauzeitraum: Direktsaat A III–M VII.

Aussaat: Reihenabstand: 12–25 cm, 5 cm tief, je nach TKG 80 Korn/m^2.

Nährstoffentzug (g/10 kg Ertrag): N: 100, P: 10, K: 30, Mg: 3,5.

Düngung (g/m^2): N_{min}-Sollwert: 9, P_2O_5: 1,4, K_2O: 2,2, MgO: 0,3. Auf ausreichende Mn-, B-, Cu-, Mo-Versorgung achten.

Wasserbedarf (Niederschlag und Beregnung): 200–400 mm, mit 20–30 mm/Gabe beregnen.

Ernte: Bei frühen Sorten mit Bedeckung ab M V, sonst von E V–X, 2–5 Ernten.

Lagerung: Handgepflückte Erbsen rasch kühlen, bei −1 bis 0,5 °C, > 95 % rel. Luftfeuchte maximal 1–2 Wochen.

Hinweise: Auf kleinen Flächen in Doppelreihen am Draht kultivieren.

Sorten: 'Norli': früh.

Erdbeerspinat

Chenopodium foliosum (Chenopodiaceae, Gänsefußgewächse)

Herkunft: In Südeuropa und im Orient beheimatet.

Pflanze: Einjährig, selten zweijährig, 35–80 cm hoch, stielrunde, aufrechte Stängel mit rutenförmig, bis zur Spitze beblätterten Ästen.

Blatt: Kurz gestielt, dreieckig; mittlere Blätter länglich-rautenförmig.

Blüte: Scheinähre aus kugeligem Blütenknäuel. Früchte leuchtend rot, maulbeerartig.

Nutzung: Blätter als Gemüse. Wie Spinat zubereitet, in Gemüsesuppen, roh für Salate, Früchte zur Dekoration.

Gesundheitswert: Vitamin-, Mineralstoffgehalt vermutlich wie Spinat, mehr Zier- als Ernährungswert.

Standort: Alle Böden geeignet, außer extrem kalte, verdichtete oder zu Staunässe neigende; sandige, humose Lehme positiv.

Klima: Warme, vollsonnige Lagen bevorzugt.

Anbauzeitraum: Direktsaat von III–VII. Alternativ: vorkultivierte JP pflanzen.

Aussaat: 25–35 × 8–15 cm, 2–3 cm tief.

Düngung (g/m²): Kein hoher Nährstoffbedarf, keine Düngung erforderlich.

Wasserbedarf (Niederschlag und Beregnung): Bei Trockenheit beregnen.

Ernte: Ca. 3 Monate nach Aussaat bis zur Blüte junge Blätter (wesentlich kleiner als bei Spinat) pflücken.

Lagerung: Nur kurzzeitig bei 0 bis 1 °C, 95 % rel. Luftfeuchte.

Hinweise: Ähriger Erdbeerspinat (*Chenopodium capitatum*): einjährig, 30–60 cm hoch, mit aufrechtem, wenig ästigem Stängel mit gestielten, meist schwach buchtig-gezähnten Blättern ebenso als Gemüse- und Zierpflanze nutzbar.

Erdnuss

Arachis hypogaea (Fabaceae, Schmetterlingsblütler)

Herkunft: Südamerika.

Pflanze: Einjährig, verzweigt sich am Grunde, wächst liegend-kriechend oder aufrecht.

Blatt: Wechselständig, an bis zu 5 cm langem Stiel, zweipaarig gefiedert, leicht behaart, eiförmig.

Blüte: In Achseln der Blätter, Nebenblätter 3–7 im Blütenstand, davon öffnen sich 1–2/Tag und blühen in wenigen Stunden ab.

Nutzung: Samen (2–5 ovale Samen, umgeben von einer dünnen Haut in 3–6 cm langer, brauner bis strohgelber, hartfaseriger Frucht, Entwicklung 5–10 cm unter der Bodenoberfläche). Verwendung des aus den Samen gewonnenen Öls, der Samen, geröstet, oft gesalzen, als Erdnussbutter.

Gesundheitswert: Wertvoll durch Eiweiß-, Fett-, Vitamin-B-, Vitamin-E-, hohe Lysingehalte; Erdnüsse anfällig für Schimmelpilz, der das Leberkrebs verursachende Aflatoxin enthält.

Standort: Lockerer, gut dränierter, sandiglehmiger Boden, pH-Wert 6,0–7,5.

Klima: 25–30 °C, ausgeglichene Tag-/Nachttemperaturen optimal.

Anbauzeitraum: Direktsaat ab A/M V unter Folie oder Vlies. Alternativ: vorkultivierte JP ab M V unter Vlies pflanzen.

Aussaat: Direktsaat 35–70 × 8–25 cm, 4–5 cm tief. JP-Anzucht bei 23–26 °C, Aussaat 10.–15. IV für Pflanzung M V.

Pflanzung: 35–70 × 8–25 cm, 11–18 Pfl./m^2.

Düngung (g/m^2): N: 2–3, P_2O_5: 6–8, K_2O: 4–6. Nicht erforderlich, wenn Kultur reichlich gedüngten Vorfrüchten folgt.

Wasserbedarf (Niederschlag und Beregnung): Bei Trockenheit ab Blühbeginn und während Fruchtentwicklung beregnen.

Lagerung: Bei 4–5 °C, maximal 75 % rel. Luftfeuchte bis zu 5 Jahre.

Estragon
Artemisia dracunculus (Asteraceae, Korbblütler)

Herkunft: Süd-, Mittelasien.

Pflanze: Ausdauernd, sortenabhängig 0,60–1,50 m hoch. Stängel krautig, aufrecht, buschig verzweigt.

Blatt: Wechselständig, linealisch, ungeteilt. Die untersten Blätter sind an der Spitze dreispaltig.

Blüte: Kugelförmig in Rispen, gelb bis weißlich grün. VI–VII.

Nutzung: Als Würzkraut. Für Fisch, Fleisch, Soßen, zum Einlegen von Gurken; würziger, pikanter Geschmack.

Gesundheitswert: Enthält ätherische Öle (geschmacksbildend), Bitter-, Gerbstoffe, Wachse, kalium-, eisenreich, wirkt appetit- und stoffwechselanregend, fördert Magensaftbildung, Verdauung, wirkt harntreibend.

Standort: Lockere, humusreiche Böden mit gutem Wasserspeichervermögen, pH-Wert 6,2.

Klima: Windgeschützte Lagen bevorzugt.

Anbauzeitraum: JP deutscher, französischer Sorten IV/V pflanzen; ein- oder mehrjährig.

Aussaat: 'Russischer Estragon' direkt III/IV, 0,50 cm tief.

Pflanzung: 40–50 × 30–40 cm, 7–8 Pfl./m^2.

Nährstoffentzug (g/10 kg Ertrag): N: 60, P: 7,4, K: 74, Mg: 3.

Düngung (g/m^2): N: 5–7 als Grunddüngung, 3–4 nach jedem Schnitt, P_2O_5: 3, K_2O: 13, MgO: 0,8.

Wasserbedarf (Niederschlag und Beregnung): Bei Bedarf nach jedem Schnitt beregnen.

Ernte: 1. Schnitt im VIII (einjährige Kultur) bis 3 Schnitte/Jahr (mehrjährige Kultur). Im Garten laufend junge Triebe ernten.

Lagerung: Getrocknet.

Hinweise: 'Deutscher Estragon', 'Französischer Estragon' werden durch Kopfstecklinge vermehrt.

Sorten: 'Russischer Estragon', 'Französischer Estragon', 'Deutscher Estragon'.

Feldsalat

Valerianella locusta (Valerianaceae, Baldriangewächse)

Herkunft: Mittelmeerraum, wildwachsend in Europa, Nordafrika, Asien.

Pflanze: Einjähriger Flachwurzler, weitgehend frosthart.

Blatt: Grundständig, klein, am Grund länglich-spatelförmig, im oberen Teil lanzettähnlich breit.

Blüte: Blauweiß, unscheinbar an 40 cm hohem verzweigtem Stängel. Ab IV.

Nutzung: Blätter roh als Salat, gedünstet als Gemüse. Mit nussartigem Geschmack.

Gesundheitswert: Im Vergleich zu Kopfsalat u. a. höhere Eisen-, Carotin-, Vitamin-C-Gehalte.

Standort: Mittelschwere, unkrautarme Böden, pH-Wert 6–7,5.

Klima: Wachstum noch bei 5–10 °C, längere Barfröste mindern Blattqualität.

Anbauzeitraum: Direktsaat M III unter Vlies, A IV–E VIII ins Freiland, für Überwinterung E IX–A X, Pflanzung vorkultivierter JP möglich.

Aussaat: Direkt mit 10–15 cm Reihenabstand, 0,75–1,00 g Saatgut (kalibriertes)/m^2, 0,5–1,0 cm tief. Keimung bei 18–20 °C in 7, bei 5–10 °C in 21 Tagen. Bei JP-Vorkultur in 3,5- bis 4,0-cm-Topf mit 6–8 Korn/Topf aussäen.

Pflanzung: 80–130 Töpfe/m^2, Reihenabstand 10–15 cm.

Nährstoffentzug (g/10 kg Ertrag): N: 45, P: 4,3, K: 54, Mg: 4,3.

Düngung (g/m^2): N_{min}-Sollwert: 8,5, P_2O_5: 0,7, K_2O: 5, MgO: 0,5.

Wasserbedarf (Niederschlag und Beregnung): Sehr gering. Boden während der Keimung feucht halten. Beregnen, wenn er oberflächlich auszutrocknen beginnt.

Ernte: Ab A/M V ganze Pflanze schneiden.

Lagerung: Bei 0 °C, 95 % rel. Luftfeuchte ca. 14 Tage.

Sorten: 'Vit': kleine Blattrosette, 'Holländischer Breitblättriger': große Blattrosette.

Feldsalat (Treib-)

Valerianella locusta (Valerianaceae, Baldriangewächse)

Herkunft: Mittelmeerraum.

Pflanze: Einjähriger Flachwurzler, weitgehend frosthart.

Blatt: Grundständig, klein, am Grund länglich-spatelförmig, im oberen Teil lanzettähnlich breit.

Blüte: Blauweiß, unscheinbar an 40 cm hohem verzweigtem Stängel. Ab IV.

Nutzung: Blätter roh als Salat, gedünstet als Gemüse. Mit nussartigem Geschmack.

Gesundheitswert: Im Vergleich zu Kopfsalat u. a. höhere Eisen-, Carotin-, Trockensubstanz-, Vitamin-C-Gehalte.

Standort: Alle in Kultur stehenden Gewächshausböden geeignet.

Klima: Zum Pflanzen/Keimen (1–2 Tage) 15 °C, dann 10 °C (tags), 5 °C (nachts), lüften (lichtabhängig) > 15 bzw. 18–20 °C.

Anbauzeitraum: Direktsaat A IX ins Kalthaus, A X–A II ins frostfreie Haus, bis M II ins Kalthaus. Alternativ: vorkultivierte JP setzen.

Aussaat: Direkt mit 800–1200 Korn/m^2, Reihenabstand 7–10 cm, 0,5–1,0 cm tief. Bei JP-Anzucht im 3- bis 4-cm-Topf mit 6 Korn/Topf aussäen.

Pflanzung: 90–130 Töpfe/m^2, hoch pflanzen.

Nährstoffentzug (g/10 kg Ertrag): N: 45, P: 4,3, K: 54, Mg: 4,3.

Düngung (g/m^2): N_{min}-Sollwert: 8,5, P_2O_5: 0,7, K_2O: 5, MgO: 0,5.

Wasserbedarf (Niederschlag und Beregnung): Kleine Einzelgaben (5–10 l/m^2) bis Pflanzen angewachsen sind.

Ernte: Ab A XI ganze Pflanze schneiden.

Lagerung: Bei 0 °C, 95 % rel. Luftfeuchte ca. 14 Tage.

Sorten: ‘Gala’: für den Ganzjahresanbau, ‘Holländischer Breitblättriger’.

Fenchel: Gemüse- oder Knollen-Fenchel

Foeniculum vulgare subsp. *vulgare* var. *azoricum* (Apiaceae, Doldenblütler)

Herkunft: Mittelmeergebiet, Vorderasien.

Pflanze: Einjährig kultiviert, 50–80 cm hoch, mit Pfahlwurzel, oberirdischer Zwiebelbildung (sog. Knolle). Im 2. Jahr wird Pflanze 1,20–1,60 m hoch.

Blatt: An glatten Stielen fein gegliedert, dem Garten-Dill ähnlich, fleischiger Blattstiel.

Blüte: Im 2. Jahr, große, bis zu 12 cm breite, sattgelbe Blütendolden.

Nutzung: Grundblattscheiden als Gemüse. Roh, gekocht, schmackhaft, als Diätkost.

Gesundheitswert: Leicht verdaulich, reich an Vitamin C, E, Carotin, Mineralstoffen (Kalium, Magnesium, Eisen); ätherische Öle geschmacksbildend, wirkt positiv auf Schleimhäute, Atmungsorgane, Nervensystem.

Standort: Tiefgründige, kalkhaltige, sandige Lehmböden, pH-Wert 5–6,8.

Klima: Optimal sind mittlere Lufttemperaturen von 15–18 °C, Wachstumsstockungen < 7 und > 25 °C möglich, geschützte Lagen.

Anbauzeitraum: JP ab M IV (unter Vlies), 10. V bis 10. VIII ins Freiland setzen.

Aussaat: Ab A III in Kisten, 1,5–2,0 cm tief, dann pikieren bzw. direkt in 4-cm-Topf. Keimung bei 20–22 °C, dann 15–16 °C.

Pflanzung: 10–13 Pfl./m^2, z. B. 30 × 30 cm.

Nährstoffentzug (g/10 kg Ertrag): N: 20, P: 3, K: 40, Mg: 2.

Düngung (g/m^2): N_{min}-Sollwert: 20, P_2O_5: 2,4, K_2O: 17, MgO: 1,2.

Wasserbedarf (Niederschlag und Beregnung): Bei Bedarf fünf- bis sechsmal 15 mm.

Ernte: Ab A VII–M X.

Lagerung: Bei 0–1 °C, 95 % rel. Luftfeuchte 4–6 Wochen.

Hinweise: Anbaupause von 4–5 Jahren einhalten.

Sorten: ‘Selma’, ‘Zefa Fino’.

Fenchel: Gewürz-Fenchel

Foeniculum vulgare subsp. *vulgare* var. *dulce* (Apiaceae, Doldenblütler)

Herkunft: Mittelmeergebiet, westliches Asien.

Pflanze: Ausdauernd, meist einjährig kultiviert, rübenförmige Pfahlwurzel.

Blatt: Fadenförmig gestielt, drei- bis vierfach gefiedert, untere Blätter gestielt, obere auf zusammengedrückter Blattscheide sitzend.

Blüte: Klein, sattgelb, auf 1,50 m hohem, fein gerilltem Stängel in Doppeldolde. VII–VIII.

Nutzung: Blätter, Früchte als Gewürz. Reife Früchte ganz oder gemahlen, Blätter, Stängel als Gewürz zu Fleisch-, Fischgerichten, Salaten, Suppen, Soßen, als Einlegegewürz von Gurken, mit süßlichem, anisartigem Geschmack.

Gesundheitswert: Ätherische Öle (u. a. Anethon, Fenchon) geschmacksbildend, in Tees krampf- und schleimlösend, gegen Husten, bei Magenstörungen, Blähungen.

Standort: Tiefgründige, kalkhaltige, sandige Lehmböden, pH-Wert 6,5–7,5.

Klima: Lagen mit langen, trockenen Spätsommern positiv.

Anbauzeitraum: Direktsaat im Freiland III/A IV–A/M VII. Traditionell vorkultivierte Stecklinge verwenden.

Aussaat: 20–30 Pfl./m^2, Reihenabstand 30–50 cm. Zur Stecklingsgewinnung im IV aussäen. Keimung bei 20–22 °C, dann 15–18 °C.

Pflanzung: 20 × 30 cm, 17 Pfl./m^2.

Düngung (g/m^2): Geringer Bedarf (Schwachzehrer).

Wasserbedarf (Niederschlag und Beregnung): Je nach Witterung fünf- bis sechsmal 15 mm.

Ernte: Laub beliebig oft, reife Früchte M–E X ernten, dreschen, trocknen.

Lagerung: Trocken.

Hinweise: Bronze-Fenchel (*Foeniculum vulgare* 'Atropurpureum') mit hohem Zierwert.

Sorten: 'Di Ferenze'.

Garten-Melde

Atriplex hortensis (Chenopodiaceae, Gänsefußgewächse)

Herkunft: Stammform in Südosteuropa, Vorderasien beheimatet.

Pflanze: Mit Spinat nah verwandt, einjährig, standortabhängig bis über 1,20 m hoch.

Blatt: Untere Blätter mehr herzförmig-dreieckig, gezähnt, obere länglich-dreieckig. Je höher die Pflanzen wachsen, umso kleiner bleiben die Blätter am Stängel.

Blüte: In Rispe, gelblich. VII–VIII.

Nutzung: Blätter, junge weiche Triebspitzen als Gemüse. Wie Spinat zubereitet, Zugabe in Suppen mit etwas herbem Geschmack.

Gesundheitswert: Bemerkenswerter Ascorbinsäuregehalt (Vitamin C), reich an hochwertigem Eiweiß.

Standort: Gut mit Wasser versorgte Lößlehm-, sandige Lehmböden, pH-Wert 6–7,4.

Klima: Angepasst, sonnige Lagen bevorzugt.

Anbauzeitraum: Direktsaat im zeitigen Frühjahr, mit Folgesaaten IV/V oder im Herbst. Alternativ vorkultivierte JP verwenden.

Aussaat: Reihenabstand 20–25 cm für Ernte bei 15–25 cm Höhe, 30–35 cm Abstand für Ernte bei 30–50 cm Höhe, 2–3 cm tief. Keimung günstig bei > 10 °C.

Nährstoffentzug (g/10 kg Ertrag): Ähnlich dem von Spinat und Mangold.

Düngung (g/m²): N-Kopfdüngegaben von 4 g N/m^2 bei Mehrfachernte.

Wasserbedarf (Niederschlag und Beregnung): Bei Trockenheit bewässern.

Ernte: Ab ca. 8–10 Wochen nach Aussaat. Bei beginnender Blüte Triebe laufend frisch oder zum Trocknen schneiden.

Lagerung: Nur kurzzeitig lagern oder trocknen, besser frisch verwenden.

Gurke: Bittergurke (Treib-)

Momordica charantia (Cucurbitaceae, Kürbisgewächse)

Herkunft: Vermutlich Indien oder Afrika.

Pflanze: In milderem Klima perennierend, einjährig kultiviert, schnell wachsend, kriechend oder kletternd.

Blatt: Lang gestielt, schwach behaart, gefingert mit 5–7 tiefen Lappen.

Blüte: Gelb, fünfteilig, solitär, lang gestielt. VI–VIII.

Nutzung: Früchte (10–40 cm lang, 3–8 cm dick mit rauer oder kieseliger Oberfläche aus glatten Warzen), Blätter, Triebe als Gemüse. Unreife Früchte halbiert z. B. in Salzwasser gelegt, gedünstet zu Fleisch-, Fischgerichten, mit bitterem Geschmack, junge Triebe, Blätter wie Spinat zubereitet.

Gesundheitswert: Bemerkenswert hoher Vitamin-C-Gehalt, wirkt abführend.

Standort: Tiefgründige, gut dränierte, sandige Lehmböden.

Klima: Im mitteleuropäischen Klima Anbau nur unter Glas erfolgreich.

Anbauzeitraum: JP M/E II–M IV ins beheizte, A/M V–M VI ins unbeheizte Haus pflanzen.

Aussaat: Ab 25. I für Pflanzung A III in 6- bis 8-cm-Erdtopf. Keimung bei 26–27 °C.

Pflanzung: 1,3–1,7 Pfl./m^2, Reihenabstand 1,20–1,50 m.

Düngung (g/m^2): Wie andere Gurkengewächse.

Wasserbedarf (Niederschlag und Beregnung): Tagesbedarf: bis 5 l/m^2 (siehe Salatgurke).

Ernte: Ca. 7–8 Wochen nach Pflanzung, wenn Früchte 10–16 cm lang und fest sind.

Lagerung: Nicht unter 10 °C, getrennt von Obst lagern.

Hinweise: Anbaupause von mindestens 3 Jahren einhalten. Pflanzen an Spalieren oder Schnüren aufleiten. Reife, zum Verzehr ungeeignete Früchte mit hohem Zierwert.

Gurke: Einlege-Gurke

Cucumis sativus (Cucurbitaceae, Kürbisgewächse)

Herkunft: Vermutlich Indien oder Afrika.

Pflanze: Einjährig, sehr flach wurzelnd, Seitentriebe niederliegend, verzweigend kriechend, mit Ranken.

Blatt: Gestielt, ungeteilt oder handförmig gelappt, wechselständig. Blattadern treten auf der Unterseite hervor.

Blüte: Gelb, fünfteilig.

Nutzung: Früchte (bot. fleischige Beere, u. a. Größe sortenabhängig). Typ. Geschmack.

Gesundheitswert: Reich an Vitaminen, Mineralstoffen, Fruchtsäuren, mit 97 % Wasser erfrischend, harntreibend.

Standort: Humusreiche, leicht erwärmbare Böden mit guter Struktur und gutem Wasserhaltevermögen, pH-Wert 6,5–7,5.

Klima: Feuchte Wärme bevorzugt, Windschutz optimal.

Anbauzeitraum: Direktsaat im Freiland ab IV (zeitweise unter Vlies). Alternativ vorkultivierte JP im IV/V pflanzen.

Aussaat: Direkt: 2,00–2,50 × 0,33 m, 3–5 Korn/Horst (= Ablagestelle). Bei JP-Anzucht 2–3 Korn/4-cm-Topf aussäen, Keimdauer 12–16 Tage.

Pflanzung: 1,2–2,2 Horste/m^2 (2–5 Korn/Horst).

Nährstoffentzug (g/10 kg Ertrag): N: 15, P: 3, K: 20, Mg: 1,2.

Düngung (g/m^2): N_{min}-Sollwert: 19, P_2O_5: 5, K_2O: 17, MgO: 1,3.

Wasserbedarf (Niederschlag und Beregnung): 200–400 mm. Bei Trockenheit mit Beginn des Fruchtwachstums 10–12 mm/Gabe im Abstand von 7–10 Tagen.

Ernte: VI–IX, zwei- bis dreimal pro Woche.

Lagerung: Bei 10 °C 5–7 Tage.

Hinweise: Anbau auf Mulchfolie möglich. Aufleitsysteme sind unüblich. Mindestens 3- bis 4-jährige Anbaupause einhalten.

Sorten: 'Amber', 'Harmonie'.

Gurke: Einlege-Gurke (Treib-)

Cucumis sativus (Cucurbitaceae, Kürbisgewächse)

Herkunft: Vermutlich Indien oder Afrika.

Pflanze: Einjährig, sehr flach wurzelnd, Seitentriebe niederliegend, verzweigend kriechend, mit Ranken.

Blatt: Gestielt, ungeteilt oder handförmig gelappt, wechselständig. Blattadern treten auf der Unterseite hervor.

Blüte: Gelb, fünfteilig.

Nutzung: Früchte (bot. fleischige Beere, mit sortenabhängigem Gewicht, Größe). Typischer Geschmack.

Gesundheitswert: Reich an Vitaminen, Mineralstoffen, Fruchtsäuren, erfrischend, harntreibend.

Standort: Humusreiche, lockere Böden mit guter Durchlüftung, gleichmäßigem Wasser- und Nährstoffangebot, pH-Wert 6,5–7,5.

Klima: Lufttemperatur 16–30 °C, 12–16 °C noch verträglich, < 10 °C Störungen im Stoffwechselablauf, Bodentemperaturen 18–28 °C.

Anbauzeitraum: JP A V ins geheizte Haus (Ernte ab 25.V), ab M V ins Kalthaus (Ernte ab A VI) pflanzen, Ernte bis A/M IX.

Aussaat: Für JP-Anzucht unter Glas in 4-cm-Presstöpfe aussäen. Keimung bei 26–27 °C.

Pflanzung: Etwa 1,8 Pfl./m^2.

Nährstoffentzug (g/10 kg Ertrag): N: 15, P: 3, K: 20, Mg: 1,2.

Düngung (g/m^2): N: 2, P_2O_5: 1, K_2O: 4, MgO: 0,5 pro Woche.

Wasserbedarf (Niederschlag und Beregnung): Tagesbedarf bis 5 l/m^2, Bedarf während der Kulturzeit bis 1000 l/m^2.

Ernte: Zwei- bis dreimal pro Woche.

Lagerung: Bei 10–12 °C, 90–95 % rel. Luftfeuchte 5–7 Tage. Nicht mit Obst lagern!

Hinweise: Pflanzen anbinden, aufleiten. Durch Triebschnitt Wachstum im Gleichgewicht halten. Veredeln schützt vor bodenbürtigen Krankheiten.

Sorten: 'Harmonie'.

Gurke: Salat-Gurke (Treib-)

Cucumis sativus (Cucurbitaceae, Kürbisgewächse)

Herkunft: Vermutlich Indien oder Afrika.

Pflanze: Einjährig, sehr frostempfindlich, krautig, Flachwurzler, Seitentriebe niederliegend kriechend oder mittels Ranken kletternd verzweigend.

Blatt: Gestielt, ungeteilt oder handförmig gelappt, wechselständig.

Blüte: Gelb, fünfteilig, in Blattachsen.

Nutzung: Früchte (bot. fleischige Beere, mit sortenabhängigem Gewicht, Größe). Mit typischem Geschmack, z. B. als Salat.

Gesundheitswert: Reich an Vitaminen (B_1, B_2, C), Mineralstoffen, Fruchtsäuren, energiearm, erfrischend, wirkt harntreibend.

Standort: Humusreiche, lockere Böden, gut durchlüftet. Zufuhr organischer Substanz (z. B. Stallmist) optimal, pH-Wert 6,5–7,5.

Klima: Hohe Temperaturen: tags 22–27 °C, nachts 16–18 °C.

Anbauzeitraum: JP von A III–A V ins temperierte, A VI ins kalte Haus pflanzen.

Aussaat: Ab 25. I (für Pflanzung A III) in 8- bis 10-cm-Töpfe. Keimung bei 26–27 °C.

Pflanzung: 1,3–1,6 Pfl./m^2 (2 Pfl./m^2 bei Minigurken).

Nährstoffentzug (g/10 kg Ertrag): N: 15, P: 3, K: 20, Mg: 1,2.

Düngung (g/m^2): N: 2, P_2O_5: 1, K_2O: 4, MgO: 0,5, pro Woche düngen.

Wasserbedarf (Niederschlag und Beregnung): Tagesbedarf: bis 5 l/m^2, Bedarf während der Kulturzeit bis 1000 l/m^2.

Ernte: Ab 10. IV, ca. 4 Wochen nach Pflanzung 2- bis 3-mal/Woche.

Lagerung: Bei 10–12 °C, 90–95 % rel. Luftfeuchte 5–7 Tage, ungekühlt 2–3 Tage.

Hinweise: Veredeln schützt vor bodenbürtigen Krankheiten. Pflanzen anbinden, aufleiten. Schnittmaßnahmen durchführen, z. B. männliche Blüten, Fruchtansätze im unteren Bereich entfernen.

Sorten: 'Alcor', 'Aramon'.

Haferwurzel

Tragopogon porrifolius subsp. *porrifolius* (Asteraceae, Korbblütler)

Herkunft: Alte Kulturpflanze, in Südosteuropa, Nordafrika beheimatet.

Pflanze: Zweijährig.

Blatt: Grundständig, lang, schmal, linear, lanzettlich.

Blüte: Im 2. Jahr an 1,00–1,20 m hohem Blütenstand, lila bis rötlich purpurfarben. VI/VII.

Nutzung: Wurzeln (20–30 cm lang, 2,0–3,5 cm dick, innen weiß, außen braune Korkschicht, frosthart), Blätter, Schösslinge als Gemüse. Verzehr der Wurzeln wie Schwarzwurzeln, Schösslinge wie Spargel, junge Blätter als Salat, wie Spinat zubereitet.

Gesundheitswert: Keine großen Unterschiede bezüglich der Inhaltsstoffe zu Schwarzwurzeln.

Standort: Tiefgründige, lockere, nicht zu trockene Böden, pH-Wert 6,5–7,5.

Klima: Keine besonderen Ansprüche, freie, vollsonnige Lagen optimal.

Anbauzeitraum: Direktsaat E X (vor stärkeren Bodenfrösten)–E IV.

Aussaat: 25–50 × 5–10 cm, 2–3 cm tief, 40 Pfl./m^2.

Düngung (g/m^2): Siehe Schwarzwurzel: N: 14, P_2O_5: 3,2, K_2O: 7,7, MgO: 0,8.

Wasserbedarf (Niederschlag und Beregnung): Bei Trockenheit ab A/M IV mit Beginn des Hauptwachstums beregnen.

Ernte: Ab E X, bei offenem Boden den ganzen Winter möglich. Bleiben Wurzeln im Winter im Boden, dann im Herbst Laub ca. 3 cm über dem Boden abschneiden. Pflanzen 15 cm mit z. B. Torf anhäufeln, im Frühjahr können 10–15 cm lange, gebleichte Schösslinge geerntet werden.

Lagerung: Bei 0 °C, 95–98 % rel. Luftfeuchte 2–4 Monate.

Hinweise: Nach der Blüte werden Haferwurzeln holzig, ungenießbar und als Gemüse wertlos.

Ingwer

Zingiber officinale (Zingiberaceae, Ingwergewächse)

Herkunft: Eines der ältesten Gewürze, vermutlich aus tropischen Regenwäldern Südostasiens.

Pflanze: Mehrjährig, 1,00–1,50 m hohe schilfartige Staude. Rhizome bis 14 cm lang, geweihartig geformt, knollig verdickt, gelb, faserig, überwiegend aus dünnwandigen parenchymatischen Zellen gebildet.

Blatt: Am Spross wechselständig, lang, lineal-lanzettlich, 60–150 cm lang.

Blüte: Endständig, gelb mit purpurfarbener Lippe, Blütenstand (Kolben) bis ca. 25 cm hoch. VIII–IX.

Nutzung: Rhizome (von äußeren Gewebeschichten befreit, gewaschen und getrocknet) als Gewürz. Wegen scharf-würzigem Geschmack Bestandteil vieler Gewürzmischungen (Currymischungen), u. a. für Obstsalate, Reisgerichte, Geflügelbraten.

Gesundheitswert: Enthält ätherische Öle, wirkt gegen Magen-, Darmkrankheiten.

Standort: Humose, lockere, nährstoffreiche Substrate.

Klima: Tropisches, subtropisches Klima. Bei uns als Kübelpflanze im Gewächshaus im Sommer bei 20–30 °C, im Winter bei 10–15 °C kultivieren.

Anbauzeitraum: Rhizomstücke im Herbst oder Frühjahr eintopfen.

Pflanzung: In Einzelgefäße, regelmäßig umtopfen.

Wasserbedarf (Niederschlag und Beregnung): Regelmäßig bewässern.

Ernte: Rhizomstücke im Spätsommer/Herbst ernten.

Lagerung: Getrocknet.

Sorten: Schwarzer Ingwer: ungeschält, mit Kork auf der Rinde, Weißer Ingwer: ohne Korkschicht, an der Sonne getrocknet.

Kartoffel, Speise- (Früh-)

Solanum tuberosum (Solanaceae, Nachtschattengewächse)

Herkunft: Südamerika.

Pflanze: Krautig, einjährig.

Blatt: Zusammengesetzte Fiederblätter.

Blüte: Weiß, blau, violett, endständig im Blütenstand. V–A VI.

Nutzung: Knolle (stark entwickelte Sprossverdickung zur Reservestoffspeicherung. Sog. Augen stellen Seitenknospen dar, aus denen Keime und damit Triebe neuer Pflanzen wachsen). Wichtigstes Grundnahrungsmittel, vielseitig verwendbar, z. B. Typ „festkochend“ als Salz-, Brat-, Pellkartoffel, zu Salaten, Typ „mehlig kochend“ für Püree, Klöße.

Gesundheitswert: Hoher Eiweiß-, Mineralstoff-, Vitamingehalt. Kein Verzehr grün gewordener Knollen, da gesundheitsschädliche Anreicherung von Solanin.

Standort: Sandig-lehmige, tiefgründige, lockere, humusreiche Böden.

Klima: Kühl-gemäßigtes Klima.

Anbauzeitraum: Vorgekeimte Knollen in Weinbaugebieten A–M III, im norddeutschen Klima E III–A IV pflanzen.

Pflanzung: 4–4,5 Pfl./m^2, 50–70 × 25–40 cm, 7 cm tief.

Düngung (g/m^2): N: 8–15, P_2O_5: 11, K_2O: maximal 18, MgO: 6. K-, P-Gabe im Herbst, organische Düngung mit 3–4 kg/m^2 gut verrottetem Stallmist.

Wasserbedarf (Niederschlag und Beregnung): 220–250 mm. Ab Knollenansatz für kontinuierliche, ausreichende Wasserversorgung sorgen.

Ernte: Ab E V.

Lagerung: Bei Frühkartoffeln ungeeignet.

Hinweise: 3- bis 4-jährige Anbaupause einhalten. Vlies bzw. Folie einsetzen.

Sorten: Sehr frühe: ‘Berber’, ‘Gloria’, ‘Hela’; frühe: ‘Granola’, ‘Hansa’, ‘Linda’.

Kerbel: Garten-Kerbel

Anthriscus cerefolium subsp. *cerefolium* (Apiaceae, Doldenblütler)

Herkunft: Südosteuropa, Westasien.

Pflanze: Einjährig, bis 60 cm hoch, enge Verwandtschaft mit Petersilie, nicht kälteempfindlich.

Blatt: Fein gefiedert, mit kantigen Stielen.

Blüte: Weiß, in drei- bis fünfstrahligen Dolden. A V–VI.

Nutzung: Blätter als Gewürz. Junge, süßlich aromatisch riechende und schmeckende Blätter als Gewürz zu Fischgerichten, Eierspeisen, Salaten, Suppen, Quark. Neben Estragon, Petersilie, Schnittlauch Teil der Kräutermischungen „Fine herbes" oder „Frankfurter Soße". Erst nach Garen hitzeempfindliche Blätter zugeben.

Gesundheitswert: Würziger, anisähnlicher Geschmack aufgrund ätherischer Öle (Estragol 60 % u. a.), wirkt blutreinigend, harntreibend.

Standort: Lockere, etwas feuchte Gartenböden.

Klima: Europäischem Klima angepasst, verträgt Halbschatten.

Anbauzeitraum: Direktaussaat ab M III.

Aussaat: 15–25 × 2–5 cm, flach (2–3 cm) aussäen, danach walzen.

Düngung (g/m²): N: 6, P_2O_5: 2,7, K_2O: 9, N in 2–3 Gaben bei intensiver Produktion, Mehrschnittnutzung; Düngung bei Zwischenkultur mit 1- bis 2-maliger Ernte nicht erforderlich.

Ernte: Ca. 40–50 Tage nach Aussaat, vor der Blüte 20–30 cm lange Pflanzen handbreit über dem Boden schneiden. Ernte der Früchte mit beginnender Braunfärbung.

Lagerung: Bundkerbel in Wasser eingestellt oder in PE-Folienbeutel bei 0–1 °C, 96 % rel. Luftfeuchte wenige Tage; Trocknen möglich, führt aber zu Aromaverlust.

Hinweise: Anbau im Gewächshaus ist möglich.

Kerbel: Kerbelrübe oder Knollenkerbel

Chaerophyllum bulbosum (Apiaceae, Doldenblütler)

Herkunft: In Mittel-, Südosteuropa heimisch.

Pflanze: Zwei- bis mehrjährig.

Blatt: Im 1. Jahr grundständig, mehrfach gefiedert. Aus der Blattrosette entwickelt sich im 2. Jahr der Blütenstand.

Blüte: Im 2. Jahr, weiß, in zusammengesetzten Dolden, an dunkelrotem, hohlem, rundem, bis 1,60 m hohem Blütenstängel. VI/VII.

Nutzung: Wurzel (knollenartige, rübenartige, bis 10 cm lange, 2–6 cm dicke, bis 200 g schwere, hellgelbe bis bräunlich rote Pfahlwurzel) als Gemüse, mit mehliger Struktur, süßlichem, aromatischem Geschmack.

Gesundheitswert: Hoher Stärkegehalt, hoher Vitamin-, Mineral-, Würzstoffgehalt.

Standort: Optimal sind sandige, mit altem Mist vermischte Lehme.

Klima: Europäischem Klima angepasst, feuchte, halbschattige Standorte bevorzugt.

Anbauzeitraum: Ein-, zweijähriger Anbau mit Aussaat III/IV oder von IX–A XI.

Aussaat: IX–XI für einjährigen Anbau, 20–25 × 4–6 cm, bei Normalsaaten 2 g Saatgut/m^2, auf 4–6 cm vereinzeln. Für zweijährigen Anbau im Herbst 10–12 g Saatgut/m^2 aussäen, im VII roden, sortieren, mindestens erbsengroße Kerbelrüben auf Endabstand pflanzen.

Pflanzung: 20–25 × 5 cm (bei zweijährigem Anbau), 80–100 Pfl./m^2.

Düngung (g/m^2): N: 4, P_2O_5: 4, K_2O: 12, keinen frischen Stalldung.

Wasserbedarf (Niederschlag und Beregnung): In Trockenperioden und zur Knollenbildung beregnen.

Ernte: E VI/VII mit Beginn der Blattvergilbung, typischer Geschmack erst nach mehrmonatiger Lagerung.

Lagerung: In mäßig feuchtem Sand im kühlen Keller oder Kühllager.

Knoblauch: Knoblauch

Allium sativum (Alliaceae, Zwiebelgewächse)

Herkunft: Fernost.

Pflanze: Ausdauernd, frosthart, einjährig bzw. einjährig überwinternd kultiviert. Nach niedrigen Temperaturen entstehen Beiknospen, sog. Zehen.

Blatt: Wechselständig am langen Scheinspross, lauchartige flache Spreiten, oben zugespitzt, am Grund als stängelumfassende Scheide.

Blüte: Weißrosa, 5–7 in kugeliger Scheindolde, meist steril. VII–VIII.

Nutzung: Zehen (20–36 mm lang, 6–20 mm breit, 6–15 mm dick. Gesamtzwiebel mit 6–20 Zehen von Häuten umgeben) als Gewürz. Frisch, als Pulver, Öl zu Gemüsegerichten, Salaten, Fleischspeisen, beim Zerschneiden mit typischem Geruch.

Gesundheitswert: Wertbestimmend sind schwefelhaltige ätherische Öle (60 % Diallysulfid), Vitamine, Mineralstoffe, senkt Cholesterinspiegel und Blutdruck.

Standort: Mittelschwere, siebfähige, humusreiche Böden, pH-Wert 6,5–7,4.

Klima: Wärmere, sonnige Lagen optimal.

Anbauzeitraum: Zehen E IX/X oder von III–IV pflanzen.

Pflanzung: 16–35 Pfl./m^2, 25–50 × 8–15 cm, 8 cm tief, im Frühjahr flacher pflanzen.

Nährstoffentzug (g/10 kg Ertrag): N: 30, P: 6,6, K: 50, Mg: 4.

Düngung (g/m^2): N_{min}-Sollwert: 12, P_2O_5: 1,8, K_2O: 7,2, MgO: 0,8.

Wasserbedarf (Niederschlag und Beregnung): Von M V–A VI in Trockenjahren beregnen.

Ernte: M VII–VIII, wenn Laubspitzen absterben, obere Blätter vergilben, Zehen noch geschlossen sind; 3–6 Tage trocknen; Stängel auf 1–2 cm kürzen.

Lagerung: Trockene Zehen bei 0–1 °C, 65–75 % rel. Luftfeuchte.

Sorten: 'Thüringer'.

Knoblauch: Schnitt-Knoblauch

Allium tuberosum (Alliaceae, Zwiebelgewächse)

Herkunft: Südostasiatische Länder von Japan bis Indien und Nepal.

Pflanze: Perennierend, bildet im Boden kleine, längliche Zwiebelansätze, ohne Knolle, mehrjährig.

Blatt: Wachstum von unten her in Büscheln, flach, stumpf, 3–5 mm breit, 25–30 cm lang, nicht hohl.

Blüte: Weiß in Dolden, an 40–50 cm langem Schaft. VIII–IX.

Nutzung: Blätter, Blütenknospen. Mit knoblauchähnlichem (aber milderem) Geschmack, als Brotbelag, in Salaten, Soßen, wichtig u. a. für die chinesische Küche.

Gesundheitswert: Wie Knoblauch mit ätherischen Ölen, Pflanzenstoffen (verhindern Bakterienvermehrung), senkt Cholesterinspiegel und Blutdruck.

Standort: Sandig-lehmige, humose Böden, die Feuchtigkeit gut speichern, pH-Wert 6,5–7,4.

Klima: Europäischem Klima angepasst, verträgt leichten Schatten, kühlere Temperaturen.

Anbauzeitraum: Direktaussaat III–VIII oder von IX–X vorkultivierte JP verwenden, 2- bis 3-jährige Nutzung.

Aussaat: 35–40 cm Reihenabstand, 2–3 cm tief, Keimung bei 16–20 °C.

Pflanzung: $35–40 \times 20$ cm, 12–14 Pfl./m^2.

Düngung (g/m^2): Wie Schnittlauch: N: 25 (in Grund- und nach jedem Schnitt Kopfdüngegaben), P_2O_5: 6,9, K_2O: 27,1, MgO: 3.

Wasserbedarf (Niederschlag und Beregnung): Bei Trockenheit VI–VII zusätzlich beregnen.

Ernte: Bei Aussaat III Ernte von VI–X, in Folgejahren ab IV Blätter schneiden, im Hausgarten ganzjährige Ernte möglich.

Lagerung: Wenige Tage bei 90 % rel. Luftfeuchte.

Hinweise: Vlies zur Verfrühung einsetzen.

Kohl: Blumen-Kohl

Brassica oleracea var. *botrytis* (Brassicaceae, Kreuzblütler)

Herkunft: Nördliches Mittelmeergebiet, stammt vom Spargelkohl ab, der wiederum vom Wildkohl.

Pflanze: Ein- und zweijährig.

Blatt: Groß, länglich-elliptisch, leicht gewellt, mit Wachsschicht.

Blüte: Weiß oder gelb, im 1. Jahr am extrem gestauchten Blütenstand („Blume"), der nach wenigen Tagen durchtreibt.

Nutzung: „Blume" als Kohlgemüse. Frisch, meist gekocht als Gemüse oder Salat.

Gesundheitswert: Reich an Vitamin C, als Kranken-, Diät-, Schonkost geeignet, vermindert Krebsrisiko.

Standort: Leicht erwärmbare, sandige, humose Lehmböden, pH-Wert > 6,5.

Klima: Maritimes Klima bevorzugt.

Anbauzeitraum: JP im Frühanbau ab M III unter Folie/Vlies, Sommersorten ab E IV, Herbstsorten bis E VII, Wintersorten vom 10.–20. VIII pflanzen.

Aussaat: Für JP-Anzucht ab M I in 5-, 4-cm-Presstöpfe aussäen. Keimung bei 18 °C, nach 2 Wochen 16 °C, dann 12–14 °C.

Pflanzung: 2,7–3,3 Pfl./m^2 (Winteranbau 2,5 Pfl./m^2).

Nährstoffentzug (g/10 kg Ertrag): N: 28, P: 4,5, K: 30, Mg: 1,2.

Düngung (g/m^2): N_{min}-Sollwert: 30, P_2O_5: 4,1, K_2O: 14,4, MgO: 0,7, auf ausreichende Mo-, B-Versorgung achten.

Wasserbedarf (Niederschlag und Beregnung): 200–400 mm, 20–30 mm/Gabe.

Ernte: Wenn sortentypische Form, Farbe, Festigkeit erreicht, im Frühanbau ab M/E V.

Lagerung: 0–1 °C, 97–100 % rel. Luftfeuchte.

Hinweise: Kurz vor der Ernte Köpfe vorm Verfärben schützen (Blätter einknicken). Fruchtwechsel mit 3-jähriger Anbaupause einhalten (standortabhängig).

Sorten: 'Nautilus'.

▲ 'Shannon': Grüner Blumenkohl, Typ Romanesco (auch Türmchen- oder Minarettkohl genannt) mit pyramidenförmigen, hellgrünen Köpfen. Pflanzung A VII mit bis zu 2,6 Pfl./m^2.
Weitere Sorte: 'Grafitti' (ohne Bild) – leuchtend violetter, großblumiger Blumenkohl. Anbau im Sommer wie im Herbst, ideal für die Verwendung in Rohkostsalaten. Pflanzung mit bis zu 6 Pfl./m^2.

Kohl: Brokkoli

Brassica oleracea var. *italica* (Brassicaceae, Kreuzblütler)

Herkunft: Nördliches Mittelmeergebiet.

Pflanze: Ein- oder zweijährig, Zweijährige blühen erst nach Überwinterung (= Winterbrokkoli), Bildung von Seitensprossen mit kleinen Köpfen.

Blatt: Groß, länglich-elliptisch, leicht gewellt, mit Wachsschicht.

Blüte: Im gestauchten Blütenstand.

Nutzung: „Blume“ mit fleischigem Blattstiel als Kohlgemüse. Verzehr gekocht.

Gesundheitswert: Mehr Vitamine (insbesondere A-, B-Komplex) und Mineralstoffe als Blumenkohl.

Standort: Leicht erwärmbare, sandige, humose Lehmböden, pH-Wert > 6,5.

Klima: Maritimes Klima bevorzugt.

Anbauzeitraum: JP von A III–A IV unter Folie, M IV–A VIII ohne Bedeckung pflanzen.

Aussaat: A I–A VII in Saatplatte, Erdpresstöpfe aussäen. Keimung bei 20/25 °C in 4 Tagen, dann 15/10 °C.

Pflanzung: 4 Pfl./m^2, 50 × 50 cm für Kopf von 400–500 g.

Nährstoffentzug (g/10 kg Ertrag): N: 45, P: 6,5, K: 38, Mg: 2.

Düngung (g/m^2): N_{min}-Sollwert: 31, P_2O_5: 3, K_2O: 9,2, MgO: 0,7.

Wasserbedarf (Niederschlag und Beregnung): Frühjahrssorten 100–140 mm, großblumige Sorten etwa 200–400 mm.

Ernte: Ab M V–X, wenn gewünschte Kopfgröße erreicht ist, noch bevor sich Blütenknospen öffnen.

Lagerung: Bei 0–1 °C, im Kühlschrank mit Folie gegen Austrocknen schützen.

Hinweise: Fruchtwechsel mit 3-jähriger Anbaupause einhalten. Auf Falschen Mehltau achten. Kulturschutznetze gegen tierische Schädlinge einsetzen.

Sorten: ‘Marathon’.

Kohl: China-Kohl

Brassica rapa subsp. *pekinensis* (Brassicaceae, Kreuzblütler)

Herkunft: Ostasien.

Pflanze: Im gemäßigten Klima einjährige, in Ostasien zweijährige Langtagpflanze. Bildet ovale oder zylindrische, rel. lockere Köpfe.

Blatt: 30–60 cm lang, meist länglich-oval, Blattmittelrippen fleischig, bandartig verbreitert.

Blüte: Gelb in Blütenstand.

Nutzung: Blätter als Gemüse. Gekocht, roh als Salat, leicht verdaulich, als Schonkost.

Gesundheitswert: Senföle, Monosaccharide und Fruchtsäuren geschmacksbestimmend, reich an Eiweiß und Vitamin C.

Standort: Sandige Lehmböden, pH-Wert 6,5–7,5.

Klima: Mitteleuropäischem Klima angepasst, maritimes günstig.

Anbauzeitraum: JP ab M II unter Glas (temperiert), A/M III–A IV unter Folie, bis 20. VIII ins Freiland pflanzen. Direktsaat ab M VI–A VIII.

Aussaat: Direkt mit 10–15 cm Reihenabstand, 1,5–2,0 cm tief. 25. I für Pflanzung M II in 5- bis 4-cm-Presstöpfen aussäen. Keimung bei 20–25 °C.

Pflanzung: 40 × 30 cm = 7,5 Pfl./m^2 (frühe und Sommersorten), 50 × 30–40 cm = 6 Pfl./m^2 (späte, stark wachsende Sorten).

Nährstoffentzug (g/10 kg Ertrag): N: 15, P: 4, K: 25, Mg: 1.

Düngung (g/m^2): N_{min}-Sollwert: 21,5, P_2O_5: 6,4, K_2O: 21, MgO: 1,2.

Wasserbedarf (Niederschlag und Beregnung): 150–260 mm.

Ernte: Unter Glas ab 20. IV, unter Vlies ab M V.

Lagerung: Bei 1,5–3 °C, > 97 % rel. Luftfeuchte bis 8 Wochen.

Hinweise: Fruchtwechsel mit 3- bis 4-jähriger Anbaupause einhalten. Kulturschutznetze einsetzen.

Sorten: 'Asten', 'Kasumi', 'Parkin'.

Kohl: Grün-Kohl

Brassica oleracea var. *sabellica* (Brassicaceae, Kreuzblütler)

Herkunft: Östlicher Mittelmeerraum.

Pflanze: Zweijährig, krautig, winterhart, 0,20–1,50 m hoch, schnellwüchsig, bildet im 1. Jahr dicht beblätterten Stängel.

Blatt: Gewellt bis gekräuselt, länglich.

Blüte: Im 2. Jahr nach Kälteeinwirkung, gelbe Blütenstände in Trauben.

Nutzung: Blätter als Kohlgemüse zu fetten Gerichten (u. a. Gänse-, Schweinebraten).

Gesundheitswert: Senföle, Mono- und Disaccharide geschmacksbildend, reich an Eiweiß, Vitamin C, Provitamin A, Kalium, Calcium, Phosphor, Eisen, Fruchtsäuren, sekundären Pflanzenstoffen.

Boden: Alle Böden mit guter Struktur, guter Wasserversorgung, pH-Wert > 6.

Klima: Mittel-, westeuropäischem Klima angepasst.

Anbauzeitraum: Vorkultivierte JP A V–VI, VII–VIII pflanzen, Dauer bis Ernte ca. 100 Tage. Direktsaat von M VI–M VII.

Aussaat: JP-Anzucht im Freiland ohne Pikieren (2 g/m^2) oder ab V in Töpfe aussäen. Dauer JP-Anzucht ca. 30 Tage.

Pflanzung: V–VI mit 60 × 50 cm, VII–VIII mit 50–40 × 40 cm, 3,3–6,2 Pfl./m^2.

Nährstoffentzug (g/10 kg Ertrag): N: 49, P: 7,1, K: 49, Mg: 2,5.

Düngung (g/m^2): N_{min}-Sollwert: 20 bei V-, 15 bei VI-, 12 bei VII/VIII-Pflanzungen, P_2O_5: 6,4, K_2O: 23,8, MgO: 1,7.

Wasserbedarf (Niederschlag und Beregnung): Ca. 400 mm, bei Bedarf von A VIII–M IX 80–90 mm in 3–4 Gaben beregnen.

Ernte: Ab 10. IX, nach 1. Frost Blattrosetten schneiden.

Lagerung: Bei −2,5 bis −2 °C 8–10 Wochen, bei 0 °C im PE-Beutel wenige Tage.

Hinweise: Fruchtfolge einhalten.

Sorten: 'Reflex', 'Arsis'.

▲ 'Redbor': Rotblättriger Grün-Kohl, Verwendung als ertragreiches, wohlschmeckendes Blattgemüse. Verliert Farbe beim Kochen.
Hinweis: Verwendung auch als Dekoration zu Erntedank, Halloween.

▲ Toskanischer Palm-Kohl
Brassica oleracea var. *acephala* f. *palmifolia*

▼ Zier-Kohl
Brassica oleracea var. *acephala* f. *crispa*

Kohl: Kohlrabi

Brassica oleracea var. *gongylodes* (Brassicaceae, Kreuzblütler)

Herkunft: Nördliches Mittelmeergebiet.

Pflanze: Krautartig, zweijährig, temperaturempfindlich, besonders im Jugendstadium.

Blatt: Lang gestielt, länglich-eirund, gezähnt, mit Wachsüberzug.

Blüte: Im 2. Jahr, gelb.

Nutzung: Sprossknolle (verdickter Hauptspross, der oberhalb vom 2. oder 3. Hauptblatt durch primäres Dickenwachstum im 1. Jahr entsteht) als Gemüse.

Gesundheitswert: Reich an Kohlenhydraten, Fruchtsäuren, Senfölen, Vitamin C, Kalium und sekundären Pflanzenstoffen.

Standort: Im Frühjahr leichtere, schnell erwärmbare, im Sommer schwerere Böden, pH-Wert 6–7,5.

Klima: Mitteleuropäischem Klima angepasst.

Anbauzeitraum: JP unter Glas A II (temperiert) – M II (kalt), unter Folie/Vlies A III–M IV, ohne Bedeckung bis 20. VIII ins Freiland pflanzen, Direktsaat ab A III–M VII.

Aussaat: Ab 10. XII (Pflanzung A II) unter Glas in Torfpresstöpfe. Keimung bei 16–24 °C, dann 12–15/10 °C, direkt mit 30–40 × 8 cm.

Pflanzung: 12 Pfl./m^2 (frühe), 8–12 Pfl./m^2 (späte Sorten).

Nährstoffentzug (g/10 kg Ertrag): N: 28, P: 4,5, K: 35, Mg: 1,5.

Düngung (g/m^2): N_{min}-Sollwert: 23, P_2O_5: 6,6, K_2O: 19, MgO: 1,2.

Wasserbedarf (Niederschlag und Beregnung): 200–400 mm, mit 20 mm/Gabe, Hauptbedarf ab Beginn der Knollenbildung.

Ernte: Erste Sätze unter Glas ab E III.

Lagerung: Bei 0–0,5 °C, > 97 % rel. Luftfeuchte bis zu 2 Wochen.

Hinweise: Auf Falschen Mehltau achten.

Sorten: Weiß: 'Express Forcer', 'Cindy', 'Korist'. Blau: 'Blaro', 'Azur Star', 'Kolibri'.

Kohl: Rosen-Kohl

Brassica oleracea var. *gemmifera* (Brassicaceae, Kreuzblütler)

Herkunft: Belgien.

Pflanze: Zweijährig, im 1. Jahr Bildung eines 0,60–1,20 m hohen Strunks. In Blattachsen entwickeln sich die dicht geschlossenen Knospen, die sog. Röschen.

Blatt: Grün mit blasig aufgetriebener Spreite, langen Stielen.

Blüte: Im 2. Jahr, gelb.

Nutzung: Röschen als Kohlgemüse.

Gesundheitswert: Reich an Vitamin C, Mineralstoffen (u. a. Kalium und Eisen), sekundären Pflanzen- und Ballaststoffen. Geschmack wird durch Frost günstig beeinflusst.

Standort: Humusreiche, sandige Lehmböden, Lößlehm-, Schwarzerdeböden, pH-Wert 6,5–7,5.

Klima: Mitteleuropäischem Klima angepasst, maritimes Klima optimal.

Anbauzeitraum: JP ab M IV–A VI ins Freiland pflanzen. Kulturdauer (je nach Sorte) 150–195 Tage.

Aussaat: M III–A V in Erdpresstöpfe. Bei 25/20 °C Keimung in ca. 4 Tagen, dann 12/8 °C. Dauer JP-Anzucht ca. 30 Tage.

Pflanzung: 75 × 45–33 cm, 3–4 Pfl./m^2.

Nährstoffentzug (g/10 kg Ertrag): N: 65, P: 8,5, K: 55, Mg: 2,5.

Düngung (g/m^2): N_{min}-Sollwert: 30, P_2O_5: 4,8, K_2O: 16,6, MgO: 1, B-haltige Dünger verwenden.

Wasserbedarf (Niederschlag und Beregnung): Mehr als 600 mm, Hauptbedarf M–E VII, A IX, zum Anwachsen beregnen.

Ernte: Frühe Sorten ab E VIII–A IX. Durch Köpfen (4–8 Wochen vor geplanter Ernte Terminalknospe entfernen) Ernteverfrühung, Mehrfachernte möglich.

Lagerung: Bei 0–1 °C, 97 % rel. Luftfeuchte.

Hinweise: Kohlherniefreie Böden wählen. Anbau im 4-jährigen Wechsel.

Sorten: 'Hilds Ideal', 'Brolin'.

Kohl: Rot-Kohl oder Blaukraut

Brassica oleracea var. *capitata* f. *rubra* (Brassicaceae, Kreuzblütler)

Herkunft: Mittelmeer-, Westküsten Europas, stammt vom Wildkohl ab.

Pflanze: Zweijährige Langtagpflanze, einjährig kultiviert.

Blatt: Mit Wachsschicht, in eng geschlossener, kopfförmiger Blattrosette.

Blüte: Im 2. Jahr, gelb.

Nutzung: Gekocht als Kohlgemüse.

Gesundheitswert: Bedeutsam: Gehalt u. a. an bioaktiven Stoffen, reicher an Vitamin C als Weiß-Kohl, enthält Anthocyan, stärkt das Immunsystem, reguliert den Blutdruck.

Standort: Im Frühjahr leichte, für Herbst-, Dauerkohl schwere Böden, pH-Wert 6,0–7,5.

Klima: Maritimes Klima optimal.

Anbauzeitraum: Direktsaat im Freiland E IV–M V. Vorkultivierte JP unter Folie A III–A IV, ohne Bedeckung bis A VII pflanzen.

Aussaat: Von I–III in Presstöpfe aussäen. Keimung bei 16–20 °C, bis Pikieren 14–16 °C, bis Pflanzung 10–12 °C.

Pflanzung: Frühjahr 4–6 Pfl., Herbst 2–4 Pfl./m^2.

Nährstoffentzug (g/10 kg Ertrag): N: 22, P: 3,5, K: 30, Mg: 1,5.

Düngung (g/m^2): N_{min}-Sollwert: 22–26, P_2O_5: 4,8, K_2O: 21,7, MgO: 1,5.

Wasserbedarf (Niederschlag und Beregnung): Wintersorten > 600 mm. Hauptbedarf zur Kopfbildung, bei leichten Böden bereits zum Anwachsen beregnen.

Ernte: Frühsorten ab A VI.

Lagerung: Kalt, trocken, ausreichend belüftet, bei 0–0,5 °C, 96–98 % rel. Luftfeuchte langfristig haltbar.

Hinweise: Von Kohlarten diejenige mit den höchsten Ansprüchen u. a. an Bodenstruktur, Anbau im 4-jährigen Wechsel.

Sorten: 'Autoro': mittelspät.

Kohl: Weiß-Kohl

Brassica oleracea var. *capitata* f. *alba* (Brassicaceae, Kreuzblütler)

Herkunft: Stammt vom Wildkohl ab, der an Mittelmeer-, Westküsten Europas wächst.

Pflanze: Zweijährige Langtagpflanze, einjährig kultiviert.

Blatt: Eng geschlossene, kopfförmige Blattrosette.

Blüte: Im 2. Jahr, gelb im Blütenstand. VI (natürliche Blüte).

Nutzung: Als Kohlgemüse. Verzehr als Koch-, Salatgemüse, Sauerkraut.

Gesundheitswert: Reich an Vitamin C, bedeutsamer Gehalt an bioaktiven Stoffen, stärkt das Immunsystem, reguliert Blutdruck, Blutzuckergehalt, senkt Cholesterinspiegel, vermindert Darmkrebsrisiko.

Standort: Im Frühjahr leichte, für Herbst-, Dauerkohl schwere Böden, pH-Wert 6,0–7,5.

Klima: Maritimes Klima optimal.

Anbauzeitraum: Direktsaat im Freiland E IV–M V. Vorkultivierte JP unter Folie A III–A IV, ohne Bedeckung bis M VI pflanzen.

Aussaat: Direkt mit 5 Pfl./m^2. Von I–III für JP-Anzucht in Presstöpfe aussäen. Keimung bei 16–20 °C, bis Pikieren 14–16 °C, bis Pflanzung 10–12 °C.

Pflanzung: Frühjahr 5–6 Pfl., Sommer 3,5–5 Pfl., bei Spätkohl 2,5–3,5 Pfl./m^2.

Nährstoffentzug (g/10 kg Ertrag): N: 20, P: 3,2, K: 26, Mg: 1,5.

Düngung (g/m^2): N_{min}-Sollwert: 24–26, P_2O_5: 7,3, K_2O: 31,3, MgO: 2,5.

Wasserbedarf (Niederschlag und Beregnung): Sommersorten 400–600 mm, Wintersorten > 600 mm, Hauptbedarf zur Kopfbildung.

Ernte: Frühsorten ab V, Herbst-, Lagersorten ab ca. M X.

Lagerung: Kalt, trocken, ausreichend belüftet, bei 0–0,5 °C, 96–98 % rel. Luftfeuchte langfristig haltbar.

▲ Weiß-Kohl: „Mini-Weiß-Kohl“: Runder, sehr kleiner Kopfkohl mit einem Kopfgewicht von ca. 500 g, Pflanzung mit 30 × 30 bzw. 50 × 30 cm.

▲ Weiß-Kohl: ‘Autumn Queen’: Flachrunder Kopfkohl (sog. „Türkenkohl“), mit durchschnittlichem Kopfgewicht von 2,5–3,5 kg. Pflanzung mit 50 × 50 cm. Ernte von A VII–E X.

▼ Spitz-Kohl
Brassica oleracea var. *capitata* f. *alba*

Kohl: Wirsing-Kohl

Brassica oleracea var. *sabauda* (Brassicaceae, Kreuzblütler)

Herkunft: Atlantikküste (Mittel-, Südengland), Frankreich, östl. Mittelmeer (Wildform).

Pflanze: Zweijährige Langtagpflanze, einjährig kultiviert.

Blatt: Gekraust mit Wachsschicht, in eng geschlossener, kopfförmiger Blattrosette.

Blüte: Im 2. Jahr, gelb.

Nutzung: Meist gekocht als Kohlgemüse.

Gesundheitswert: Reich an Vitamin C, bedeutsamer Gehalt u. a. an bioaktiven Stoffen, u. a. zur Stärkung des Immunsystems, Regulierung des Blutdrucks.

Standort: Im Frühjahr leichte, für Herbst-, Dauerkohl schwere Böden, pH-Wert 6,0–7,5.

Klima: Maritimes Klima optimal.

Anbauzeitraum: Vorkultivierte JP unter Folie M III–A IV, ohne Bedeckung bis A VII pflanzen. Direktsaat E IV–M V.

Aussaat: I–III für JP-Anzucht in Presstöpfe aussäen, Keimung bei 16–20 °C, bis Pikieren 14–16 °C, bis zum Pflanzen 10–12 °C.

Pflanzung: Frühjahr 40 × 40 bis 50 × 40 cm, späte Pflanzung 65 × 50 cm.

Nährstoffentzug (g/10 kg Ertrag): N: 35, P: 5, K: 32, Mg: 1,5.

Düngung (g/m²): N_{min}-Sollwert: 26–28, P_2O_5: 4,6, K_2O: 15,4, MgO: 1; Kalkstickstoffeinsatz.

Wasserbedarf (Niederschlag und Beregnung): 400–600 mm, Hauptbedarf zur Kopfbildung, auf leichten Böden bereits zum Anwachsen beregnen.

Ernte: Frühsorten ab A V.

Lagerung: Kalt, trocken, ausreichend belüftet, bei 0–0,5 °C, 96–98 % rel. Luftfeuchte langfristig haltbar.

Hinweise: In unserem Klima nicht frosthart. Anbau im 4-jährigen Wechsel aufeinander oder nach anderen Kreuzblütlern.

Sorten: 'Vorbote', 'Wirosa'.

Kohl: Kohl-Rübe oder Steck-Rübe

Brassica napus subsp. *rapifera* (Brassicaceae, Kreuzblütler)

Herkunft: Entstanden aus Kreuzung von *B. oleracea* und *B. rapa*.

Pflanze: Zweijährig, bildet im 1. Jahr Blattrosette und Sprossrübe bzw. Kohlrübenknolle.

Blatt: Blaugrün, wachsüberzogen, grundständig.

Blüte: Im 2. Jahr in Blütenstand.

Nutzung: Rübenknolle (wird vom Hypokotyl, basalem Teil des Hauptsprosses und Abschnitten der Hauptwurzel gebildet) als Wurzelgemüse. Verzehr als Eintopf.

Gesundheitswert: Geschmacksbildende schwefelhaltige, ätherische Öle, reich an Glucose, Fructose, Mineralstoffen (Kalium), Vitamin C sowie sekundären Pflanzenstoffen.

Standort: Humose bzw. lehmige Böden, pH-Wert > 6.

Klima: Angepasst, maritimes Klima günstig.

Anbauzeitraum: JP ab M V–A VIII ins Freiland, klassisch 10.–20. VII pflanzen. Direktsaat von A V–M VI.

Aussaat: Ab E III im Freiland für Pflanzung M V, 15–20 cm Reihenabstand (250 Pfl./m^2) oder als Ballenware, JP-Anzucht dauert ca. 5 Wochen. Direktsaat mit 50–75 × 20 cm (8–14 Korn/m^2).

Pflanzung: 4–5 Pfl./m^2.

Nährstoffentzug (g/10 kg Ertrag): N: 25, P: 5,7, K: 33, Mg: 4,8.

Düngung (g/m^2): N_{min}-Sollwert: 10, P_2O_5: 4,6, K_2O: 14, MgO: 2,8; B-haltige Dünger.

Wasserbedarf (Niederschlag und Beregnung): Bei Trockenheit dreimal 15 mm A/M VIII–A IX.

Ernte: Bei einem Durchmesser von 8–14 cm, ca. 120–130 Tage nach Pflanzung.

Lagerung: Im Keller möglich. Bei 0–1 °C, > 95 % rel. Luftfeuchte bis zu 8 Monate.

Sorten: 'Wilhelmsburger': gelbfleischig, Aussaat von M III–E VI.

Koriander
Coriandrum sativum (Apiaceae, Doldenblütler)

Herkunft: Östliches Mittelmeergebiet, Nordafrika oder Nordasien.

Pflanze: Einjährig, 30–70 cm hoch, Stängel rund, fein gerillt, oben verästelt.

Blatt: Untere Blätter lang gestielt, dreilappig, obere fast sitzend, mehrfach gefiedert.

Blüte: Lang gestielt, weiß-rötlich, an Dolden. VI–VII.

Nutzung: Samenkörner getrocknet, ganz oder gemahlen, leicht bitter, süßlich schmeckend als Speisegewürz in der orientalischen Küche, bei uns als Lebkuchen-, Brotgewürz, zum Einkochen von Rote Bete.

Gesundheitswert: Wertvoll durch ätherische, fette Öle, Eiweiß, Gerbstoffe, Zucker, wirkt appetitanregend, gegen Blähungen und Verdauungsbeschwerden.

Standort: Leichte, kalkhaltige Böden.

Klima: Geschützte, warme Lagen.

Anbauzeitraum: Direktsaat von III/IV–VII. Alternativ vorkultivierte JP ab V pflanzen.

Aussaat: 50–80 g Saatgut/100 m^2 (je nach TKG), Reihenabstand 25–30 cm, 1–2 cm tief, später auf 12 cm Abstand in der Reihe verziehen.

Pflanzung: 25 × 15 cm, 27 Pfl./m^2.

Düngung (g/m^2): Dankbar für K-Gabe. Vorsicht bei N-Gabe.

Wasserbedarf (Niederschlag und Beregnung): Wassergaben erforderlich.

Ernte: Je nach Region E VII–E VIII vor Eintritt der Vollreife, möglichst bei trübem Wetter, in den frühen Abend- oder Morgenstunden, Erntegut in Garben zum Ausreifen der Samen aufstellen.

Lagerung: Trockene Samen in gut schließenden Behältern lagern.

Hinweise: Mehrmals Hacken, bis Bestand geschlossen ist.

Kresse: Brunnenkresse
Nasturtium officinale (Brassicaceae, Kreuzblütler)

Herkunft: Nicht sicher bekannt, wild wachsend in Feuchtgebieten Mitteleuropas.

Pflanze: Ausdauernd, krautig, bis 60 cm hoch, mit hohlem, kantigem Stängel, Langtagpflanze.

Blatt: Rundlich bis elliptisch, wechselständig, unpaarig gefiedert.

Blüte: Achsel- oder endständig, weiß, gelbe Staubbeutel. V–IX.

Nutzung: Triebspitzen, Blätter als Blattgemüse. Als Salat.

Gesundheitswert: Rettich- oder meerrettichartiger Geschmack durch Senföle, reich an Vitamin C, Carotin, Mineralstoffen, wirkt verdauungs-, durchblutungsfördernd, blutreinigend, harntreibend, abwehrstärkend.

Standort: Wild u.a. an sauberen, schnell fließenden Quellen, Anbau im Beet oder an flachen Wassergräben. Wassertemperatur 10–15 °C, pH-Wert (Wasser) > 7,5.

Klima: Mitteleuropäischem Klima angepasst.

Anbauzeitraum: Direktaussaat ins Freiland von M V–M VIII, unter Glas Aussaat A X für Ernte XII–I. Pflanzung vorkultivierter JP (auch aus Stecklingsvermehrung) möglich.

Aussaat: Direkt 2–3 g Saatgut/10 m^2, 15–25 cm Reihenabstand.

Pflanzung: 20 × 6–10 cm, 50–83 Pfl./m^2.

Nährstoffentzug (g/10 kg Ertrag): N: 19, P: 3, K: 37, Mg: 1 (wie Schnittsalat).

Düngung (g/m^2): N: 5,7, P_2O_5: 2,1, K_2O: 13,4, MgO: 0,5 (wie Schnittsalat).

Wasserbedarf (Niederschlag und Beregnung): Stecklinge nach dem Pflanzen 2–4 cm überfluten, später Triebspitzen ständig unter Wasser halten.

Ernte: Höhepunkt X–IV, 6–12 cm lange Triebspitzen ernten.

Lagerung: Bei 0,5 °C, > 98 % rel. Luftfeuchte bis zu 3 Tage.

Hinweise: Unter Glas in 7- bis 9-cm-Töpfen kultivierbar.

Kresse: Garten-Kresse

Lepidium sativum (Brassicaceae, Kreuzblütler)

Herkunft: Nordostafrika, Ägypten, Vorderasien.

Pflanze: Einjährig, bis 60 cm hoch, Stängel kahl, bläulich grün, nach oben verzweigt.

Blatt: Blaugrün, bereift, unregelmäßig eingeschnitten, fiederteilig.

Blüte: Weiß bis rosafarben in Trauben. VI/VII.

Nutzung: Blätter als Blattgemüse, Gewürz.

Gesundheitswert: Pikant, würziger Geschmack aufgrund von Senfölglykosiden, Bitterstoffen, reich an Vitamin C, Carotin, Calcium, Eisen, appetitanregend.

Standort: Alle gemüsefähigen Böden.

Klima: Keine besonderen Anforderungen, wachsen auch im Halbschatten.

Anbauzeitraum: Direktsaat im Freiland im V zur Ernte von Schnittkresse, unter Glas ganzjährig.

Aussaat: Direkt breitwürfig oder in Reihe (Reihenabstand 8–15 cm), 60–80 g Saatgut/m^2; Keimung ab 6 °C. Im Gewächshaus in Töpfe, Schalen mit zellulosehaltigen Substraten oder ins Grundbeet säen, Keimung bei 15–20 °C, dann 10–12 °C, lüften ab 20 °C.

Nährstoffentzug (g/10 kg Ertrag): N: 70, P: 5, K: 65.

Düngung (g/m^2): Nicht erforderlich.

Wasserbedarf (Niederschlag und Beregnung): Häufige, kleine Gaben, Staunässe vermeiden.

Ernte: 10–14 Tage nach Aussaat, Schnittkresse mit 7–9 cm Höhe verwenden.

Lagerung: Topfware bei 0–1 °C bis 14 Tage.

Hinweise: Saatgut einige Stunden in lauwarmem Wasser vorquellen.

Sorten: 'Gartenkresse einfach', 'Gartenkresse großblättrig', 'Gartenkresse krause'.

Kresse: Kapuziner- oder Blumenkresse

Tropaeolum majus (Tropaeolaceae, Kapuzinerkressengewächse)

Herkunft: Südamerika, Kolumbien bis Peru.

Pflanze: Niedrig kriechend oder kletternd, ein- oder mehrjährig, frostempfindlich.

Blatt: Nieren-, schildförmig bis rund, ganzrandig, Stängel fleischig, kahl.

Blüte: In Blattachseln, lang gestielt, gespornt, glockenförmig, orange, hellrot, leuchtend rot oder goldgelb mit stumpfen Kronblättern. E VI–X.

Nutzung: Als Blattgemüse. Blätter in Rohkostsalaten, als Brotbelag, süßlicher, scharfer, kresseähnlicher Geschmack, Blüten als Salat, Salatwürze, halbreife Samen, geschlossene Knospen in Essig eingelegt als Kapernersatz.

Gesundheitswert: Geschmacksbestimmende Senföle, reich an Vitamin C, antibiotischen Stoffen, wirkt abwehrsteigernd, appetitanregend.

Standort: Warme, kalkhaltige, sandige Lehmböden, pH-Wert 5,6–7,2.

Klima: Sonnige bis halbschattige Lagen.

Anbauzeitraum: Direktsaat ab E IV/A V. Alternativ vorkultivierte JP M V–E VI pflanzen.

Aussaat: Direkt mit 30–40 cm Reihenabstand, 8–10 Korn/lfd. Meter oder 2–3 Korn/Ablagestelle im Abstand von 25–30 cm, 2 cm tief. Für Pflanzung M V: E III/A IV 3–4 Korn/7- bis 8-cm-Topf aussäen, 16–20 °C.

Pflanzung: Beetanbau (Abstände s. o.), Pflanzkübel, Container.

Düngung (g/m²): Auf gemüsebaulich genutzten Böden nicht erforderlich.

Wasserbedarf (Niederschlag und Beregnung): Bewässern, wenn Pflanzen in Trockenperioden kümmern.

Ernte: Unmittelbar vor Verwendung.

Lagerung: Im Folienbeutel bei 2–5 °C, > 95 % rel. Luftfeuchte möglich.

Sorten: 'Rankende Prachtmischung'.

Kresse: Löffelkresse oder Löffelkraut

Cochlearia officinalis (Brassicaceae, Kreuzblütler)

Herkunft: Küstengebiete Nordeuropas.

Pflanze: Zwei- oder mehrjährig, frosthart, 20–30 cm hoch.

Blatt: Breit, eiförmig, lang gestielt, grob gezähnt, in der Mitte kurz gestielt, hell- bis mittelgrün, schwach glänzend, Blätter bilden lockere Rosette.

Blüte: Im 2. Jahr, weiß, stark duftend in Trauben.

Nutzung: Junge, frische Blätter als Gemüse. Zubereitet wie Salat, geschnitten wie Kresse oder Schnitt-Lauch als Brotbelag.

Gesundheitswert: Scharfer, kresseartiger Geschmack aufgrund von Senfölglykosiden, Bitter-, Gerbstoffen, hoher Vitamin-C-Gehalt, wirkt gegen Blasenleiden, Verdauungsstörungen, stoffwechselanregend.

Standort: Gedeiht auf allen feuchten Böden, auch auf salzhaltigen.

Klima: Europäischem Klima angepasst, auch im Halbschatten.

Anbauzeitraum: Direktsaat III–V und VIII–IX (z. T. mit Folien-/Vliesbedeckung).

Aussaat: 0,6–0,8 g Saatgut/m^2, mit 20–30 cm Reihenabstand, 0,5–1,0 cm tief; bei 5–15 °C Bodentemperatur Keimung in 10–20 Tagen. In der Reihe auf 8–10 cm vereinzeln.

Pflanzung: Sämlinge ca. 3 Wochen nach Aussaat in Schalen, Kästen pikieren.

Düngung (g/m^2): Ähnlich Radieschen: N_{min}-Sollwert: 10, P_2O_5: 2, K_2O: 10, MgO: 1.

Wasserbedarf (Niederschlag und Beregnung): Regelmäßige Wassergaben.

Ernte: Im Freiland bei Aussaat VIII von XI–IV laufend grundständige Blätter.

Hinweise: Anbau im Gewächshaus möglich.

Kümmel

Carum carvi (Apiaceae, Doldenblütler)

Herkunft: Südöstliches Mittelmeergebiet, verwildert in ganz Europa verbreitet.

Pflanze: Zwei- und mehrjährig, 1. Jahr Bildung Blattrosette, 2. Jahr Stängelwachstum bis 1,20 m hoch, kantig, gerieft.

Blatt: Untere Blätter gestielt, obere auf breitem, scheidenartigem Stiel sitzend, mehrfach gefiedert.

Blüte: In Dolden, vielstrahlig, weiß bis rötlich. V–VI.

Nutzung: Vorrangig Früchte als Gewürz an Fleischgerichte, Kohl, Käse, verschiedene Brotsorten, daneben möhrenartige Wurzeln, junge Blätter als Gemüse.

Gesundheitswert: Würziger Geruch und Geschmack u. a. aufgrund ätherischer Öle, Gerbstoffe, reife Samen gegen Blähungen, Magen-, Darmkrämpfe, Appetitlosigkeit, wirkt verdauungsfördernd.

Standort: Frische, tiefgründige, kalkhaltige Lehmböden, pH-Wert 6–6,5.

Klima: Feuchtes Seeklima positiv.

Anbauzeitraum: Direktsaat im IV oder Spätsommer. Üblicherweise wird Kultur 3 Jahre genutzt.

Aussaat: 80–100 g Saatgut/100 m^2, Reihenabstand 30–35 cm, nur leicht mit Erde bedecken (Lichtkeimer). Keimdauer 2–3 Wochen.

Düngung (g/m^2): Kalk-, stickstoffbedürftig. Zu hohe N-Gaben beeinträchtigen Ölgehalt des Samens.

Wasserbedarf (Niederschlag und Beregnung): Mäßig feucht halten.

Ernte: Reife je nach Lage E VI–A VII. Sobald sich Früchte bräunen, in frühen Morgenstunden oder an trüben Tagen Kraut schneiden und zum Trocknen, Nachreifen aufhängen.

Lagerung: Gesäubert, trocken, luftig lagern.

Kürbis: Flaschenkürbis oder Kalebasse

Lagenaria siceraria (Cucurbitaceae, Kürbisgewächse)

Herkunft: Unsicher.
Pflanze: Einjährig, sehr stark wachsend, mit Ranken.
Blatt: Herzförmig mit behaarter Unterseite.
Blüte: Einhäusig, in Blattachseln, weiße pollenliefernde männliche Blüten blühen vor lang gestielten, weißlichen, cremefarbenen weiblichen.
Nutzung: Weichschalige Früchte (sortenabhängige Form, Größe, Farbe) als Gemüse. Zum Beispiel als Kochgemüse, für Salate, in Essig und Salz eingelegt. Verzehr von Blättern, jungen Trieben, Samen möglich. Hüllen ausgereifter Früchte als Gefäße, Löffel.
Gesundheitswert: Fruchtfleisch mit niedrigem Energiewert.
Standort: Humose, leicht erwärmbare, gut dränierte Böden, pH-Wert 6–7.
Klima: Warme, sonnige, windgeschützte Lagen, Wachstumsstörungen, wenn längere Zeit Nachttemperaturen < 10 °C.
Anbauzeitraum: Abgehärtete JP M–E V ins Freiland pflanzen. Direktsaat möglich.
Aussaat: Unter Glas ab M IV 1 Korn/8- bis 10-cm-Topf (JP-Anzucht).
Pflanzung: 1–2 × 1–2 m, 1 Pfl./m^2.
Düngung (g/m^2): N: 10 (in 2 Gaben), P_2O_5: 8,2, K_2O: 3,4. Kopfdüngung ab E VI/A VII, Stallmistgabe positiv.
Wasserbedarf (Niederschlag und Beregnung): Auf gleichmäßig hohe Bodenfeuchte achten.
Ernte: Ca. 10 Wochen nach Aussaat.
Lagerung: Unreife, junge Früchte bei 7–10 °C, 90 % rel. Luftfeuchte kurzzeitig haltbar.
Hinweise: 4-jährigen Fruchtwechsel anstreben. Pflanzen an Kletterhilfen kultivieren. Anbau unter Glas möglich, als Zierkürbis geeignet.
Sorten: 'Herkuleskeule', 'Kalebassen', 'Kobra', 'Tiny Bottle'.

Kürbis: Garten-Kürbis, Gemüse-Kürbis oder Zucchini

Cucurbita pepo convar. *giromontiina* (Cucurbitaceae, Kürbisgewächse)

Herkunft: Entstanden aus *C. texana* im nördlichen Mexiko und in den östlichen USA.

Pflanze: Einjährig, frostempfindlich, wärmeliebend, buschförmiges Wachstum, sechskantige, behaarte Stiele, ohne Ranken.

Blatt: Groß, fünflappig, silbrig marmoriert, Basalrand und Blattspreite gesägt, behaart.

Blüte: Gelb, einzeln stehend.

Nutzung: Männliche Blüten, Früchte (bot. niedere Beere, sortenabhängige Form, Farbe, Größe) als Kochgemüse, Salat, Suppe, mit neutralem, leicht nussartigem Geschmack.

Gesundheitswert: Leicht verdaulich, vitamin- und mineralstoffreich; als Diätgemüse.

Standort: Humusreiche, lockere, leicht erwärmbare Böden, pH-Wert 6,0–7,5.

Klima: Optimal: 18–24 °C, < 10 °C kein Wachstum.

Anbauzeitraum: JP unter Vlies ab E IV, ohne Bedeckung ab M V pflanzen. Direktsaat M V–A VI.

Aussaat: Direkt 2 Korn/m^2, 3 cm tief. JP-Anzucht unter Glas A IV (für Pflanzung E IV) in 6-cm-Töpfe aussäen, Keimung bei 22 °C, dann 15–18 °C.

Pflanzung: 1 Pfl./m^2, z. B. 160 × 60–75 cm.

Nährstoffentzug (g/10 kg Ertrag): N: 16, P: 2,6, K: 17, Mg: 1,6.

Düngung (g/m^2): N_{min}-Sollwert: 20–24, P_2O_5: 3, K_2O: 10,2, MgO: 1,3, positiv wirken 3–4 kg/m^2 Stallmist.

Wasserbedarf (Niederschlag und Beregnung): Bei Trockenheit A/M VI–M VIII 6×10–15 mm.

Ernte: Ca. 5–6 Wochen nach Pflanzung vier- bis sechsmal pro Woche Früchte mit Stielansatz schneiden.

Lagerung: Maximal 1 Woche bei 7–10 °C, 90–95 % rel. Luftfeuchte.

Hinweise: 4-jährigen Fruchtwechsel einhalten. Der Garten-Kürbis (*Cucurbita pepo*) ist Arzneipflanze des Jahres 2005.

Sorte: 'Ambassador'.

▲ 'Diamant': Bewährter, robuster Standard mit mittel- bis dunkelgrünen, lang-ovalen Früchten, kompakte Pflanze mit offenem Wuchs.
Weitere Sorten: 'Acceste' mit mittelgrünen, lang-ovalen Früchten, 'Monitor', 'Tarmino' mit lang-ovalen, dunkelgrünen Früchten.

▲ 'Eight Ball': Erste Sorte mit runden, dunkelgrünen Früchten. In der Gourmetküche werden diese gern zum Füllen verwendet.

▼ 'Gold Rush': Tief goldgelbe lang-ovale Früchte mit angenehmem Geschmack und mittelfrüher Reife.

▼ 'Bianca di Trieste': Italienische weißfrüchtige Sorte.
Weitere Sorte: 'Jedida' mit weißlich-grünen, kurzen dicken Früchten.

Kürbis: Garten-Kürbis, Gemüse-Kürbis oder Zucchini (Treib-)

Cucurbita pepo convar. *giromontiina* (Cucurbitaceae, Kürbisgewächse)

Herkunft: Entstanden aus *C. texana* im nördlichen Mexiko und in den östlichen USA.

Pflanze: Einjährig, buschförmiges Wachstum, ohne Ranken, sechskantige, behaarte Stiele.

Blatt: Groß, fünflappig, silbrig marmoriert, behaart, Basalrand und Blattspreite gesägt.

Blüte: Gelb, einzeln stehend.

Nutzung: Früchte (bot. niedere Beere, 30 g bis 15 kg schwer), männliche Blüten als Kochgemüse, Salat und Suppe, mit neutralem, leicht nussartigem Geschmack.

Gesundheitswert: Vitamin-, mineralstoffreich, geringer Rohfaseranteil, leicht verdaulich, als Diätgemüse geeignet.

Standort: Humusreiche, lockere Böden, pH-Wert 6,0–7,5.

Klima: Temperaturen tags 20–22 °C, nachts > 12–15 °C, ab 22 °C lüften.

Anbauzeitraum: JP unter Glas (warm) A II–E III, in das temperierte Haus A–M IV pflanzen.

Aussaat: 20. XII für Pflanzung A II unter Glas in 7- bis 9-cm-Töpfe. Keimung bei 22 °C, dann 15–18 °C.

Pflanzung: 1,30 × 0,50 m, 1,5–1,8 Pfl./m^2.

Nährstoffentzug (g/10 kg Ertrag): N: 16, P: 2,6, K: 17, Mg: 1,6.

Düngung (g/m^2): N_{min}-Sollwert: 20–24, P_2O_5: 3, K_2O: 10,2, MgO: 1,3; 3–4 kg Stallmist positiv.

Wasserbedarf (Niederschlag und Beregnung): Auf gleichbleibende Bodenfeuchte achten.

Ernte: Im Warmhaus ab M III, im temperierten Haus ab M V unreife Früchte von 15–20 cm Länge.

Lagerung: Maximal 1 Woche bei 7–10 °C, 90–95 % rel. Luftfeuchte.

Hinweise: Bei frühen Pflanzterminen Hummeln zur Bestäubung einsetzen, Pflanzen an Schnüren hochleiten.

Sorten: 'Cora'.

Kürbis: Patisson

Cucurbita pepo convar. *patissonina* (Cucurbitaceae, Kürbisgewächse)

Herkunft: Nördliches Mexiko, östliche USA.

Pflanze: Einjährig, frostempfindlich, buschförmig, flachgründiges Wurzelsystem.

Blatt: Ohne Marmorierung.

Blüte: Einhäusig, getrenntgeschlechtlich, groß, trichterförmig.

Nutzung: Kleine, unreife Früchte (flachrund, diskusförmig, am Rand gewellt, Fruchtfarbe weiß, gelb, hellgrün oder cremefarben) als Gemüse. Gedünstet, gebacken, gekocht, kleinfrüchtige wie Einlegegurken konserviert, Verzehr der männlichen Blüten möglich.

Gesundheitswert: Geringer Rohfaseranteil, gut verdaulich.

Standort: Humusreiche, lockere, leicht erwärmbare Böden, pH-Wert 6–7,5.

Klima: Optimale Lufttemperaturen 18–24 °C, < 10 °C kein Wachstum.

Anbauzeitraum: JP unter Vlies ab 25. IV, ohne Bedeckung ab M V ins Freiland pflanzen, Direktsaat ab M V möglich.

Aussaat: Unter Glas ab E IV für Pflanzung M V in 7- bis 9-cm-Töpfe. Keimung bei 22 °C, dann 15–18 °C.

Pflanzung: 1,00 × 0,50–1,00 m, 1–1,5 Pfl./m^2.

Nährstoffentzug (g/10 kg Ertrag): N: 16, P: 2,6, K: 17, Mg: 1,6.

Düngung (g/m^2): N: 10, P_2O_5: 3,0, K_2O: 10,2, MgO: 1,3; positiv 3–4 kg Stallmist/m^2.

Wasserbedarf (Niederschlag und Beregnung): Gleichbleibende Bodenfeuchte wichtig, bei Trockenheit A/M VI–M VIII vier- bis sechsmal 15 mm/Gabe.

Ernte: Unreife Früchte von 2,5–12,0 cm Durchmesser.

Lagerung: Maximal 1 Woche bei 7–10 °C, 90–95 % rel. Luftfeuchte.

Hinweise: 4-jährigen Fruchtwechsel einhalten. Reife Früchte als Zierkürbisse verwenden.

Sorten: ‘Sunburst’, ‘Custard White’.

Kürbis: Speise- oder Riesen-Kürbis

Cucurbita maxima (Cucurbitaceae, Kürbisgewächse)

Herkunft: Südlicher Teil Amerikas.

Pflanze: Einjährig, mit 4–12 m langen Trieben, rankend, frostempfindlich, wärmeliebend.

Blatt: Groß, fast rund, kaum gelappt, wenig Stachelhaare.

Blüte: Einhäusig, männliche Blüten in Büscheln, weibliche einzeln stehend, Blütenkrone gold- bis sattgelb.

Nutzung: Früchte (bot. niedere Beere, festschalig, oft bis 80 kg schwer) als Gemüse. Zubereitung als Eintopf, Suppe, Auflauf, als Diätkost geeignet.

Gesundheitswert: Hoher Carotingehalt, gut bekömmlich, Kerne können Prostataleiden lindern.

Standort: Mittelschwere bis leichte, humusreiche, leicht erwärmbare Böden mit guter Struktur, pH-Wert 6,0–7,5.

Klima: Anbau in mitteleuropäischem Klima nach letzten Spätfrösten.

Anbauzeitraum: Pflanzung im Freiland ab M V.

Aussaat: Direktsaat ab V mit 0,3–0,5 Pfl./m^2. Für Pflanzung M V ab E IV unter Glas in 7- bis 8-cm-Töpfe aussäen. Keimung bei 20–24 °C.

Pflanzung: 1,50–2,00 × 1,00–1,50 m, im Hausgarten als Kompostbepflanzung.

Düngung (g/m^2): N_{min}-Sollwert: 12, P_2O_5: 8,2, K_2O: 22,2, MgO: 3,2, 3–4 kg/m^2 Stallmist positiv.

Wasserbedarf (Niederschlag und Beregnung): Gesamtwasserbedarf ist höher als bei Gurken. Bei Trockenheit ab M VII zusätzlich beregnen. Wasserstau vermeiden.

Ernte: Voll ausgereifte Früchte mit Stiel.

Lagerung: Gut ausgereifte Früchte bei 10–12 °C, 60–70 % rel. Luftfeuchte bis zu 6 Monate.

Hinweise: 4-jähriger Fruchtwechsel optimal.

Sorten: 'Gelber Zentner': Ernte ab E VIII.

▲ Hokkaido-Kürbis
Cucurbita maxima
'Uckiki Kuri': Orangerot gefärbter Kürbis mit länglichem Flaschenhals. Das ebenfalls orangerot gefärbte Fruchtfleisch ist sehr schmackhaft und durch hohen Carotingehalt gesundheitsfördernd.

▲ Hubbard-Kürbis
Cucurbita maxima convar. *hubbardina*
'Golden Hubbard': Spindelförmige Früchte von 2–4 kg Gewicht mit orangefarbener, leicht runzeliger Schale, mittelfrüh, kräftig rankend, mit süßlich schmeckendem, orangerotem Fruchtfleisch.

▼ Hubbard-Kürbis
Cucurbita maxima convar. *hubbardina*
'Blue Hubbard': Birnen- bis kreiselförmige Früchte mit graublauer Farbe und geriefter Schale.

▼ Turban-Kürbis oder Bischofsmütze
Cucurbita maxima convar. *turbaniformis*
'Bischofsmütze': Mit turbanartigen Früchten in rotweißen und grünweißen Farbkombinationen.
Weitere Sorte: 'Mini Red Turban' in rotweißer Färbung (kleinfrüchtiger Bischofsmützentyp).

Lavendel, Echter oder Echter Speik

Lavandula angustifolia subsp. *angustifolia* (Lamiaceae, Lippenblütler)

Herkunft: Westliches Mittelmeergebiet.

Pflanze: Ausdauernder verzweigter Halbstrauch, bis 60 cm hoch, mit stark entwickelter Pfahlwurzel, junge Triebe vierkantig.

Blatt: Schmal, länglich, ungestielt, am Rand eingerollt, untere Blätter silbergrau filzig, obere graugrün.

Blüte: Blauviolett, stark duftend, 6–10 Blüten im Scheinquirl. VII–IX.

Nutzung: Blüten, Blätter als Gewürz. Für Tee.

Gesundheitswert: Kräftig, aromatischer Geschmack aufgrund ätherischer Öle, Gerb-, Bitterstoffe, Harze, Saponin, den Stoffwechsel anregende, dabei beruhigende, krampflösende Wirkung.

Standort: Sandige, humose, trockene, leicht kalkhaltige Böden.

Klima: Sonnige, im Winter geschützte Lagen.

Anbauzeitraum: Direktsaat im V oder vorkultivierte JP verwenden, mehrjährig.

Aussaat: III–VI bei 18–25 °C unter Glas (oder Kopfstecklinge verwenden).

Pflanzung: 30 × 30 cm, 10–12 Pfl./m^2.

Düngung (g/m^2): Leichte Kompostgaben sind ausreichend, da Schwachzehrer.

Ernte: Blüten mit Stängel schneiden, wenn sie sich zu öffnen beginnen, bündeln und trocknen. Junge Triebe bis zum Blühbeginn schneiden.

Lagerung: Abgerebelte getrocknete Blüten gut verschlossen in dunklen Gläsern aufbewahren.

Hinweise: Pflanze nach der Blüte stark zurückschneiden. Blüten auch im Duftkissen oder als Öl verwenden.

Sorten: 'Echter Lavendel'.

Liebstöckel oder Maggikraut

Levisticum officinale (Apiaceae, Doldenblütler)

Herkunft: Iran und Afghanistan.

Pflanze: Mehrjährig, Stängel bis 2–3 m hoch, hohl, rund, im oberen Bereich verzweigt.

Blatt: Doppelt bis dreifach gefiedert; Oberseite glänzend, Unterseite stumpf graugrün, etwas lederartig.

Blüte: Im 2. Jahr, blassgelb, unscheinbar in Doppeldolden. VI–VIII.

Nutzung: Blätter als Gewürz. Sellerieartig schmeckende Blätter frisch, getrocknet, gemahlen, sowie Wurzel als Gewürz für Suppen, Gemüseeintöpfe, Braten, Fleischfüllungen, sparsam verwenden.

Gesundheitswert: Typischer Geruch durch in ätherischen Ölen enthaltene Phthalide, wirken appetitanregend, verdauungsfördernd, harntreibend.

Standort: Tiefgründige, humose Böden, pH-Wert 6–7.

Klima: Mitteleuropäischem Klima angepasst, sonnige bis halbschattige Lagen bevorzugt.

Anbauzeitraum: Direktsaat im Freiland E III–E IV oder im VIII. Ab A IV vorkultivierte JP verwenden.

Aussaat: Direkt mit 45–60 × 35–50 cm, für Blatternte geringere, für Wurzelernte größere Standweiten.

Pflanzung: 45–60 × 35–50 cm (siehe Aussaat).

Nährstoffentzug (g/10 kg Ertrag): N: 50, P: 6,2, K: 38, Mg: 5.

Düngung (g/m²): N: 27,5, P_2O_5: 7,8, K_2O: 25,3, MgO: 4,6. N-Gabe nach jedem Schnitt mit Ausnahme des letzten.

Wasserbedarf (Niederschlag und Beregnung): Hoch, in Trockenzeiten zusätzliche Gaben.

Ernte: 4–6 Schnitte/Vegetationsperiode, im 1. Jahr maximal 3 Schnitte möglich.

Lagerung: Getrocknete Blätter, zerkleinerte, getrocknete Wurzeln in gut verschlossenen Gefäßen aufbewahren.

Linse

Lens culinaris (Fabaceae, Schmetterlingsblütler)

Herkunft: Vermutlich Südwestasien (Afghanistan).

Pflanze: Einjährig, buschig, verzweigt, aufrecht wachsend, 25–40 cm hoch.

Blatt: Paarig gefiedert, in kurzen Ranken endend.

Blüte: Klein, weiß, rötlich oder bläulich, geringe Zahl in Trauben. VI–VIII.

Nutzung: Linsen (abgeflachte dunkle Samen), z. T. junge Hülsen (Hülsen: rhombisch, seitlich zusammengedrückt, kurz, mit 1–2 abgeflachten dunklen Samen) als Gemüse. Keimlinge als Rohkost, Salatbeimischung, Suppeneinlagen, getrocknete Linsen in Linsensuppe, -brei, nahrhaft wie Trockenerbsen.

Gesundheitswert: Vitamin-, mineralstoffreich.

Standort: Kalkreiche, durchlässige, magere, gut erwärmbare Böden, ungeeignet sind schwere, nasse Böden.

Klima: Mitteleuropäisches Klima geeignet.

Anbauzeitraum: Direktsaat E IV–A V.

Aussaat: Reihenabstand 15–20 cm oder breitwürfig mit 6–9 g Saatgut/m^2 (kleinsamige Linsen), 8–11 g/m^2 (großsamige).

Düngung (g/m^2): Auf gut mit Nährstoffen versorgten Böden nicht erforderlich.

Wasserbedarf (Niederschlag und Beregnung): In Mitteleuropa ist Zusatzberegnung i.d.R. nicht erforderlich, bei extremer Witterung zur Blüte (VI/VII), einsetzender Fruchtausbildung lohnen sich Wassergaben.

Ernte: Ab VIII.

Lagerung: Getrocknete Linsen sind unbeschränkt haltbar.

Hinweise: 5- bis 6-jährigen Fruchtwechsel einhalten. Anzucht von Keimsprossen möglich.

Majoran

Origanum majorana (Lamiaceae, Lippenblütler)

Herkunft: Östlicher Mittelmeerraum.

Pflanze: Mehrjährig, im mitteleuropäischen Klima einjährig, frostempfindlich, krautig, bis 40 cm hoch, stark verzweigt, Stängel vierkantig, schwach behaart.

Blatt: Klein (8–25 mm lang, bis 10 mm breit), kurz gestielt, rundlich, eiförmig, ganzrandig, gegenständig.

Blüte: Unauffällig, klein, rosa-weiß, in quirligen Ständen. E VI–IX.

Nutzung: Junge Blätter als süßlich-bitter schmeckendes Wurstgewürz, Küchengewürz zu allen fetten Speisen, Salaten, Pilzen.

Gesundheitswert: Wertvoll durch ätherische Öle, Gerb-, Bitterstoffe, regt Appetit, Verdauung an.

Standort: Leicht erwärmbare, lockere, humusreiche Böden, pH-Wert 5,6–7,2.

Klima: Sonnige, warme, geschützte Lagen.

Anbauzeitraum: Direktsaat ab E IV/A V; alternativ vorkultivierte JP ab M V pflanzen.

Aussaat: 30 Pfl./m^2, 25–30 × 15 cm, 0,5–1,0 cm tief (flach).

Pflanzung: 25–30 × 15–20 cm, 2 Pfl./Pflanzstelle, 40–45 Pfl./m^2.

Nährstoffentzug (g/10 kg Ertrag): N: 50, P: 5,7, K: 46, Mg: 5.

Düngung (g/m^2): N: 10 (in 2 Gaben), P_2O_5: 2,7, K_2O: 11, MgO: 1,7.

Wasserbedarf (Niederschlag und Beregnung): Bei Trockenheit beregnen.

Ernte: Bei gepflanztem Majoran 3 Schnitte E VII, A–M IX, E X–M XI möglich.

Lagerung: Getrocknet, gut verschlossen aufbewahren.

Hinweise: Topfkultur unter Glas in 9-cm-Töpfe.

Sorten: 'Deutscher Majoran': Knospenmajoran mit kurz gestielten, dicht behaarten Blättern, 'Französischer Majoran': Blatt- oder Staudenmajoran.

Mangold: Blatt- oder Schnitt-Mangold

Beta vulgaris subsp. *cicla* var. *cicla* (Chenopodiaceae, Gänsefußgewächse)

Herkunft: Ursprung der Wildform östlicher Mittelmeerraum und Vorderasien.

Pflanze: Zweijährig, 1. Jahr Bildung Blattrosette und schwach verdickter Wurzel als Rübe, 2. Jahr Bildung Blütenstand. Verträgt nur leichte bis mittlere Fröste.

Blatt: Spinatähnlich, groß, aber kleiner als bei Stiel-Mangold mit schmalerem Stiel.

Blüte: Grünlich, in Büscheln.

Nutzung: Blätter als Gemüse. Wie Spinat zubereitet, aber kräftiger im Geschmack.

Gesundheitswert: Wertvoll durch Mineralstoff-, Vitamin-C-, Carotin- und hohen Oxalsäuregehalt (letzteren durch Milch neutralisieren).

Standort: Humose, nährstoffreiche Böden mit guter Wasserführung, pH-Wert 6,8–7,2 (Sande ab 5,6).

Klima: In geschützten Lagen oder klimatisch begünstigten Gebieten überwintern.

Anbauzeitraum: Direktsaat M IV–A/M VI; alternativ vorkultivierte JP M V bis M VII pflanzen.

Aussaat: 20–30 cm Reihenabstand, 2–3 g Saatgut/m^2, 3–4 cm tief.

Pflanzung: 30 × 30 bis 40 × 30 cm, 8–11 Pfl./m^2.

Nährstoffentzug (g/10 kg Ertrag): N: 32, P: 4,5, K: 40, Mg: 3,6.

Düngung (g/m^2): N_{min}-Sollwert: 18, P_2O_5: 3,2, K_2O: 14,4, MgO: 1,8; 3 g N nach jedem Schnitt.

Wasserbedarf (Niederschlag und Beregnung): Für gleichmäßige Bodenfeuchte sorgen.

Ernte: Nach 7–10 Wochen, mehrfach Blätter unter Schonung der Herzblätter ernten.

Lagerung: Frisch verwenden. Kurzfristig bei 0–1 °C, 95–97 % rel. Luftfeuchte haltbar.

Sorten: 'Paros', 'Grüner Schnitt'. 'Lukullus' als Blatt- und Stiel-Mangold verwendbar.

Mangold: Stiel-Mangold

Beta vulgaris subsp. *cicla* var. *flavescens* (Chenopodiaceae, Gänsefußgewächse)

Herkunft: Wildform aus östlichem Mittelmeerraum und Vorderasien.

Pflanze: Zweijährig, mit schwach verdickter Wurzel als Rübe, verträgt nur leichte bis mittlere Fröste.

Blatt: Aufrecht, 30–60 cm lang, mit kräftigem, breitem, weißem, gelborangem oder rotem Stiel, Blätter bilden Rosette.

Blüte: Im 2. Jahr, grünlich in Büscheln.

Nutzung: Blattstiele als Gemüse. Wie Spargel zubereitet mit leicht nussartigem Aroma.

Gesundheitswert: Wertvoll durch Mineralstoff-, Vitamin-C-, Carotin- und hohen Oxalsäuregehalt (durch Milch neutralisieren).

Standort: Humose, nährstoffreiche Böden, mit guter Wasserführung, pH-Wert 6,8–7,2. (Sande ab 5,6).

Klima: Überwinterung geschützt, in klimatisch begünstigten Lagen.

Anbauzeitraum: JP ab M IV (mit zeitweiliger Folien- bzw. Vliesbedeckung), ohne Bedeckung ab M V–M VII pflanzen, Direktsaat möglich.

Aussaat: JP-Anzucht in Erdtöpfen, Keimung bei 18–20 °C, dann 16–18 °C. Direktsaat: Reihenabstand 30–40 cm, auf 15 cm in der Reihe vereinzeln.

Pflanzung: 30 × 30 bis 40 × 30 cm, 8–11 Pfl./m^2.

Nährstoffentzug (g/10 kg Ertrag): N: 32, P: 4,5, K: 40, Mg: 3,6.

Düngung (g/m^2): N_{min}-Sollwert: 18, P_2O_5: 3,2, K_2O: 14,4, MgO: 1,8; 3 g N/m^2 nach jedem Schnitt.

Wasserbedarf (Niederschlag und Beregnung): Boden gleichmäßig feucht halten.

Ernte: Laufend äußere Blätter von Hand.

Lagerung: Frisch verwenden, kurzfristig bei 0–1 °C, 95–97 % rel. Luftfeuchte haltbar.

Hinweise: Dünne Haut der Stiele vor dem Zubereiten entfernen.

Sorten: ‘Lukullus’, ‘Bright Lights’.

Meerrettich

Armoracia rusticana (Brassicaceae, Kreuzblütler)

Herkunft: Südosteuropa, Westasien.

Pflanze: Ausdauernd, winterfest, einjährig kultiviert, mit Blattrosetten- und Wurzelbildung.

Blatt: Grundständig, langoval, lang gestielt, leicht gekerbt.

Blüte: Im 2. Jahr, an bis zu 1,50 m hohem, verzweigtem Blütenspross, weiß. V–VII.

Nutzung: Als Wurzelgemüse (Wurzel 4–8 cm dick, bis zu 40 cm lang, gelb- oder hellbraun, innen weiß bis weißgelb, sehr fest, ist sog. Stange). In geriebener Form als Beilage z. B. zu Fischgerichten.

Gesundheitswert: Senföle (Allyl-, Butylsenföl) sind geruchs- und geschmacksbildend, wertvoll durch Vitamin C („Zitrone des Nordens"), Kalium-, Calciumgehalt, wirkt appetit-, kreislaufanregend, verdauungsfördernd, harntreibend, blutdrucksenkend.

Standort: Humose, mittelschwere, tiefgründige Böden, pH-Wert 6–7.

Klima: Mitteleuropäischem Klima angepasst.

Anbauzeitraum: Speziell kultivierte Wurzelstücke (Fechser) E III und IV pflanzen, Kulturdauer 6–8 Monate.

Pflanzung: 55–100 × 50 cm, 2,5–3,5 Pfl./m^2.

Nährstoffentzug (g/10 kg Ertrag): N: 60, P: 9, K: 62, Mg: 3.

Düngung (g/m^2): N_{min}-Sollwert: 30, P_2O_5: 2,1, K_2O: 7,5, MgO: 0,5.

Wasserbedarf (Niederschlag und Beregnung): Von VII–IX in Trockenzeiten beregnen.

Ernte: IX–IV, erst mit absterbendem Laub beginnen.

Lagerung: Bei 0 bis −1 °C, 95 % rel. Luftfeuchte oder im kühlen Keller.

Hinweise: 4-jährigen Fruchtwechsel einhalten.

Sorten: Zum Beispiel 'Badischer', häufig nach Herkünften benannt.

Melone: Wassermelone

Citrullus lanatus var. *vulgaris* (Cucurbitaceae, Kürbisgewächse)

Herkunft: Steppengebiete Afrikas.

Pflanze: Einjährig, krautig, rankend, wärmebedürftig.

Blatt: Tief gelappt, schwach blaugrün.

Blüte: Gelb, 3,5–4,0 cm groß.

Nutzung: Als Fruchtgemüse (Form, Größe, Schalen-, Fruchtfleischfarbe sortenabhängig). Als Obst, Kompott, Saft mit süßlichem Geschmack, erfrischende durstlöschende Wirkung.

Gesundheitswert: Geringer Energiegehalt, geringe Gehalte an Zucker, Vitamin C, Mineralstoffen, bei rotfleischigen Sorten höherer Lycopingehalt als bei Tomaten.

Standort: Leichte bis mittlere, wasserspeichernde und -durchlässige Böden mit hohem Anteil an organischer Masse.

Klima: Tagesdurchschnittstemperaturen 21–29,5 °C, < 18 °C gestörtes Wachstum möglich, in Mitteleuropa nur in Gebieten mit Weinbauklima, geschützte Lagen.

Anbauzeitraum: JP ab M IV ins Kalthaus, ab M V (zeitweilig unter Vlies) bis M/E VI ins Freiland pflanzen. Direktsaat unüblich.

Aussaat: Unter Glas ab 25. III (für Pflanzung M IV) in 6- bis 8-cm-Töpfe, Dauer JP-Anzucht 15–20 Tage.

Pflanzung: 1,50–2,50 × 0,60–0,80 m, 1 Pfl./m^2.

Düngung (g/m²): N: 8–14, P_2O_5: 6–8, K_2O: 10–15; N und K in mehreren Gaben.

Wasserbedarf (Niederschlag und Beregnung): Bei Bedarf auch im Freiland in warmen, heißen Regionen beregnen.

Ernte: Ab A VII, 75–95 Tage nach Pflanzung. Reife erreicht, u. a. wenn Früchte beim Klopfen hohl klingen.

Lagerung: Bei 8–15 °C schonend aufbewahrt 2–3 Wochen.

Hinweise: Anbau auf Mulchfolie, keine Schnittmaßnahmen.

Sorten: 'Sugar Baby', 'Crimson Sweet'.

Melone: Zucker-Melone

Cucumis melo (Cucurbitaceae, Kürbisgewächse)

Herkunft: Tropisches, subtropisches Westafrika.

Pflanze: Einjährig, krautig, rankend.

Blatt: Rundlich bis fünfeckig, schwach bis tief gelappt, beidseitig schwach behaart.

Blüte: Gelb, 1,5–2,5 cm groß, männlich, weiblich oder zwittrig.

Nutzung: Als Fruchtgemüse. Aromatischer, unverwechselbarer Eigengeschmack.

Gesundheitswert: Mit hohem Kohlenhydratgehalt, hohem Energie- und Carotingehalt, wenig Äpfel-, Zitronensäure.

Standort: Tiefgründige, lockere, gut durchlüftete Böden, pH-Wert 6–7,5.

Klima: Weinbauklima, besser unter Glas oder im Folienhaus kultivieren (> 18 °C).

Anbauzeitraum: JP ab M IV ins Kalthaus, ab A V ins Folienhaus, nur bei günstigen Bedingungen E V–M VI ins Freiland pflanzen.

Aussaat: Unter Glas ab 25. III (für Pflanzung M IV) in 5- bis 7-cm-Topf, Keimung bei 25 °C, bis zum Stadium gut entwickelter Keimblätter 22–25 °C/20 °C, dann 18–25 °C/15–20 °C (Tag-/Nachttemperaturen).

Pflanzung: 1 Pfl./m^2, z. B. 1,50 × 0,80 m.

Nährstoffentzug (g/10 kg Ertrag): N: 15, P: 3, K: 25, Mg: 3.

Düngung (g/m^2): N: 3, P_2O_5: 1,4, K_2O: 6, MgO: 1; N und K in mehreren Gaben.

Wasserbedarf (Niederschlag und Beregnung): Häufige, regelmäßige, der Entwicklung angepasste Gaben, höchster Bedarf von Fruchtansatz bis Ende Größenwachstum.

Ernte: Ab M VII, ca. 85–110 Tage nach Pflanzung, u. a. wenn das Blatt unmittelbar vor der Frucht abzusterben beginnt.

Lagerung: Bei voller Reife 2–4 Tage bei 7–10 °C.

Hinweise: Anbau auf Mulchfolie, Aufleiten an Spanndrähten.

Sorten: 'Marlene'.

▲ Honig-Melone
Cucumis melo Inodorus Grp.
Früchte mit glatter, dünner, nicht genetzter, zitronengelber bis leicht grünlicher Schale, oft länglich, weißliches bis leicht grünes, sehr süßes Fruchtfleisch, lange haltbar. Anbau u. a. in Spanien, Israel.

▼ Netz- oder Muskat-Melone
Cucumis melo Reticulatus Grp.
Galia-Melone als Variante mit gelblich grün genetzter Schale und hellgrünem Fruchtfleisch. Anbau in Südeuropa, bei uns vereinzelt.

Möhre: Bundmöhre

Daucus carota subsp. *sativus* (Apiaceae, Doldenblütler)

Herkunft: Vorderasien.
Pflanze: Zweijährig, kältetolerant.
Blatt: Doppelt bis dreifach gefiedert, im 1. Jahr grundständig.
Blüte: Im 2. Jahr, cremefarben in Dolden, bis 1,50 m hoher Blütenstand.
Nutzung: Wurzel (verdickte Pfahlwurzel mit großem inhaltsstoffreichem Rinden- und kleinem Holzkörperanteil) als Gemüse. Roh, gekocht, als Saft, konserviert verwendbar, für Diätkost, Kleinst- und Kleinkindernahrung.
Gesundheitswert: Von allen Gemüsearten mit höchstem Carotingehalt, reich an Vitamin C, Zucker, geschmacksbildend sind ätherische Öle, Fruchtsäuren, erhöht natürliche Widerstandskraft, wirkt harntreibend, verdauungsfördernd.
Standort: Tiefgründiger, steinfreier Sand bis Lehmboden, pH-Wert um 6.
Klima: Mittel-, westeuropäischem Klima angepasst.
Anbauzeitraum: Direktsaat unter Glas 10. X–E X (Ernte E IV–M V), A I–A III (Ernte 5. V–20. V), unter Folie II–E III und von A IV–M/E VII ins Freiland.
Aussaat: Unter Glas 100 Pfl./m^2, im Freiland 150–200 Pfl./m^2, 20–30 cm Reihenabstand, 2 cm tief.
Nährstoffentzug (g/10 kg Ertrag): N: 17, P: 4, K: 40, Mg: 2.
Düngung (g/m^2): N_{min}-Sollwert: 7–9, P_2O_5: 5,5, K_2O: 29, MgO: 2; z. B. NP: 20, Kalimagnesia: 30 als Grunddüngung, NP: 40 als Kopfdüngung.
Wasserbedarf (Niederschlag und Beregnung): 300 mm (frühe Möhren), 450–500 mm (späte), höchster Bedarf bei Rübenbildung.
Ernte: Im Freiland M/E V–M/E VII.
Lagerung: Bei 0 °C, > 97 % rel. Luftfeuchte bis zu 14 Tage haltbar.
Hinweise: 4- bis 5-jährige Anbaupause.
Sorten: 'Laguna', 'Finaro' (Typ Nantaise).

Möhre: Waschmöhre

Daucus carota subsp. *sativus* (Apiaceae, Doldenblütler)

Herkunft: Vorderasien.

Pflanze: Zweijährig, mit sich verdickender Pfahl- und dünnen Seitenwurzeln.

Blatt: Doppelt bis dreifach gefiedert, im 1. Jahr grundständig.

Blüte: Im 2. Jahr, cremefarben in Dolden.

Nutzung: Wurzel (verdickte Pfahlwurzel mit großem inhaltsstoffreichem Rinden- und kleinem Holzkörperanteil) als Gemüse. Roh, gekocht, als Saft, konserviert für Diätkost, Kleinst-, Kleinkindernahrung.

Gesundheitswert: Von allen Gemüsearten mit höchstem Carotingehalt, reich an Vitamin C, Zucker, geschmacksbildend sind ätherische Öle, Fruchtsäuren, Wirkung siehe Bundmöhre.

Standort: Tiefgründiger, steinfreier Sand bis Lehmboden ohne Verdichtungen oder Pflugsohlen, pH-Wert um 6.

Klima: Mittel-, westeuropäischem Klima angepasst.

Anbauzeitraum: Direktsaat ab A II (zeitweilig mit Folie), A IV bis 10. VII ins Freiland.

Aussaat: 150–250 Korn/m^2, (120–180 Pfl./m^2), Abstand 30–40 × 2–4 cm, 2 cm tief.

Nährstoffentzug (g/10 kg Ertrag): N: 13, P: 3,5, K: 35, Mg: 1,5.

Düngung (g/m^2): N_{min}-Sollwert: 7 bis 10, P_2O_5: 7,3, K_2O: 38, MgO: 2,3; z. B. NP: 20, Kalimagnesia: 30 als Grunddüngung, NP: 40 als Kopfdüngung.

Wasserbedarf (Niederschlag und Beregnung): 300 mm (frühe Möhren), 450–500 mm (späte Möhren), höchster Bedarf bei Rübenbildung.

Ernte: M/E VI bis A/M X, Lagermöhren ab E X.

Lagerung: Bei 0 °C, > 97 % rel. Luftfeuchte halten Lagermöhren 5–6 Monate.

Hinweise: 4- bis 5-jährige Anbaupause einhalten.

Sorten: 'Napoli', 'Napa' (Typ Nantaise).

Neuseeländer Spinat

Tetragonia tetragonioides (Aizoaceae, Eiskrautgewächse)

Herkunft: Neuseeland, vermutlich auch von den Küsten Süd-, Westaustraliens.

Pflanze: In Mitteleuropa einjährig, in Heimatgebieten mehrjährig, 25–50 cm hoch, auf dem Boden wachsend, mit über 1 m langen Trieben.

Blatt: Rhombisch-dreieckig, fleischig.

Blüte: Klein, vielstrahlig, zwittrig, kurz gestielt.

Nutzung: Als Blattgemüse. Mit spinatähnlichem, aber würzigerem Geschmack, Rohverzehr junger Triebe möglich.

Gesundheitswert: Wertbestimmende Inhaltsstoffe ähnlich Spinat.

Standort: Lockere, humusreiche Böden mit guter Wasserhaltekraft, pH-Wert 6–7,5.

Klima: Warme Lagen bevorzugt.

Anbauzeitraum: Vorkultivierte, abgehärtete JP nach Maifrösten pflanzen. Direktsaat in wärmeren Gebieten möglich (zeitweilige Vlies- bzw. Folienbedeckung).

Aussaat: 40–50 g Saatgut/100 m^2 direkt mit 80–100 cm Reihenabstand, 2–3 cm tief, nach Auflaufen vereinzeln. Zur JP-Anzucht E III–A IV in 6- bis 9-cm-Töpfe, Topfpaletten, 3–4 Korn/Topf ablegen, Saatgut vorquellen.

Pflanzung: 2–4 Pfl./m^2, Abstand 80–100 × 35–45 cm.

Nährstoffentzug (g/10 kg Ertrag): N: 20, P: 3, K: 30, Mg: 4.

Düngung (g/m^2): N_{min}-Sollwert: 10, P_2O_5: 2, K_2O: 11, MgO: 2.

Wasserbedarf (Niederschlag und Beregnung): M VI–E VIII bei Trockenheit drei- bis viermal 10–15 mm.

Ernte: E VI/A VII bis zum ersten Frost, Blätter, 8 cm lange Endspitzen schneiden.

Lagerung: Bei 0 °C, 95–97 % rel. Luftfeuchte wenige Tage.

Hinweise: Neigt im Langtag nicht zum Schossen.

Sorten: 'Neuseeländer'.

Okra oder Lady's Fingers

Abelmoschus esculentus (Malvaceae, Malvengewächse)

Herkunft: Wahrscheinlich tropisches Hochland Ostafrikas.

Pflanze: Mehrjährig, bei uns einjährig, krautartig, aufrecht 0,60–2,00 m hoch.

Blatt: Wechselständig, groß, geteilt in 3–7 Lippen, gezähnte oder gekerbte Ränder.

Blüte: Einzeln in Blattachseln, an 1,5–2,5 cm langem Stiel, groß, auffallend gelb mit tief rötlich-purpurfarbenem Fleck auf den Klauen.

Nutzung: Früchte (10–30 cm lang, schnabelförmig, am Ende spitz auslaufend) als Gemüse. Gekocht, gebraten mit mildem, aromatischem Geschmack, gemahlen als Kaffeebohnenersatz, als Schonkost. Schleimbildung durch Kochen in Salzwasser vermeiden.

Gesundheitswert: Samen enthalten bis zu 20 % Fett, Okrakapseln mit Mineralstoffen (u. a. Kalium) und u. a. Vitamin C.

Standort: Gut dränierte, tief gelockerte, sandige, gut erwärmbare Lehme, pH-Wert 6–7,5.

Klima: Hohe Temperaturansprüche, Anbau nur in Weinbauklima unter Vlies/Folie oder unter Glas.

Anbauzeitraum: JP ab M V ins Freiland, unter Glas ab M III pflanzen. Direktsaat möglich, aber nicht zu empfehlen.

Aussaat: 60–100 × 30–60 cm, 3–4 cm tief, zu JP-Anzucht 3 Körner/8- bis 10-cm-Topf, Keimung bei 22–28 °C in ca. 10 Tagen.

Pflanzung: 60–100 × 30–60 cm, 2–6 Pfl./m^2.

Düngung (g/m^2): N: 9–12 in 2–3 Gaben, P und K abhängig von Bodenvorrat.

Wasserbedarf (Niederschlag und Beregnung): Für gleichmäßige Feuchte sorgen.

Ernte: Unreife Früchte ca. 8–10 Wochen nach Aussaat.

Lagerung: Flach ausgebreitet bei 7–8 °C, 90–95 % rel. Luftfeuchte 2–6 Tage.

Sorten: 'Sonnenliebe'.

Oregano oder Dost

Origanum vulgare subsp. *vulgare* (Lamiaceae, Lippenblütler)

Herkunft: In Europa, gemäßigtem Asien beheimatet.

Pflanze: Ausdauernd, 30–60 cm hohe Staude mit dicht behaartem, etwas rötlichem, vierkantigem Stängel.

Blatt: Kreuzgegenständig, breit eiförmig, ganzrandig oder schwach gekerbt, mit dichtem Haarfilz.

Blüte: Kurz gestielt in endständigen trugdoldigen Rispen. VI–VIII.

Nutzung: Als Würzkraut. Frisch, getrocknet, gerebelt, gemahlen zu Tomaten-, Fleisch-, Fisch-, Grillgerichten, volle Aromaentfaltung erst beim Mitkochen.

Gesundheitswert: Wertvoll durch ätherische Öle (u. a. Thymol, Carvacol), Bitter-, Gerbstoffe, krampf-, schleimlösende Wirkung, entzündungshemmend.

Standort: Durchlässige, nicht zu Staunässe neigende Böden, pH-Wert 6,2–7,4.

Klima: Warme, vollsonnige Lagen optimal.

Anbauzeitraum: Direktsaat M–E IV, vorkultivierte JP in V pflanzen, Anlage 3–4 Jahre nutzen.

Aussaat: 35–50 × 35–45 cm, 3–5 g Saatgut/10 m^2, 0,5 bis maximal 1 cm tief, anwalzen, JP-Anzucht unter Glas mit Aussaat ab III, Keimung bei 15–18 °C.

Pflanzung: 35–50 × 35–45 cm, 6 Pfl./m^2.

Nährstoffentzug (g/10 kg Ertrag): N: 60, P: 8, K: 50, Mg: 5.

Düngung (g/m^2): N: 9 in mehreren Gaben, P_2O_5: 2,7, K_2O: 9, MgO: 1,3.

Ernte: Für Frischverbrauch Spitzen laufend ernten, im Erwerbsbau ab 2. Jahr 2 (bis 3) Schnitte: A VII, E VIII (E VI, A VIII, A/M IX).

Lagerung: Getrocknet, eingefroren, in Öl eingelegt.

Hinweise: Anbau als Topfkraut unter Glas möglich.

Pak Choi oder Chinesischer Senf-Kohl

Brassica rapa subsp. *chinensis* (Brassicaceae, Kreuzblütler)

Herkunft: Südostasien.

Pflanze: Im gemäßigten Klima einjährige, im Herkunftsland zweijährige Langtagpflanze.

Blatt: Glatt, ganzrandig, grundständig, mit fleischig verdicktem Stiel (ähnlich Mangold), weich, druckempfindlich.

Nutzung: Als Blatt-, Stielgemüse. Gekocht, kurz blanchiert, nussartiger Geschmack.

Gesundheitswert: Bedeutsamer Gehalt an Vitamin C, Eisen.

Standort: Humose Böden mit gutem Wasserhaltevermögen, pH-Wert 6,5–7,5.

Klima: Mittel-, westeuropäisches geeignet.

Anbauzeitraum: Satzweise unter Glas von A II–A III und von E VIII–A IX, im Freiland mit zeitweiliger Folien-/Vliesbedeckung ab E IV bis 20. VIII pflanzen. Direktsaat bis E VII–A VIII möglich.

Aussaat: JP-Anzucht in Erdpresstöpfen, Dauer: 18–25 Tage, Keimung bei 20 °C, dann 12–16 °C.

Pflanzung: 10–13 Pfl./m^2, z. B. 40–50 × 20 cm; unter Glas 25 × 25 cm, 16 Pfl./m^2.

Nährstoffentzug (g/10 kg Ertrag): N: 25, P: 4, K: 25, Mg: 2.

Düngung (g/m^2): Wie China-Kohl, aber geringerer N_{min}-Sollwert: 15, P_2O_5: 6,4, K_2O: 21, MgO: 1,2.

Wasserbedarf (Niederschlag und Beregnung): Bei Bedarf mit 15 mm/Gabe beregnen.

Ernte: Bei 300–500 g Gewicht, ca. 6–8 Wochen nach Pflanzung, 7–9 Wochen nach Direktsaat.

Lagerung: Bei 0–0,5 °C mit Folienbedeckung bis 4 Wochen.

Hinweise: Ausgeprägte Empfindlichkeit gegen Kohlhernie, nicht nach Kreuzblütlern anbauen, Kulturschutznetz gegen Kohlfliege einsetzen.

Sorten: 'Weißer Chinesischer Typ', 'Suppenlöffeltyp'.

Paprika

Capsicum annuum (Solanaceae, Nachtschattengewächse)

Herkunft: Tropen Amerikas.

Pflanze: Einjährig kultiviert, wärmebedürftig, frostempfindlich, 1,50 m hoch, sympodiales Wachstum, d. h., nach 9–11 Blättern endet Stängel in Endknospe, aus Achsel des obersten Knotens entstehen neue Triebe.

Blatt: Länglich-oval bis eiförmig, am Grunde keilförmig, gestielt.

Blüte: Zwittrig, weiß mit blauen Antheren. VI–VIII.

Nutzung: Frucht (bot. Beere) als Gemüse. Vielseitig zu Salaten, als Gemüsebeilage, Gewürz-Paprika mit scharfem Geschmack, Paprikapulver u. a. zu Soßen, Fleisch, Geflügel, Pizza.

Gesundheitswert: Neben Petersilie mit höchstem Vitamin-C-Gehalt, bei roten Früchten höherer Carotin-, Vitamingehalt, geringerer Eisengehalt als bei grünen, regt Appetit, Verdauung an, stärkt Immunsystem, wirkt antikarzinogen.

Standort: Tiefgründiger Boden mit guter Struktur, pH-Wert 5,5–6,5.

Klima: Im Freiland nur im Weinbauklima.

Anbauzeitraum: JP gebietsweise ab E IV, sonst ab M V ins Freiland pflanzen.

Aussaat: M II für Pflanzung A V in 8-cm-Töpfe, Keimung bei 25–30 °C, dann 20–25 °C.

Pflanzung: 40 × 60 cm, 4 Pfl./m².

Nährstoffentzug (g/10 kg Ertrag): N: 30, P: 3, K: 30, Mg: 3.

Düngung (g/m²): N_{min}-Sollwert: 16, P_2O_5: 1,6, K_2O: 9, MgO: 1,3, chloridarme Dünger bevorzugen.

Wasserbedarf (Niederschlag und Beregnung): Bis zum Fruchtansatz sparsam wässern, dann steigender Bedarf.

Ernte: Ab ca. 8 Wochen nach Pflanzung bis IX.

Lagerung: Bei 8–9 °C, 90–95 % rel. Luftfeuchte 2 Wochen.

Hinweise: Vlieseinsatz bei frühen Sätzen.

Paprika (Treib-)

Capsicum annuum (Solanaceae, Nachtschattengewächse)

Herkunft: Tropen Amerikas.

Pflanze: Einjährig kultiviert, wärmebedürftig, mit Schnittmaßnahmen bis 3 m hoch.

Blatt: Länglich-oval bis eiförmig, am Grunde keilförmig, gestielt.

Blüte: Zwittrig, weiß mit blauen Antheren.

Nutzung: Als Fruchtgemüse. Roh, gekocht verwendbar, Gewürz-Paprika frisch, eingelegt, als Pulver zu Suppen, Soßen, Fleisch, Geflügel, Pizza, von edelsüß bis beißend scharf schmeckend.

Gesundheitswert: Inhaltsstoffe, Wirkung siehe Freilandpaprika (Seite 226).

Standort: Tiefgründiger Boden mit guter Struktur, pH-Wert 5,5–6,5

Klima: Bis zur 1. Ernte 22–23/17–21 °C (Tag/Nacht), dann 22–25/(15)–18 °C (Tag/Nacht), lüften ab 25–27 °C, < 15 °C Wachstumsstörungen.

Anbauzeitraum: JP ab 20. II ins temperierte Haus, ab A V ins Kalthaus pflanzen.

Aussaat: Ca. 9–11 Wochen vor Pflanzung in Multitopfplatten oder 8-cm-Töpfe, Keimung bei 25–30 °C (14 Tage), dann 20–25 °C.

Pflanzung: 3 Pfl./m^2, 50 + 110 (Doppelreihe) × 50 cm.

Nährstoffentzug (g/10 kg Ertrag): N: 26, P: 3, K: 30, Mg: 2.

Düngung (g/m^2): Angepasst an Ertrag (5–20 kg/m^2), bei Versorgungsstufe C wöchentlich N: 1,4, K_2O: 1,9; Flüssigdüngung.

Wasserbedarf (Niederschlag und Beregnung): Im täglichen Mittel bis 2,5–3,0 l/m^2, auf gleichmäßige Versorgung achten.

Ernte: Bei Grünreife im temperierten Haus ab A IV, nach ca. 5–6 Wochen, im Kalthaus nach ca. 60 Tagen ab E VI.

Lagerung: Gemüse-Paprika bei 8–9 °C, 90–95 % rel. Luftfeuchte 2 Wochen.

Hinweise: 2- bzw. 3- (bis 4)-triebige Kultur an Stäben, in Netzen.

▲ Gemüse-Paprika
Capsicum annuum var. *grossum*
'Goldflame': Frühe, von Grün nach Gelb abreifende, blockförmige Paprikafrucht, süß-mild schmeckend.
'Cartago', 'Evident': Von Grün nach Rot abreifende, blockförmige Paprikafrucht. 'Evident' ist auch für den Freilandanbau geeignet.
'Tequila': Von Violett nach Rot abreifende, blockförmige Paprikafrucht.
'Purpleflame': Reift von Violett nach Dunkelrot ab und ist für Freiland- und Gewächshausanbau geeignet.

▲ Gewürz-Paprika, auch Peperoni oder Spanischer Pfeffer
Capsicum annuum var. *longum*
'Agio': Mit gelben, langen und dicken Früchten und scharfem Geschmack.

▼ (links) 'Toscana': Mit grünen/roten, spitzen, länglichen, zuckersüßen Früchten, auch für den Freilandanbau geeignet.

▼ (rechts) Chillies oder Tabasco
Capsicum frutescens mit kurzen, sehr scharfen Früchten.

Pastinake

Pastinaca sativa (Apiaceae, Doldenblütler)

Herkunft: Wildform in Europa und Asien verbreitet.

Pflanze: Zweijährig, 1. Jahr Bildung von Blattrosette, weißfleischiger Rübe, 2. Jahr: Blütenstandbildung, Kälte (2–10 °C für 6–10 Wochen) ist für den Übergang von vegetativer in generative Phase erforderlich.

Blatt: Grundständig, einfach gefiedert, eiförmig-länglich, Oberseite meist glänzend, Unterseite weichhaarig.

Blüte: Gelb, in zusammengesetzten Dolden an bis 1,20 m hohem Blütenstand. VII–VIII.

Nutzung: Wurzel (gelbweiß bis gelblichbräunlich) als Koch-, Suppen-, Salatgemüse, daneben Blätter als Gewürz mit süßlichem, würzigem, mitunter herbem Geschmack.

Gesundheitswert: Ätherische Öle geschmacksbestimmend, wirkt harntreibend, appetitanregend.

Standort: Lehmige, humose, tiefgründige Böden, pH-Wert 5,5–7,0.

Klima: Mitteleuropäischem Klima angepasst; maritimes Klima optimal.

Anbauzeitraum: Direktsaat im Freiland ab A III unter Folie, A IV–M V ins Freiland.

Aussaat: 25 Pfl./m^2; Abstand 40–50, maximal 60 × 10–12 cm, 2–3 cm tief; Keimung bei 9–22 °C.

Nährstoffentzug (g/10 kg Ertrag): N: 21, P: 7, K: 50, Mg: 2 (Pastinakewurzeln).

Düngung (g/m^2): N_{min}-Sollwert: 6, P_2O_5: 9,2, K_2O: 29, MgO: 3,5, Hauptbedarf an N VII, VIII.

Wasserbedarf (Niederschlag und Beregnung): Bei Trockenheit im VII, VIII mit 15–20 mm/Gabe beregnen.

Ernte: X bis ins Frühjahr.

Lagerung: In Mieten/Kellern eingeschlagen möglich, bei 0 °C, > 97 % rel. Luftfeuchte bis zu 6 Monate.

Sorten: 'White Gem', 'Javelin', 'White Diamand'.

Pepino oder Birnenmelone

Solanum muricatum (Solanaceae, Nachtschattengewächse)

Herkunft: Mittel-, Südamerika.

Pflanze: Bei frostfreier Überwinterung mehrjährig, sonst einjährig, strauchartiges Wachstum, bis 1 m hoch.

Blatt: Einfach bis mehrfiedrig, kartoffelkrautähnlich, meist lanzettlich ungeteilt.

Blüte: Zwittrig, temperaturabhängig tiefblau bis weiß.

Nutzung: Frucht (bot. Beere, mit 1 oder 2 Fruchtkammern, ei-, kugelförmig oder länglich, meist 150–300 g schwer) als Gemüse. Roh, wie Apfel geschält, verzehrt mit süßem, saftigem, melonenartigem Geschmack.

Gesundheitswert: Reich an Vitamin C, energiearm.

Standort: Keine besonderen Anforderungen.

Klima: Im mitteleuropäischen Klima in geschützten Lagen (Südwände, Balkone) möglich, Tag 18–25 °C, Nacht 10–15 °C.

Anbauzeitraum: I–X im beheizten Haus, ab M–E V ins Kalthaus und Freiland pflanzen.

Aussaat: Möglich, üblich ist vegetative Vermehrung mittels Stecklingen E II–A III für Pflanzung M/E V und im Herbst für I-Pflanzung, 20–24 °C, 85–95 % rel. Luftfeuchte.

Pflanzung: 2 Pfl./m^2, z. B. 100 × 50 cm.

Düngung (g/m^2): Gleichmäßiges Nährstoffangebot, 6 Wochen nach Pflanzung wöchentlich nachdüngen.

Wasserbedarf (Niederschlag und Beregnung): Gleichmäßige Wasserversorgung.

Ernte: Bei früher Pflanzung nach 10–12 Wochen, bei V-Pflanzungen nach ca. 8 Wochen, bei gelboranger Fruchtfärbung.

Lagerung: Bei 15–20 °C bis 3 Wochen.

Hinweise: 2- bis 3-jährige Anbaupause, unter Glas 2-triebiger Anbau an Schnüren optimal, auch als Ampelpflanze.

Petersilie: Blatt-Petersilie

Petroselinum crispum var. *crispum* (Apiaceae, Doldenblütler)

Herkunft: Südöstlicher Mittelmeerraum.
Pflanze: Zweijährig, bis 35 cm hoch.
Blatt: Doppelt bis dreifach gefiedert, kraus oder glatt an langem gerilltem Stiel. Blätter bilden Halbrosette.
Blüte: Im 2. Jahr, klein, weiß, in Doppeldolden, bis 80 cm hoch. VI–VII.
Nutzung: Blätter als Küchenkraut. In Salaten, Suppen, Gemüsegerichten, als Dekoration.
Gesundheitswert: Sehr hoher Vitamin-C-, hoher Carotin-, beachtlicher Calcium- und Eisengehalt, mit ätherischen Ölen, harntreibend, appetitanregend, verdauungsfördernd.
Standort: Mittelschwere, humusreiche, tiefgründige Böden, pH-Wert 6–7.
Klima: Mäßige Temperaturen, vollsonnige Lagen.
Anbauzeitraum: Direktsaat ins Freiland (zeitweilig mit Folie) von A III–A IV und A VII–A IX; A V–E VI ohne Bedeckung. Vorkultivierte JP M III–A IV pflanzen.
Aussaat: M I (für Pflanzung M III) 3–5 Korn/4-cm-Erdpresstopf, Kultur bei 15 °C (tags), 10 °C (nachts). Bei Direktsaat 130–160 Pfl./m^2, 25–40 cm Reihenabstand, 2–3 cm tief.
Pflanzung: 20–33 Töpfe/m^2, z. B. 30–50 × 10 cm.
Nährstoffentzug (g/10 kg Ertrag): N: 45, P: 5, K: 55, Mg: 2.
Düngung (g/m²): N_{min}-Sollwert: 19 (bei Pflanzung), P_2O_5: 6,4, K_2O: 37,1, MgO: 2,2, nach jedem Schnitt 6–8 g N/m^2.
Wasserbedarf (Niederschlag und Beregnung): 400–600 mm, M VI–E VIII bei Bedarf beregnen.
Ernte: 3–4 Ernten möglich, bei M-III-Pflanzungen ab A V.
Lagerung: Frisch verwenden, gewaschen in Folie bei −1 bis 0 °C, 95 % rel. Luftfeuchte.
Sorten: Kraus: ‘Grüne Perle’, ‘Mooskrause’, glatt: ‘Einfache Glatte’.

Petersilie: Wurzel-Petersilie

Petroselinum crispum var. *tuberosum* (Apiaceae, Doldenblütler)

Herkunft: Südöstlicher Mittelmeerraum.

Pflanze: Zwei- und mehrjährig. Im 1. Jahr Bildung Blattrosette, fleischige Rübe, 2. Jahr Blüte.

Blatt: Lang gestielt, glänzend, gefiedert (1. Jahr), im 2. Jahr ganzrandig, lineal-lanzettlich.

Blüte: Klein, gelblich grün, in zusammengesetzten Dolden an 80–100 cm hohem, hohlem, fein gerilltem Stängel. VI–VII.

Nutzung: Laub (würzig, aromatisch), Wurzel (frosthart, spindelförmig, gelblich weiße Pfahlwurzel 10–20 cm lang, 2,5 cm dick) als Gemüse. Wurzel als Beilage; für Diätküche.

Gesundheitswert: Wertvoll durch sehr hohen Vitamin-C-, hohen Carotin-, beachtlichen Calcium- und Eisengehalt, ätherische Öle, harntreibend, appetit- und verdauungsfördernd.

Standort: Mittelschwere, humusreiche, tiefgründige, tief gelockerte, gut siebfähige Böden, pH-Wert 6–7.

Klima: Mäßigen Temperaturen angepasst.

Anbauzeitraum: Direktsaat unter Folie ab A III, ab A IV ohne Bedeckung.

Aussaat: 25–30 cm Reihenabstand, 150 Pfl./m^2, 2–3 cm tief.

Nährstoffentzug (g/10 kg Ertrag): N: 42, P: 6, K: 70, Mg: 6.

Düngung (g/m^2): N_{min}-Sollwert: 9, P_2O_5: 4,1, K_2O: 25,3, MgO: 3,0, bei 3,0 g/m^2 Wurzelertrag.

Wasserbedarf (Niederschlag und Beregnung): 400–600 mm, Hauptbedarf mit Beginn des Wurzelwachstums A/M VI.

Ernte: IX–XI Wurzelernte, Blätter laufend.

Lagerung: Erd-, Feldmieten oder bei 0 °C, 97 % rel. Luftfeuchte.

Sorten: 'Bero' (Typ Berliner Halblanger).

Pfeffer-Minze

Mentha × piperita (Lamiaceae, Lippenblütler)

Herkunft: Urformen aus dem Mittelmeergebiet.

Pflanze: Echte Pfeffer-Minze ist Bastard aus Grüner und Wasser-Minze, ausdauernd, bis 80 cm hoch, flaches Wurzelwerk, zahlreiche Ausläufer. Stängel vierkantig.

Blatt: Gegenständig, hell- bis dunkelgrün, zuweilen rot unterlaufen, gezähnter Rand, eiförmig, gestielt.

Blüte: Rosarot bis hellviolett, quirlig in Achseln der oberen Blätter. VI–VII.

Nutzung: Blätter, Triebspitzen als Gewürz-, Arzneipflanze. In Rohkost-, Diätspeisen, zum Würzen u. a. von Fleischgerichten, Suppen, Soßen, kräftiger, aromatischer, erfrischender Geruch. Brennender, würziger Geschmack mit nachfolgendem Kältegefühl.

Gesundheitswert: Ätherische, mentholhaltige Öle geschmacksbestimmend, wirkt krampflösend. Tee bei Magenbeschwerden, Verdauungsstörungen.

Standort: Leichter, humusreicher Boden in feuchter Lage.

Klima: Auch Halbschatten geeignet.

Anbauzeitraum: Kultur im Frühjahr oder Herbst anlegen.

Pflanzung: Ausläufer mit 40 cm Reihenabstand in Furche auslegen, leicht bedecken.

Nährstoffentzug (g/10 kg Ertrag): N: 40, P: 4,8, K: 53, Mg: 5.

Düngung (g/m²): N: 16, P_2O_5: 4,6, K_2O: 25,5, MgO: 3,3, N-Kopfdüngung nach jedem Schnitt.

Ernte: Zum Frischverbrauch laufend, Haupternte vor Blühbeginn, 2. Schnitt E VIII, 3. Schnitt X, Blätter abstreifen, trocknen bei bis zu 35 °C.

Lagerung: Frisch verwenden oder getrocknet lagern.

Hinweise: Arzneipflanze des Jahres 2004.

Sorten: 'Cinderella'.

Pimpinelle oder Kleiner Wiesenknopf

Sanguisorba minor subsp. *minor* (Rosaceae, Rosengewächse)

Herkunft: Im Mittelmeergebiet beheimatet, wild in Europa verbreitet.

Pflanze: Ausdauernd, krautig, 30–50 cm hoch, verholzender Wurzelstock, Stängel kantig, gefurcht.

Blatt: Unpaarig gefiedert, oval und grob gesägt.

Blüte: In kompakten Köpfchen, grüne Hochblätter, strahlige, karminrote Narben. V–VI.

Nutzung: Junge Blätter als Gemüse bzw. Salatgemüse mit gurkenartigem Geschmack, zum Verfeinern von Soßen, Suppen, in Kräuterbutter, als Bestandteil der Kräutermischung „Grüne Soße".

Gesundheitswert: Reich an Vitamin C (bleibt beim Tiefgefrieren erhalten), mit Gerbstoffen, Flavonoiden, wirkt appetitanregend, blutstillend.

Standort: Mittelschwere, lockere, durchlässige, kalkreiche Böden, pH-Wert > 6,5.

Klima: Sonnig-warme Lagen sind günstig.

Anbauzeitraum: Direktsaat M IV–A V, vorkultivierte JP im V/VI pflanzen.

Aussaat: 20–30 cm Reihenabstand mit 15–20 Korn/lfd. Meter, 3–4 g Saatgut/m^2, 2 cm tief. Für Pflanzung im V/VI Aussaat unter Glas A III.

Pflanzung: 20 × 20 bis 30 × 25 cm, 13–25 Pfl./m^2.

Nährstoffentzug (g/10 kg Ertrag): N: 90, P: 8, K: 75, Mg: 10.

Düngung (g/m^2): N: 6, nach jedem Schnitt 3, P_2O_5: 1,8, K_2O: 9, MgO: 1,7.

Ernte: Ab E VI/A VII, ca. 60–80 Tage nach Aussaat, 2–3 Schnitte möglich. Kontinuierlich für Frischmarkt ernten. Blütenstände entfernen.

Lagerung: Frisch tiefgefrieren oder getrocknet lagern.

Porree

Allium porrum var. *porrum* (Alliaceae, Zwiebelgewächse)

Herkunft: Westlicher Mittelmeerraum.

Pflanze: Zweijährig, im 1. Jahr aus zwiebelähnlicher Verdickung Bildung einer Laubrosette und stark verkürzter Sprossachse (Schaft), sortenabhängig 30–60 cm lang, im 2. Jahr Nebenzwiebelbildung.

Blatt: Flach, bandartig, mit Wachsschicht.

Blüte: Im 2. Jahr nach Einwirkung kühler Temperaturen. V.

Nutzung: Schaft als (Zwiebel-)Gemüse. Vielseitig verwendbar, typischer Geschmack.

Gesundheitswert: Schwefelhaltige ätherische Öle geschmacksbestimmend, wertvoll durch Mineralstoffe, Vitamine, regt Kreislauf, Verdauung an, infektionshemmend.

Standort: Alle Böden außer verdichtete, staunasse geeignet, pH-Wert 6,2–6,8.

Klima: Mittel-, westeuropäischem angepasst.

Anbauzeitraum: Vorkultivierte JP M III (bis A IV unter Folie/Vlies) bis E VII pflanzen. Direktsaat A III–A V.

Aussaat: Ab M XII unter Glas für Pflanzung M III in Multizellenplatten oder Presstöpfe, 18–22 °C (tags), 12–16 °C (nachts), direkt: 14–18 Pfl./m^2, z. B. 75 × 6–7 cm, 2–3 cm tief.

Pflanzung: 15–25 Pfl./m^2, z. B. 40–75 × 8–12 cm, 18–20 cm tief bei 40 cm Pflanzenlänge.

Nährstoffentzug (g/10 kg Ertrag): N: 25, P: 3,5, K: 30, Mg: 2.

Düngung (g/m^2): N_{min}-Sollwert: 14 (Saat-), 21–23 (Pflanzporree), P_2O_5: 4,1, K_2O: 18,1, MgO: 1,7.

Wasserbedarf (Niederschlag und Beregnung): 200–400 mm, bei Bedarf von M VI–A IX beregnen.

Ernte: Je nach Sorte ab E VI/A VII.

Lagerung: Bei 0 bis −1 °C, 96–98 % rel. Luftfeuchte 8–10 Wochen.

Sorten: 'Blaugrüner Herbst'.

Portulak: Sommer-Portulak oder Gemüse-Portulak

Portulaca oleraceae subsp. *sativa* (Portulacaceae, Portulakgewächse)

Herkunft: Wildform aus westlichem Asien.

Pflanze: Einjährig, aufrechter, später niederliegender Wuchs, Höhe 15–30 cm.

Blatt: Verkehrt eiförmig, fleischig, stiellos, bis 3 cm lang, 2 cm breit, wechselständig.

Blüte: Blassgelb, orangefarben, fünfzählig mit deutlichen Deckblättern. V/VI–IX/X.

Nutzung: Blätter (zartfleischig, saftig) als Gewürz oder Gemüse; junge Blätter als Rohkost, ältere als Spinat mit nussartigem Geschmack, Blütenknospen als Kapernersatz.

Gesundheitswert: Hoher Eisen-, Vitamin-C-Gehalt.

Standort: Lockerer, mehr sandiger Boden, pH-Wert 5,6–7,2.

Klima: Vollsonnige Lagen bevorzugt.

Anbauzeitraum: Direktsaat in mehreren Sätzen von M IV mit zeitweiliger Vlies-/Folienbedeckung, ab M V–E VII ohne Bedeckung ins Freiland, im geschützten Anbau von III–VIII. Pflanzung vorkultivierter JP möglich.

Aussaat: Flach, breitwürfig mit 8–10 g/m^2, in Reihen mit 20–30 cm Abstand 3–4 g Saatgut/m^2, eventuell mit Vlies bedecken, Keimtemperatur nicht unter 16–18 °C.

Nährstoffentzug (g/10 kg Ertrag): N: 40, P: 9, K: 88, Mg: 3.

Düngung (g/m^2): N_{min}-Sollwert: 14 bis zum 1. Schnitt, nach jedem weiteren Schnitt 12, P_2O_5: 5,2, K_2O: 26,5, MgO: 1,2 (bei 2,5 kg Ertrag/m^2).

Wasserbedarf (Niederschlag und Beregnung): Bei Trockenheit beregnen.

Ernte: Ab 3–4 Wochen nach Aussaat 2–3 Ernten möglich.

Lagerung: Bei 0–2 °C, < 95 % rel. Luftfeuchte 2–3 Tage.

Portulak: Winterportulak

Claytonia perfoliata syn. *Montia perfoliata* (Portulacaceae, Portulakgewächse)

Herkunft: Küstennahe Gebiete Nordamerikas.

Pflanze: Einjährig, frostverträglich, ca. 10–30 cm hoch, büschelförmiger Wuchs.

Blatt: Grundständig, zunächst dunkelgrün, oval zugespitzt, dann mittel- bis hellgrün, tellerartig.

Blüte: Unscheinbar, doldenartig. Ab III/IV.

Nutzung: Zartfleischige, saftige Blätter als Gemüse wie Spinat oder als Salat zubereitet, angenehm mild.

Gesundheitswert: Bedeutung durch Vitamin-C-, Eiweiß-, Mineralstoffgehalt.

Standort: Alle Böden geeignet, außer extrem verdichtete oder staunasse, pH-Wert 5,8–7,4.

Klima: Wenig wärmebedürftig, 4–8 °C ausreichend.

Anbauzeitraum: Direktsaat satzweise von M IX/A X–M III unter Glas, A III ins Freiland. Pflanzung vorkultivierter JP möglich.

Aussaat: Breitwürfig 0,8–1,2 g/m^2; in Reihen mit 10–20 cm Abstand 0,6–1,0 g/m^2. Für JP-Anzucht 5–7 Korn/Topf aussäen.

Pflanzung: 12 × 10 cm, 83 JP/m^2.

Nährstoffentzug (g/10 kg Ertrag): N: 70, P: 6,5, K: 60, Mg: 13.

Düngung (g/m^2): N_{min}-Sollwert: 8, nach 8. Kulturwoche senken, nicht weniger als 5, P_2O_5: 3,4, K_2O: 16,3, MgO: 4,8 (bei 2,25 kg Ertrag/m^2).

Wasserbedarf (Niederschlag und Beregnung): Bei Trockenheit beregnen.

Ernte: Im Frühjahr, Herbst 6 Wochen, im Winter 7–9 Wochen nach Aussaat, 2. oder 3. Schnitt nach 1–2 (Frühjahr) bzw. 5–6 Wochen (Winter).

Lagerung: Bei 0–1 °C, hoher rel. Luftfeuchte 5–7 Tage.

Radicchio

Cichorium intybus var. *foliosum* (Asteraceae, Korbblütler)

Herkunft: Mittelmeerraum.

Pflanze: Urform zweijährig, niedrige Temperaturen im Kurztag, gefolgt von Langtag lösen generative Phase aus, fleischige Hauptwurzel (Rübe).

Blatt: Braunrot mit weißen Rippen, Blätter bilden festen runden oder länglichen Kopf.

Blüte: Im Körbchen angeordnet, blau.

Nutzung: Blätter als Salatgemüse. Pikant bitterer Geschmack.

Gesundheitswert: Intybin geschmacksbestimmend, Gehalt an Vitamin C, Provitamin A bedeutsam, mit Anthozyan, wirkt appetitanregend, verdauungsfördernd.

Standort: Leichte bis mittelschwere, tiefgründige, siebfähige, steinfreie Böden, pH-Wert 6,5–7.

Klima: Mittel-, südeuropäischem Klima angepasst, Spätfrostlagen meiden.

Anbauzeitraum: Vorkultivierte JP ab M III unter Vlies und Folie, A–M IV unter Vlies, M VI–E VII ohne Bedeckung ins Freiland pflanzen. Direktsaat ab VII möglich, aber unüblich.

Aussaat: M II für Pflanzung M III unter Glas in Erdpresstöpfe, Keimung bei 28 °C, dann 20 °C.

Pflanzung: 10–12 Pfl./m^2, z. B. 25–30 × 30 cm, im Spätanbau 40 × 35 cm.

Nährstoffentzug (g/10 kg Ertrag): N: 25, P: 4, K: 40, Mg: 2.

Düngung (g/m^2): N_{min}-Sollwert: 14, P_2O_5: 2,7, K_2O: 14,4, MgO: 1.

Wasserbedarf (Niederschlag und Beregnung): Abhängig von Witterung dreimal 20 mm ab Beginn Kopfbildung.

Ernte: Von A VI–X über 2–3 Wochen, ca. 8–11 Wochen nach Pflanzung.

Lagerung: Bei 0–1 °C, > 97 % rel. Luftfeuchte bis > 4 Wochen.

Sorten: Sortengruppen: 'Rossa di Chioggia' (runde), 'Treviso' (längliche Kopfform).

Radies oder Radieschen

Raphanus sativus var. *sativus* (Brassicaceae, Kreuzblütler)

Herkunft: Östliches Mittelmeergebiet, Vorderasien.

Pflanze: Einjährig, ursprünglich Langtagpflanze.

Blatt: Bis Blühbeginn grundständig, dicht behaart.

Blüte: Weiß oder rosafarben.

Nutzung: Knolle (besteht bei runden Typen aus Hypokotyl, bei lang gestreckten Typen aus Hypokotyl und Wurzel, sortenabhängig rund, länglich, rosa, violett, weiß, gelb oder zweifarbig, innen weiß) roh, als Gemüse, würziger Geschmack, zur Dekoration.

Gesundheitswert: Senföle geschmacksbestimmend, ähnlich Rettich reich an Vitamin C, Mineralstoffen (Kalium), sekundären Pflanzenstoffen (u. a. Glucosinolate), appetitanregendes Aussehen.

Boden: Humose, lockere Lößlehm-, Schwarzerdeböden sind optimal, pH-Wert 5,6–7.

Klima: Mitteleuropäischem Klima angepasst.

Anbauzeitraum: Direktsaat A II–A III unter Vlies und Folie, M III–A IV unter Folie bzw. Vlies, M IV–M IX ohne Bedeckung ins Freiland.

Aussaat: 13,0 × 3,1, 12,5 × 3,2 oder 15,0 × 2,7 cm mit 250 Korn/m^2, 1 cm tief.

Nährstoffentzug (g/10 kg Ertrag): N: 20, P: 3, K: 28, Mg: 2.

Düngung (g/m^2): N_{min}-Sollwert: 10, P_2O_5: 2, K_2O: 10, MgO: 1.

Wasserbedarf (Niederschlag und Beregnung): Bis 200 mm, auf gleichmäßige Wasserversorgung achten, ab Aussaat kleine Gaben (10 mm).

Ernte: Aus Doppelbedeckung ab A–M IV.

Lagerung: Bei 0–1 °C, 90–95 % rel. Luftfeuchte 1 Woche.

Hinweise: Auf Falschen Mehltau achten, Kulturschutznetze einsetzen, Anbau unter Glas möglich.

Sorten: ‘Printo’: mit Aussaat von M II–M III.

Rauke: Salat- oder Öl-Rauke

Eruca sativa (Brassicaceae, Kreuzblütler)

Herkunft: Südschweiz und Italien.

Pflanze: Einjährig, bis 40 cm hoch.

Blatt: Gebuchtet.

Blüte: Weiß bis cremefarben.

Nutzung: Junge Blätter als Gemüse. Roh, klein geschnitten im Misch- oder Rohkostsalat, pikant scharfer, erdnussartiger, kresseähnlicher Geschmack, aber milder als bei Rucola.

Gesundheitswert: Hoher Carotin-, Vitamin-C-Gehalt, Natrium, Kalium, Magnesium, Phosphor, Calciumgehalt höher als bei Kopfsalat, wirkt harntreibend, verdauungsfördernd.

Standort: Gut durchlässiger, unkrautarmer Boden.

Klima: Mitteleuropäischem Klima angepasst, sonnige Lagen.

Anbauzeitraum: Direktsaat im Freiland von III–VIII. JP ab M V pflanzen. Unter Glas ganzjährig.

Aussaat: 40–60 g Saatgut/100 m^2 oder 150 g/1000 Töpfe. Direktsaat mit 15–20 cm Reihenabstand.

Pflanzung: Abstand unter Glas 15–20 × 25 cm, rd. 20–25 JP/m^2.

Nährstoffentzug (g/10 kg Ertrag): N: 40, P: 4,5, K: 44, Mg: 3.

Düngung (g/m^2): N_{min}-Sollwert: 15, P_2O_5: 1,8, K_2O: 9,3, MgO: 0,8; als Grunddüngung oder kurz nach Auflaufen.

Wasserbedarf (Niederschlag und Beregnung): Für gleichmäßige Bodenfeuchte sorgen.

Ernte: Ca. 5–6 Wochen nach Aussaat, Einmalernte.

Hinweise: Frühzeitig Unkraut bekämpfen, dreijährige Fruchtfolge einhalten.

Sorten: 'Kulturform', 'Runway'.

Rauke: Wilde Rauke oder Rucola
Diplotaxis tenuifolia (Brassicaceae, Kreuzblütler)

Herkunft: Im Mittelmeergebiet wild wachsend.

Pflanze: Mehrjährig, frosthart, bis 20 cm hoch.

Blatt: Länglich-schmal, gezahnt.

Blüte: Gelb. VI–VII.

Nutzung: Junge Blätter als Gemüse. Roh, klein geschnitten im Misch- oder Rohkostsalat, im Geschmack würziger als Salat-Rauke.

Gesundheitswert: Bedeutsam durch hohen Carotin-, Vitamin-C-Gehalt, Natrium, Kalium, Magnesium, Phosphor, Calciumgehalt höher als bei Kopf-Salat, wirkt harntreibend, verdauungsfördernd.

Standort: Gut durchlässiger, unkrautarmer Boden.

Klima: Mitteleuropäischem Klima angepasst, sonnige Lagen.

Anbauzeitraum: Direktsaat im Freiland von III–A IX. JP ab M V pflanzen. Im Gewächshaus ganzjährig.

Aussaat: Direktsaat mit 60 g/100 m^2 mit 25 cm Reihenabstand. Für JP-Anzucht 5 Korn/Presstopf aussäen.

Pflanzung: Unter Glas 50–60 Töpfe/m^2, z. B. 20 × 10 cm, im Freiland 26–33 Töpfe/m^2, 30× 10–15 cm.

Nährstoffentzug (g/10 kg Ertrag): N: 40, P: 4,5, K: 44, Mg: 3.

Düngung (g/m^2): N_{min}-Sollwert: 15, P_2O_5: 1,8, K_2O: 9,3, MgO: 0,8.

Wasserbedarf (Niederschlag und Beregnung): Für gleichmäßige Bodenfeuchte sorgen.

Ernte: Blätter von 10–15 cm Länge ca. 6–8 Wochen nach Aussaat, bei Einmalernte Pflanze am Wurzelhals schneiden, bei hohem Schnitt im Freiland 2, unter Glas bis 3 Ernten möglich.

Hinweise: Dreijährige Fruchtfolge einhalten.

Sorten: 'Wildform'.

Rettich

Raphanus sativus var. *niger* (Brassicaceae, Kreuzblütler)

Herkunft: Südeuropa, Vorder-, Ostasien.
Pflanze: Ein- oder zweijährig, Langtagpflanze.
Blatt: Gelappt, gefiedert, grundständig.
Blüte: Weiß oder schwach rosafarben, in länglichen Blütenständen.
Nutzung: Rettichrübe (gebildet bei pfahlförmigen Typen von verdickter Hauptwurzel und Hypokotyl, bei runden vom verdickten Hypokotyl) überwiegend roh als Gemüse.
Gesundheitswert: Senföle geschmacksbildend, reich an Vitamin C, Mineralstoffen (Kalium), sekundären Pflanzenstoffen (u. a. Glucosinolate), als Arzneipflanze bei Leber-, Gallenleiden, chronischer Bronchitis.
Boden: Mittelschwere bis leichte, humose, tiefgründige Böden, pH-Wert 5,6–7.
Klima: Mitteleuropäischem Klima angepasst.
Anbauzeitraum: Direktsaat ab E II im Folientunnel, unter Vlies und Folie, A V unter Flachfolie, A VI–M/25. VIII ohne Bedeckung ins Freiland. Vorkultivierte JP bei frühen Sätzen verwenden.
Aussaat: 2–3 cm tief, Bund- 25 × 7–8 cm (50 Korn/m^2), Stückware 25 × 15–20 cm (20–25 Korn/m^2), absieben. Für JP-Anzucht ca. 14 Tage vor Pflanzung in 3-cm-Paperpots säen.
Pflanzung: 20 × 20 cm (Stückware), 25 Pfl./m^2.
Nährstoffentzug (g/10 kg Ertrag): N: 17, P: 3,3, K: 30, Mg: 1,6.
Düngung (g/m^2): N_{min}-Sollwert: 12–14 (Bund-), 16–17 (europäische Stück-), 18–23 (asiatische Stückware), P_2O_5: 3,9, K_2O: 18,1, MgO: 1,3.
Wasserbedarf (Niederschlag und Beregnung): Bis 200 mm, Sommeranbau: vorweg 15 mm, bei Trockenheit ab beginnender Rübenbildung 15-mm-Gaben.
Ernte: Ab 25. IV als Bund- oder Stückrettich.
Lagerung: 0–0,5 °C, > 97 % rel. Luftfeuchte.
Sorten: 'Runder schwarzer Winter', 'Rex'.

Rhabarber

Rheum rhabarbarum (Polygonaceae, Knöterichgewächse)

Herkunft: Asien, Himalaya.

Pflanze: Ausdauernde Rhizompflanze, überwintert mit dicken, fleischigen Wurzeln (als Speicherorgane für die im Frühjahr austreibenden unterirdischen Knospen).

Blatt: Groß, am Grunde drei-, mehrlappig, leicht gekrauster Rand, Blattstiel mit flacher Ober-, runder Unterseite mit scharfen Kanten, ca. 70 cm lang, 5 cm breit.

Blüte: Cremefarben, im Blütenstand. V.

Nutzung: Blattstiele, u.a als Marmelade.

Gesundheitswert: Erfrischender, pikant-säuerlicher Geschmack durch Fruchtsäuren (insbesondere Äpfel-, Zitronensäure). Oxalsäure wird z. B. durch Milch neutralisiert, trotzdem Verzehr bei Kindern einschränken; regt Verdauung an.

Standort: Mittlere bis schwere, gut mit organischer Substanz versorgte, wasserhaltende, z. B. humose Lehmböden, pH-Wert 5,6–7,2.

Klima: Keine besonderen Ansprüche.

Anbauzeitraum: Rhizomstücke von III–V oder im X pflanzen, mehrjährig.

Pflanzung: 0,75 × 1,00 bis 1,00 × 1,00 m, rd. 1 Pfl./m^2.

Nährstoffentzug (g/10 kg Ertrag): N: 20, P: 3, K: 25, Mg: 1,5.

Düngung (g/m^2): N_{min}-Sollwert: 17, P_2O_5: 2,7, K_2O: 12, MgO: 1, organische Düngung vor dem Pflanzen, dann jedes 2 Jahr.

Wasserbedarf (Niederschlag und Beregnung): Bewässern ab IV, vorwiegend nach der Ernte von VII–VIII 40 l/m^2.

Ernte: Ab 2. Jahr beim Verfrühen mit Folie ab III/IV, sonst von IV–VI/VII 3–4 Stiele/Pfl.

Lagerung: Bei 0–1 °C, 95–98 % rel. Luftfeuchte bis zu 3 Wochen (aus Treiberei 1 Woche).

Hinweise: Treiberei, z. B. in dunklen Räumen, möglich.

Rosmarin

Rosmarinus officinalis (Lamiaceae, Lippenblütler)

Herkunft: Mittelmeergebiet.

Pflanze: Holziger, immergrüner Halbstrauch, bedingt winterhart, bis 1,50 m hoch. Wurzeln meist verholzt, ältere Äste verholzt, mit schuppiger, borkenartiger Rinde.

Blatt: Gegenständig, lanzettlich, Oberseite glatt, grün, wenig behaart, Unterseite graufilzig behaart.

Blüte: Zartblau bis lila, selten weiß, endständig in Scheintrauben. III–IV.

Nutzung: Frische Blätter als Gewürz der italienischen, französischen Küche, in Suppen, Fleisch-, Wildspeisen, kleine Mengen in Salate, Fischgerichte. Getrocknet scharf, bitteraromatisch.

Gesundheitswert: Enthält ätherische Öle, Kampfer, Bitter- Gerbstoffe; u. a. bei Magenverstimmung, Appetitlosigkeit.

Standort: Humusreicher, durchlässiger Boden.

Klima: Warme, sonnige, trockene Lagen.

Anbauzeitraum: Vermehrung im VII/VIII mit Stecklingen oder Aussaat im Frühjahr.

Aussaat: In Töpfe, Frühbeet; für JP 5–10 g/1000 Pfl. säen.

Pflanzung: In Töpfen gezogene Pflanzen im Sommer auspflanzen, 40 × 30 cm, 8 Pfl./m^2.

Düngung (g/m^2): Im Frühjahr Kompost-, verrottete Stallmistgaben oder mineralisch, Kaligabe fördert Ölbildung, ab Spätsommer möglichst wenig düngen.

Wasserbedarf (Niederschlag und Beregnung): Gering. In Trockenperioden beregnen, ab Spätsommer möglichst wenig beregnen.

Ernte: Frische Triebe, Blätter ganzjährig schneiden, Haupternte zur Blüte, maximal ein Viertel des Laubbestandes ernten.

Lagerung: Getrocknet.

Hinweise: Winterschutz mit Torf, Tannenzweigen.

Sorten: 'Abraxas'.

Rote Bete oder Rote Rübe

Beta vulgaris subsp. *vulgaris* var. *vulgaris* (Chenopodiaceae, Gänsefußgewächse)

Herkunft: Mittelmeerraum.

Pflanze: Zweijährig.

Blatt: Lang gestielt, grundständig, gegenständig, saftreich.

Blüte: Im 2. Jahr, zwittrig, fünfteilig einzeln oder in 2–4 in Quirlen, an rispenartig verzweigtem Blütenstängel. Grün oder rötlich grün.

Nutzung: Rübe (Wurzelkörper aus verdicktem Hypokotyl und oberstem Teil der Pfahlwurzel bestehend, bei runden Formen nur aus Hypokotyl gebildet) als Gemüse. Gekocht u. a. als Suppe, Salat, Rohverzehr möglich.

Gesundheitswert: Wertvoll durch Vitamin C, Mineralstoffe (Kalium), organische Säuren (Zitronen-, Äpfelsäure), roten Farbstoff Betanin, weniger Oxalsäure als in Mangold, Saft wirkt blutreinigend, -bildend, leicht anregend auf Magen, Darm.

Standort: Tiefgründige, humose, Lehm-, Schwarzerdeböden, pH-Wert 6–7.

Klima: Maritimes Klima.

Anbauzeitraum: Direktsaat ab M III (zeitweilig unter Folie) bis M VII. Vorkultivierte JP E III–A IV pflanzen.

Aussaat: 40–60 Pfl./m^2, 3–4 cm tief, Reihenabstand 25–40 cm.

Pflanzung: 30 Pfl./m^2, 33 × 10 cm.

Nährstoffentzug (g/10 kg Ertrag): N 26 (28), P: 5 (6), K: 40 (46), Mg: 3 (5), Rüben- (Rüben mit Laub-)ernte.

Düngung (g/m^2): N_{min}-Sollwert: 23 für Normalware, P_2O_5: 6,9, K_2O: 28,9, MgO: 3.

Wasserbedarf (Niederschlag und Beregnung): Während Hauptwachstum in Trockenperioden beregnen.

Ernte: Ab A VII, je nach gewünschter Größe.

Lagerung: In Erdmieten, trockenen Kellern bei 3–4 °C.

Hinweise: 2- bis 3-jähriger Fruchtwechsel mit anderen Chenopodiaceen.

Sorten: 'Rote Kugel'.

Salat: Baby leaf lettuce (Schnittsalat)

Lactuca sativa subsp. (Asteraceae, Korbblütler)

Herkunft: Mittelmeerraum.

Pflanze: Einjährig, Langtagpflanze, enthält Milchsaft.

Blatt: Je nach Art eingeschnitten, eingebuchtet, eichenlaubähnlich oder geschlitzt.

Blüte: Ungestielte Einzelblüten. VI–VIII.

Nutzung: Als Blattgemüse.

Gesundheitswert: Wertvoll durch Mineralstoffgehalt, vitaminreich (C, E, Carotin), wirkt appetitanregend, ist leicht verdaulich, sehr bekömmlich durch organische Säuren.

Standort: Mittelschwere, humusreiche, durchlässige Böden mit guter Struktur und Wasserführung, pH-Wert 5,8–6,5.

Klima: Gemäßigtes Klima, im Frühjahr wärmebegünstigte, im Sommer kühlere Lagen.

Anbauzeitraum: Direktsaat von A–M III unter Vlies, M IV–VIII ohne Bedeckung ins Freiland. Kulturdauer 34–56 Tage. Unter Glas von IX–II frostfrei oder leicht geheizt kultivieren.

Aussaat: 50–70 g Saatgut/100 m^2, 10–12 × 2–3 cm.

Düngung (g/m²): N_{min}-Sollwert: 9, P_2O_5: 6, K_2O: 7,9, MgO: 4.

Wasserbedarf (Niederschlag und Beregnung): Frisch gesäte Flächen gegen Abend bewässern, gleichmäßiger Bedarf über die Kulturzeit.

Ernte: Ca. 1 cm über dem Boden 8–10 cm lange Blätter schneiden, Vegetationspunkt für 2. Schnitt stehen lassen.

Lagerung: Im Folienbeutel im Kühlschrank nur wenige Tage haltbar.

Hinweise: Auf saubere unkrautfreie Flächen säen.

Sorten: Gängige Sorten von Eichblatt-, Lollo-, Batavia-, Romana- und Endivien-Salaten.

Salat: Blatt-, Pflück- oder Schnitt-Salat
Lactuca sativa var. *crispa* (Asteraceae, Korbblütler)

Herkunft: Mittelmeerraum, stammt möglicherweise vom Wilden Lattich ab.

Pflanze: Einjährige Langtagpflanze, Spross von oben bis unten mit Blättern besetzt.

Blatt: Glatt, ganzrandig oder eingeschnitten, ohne Kopfbildung.

Blüte: Ungestielt, einzeln. VI–VIII.

Nutzung: Als Blattgemüse. Mit schwach bitterem Geschmack.

Gesundheitswert: Reich an Vitaminen (C, E, Carotin), mit Fruchtsäuren, leicht verdaulich, wirkt hustenstillend, appetitanregend.

Standort: Mittelschwere, humusreiche Böden mit guter Struktur und Wasserführung (Sandige Lehme, Lößlehme), pH-Wert 5,8–6,5.

Klima: Gemäßigtes Klima, im Frühjahr wärmebegünstigte, im Sommer kühlere Lagen.

Anbauzeitraum: Vorkultivierte JP von A–M III unter Folie und Vlies, M III–A IV unter Vlies, ab A IV–E VIII ins Freiland pflanzen.

Aussaat: JP-Anzucht in Erdpresstöpfen mit Aussaat ab 24. XII (Pflanzung A III).

Pflanzung: Sorten-, typabhängig ca. 10 Pfl./m^2, z. B. 38 × 28 cm oder 33 × 30 cm.

Nährstoffentzug (g/10 kg Ertrag): N: 19, P: 3, K: 37, Mg: 1.

Düngung (g/m^2): N_{min}-Sollwert: 13 bei grünen, 11 bei roten Sorten, P_2O_5: 2, K_2O: 13,4, MgO: 0,5.

Wasserbedarf (Niederschlag und Beregnung): 140–160 mm, 10 mm/Gabe bis Kopfbildung, dann größere Gaben.

Ernte: M IV–A X als ganzer Salat mit Kopfgewicht ab ca. 300 g.

Lagerung: Im Kühlschrank 3–5 Tage, bei 0–1 °C, 95 % rel. Luftfeuchte bis 14 Tage.

Sorten: 'Locarno' (Lollo Bionda), 'Anthony' (Lollo Rossa), 'Kristine' (grüner Eichblatt-Salat).

Salat: Blatt-, Pflück- oder Schnitt-Salat (Treib-)

Lactuca sativa var. *crispa* (Asteraceae, Korbblütler)

Herkunft: Mittelmeerraum.

Pflanze: Einjährige Langtagpflanze, Spross von oben bis unten mit Blättern besetzt.

Blatt: Glatt, ganzrandig oder eingeschnitten, ohne Kopfbildung.

Blüte: Ungestielt, einzeln.

Nutzung: Als Blattgemüse. Mit schwach bitterem Geschmack.

Gesundheitswert: Reich an Vitaminen (C, E, Carotin), mit Fruchtsäuren, leicht verdaulich, wirkt hustenstillend, appetitanregend.

Standort: Sandige Lehm- und Lößlehmböden, pH-Wert 5,8–6,5.

Klima: Temperaturführung nach Einstrahlung, zum Anwachsen 10–12 °C tags, 8 °C nachts, bei Kopfbildung 8–10 °C tags, 4–6 °C nachts, lüften ab 13–15 °C.

Anbauzeitraum: Vorkultivierte JP von 20. I–A II ins geheizte bzw. temperierte Haus (Ernte 25. III–E IV) und vom 10.–20. IX (Ernte E X–M XI) pflanzen.

Aussaat: JP-Anzucht unter Glas in Erdpresstöpfen ab 25. XI (für Pflanzung A II).

Pflanzung: 14–22 Pfl./m^2, z. B. 25 × 15–25 cm, Eichblattsalat mit 16 Pfl./m^2, 25 × 25 cm.

Nährstoffentzug (g/10 kg Ertrag): N: 19, P: 3, K: 37, Mg: 1.

Düngung (g/m^2): N_{min}-Sollwert: 13 (grüne), 11 (rote Sorten), P_2O_5: 2, K_2O: 13,4, MgO: 0,5.

Wasserbedarf (Niederschlag und Beregnung): Gleichmäßig feucht halten, 10 mm/Gabe bis zur Kopfbildung, dann größere Gaben.

Ernte: Als ganzer Salat mit Kopfgewicht ab ca. 200 g.

Lagerung: Im Kühlschrank 3–5 Tage, bei 0–1 °C, 95 % rel. Luftfeuchte bis 14 Tage.

Sorten: 'Locarno', 'Livorno' (Lollo Bionda).

▲ 'Anthony' (Lollo Rossa): Für den Anbau unter Glas und im Freiland geeignet, 'Revolution': für Pflanzung unter Glas und im Freiland von A II–M IX.

▼ 'Kristine': Grüner Eichblatt-Salat für den ganzjährigen Anbau im Freiland, sowie Frühjahrs- und Herbstanbau unter Glas, 'Carthago': für die Aussaat von II–VII geeignet.

▲ 'Versai': Roter Eichblatt-Salat für den ganzjährigen Anbau im Freiland, sowie Frühjahrs- und Herbstanbau unter Glas, 'Amorix': mit dunkelroter Laubfarbe, für den Freilandanbau, 'Rebosa': mit braunroten Rosetten und Aussaat von II–VII.

▼ 'Belowa': Grüner Blattsalat für den Anbau im Freiland, mit löwenzahnartigen Blättern und aufrechtem Wuchs.

Salat: Eis-Salat

Lactuca sativa var. *capitata* (Asteraceae, Korbblütler)

Herkunft: Erste Sorten Ende des 19. Jh. in den Vereinigten Staaten entstanden.

Pflanze: Einjährige Langtagpflanze, Primärspross erst kurz und unterentwickelt, mit Blühbeginn Internodienverlängerung, Auflösung der Rosette, milchsafthaltig.

Blatt: Grundständig, Blätter als Halbrosette angeordnet, bilden sog. Kopf, dicker, knackiger als Kopf-Salat.

Blüte: Ungestielt, einzeln im Körbchen.

Nutzung: Als Blattgemüse, schwach bitter.

Gesundheitswert: Vitaminreich (C, E, Carotin), mit Fruchtsäuren, leicht verdaulich, wirkt hustenstillend, appetitanregend.

Standort: Mittelschwere, humusreiche, durchlässige Böden mit guter Struktur und Wasserführung (sandige Lehm- und Lößlehmböden), pH-Wert 6–7.

Klima: Gemäßigtes Klima, optimal sind im Frühjahr wärmebegünstigte, im Sommer kühlere Lagen.

Anbauzeitraum: JP ab A III unter Vlies und Folie, ab M III unter Vlies, ab M IV ohne Bedeckung bis M VIII ins Freiland pflanzen.

Aussaat: Ab 20. XII für Pflanzung A III im Gewächshaus in Erdpresstöpfe aussäen.

Pflanzung: 7 Pfl./m^2, z. B. 50 × 30 cm, sortenabhängig bis 11 Pfl./m^2.

Nährstoffentzug (g/10 kg Ertrag): N: 13, P: 3, K: 25, Mg: 1.

Düngung (g/m^2): N_{min}-Sollwert: 18, P_2O_5: 3,4, K_2O: 15, MgO: 0,8.

Wasserbedarf (Niederschlag und Beregnung): Bis 200 mm, durch um 2 Wochen längere Kulturzeit höherer Bedarf als bei Kopf-Salat.

Ernte: Ab ca. A–M V, sobald Kopf fest ist, aber noch nicht schosst.

Lagerung: Bei 0,5 °C, > 97 % rel. Luftfeuchte bis 6 Wochen.

Sorten: 'Astral'.

Salat: Kopf-Salat

Lactuca sativa var. *capitata* (Asteraceae, Korbblütler)

Herkunft: Mittelmeerraum, geht möglicherweise auf den auch bei uns vorkommenden Wilden Lattich zurück.

Pflanze: Einjährige Langtagpflanze, Primärspross zunächst kurz und unterentwickelt, mit Blühbeginn werden Internodien länger, Auflösung der Rosette, enthält Milchsaft.

Blatt: Grundständig, Blätter bilden Halbrosette, den sog. Kopf; sortenabhängig rot oder grün.

Blüte: Ungestielte Einzelblüten im Körbchen.

Nutzung: Als Blattgemüse. Mit schwach bitterem Geschmack.

Gesundheitswert: Reich an Vitaminen (C, E, Carotin), mit Fruchtsäuren, energiearm, leicht verdaulich, wirkt hustenstillend, appetitanregend.

Standort: Mittelschwere, humusreiche, durchlässige Böden mit guter Struktur und Wasserführung (sandige Lehm- und Lößlehmböden), pH-Wert 6–7.

Klima: Gemäßigtes Klima, im Frühjahr wärmebegünstigte, im Sommer kühlere Lagen.

Anbauzeitraum: Satzweise JP A III unter Vlies und Folie, M III unter Vlies, M IV–A IX ohne Bedeckung ins Freiland pflanzen.

Aussaat: Ab 20. XII (Pflanzung A III) JP-Anzucht unter Glas in Erdpresstöpfen.

Pflanzung: 33 × 28 oder 31 × 30 cm, 10–11 Pfl./m^2.

Nährstoffentzug (g/10 kg Ertrag): N: 18, P: 3, K: 30, Mg: 1,5.

Düngung (g/m^2): N_{min}-Sollwert: 15, P_2O_5: 3,4, K_2O: 18, MgO: 1,2.

Wasserbedarf (Niederschlag und Beregnung): 140–160 mm, 10–15 mm/Gabe bis Kopfbildung, dann größere Gaben.

Ernte: E IV–E X sobald Kopf fest ist, aber noch nicht schosst.

Lagerung: Im Kühlschrank 3–5 Tage, bei 0–1 °C, 95 % rel. Luftfeuchte ca. 2 Wochen.

Sorten: ‘Attraktion’, ‘Larissa’, ‘Pirat’, ‘Roxy’.

Salat: Kopf-Salat (Treib-)

Lactuca sativa var. *capitata* (Asteraceae, Korbblütler)

Herkunft: Mittelmeerraum, stammt möglicherweise vom Wilden Lattich ab.

Pflanze: Einjährige Langtagpflanze (s. S. 251).

Blatt: Blätter bilden Halbrosette, den sog. Kopf.

Blüte: Einzeln, ungestielt im Körbchen.

Nutzung: Blätter als Salat (Blattgemüse). Mit schwach bitterem Geschmack.

Gesundheitswert: Reich an Vitaminen (C, E, Carotin), mit Fruchtsäuren, energiearm, leicht verdaulich, wirkt hustenstillend, appetitanregend.

Standort: Sandige Lehm-, Lößlehmböden, pH-Wert 6–7.

Klima: Temperaturführung nach Einstrahlung, zum Anwachsen 10–12 °C tags, 8 °C nachts, bei Kopfbildung 8–10 °C tags, 4–6 °C nachts, lüften ab 13–15 °C.

Anbauzeitraum: JP von 20. I–A II ins geheizte bzw. temperierte Haus (Ernte 25. III–E IV) und 10.–20. IX pflanzen (Ernte 20. X–M XI).

Aussaat: Ab 25. XI für Pflanzung A II, JP-Anzucht unter Glas in Erdpresstöpfen.

Pflanzung: 12–16 Pfl./m^2, z. B. 25 × 25 cm.

Nährstoffentzug (g/10 kg Ertrag): N: 18, P: 3, K: 30, Mg: 1,5.

Düngung (g/m^2): N_{min}-Sollwert: 15, P_2O_5: 3,4, K_2O: 18, MgO: 1.

Wasserbedarf (Niederschlag und Beregnung): Gleichmäßig feucht halten, 10–15 mm/Gabe bis zur Kopfbildung, dann größere Gaben.

Ernte: Bei Kopfgewichten ab 300 g.

Lagerung: Im Kühlschrank 3–5 Tage, bei 0–1 °C, 95 % rel. Luftfeuchte bis 14 Tage.

Hinweise: Die sog. Buttersalate unter Glas sind weicher im Blatt als die Freilandsorten, mittlerweile gibt es auch für das Freiland Sorten mit weicheren Blättern.

Sorten: 'Omega': hellgrüner Frühjahrssalat.

Salat: Romana-, Römischer oder Binde-Salat
Lactuca sativa var. *longifolia* (Asteraceae, Korbblütler)

Herkunft: Mittelmeerraum, geht möglicherweise auf den Wilden Lattich zurück.

Pflanze: Einjährige Halbrosettenpflanze, enthält Milchsaft.

Blatt: Mehr oder weniger aufrecht, Blätter bilden länglichen, eiförmigen, lockeren bis mittelfesten Kopf, mit gelben Innenblättern.

Blüte: Einzeln, ungestielt, im Körbchen.

Nutzung: Blätter als Salat (Blattgemüse). Mit herzhaft würzigem Geschmack.

Gesundheitswert: Ähnlich Kopf-Salat, reich an Vitaminen (C, E, Carotin), mit Fruchtsäuren, leicht verdaulich, sehr bekömmlich, energiearm, wirkt hustenstillend, appetitanregend.

Standort: Mittelschwere, humusreiche, durchlässige Böden mit guter Struktur, guter Wasserführung (sandige Lehm- und Lößlehmböden), pH-Wert 5,8–6,5.

Klima: Gemäßigtes Klima, im Frühjahr wärmebegünstigte, im Sommer kühlere Lagen.

Anbauzeitraum: Vorkultivierte JP A–21. III unter Vlies, bis A VIII ohne Bedeckung ins Freiland pflanzen.

Aussaat: Ab 20. XII für Pflanzung A III, JP-Anzucht unter Glas in Erdpresstöpfen.

Pflanzung: 9–11 Pfl./m^2, z. B. 30 × 35 cm.

Nährstoffentzug (g/10 kg Ertrag): N: 20, P: 4, K: 25, Mg: 1.

Düngung (g/m^2): N_{min}-Sollwert: 14, P_2O_5: 4,6, K_2O: 15, MgO: 0,8.

Wasserbedarf (Niederschlag und Beregnung): 140–160 l/m^2, mit 10–15 mm/Gabe bis Kopfbildung, dann größere Gaben.

Ernte: Erste Sätze ab M V mit Kopfgewichten ab 250 g, ca. 70 Tage (im Sommer ca. 6 Wochen) nach Pflanzung.

Lagerung: Bei 0 °C, 95 % rel. Luftfeuchte 3–5 Tage.

Hinweise: Hohe Salzgehalte meiden (Gefahr von Blattrandnekrosen).

Salat: Mini-Romana, Salatherzen oder „Little gem"
Lactuca sativa var. *longifolia* (Asteraceae, Korbblütler)

Herkunft: Mittelmeerraum, geht möglicherweise auf den Wilden Lattich zurück.

Pflanze: Einjährige Halbrosettenpflanze, enthält Milchsaft.

Blatt: Mehr oder weniger aufrecht, Blätter bilden länglichen, eiförmigen, lockeren bis mittelfesten Kopf, gelbe Innenblätter.

Blüte: Einzeln, ungestielt, im Körbchen.

Nutzung: Blätter als Salat, herzhaft würzig.

Gesundheitswert: Ähnlich Kopf-Salat, reich an Vitaminen (C, E, Carotin), mit Fruchtsäuren, leicht verdaulich, sehr bekömmlich, energiearm, wirkt hustenstillend, appetitanregend.

Standort: Mittelschwere, humusreiche, durchlässige Böden mit guter Struktur und Wasserführung, pH-Wert 5,8–6,5.

Klima: Gemäßigtes Klima, im Frühjahr wärmebegünstigte, im Sommer kühlere Lagen.

Anbauzeitraum: JP ab 20. II–A IV unter Vlies, ab M IV–A IX ohne Bedeckung ins Freiland pflanzen.

Aussaat: Ab M XII für Pflanzung 20. II, JP-Anzucht unter Glas in Erdpresstöpfen.

Pflanzung: 12–16 Pfl./m^2, z. B. 25 × 25–30 cm.

Nährstoffentzug (g/10 kg Ertrag): N: 20, P: 4, K: 25, Mg: 1.

Düngung (g/m^2): N_{min}-Sollwert: 14, P_2O_5: 4,6, K_2O: 15,1, MgO: 0,8.

Wasserbedarf (Niederschlag und Beregnung): 140–160 l/m^2, Boden feucht halten, kleine Gaben (maximal 10–15 mm/Gabe).

Ernte: Erste Sätze ab M IV mit Kopfgewichten ab 125 g, ohne Umblatt.

Lagerung: Bei 0 °C, 95 % rel. Luftfeuchte 3–5 Tage.

Hinweise: Kulturdauer gegenüber den normalen Sorten im Frühjahr ca. 20, im Sommer um 15 Tage kürzer. Hohe Salzgehalte vermeiden.

Sorten: 'Xanadu': mit bis zu 18 Pfl./m^2 pflanzen.

Salbei, Echter oder Garten-Salbei
Salvia officinalis (Lamiaceae, Lippenblütler)

Herkunft: Mittelmeerraum.

Pflanze: Ausdauernd, ca. 60 cm hoher Halbstrauch, bedingt winterhart.

Blatt: Eiförmig-länglich, feingekerbter Rand, Oberseite olivgrau bis grün, dicht behaart, feinnetzige Struktur.

Blüte: Violett-bläulich oder rosarot, weißlich, in unpaarigem Scheinquirl. VI–VII/VIII.

Nutzung: Blätter, unverholzte Triebe als Gewürz. Mit pikant-würzigem Aroma, frisch, getrocknet, ganz, gemahlen, geschnitten, sparsam dosiert für Fischgerichte, fettige Speisen (u. a. Hackfleisch).

Gesundheitswert: Enthält ätherische Öle, Gerb- und Bitterstoffe, als Heilpflanze mit antibakterieller, fungistatischer, virusstatischer Wirkung geschätzt, z. B. bei Entzündungen der Mund-, Rachenschleimhaut.

Standort: Sandige Lehmböden bis lehmige Sande, pH-Wert 6,5–8.

Klima: Warme, windgeschützte Lagen.

Anbauzeitraum: Direktsaat ab E IV, vorkultivierte JP M V pflanzen.

Aussaat: 40–60 × 30–40 cm (mehrjähriger), 30–35 × 20–25 cm (einjähriger Anbau), 5–12 g Saatgut/10 m^2, flach; JP-Vorkultur: 15 g/1000 Töpfe.

Pflanzung: 50–60 × 30–40 cm, 5–6 JP/m^2 (mehrjähriger); enger, z. B. 40 × 30 cm, 8 JP/m^2 (im einjährigen Anbau).

Nährstoffentzug (g/10 kg Ertrag): N: 50, P: 4,8, K: 52, Mg: 8.

Düngung (g/m^2): N: 17,5 (in 2 Gaben), P_2O_5: 3,9, K_2O: 30,3, MgO: 4,6.

Wasserbedarf (Niederschlag und Beregnung): In Trockenperioden beregnen.

Ernte: M VIII–A IX (einjährig), ab 2. Jahr E VI/A VII und E VIII–A IX, Triebe 10–15 cm über dem Boden schneiden, sofort trocknen.

Lagerung: Trocken, staubgeschützt.

Hinweise: Anbau im Gewächshaus möglich.

Sorten: 'Extrakta'.

Schnitt-Lauch

Allium schoenoprasum var. *schoenoprasum* (Alliaceae, Zwiebelgewächse)

Herkunft: Vermutlich Vorder-, Zentralasien.

Pflanze: Ausdauernd, frosthart, bildet kleine Zwiebeln, die nach jedem Schnitt neue Blätter entwickeln, Knospenruhe ab E VIII–IX bei 6–20 °C und Tageslängen < 15 Stunden.

Blatt: Röhrenförmig, rund, innen hohl.

Blüte: Rosarot, in Scheindolde auf 25–50 cm hohem Schaft. VI–VII.

Nutzung: Blätter als Gewürz (Zwiebelgemüse). Mit zwiebelähnlichem Geschmack.

Gesundheitswert: Enthält Senf-, Lauchöle, hoher Gehalt an Vitaminen und Mineralstoffen, mit keimhemmenden Pflanzenstoffen (Phythonzide), appetitanregend, verdauungsfördernd, antiseptisch.

Standort: Humus-, nährstoffreiche Böden, pH-Wert 6–7,5.

Klima: Mitteleuropäischem Klima angepasst.

Anbauzeitraum: Direktsaat im IV; alternativ: JP im IV oder VIII für 1,5-jährigen Anbau pflanzen.

Aussaat: 0,8–1,2 g Saatgut/m^2, Reihenabstand 25–50 cm, 2,0–2,5 cm tief (direkt); E II–III für Pflanzung im IV, 6–8 Korn/3,3- oder 4-cm-Presstopf.

Pflanzung: 40–50 × 20 cm oder 35 × 25–30 cm, 10 Töpfe/m^2 (rd. 60–80 Pfl./m^2).

Nährstoffentzug (g/10 kg Ertrag): N: 50, P: 6, K: 45, Mg: 3,5.

Düngung (g/m^2): N_{min}-Sollwert: 17 (bis zum 1. Schnitt bei Aussaat oder Treiberei), 21 (bei Pflanzung), 18 (von einem bis zum nächsten Schnitt), P_2O_5: 6,9, K_2O: 27,1, MgO: 3.

Wasserbedarf (Niederschlag und Beregnung): Gleichbleibende Bodenfeuchte.

Ernte: Ab IV (Herbst-) bzw. ab VI/VII (Frühjahrspflanzungen).

Lagerung: Bei 0–1 °C, rel. Luftfeuchte 95 % maximal 1–2 Tage.

Hinweise: 4- bis 5-jähriger Fruchtwechsel.

Sorten: 'Filo', 'Grolan'.

Schwarzwurzel

Scorzonera hispanica (Asteraceae, Korbblütler)

Herkunft: Mittel-, südeuropäischer Raum.

Pflanze: Mehrjährig, winterhart.

Blatt: Grundständig, relativ lang, lanzettähnlich, ganzrandig.

Blüte: Im 2. Jahr, gelb, an 0,70–1,20 m hohem Blütenstand. VI–VIII.

Nutzung: Wurzel (Pfahlwurzel ca. 30 cm lang, 2 cm dick, Rinde mit schwarzer Korkschicht überzogen, enthält Milchsaft) als Gemüse. Mit spargelähnlichem, aber kräftigerem, nussartigem Geschmack.

Gesundheitswert: Hoher Gehalt an Trockensubstanz, Ballaststoffen, Kohlenhydraten, leicht verdaulich, bekömmlich, gelegentlich blähend, für Magen-Darm-Diät.

Standort: Tiefgründige, humose Lehm-, nährstoffreiche, lehmige Sandböden ohne Verdichtungen, pH-Wert um 6,0.

Klima: Mitteleuropäischem Klima angepasst.

Anbauzeitraum: Direktsaat im Freiland von M III–M V.

Aussaat: Direkt mit 25 cm bzw. 30–35 cm Reihenabstand, je nach TKG, Keimfähigkeit ca. 1,1–1,3 g/m^2, ergibt 50–60 Pfl./m^2, 2 cm tief.

Nährstoffentzug (g/10 kg Ertrag): N: 23, P: 7, K: 32, Mg: 2,5.

Düngung (g/m^2): N_{min}-Sollwert: 14, P_2O_5: 3,2, K_2O: 7,7, MgO: 0,8.

Wasserbedarf (Niederschlag und Beregnung): Hauptbedarf ab A–M VII, Boden gleichmäßig feucht halten, bei Bedarf mit 30 mm beregnen.

Ernte: Ab M X.

Lagerung: In kühlen Kellern gut, bei 0–0,5 °C, > 97 % rel. Luftfeuchte bis 5 Monate haltbar.

Hinweise: Anbau nicht nach Möhren, stark zehrenden Kohlarten, tiefe Bodenbearbeitung notwendig, auch „Spargel des Winters“ genannt.

Sorten: ‘Einjährige’.

Sellerie: Bleich-, Stauden- oder Stangen-Sellerie

Apium graveolens var. *dulce* (Apiaceae, Doldenblütler)

Herkunft: Salzreiche, feuchte Böden der Mittelmeerküsten (Wildform).

Pflanze: Zweijährig, im 1. Jahr Bildung Blattrosette, im 2. Jahr Blüte.

Blatt: Grundständig, einfach gefiedert, keilig-rhombisch, dreilappig.

Blüte: Weiß, in Dolden an 60–100 cm langem Stand.

Nutzung: Verdickte Blattstiele als Gemüse. Aromatisch, würzig schmeckend, gedünstet, gebacken, wie Spargel zubereitet.

Gesundheitswert: Bedeutsam: ätherische Öle, Fruchtsäuren, Mineralstoffe, Vitamine, Phthalide (sekundäre Pflanzenstoffe).

Standort: Mittelschwere, tiefgründige, humose Böden mit ausgeglichener Feuchte, pH-Wert 6,5.

Klima: Mäßig warm und feucht ist optimal.

Anbauzeitraum: JP A IV unter Vlies bzw. Folie, M V–M VII ohne Bedeckung ins Freiland pflanzen.

Aussaat: Ab A II in Kisten, 1 cm tief, dann pikieren oder direkt in 4-cm-Erdtopf. Keimung bei > 18 °C (JP-Vorkultur).

Pflanzung: 10 Pfl./m^2, Abstand 50 × 20 cm.

Nährstoffentzug (g/10 kg Ertrag): N: 26, P: 6, K: 46, Mg: 2.

Düngung (g/m^2): N_{min}-Sollwert: 23, P_2O_5: 6,9, K_2O: 27,7 (Gabe teilen), MgO: 1,7; B-haltige Dünger bevorzugen.

Wasserbedarf (Niederschlag und Beregnung): 400–600 mm, Hauptbedarf M VII–A IX, bei Bedarf mit 15–20 mm/Gabe beregnen.

Ernte: Ab M/E VI.

Lagerung: Bei 0 °C, 97 % rel. Luftfeuchte bis zu 2 Monate.

Hinweise: Bei nicht selbstbleichenden Sorten Stiele anhäufeln oder z. B. mit Papier umwickeln.

Sorten: 'Golden Spartan'.

Sellerie: Knollen-Sellerie

Apium graveolens var. *rapaceum* (Apiaceae, Doldenblütler)

Herkunft: Salzreiche, feuchte Böden der Mittelmeerküsten.

Pflanze: Zweijährig, 1. Jahr: Bildung von Blattrosette, Sprossrübe (= Knolle), 2. Jahr: Blüte.

Blatt: Ein- bis zweipaarig gefiedert, keilig-rhombisch, dreilappig.

Blüte: In Dolden, klein, weiß, zwittrig oder eingeschlechtig, an 60–100 cm langem Stand.

Nutzung: Knolle (besteht aus basalem Teil des Primärsprosses, Hypokotyl und Wurzelbasis, hauptsächlich aus Markgewebe gebildet) als Wurzelgemüse. Als Salat, gebraten wie Schnitzel, Suppengewürz.

Gesundheitswert: Bedeutsamer Gehalt an ätherischen Ölen, Mineralstoffen, Vitaminen.

Standort: Mittelschwere, tiefgründige, humose Böden, pH-Wert um 6,5.

Klima: Mäßig warm und feucht ist optimal.

Anbauzeitraum: JP A IV unter Vlies oder Folie, M V–A VI ins Freiland pflanzen.

Aussaat: Für JP-Anzucht ab M II in Kisten, 1 cm tief, dann pikieren oder direkt in 5 × 6 cm Erdtopf, Anzucht bei 18–20 °C.

Pflanzung: 5–6 Pfl./m^2, Abstand 50 × 30 cm (abhängig vom Endgewicht).

Nährstoffentzug (g/10 kg Ertrag): N: 26, P: 6, K: 46, Mg: 2.

Düngung (g/m^2): N_{min}-Sollwert: 18, P_2O_5: 6,9, K_2O: 27,7 (K-Gabe teilen), MgO: 1,7; B-haltige Dünger einsetzen.

Wasserbedarf (Niederschlag und Beregnung): 400–600 mm, Hauptbedarf zwischen M VII–A IX.

Ernte: Ab M/E VI.

Lagerung: Bei 0 °C, 97 % rel. Luftfeuchte bis 7 Monate.

Hinweise: Anbaupause von 4 bis 5 Jahren zu anderen Doldenblütlern, Wurzelgemüse.

Sorten: 'Monarch', 'Prinz'.

Sellerie: Schnitt-Sellerie

Apium graveolens var. *secalinum* (Apiaceae, Doldenblütler)

Herkunft: Salzhaltige, feuchte oder sumpfige Meeresböden der Mittelmeerküsten (Wildform).

Pflanze: Zweijährig, im 1. Jahr Blattrosette ohne Knollenbildung, im 2. Jahr Blüte.

Blatt: Einfach gefiedert, feineres Laub als Knollen-Sellerie.

Blüte: In Dolden, an 60–100 cm langem Blütenstand, weiß, zwittrig oder eingeschlechtig, Fremdbestäubung.

Nutzung: Einjährige Grundblätter als Salat-, Suppengewürz (zählt zum Blattgemüse).

Gesundheitswert: Bedeutsamer Gehalt an ätherischen Ölen, Mineralstoffen, Vitaminen.

Standort: Mittelschwere, tiefgründige, humose Böden mit ausgeglichener Bodenfeuchte, pH-Wert um 6,5 und höher.

Klima: Feucht und warm.

Anbauzeitraum: Direktsaat ab M V ins Freiland.

Aussaat: Reihenabstand 15 cm mit 50–60 g Saatgut/100 m^2, 1 cm tief.

Nährstoffentzug (g/10 kg Ertrag): N: 26, P: 6, K: 46, Mg: 2.

Düngung (g/m^2): N_{min}-Sollwert: 23, P_2O_5: 6,9, K_2O: 27,7 (Gabe teilen), MgO: 1,7; B-haltige Dünger verwenden.

Wasserbedarf (Niederschlag und Beregnung): 400–600 mm, Hauptbedarf zwischen M VII–A IX, mit 15–20 mm/Gabe beregnen.

Ernte: Ab VII 3 Schnitte im Abstand von 4 Wochen.

Lagerung: Bei 0 °C, 97 % rel. Luftfeuchte.

Sorte: ‘Gewöhnlicher Schnitt’.

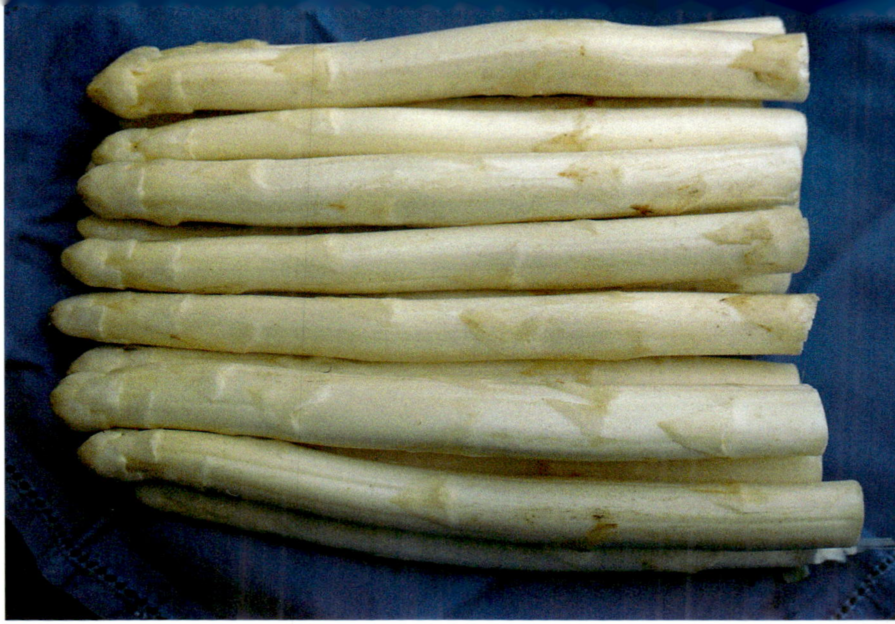

Spargel: Bleich-Spargel

Asparagus officinalis (Asparagaceae, Spargelgewächse)

Herkunft: Vorderasien.
Pflanze: Staude, Rhizom mit fleischigen Speicherwurzeln, zwittrige, weibliche und männliche Pflanzen, männliche Pflanzen bringen früher höhere Erträge.
Blatt: An kahlem Spross chlorophyllfreie Schuppenblätter, aus deren Achseln büschelartige Kurztriebe (Phyllokladien) wachsen.
Nutzung: Gebleichte Sprosse (geschält) als „königliches Gemüse".
Gesundheitswert: Enthält schwefelhaltige, ätherische Öle, Asparaginsäure, Mineralstoffe (u. a. K), Vitamine, Ballaststoffe, Saponine (gelten als antikarzinogen), wirkt harntreibend, alte Arzneipflanze.
Standort: Tiefgründige (1 m), lehmige Sande bis sandiger Lößlehm, pH-Wert 6.
Klima: Optimal sind nach Süden geneigte Anlagen.
Anbauzeitraum: JP E III–A IV pflanzen, Anlage 7–10 Jahre nutzen.
Pflanzung: 1,7–2,5 Pfl./m^2, 160–180 × 25–33 cm, 18–22 cm tief.
Nährstoffentzug (g/10 kg Ertrag): N: 40, P: 3,6, K: 25, Mg: 2.
Düngung (g/m²): Vor Pflanzung kalken, N_{min}-Sollwert: 8–15, im 2. Jahr 15, in Folgejahren 8–10, P_2O_5: 0,5, K_2O: 1,8, MgO: 0,3, Bodenvorräte im 1. Jahr in 0–60 cm, ab 2. Jahr in 0–90 cm Bodentiefe berücksichtigen.
Wasserbedarf (Niederschlag und Beregnung): Bei Bedarf von VII–VIII.
Ernte: Ca. E IV, im 2. Jahr 14 Tage, im 3. Jahr ca. 28 Tage, ab 4. Jahr bis maximal 24. VI. Stange freilegen, abschneiden bzw. stechen, Stelle wieder füllen, angleichen.
Lagerung: Bei 0,5–1,0 °C, > 98 % rel. Luftfeuchte.
Hinweise: Ab 2. Jahr ab II aufdämmen, Folie zur Ernteverfrühung einsetzen.
Sorten: 'Gijnlim'.

Spargel: Grün-Spargel

Asparagus officinalis (Asparagaceae, Spargelgewächse)

Herkunft: Vorderasien.

Pflanze: Ausdauernde Staude, Rhizom mit fleischigen Speicherwurzeln, zwittrige, weibliche, männliche Pflanzen, ohne Dämme kultiviert.

Blatt: Am kahlen Spross, spiralig angeordnet, chlorophyllfreie Schuppenblätter, aus deren Achseln büschelartige Kurztriebe (Phyllokladien) wachsen.

Nutzung: Grüne Sprosse (ungeschält) ungekocht als Salat, gekocht als Gemüse.

Gesundheitswert: Enthält schwefelhaltige, ätherische Öle, Asparaginsäure, Ballaststoffe, Saponine (gelten als antikarzinogen), mehr Mineralstoffe, Vitamine (Carotin, C, B_6) als im Bleich-Spargel, wirkt harntreibend.

Standort: Lehmige Sande bis sandiger Lößlehm, schwerere Böden, pH-Wert > 6,0.

Klima: Nach Süden geneigte Anlagen positiv.

Anbauzeitraum: JP E III–A IV pflanzen, Anlage 7–10 Jahre nutzen.

Pflanzung: 2,1–3,0 Pfl./m^2, 160–180 × 25–22 cm, 12–15 cm tief.

Nährstoffentzug (g/10 kg Ertrag): N: 40, P: 3,6, K: 25, Mg: 2.

Düngung (g/m^2): Vor Pflanzung kalken, N_{min}-Sollwert: 8–15, im 2. Jahr 15, in Folgejahren 8–10, P_2O_5: 0,5, K_2O: 1,8, MgO: 0,3, Vorräte im 1. Jahr in 0–60 cm, ab 2. Jahr in 0–90 cm Bodentiefe berücksichtigen.

Wasserbedarf (Niederschlag und Beregnung): Bei Bedarf von VII–VIII.

Ernte: Ab E IV, im 2. Standjahr 14 Tage, im 3. Jahr ca. 4 Wochen, ab 4. Jahr bis maximal 24. VI.

Lagerung: Aufrecht stehend bei 0,5–1,0 °C, Befeuchten der Köpfe vermeiden.

Hinweise: Bodenvorbereitung mindestens 1 Jahr vor Neuanlage, Folien zur Verfrühung einsetzen.

Sorten: 'Spaganiva', 'Violetta': mit violetten Stangen.

Speise- oder Salat-Chrysantheme

Xanthophthalmum coronarium (Asteraceae, Korbblütler)

Herkunft: Südliches Portugal, Mittelmeergebiet.

Pflanze: Einjährige Langtagpflanze, 20–40 cm hoch, wenn nicht geerntet wird, bis 80 cm hoch (in Blüte).

Blatt: Tief gezähnt.

Blüte: Gelbe bis dunkelgelbe Strahlenblüten, weißgelbe Scheibenblüten. VI–IX.

Nutzung: Sprosse, Triebe (Blütenköpfe) als Gemüse. Als Salat, Salatbeilage, gekocht wie Spinat, in Suppen, zur Dekoration, Blütenköpfe in Fett gebacken, mit anregend bitterem Geschmack.

Gesundheitswert: Bedeutender Gehalt an Vitamin C, Carotin, Mineralstoffen (u. a. Eisen).

Standort: Leichte bis mittlere, humose, wasserdurchlässige Böden.

Klima: Kühles Klima bevorzugt (14–22 °C).

Anbauzeitraum: Direktsaat im Freiland von M/E III–A IX (bei VI-, VII-Aussaaten in heißen, trockenen Sommern Gefahr des vorzeitigen Schossens und schlechter Blattqualitäten). Unter Glas ab I vorkultivierte JP pflanzen.

Aussaat: 20–30 × 8–12 cm, 2 cm tief, 1,0–1,2 g Saatgut/m^2; JP-Vorkultur im 3- bis 5-cm-Topf.

Pflanzung: 20 × 20 cm, 25 Pfl./m^2.

Düngung (g/m^2): N: 16, P_2O_5: 6,4, K_2O: 7,0.

Wasserbedarf (Niederschlag und Beregnung): Für gleichmäßige Bodenfeuchte sorgen.

Ernte: Triebe vor Knospenansatz in 10–25 cm Höhe schneiden, 3–4 Ernten möglich.

Lagerung: Bei 1 °C, hoher rel. Luftfeuchte einige Tage.

Hinweise: In Asien beliebtes Gemüse (siehe Asia-Salate).

Speiserübe: Herbst- oder Stoppel-Rübe

Brassica rapa var. *rapa* subvar. *rapifera* (Brassicaceae, Kreuzblütler)

Herkunft: Nicht eindeutig belegt, Mittelmeergebiet wird als Primärzentrum europäischer Formen betrachtet.

Pflanze: Zweijährig, im 1. Jahr werden Blattrosette und Rübe gebildet.

Blatt: Grundständig, behaart, länglich bis oval, ganz, gesägt oder gefiedert.

Blüte: Im 2. Jahr, gelb im Blütenstand (terminale Traube).

Nutzung: Rübe (= Knolle, vom Hypokotyl gebildet, mit roter oder grüner Rinde, weißem oder gelbem Fleisch, klein, kugelig) als Gemüse. Gekocht oder roh als Salat.

Gesundheitswert: Reich an wichtigen Mineralstoffen und ätherischen Ölen.

Standort: Alle gemüsebaulich genutzten Böden geeignet, optimal sind leichtere, humose Sandböden, pH-Wert > 6,5.

Klima: Mittel- und westeuropäischem Klima angepasst.

Anbauzeitraum: Direktsaat M V–A VIII.

Aussaat: 25–50 cm Reihenabstand, 10–15 cm in der Reihe mit 15–20 g Saatgut/100 m^2.

Nährstoffentzug (g/10 kg Ertrag): N: 20, P: 3,6, K: 40, Mg: 3.

Düngung (g/m^2): N_{min}-Sollwert: 14, P_2O_5: 4,1, K_2O: 14,4, MgO: 1,5.

Wasserbedarf (Niederschlag und Beregnung): Bei Bedarf.

Ernte: M VIII–XII, je nach Sorte ca. 75–90 Tage nach Aussaat, etwas größer, schwerer als Mai-Rübe.

Lagerung: In kühlen Räumen gut bis IV.

Hinweise: Weite Fruchtfolge zu anderen Kreuzblütlern einhalten, Kulturschutznetze gegen tierische Schädlinge einsetzen.

Sorten: 'Goldball', 'Market Express'.

Speiserübe: Kleine Speiserübe oder Teltower Rübchen

Brassica rapa var. *rapa* subvar. *pygmaea* auch f. *teltowiensis* (Brassicaceae, Kreuzblütler)

Herkunft: Nicht eindeutig belegt, Mittelmeergebiet wird als Primärzentrum europäischer Formen betrachtet.

Pflanze: Zweijährig, frostwiderständig, im 1. Jahr Bildung Blattrosette und Rübchen.

Blatt: Grundständig, fiederteilig, behaart.

Blüte: Im 2. Jahr, weiß, unscheinbar.

Nutzung: Rübchen (gebildet vom Hypokotyl, weißfleischig, plattrund, Wurzel keilförmig verdickt, konisch) als Gemüse. Gedünstet, in Mehl gewendet, geschmort mit würzigem Geschmack zu Entenbraten, Lammfleisch.

Gesundheitswert: Glucosinolate geschmacksbestimmend, reich an wichtigen Mineralstoffen, ätherischen Ölen, geringer Energiegehalt.

Standort: Möglichst magere Sandböden.

Klima: Mittel- und westeuropäischem Klima angepasst.

Anbauzeitraum: Direktsaat von M III–A VIII möglich, nur von M VII–A VIII üblich.

Aussaat: 20×10 cm, 1 cm tief, 50 Pfl./m^2.

Düngung (g/m^2): N_{min}-Sollwert: 14, P_2O_5: 4,1, K_2O: 14,4, MgO: 1,5, nicht nötig, wenn als Nachkultur angebaut.

Wasserbedarf (Niederschlag und Beregnung): Beregnung nicht unbedingt erforderlich.

Ernte: Ca. 75 Tage nach Aussaat von A X–XI bei einem Durchmesser von ca. 3 cm, Blattreste gründlich entfernen.

Lagerung: In kühlen Räumen bis IV.

Hinweise: Von Goethe bereits als Leckerbissen geschätzt, Einsatz von Kulturschutznetzen.

Sorten: 'Teltower Kleine', 'Teltower Rübchen'.

Speiserübe: Mai-Rübe

Brassica rapa var. *rapa* subvar. *majalis* (Brassicaceae, Kreuzblütler)

Herkunft: Nicht eindeutig belegt, Mittelmeergebiet wird als Primärzentrum europäischer Formen betrachtet, weitere Kulturformen in Asien entstanden.

Pflanze: Zweijährig, bildet im 1. Jahr Blattrosette.

Blatt: Grundständig, behaart, länglich bis oval, ganz, gesägt oder gefiedert.

Blüte: Im 2. Jahr, gelb im Blütenstand (terminale Traube).

Nutzung: Kugelige Rübe (= Knolle, wird vom Hypokotyl gebildet, klein mit weißer, roter oder gelber Rinde, weißem oder gelbem Fleisch) als Gemüse. Gekocht, roh als Salat.

Gesundheitswert: Reich an wichtigen Mineralstoffen, ätherischen Ölen.

Standort: Alle gemüsebaulich genutzten Böden, optimal sind leichtere, humose Sandböden, pH-Wert > 6,5.

Klima: Mittel- und westeuropäischem Klima angepasst.

Anbauzeitraum: Direktsaat M III–A VIII, Kulturdauer ca. 80 (Saat M III) bis 60 (Saat A VIII) Tage.

Aussaat: Je nach Sorte 20–50 Pfl./m^2, z. B. 20×10 cm.

Nährstoffentzug (g/10 kg Ertrag): N: 20, P: 3,6, K: 40, Mg: 3.

Düngung (g/m^2): N_{min}-Sollwert: 14, P_2O_5: 4,1, K_2O: 14,4, MgO: 1,5.

Wasserbedarf (Niederschlag und Beregnung): Bei Bedarf.

Ernte: A VI–A/M X mit einem Durchmesser von 6–8 cm.

Lagerung: Bei 0–0,5 °C, hoher rel. Luftfeuchte (> 97 %).

Hinweise: Weite Fruchtfolge zu anderen Kreuzblütlern einhalten. Kulturschutznetze gegen tierische Schädlinge einsetzen.

Sorten: 'Tokyo Cross': zartes, schneeweißes Fleisch mit süßlichem Geschmack.

Speiserübe: Stielmus oder Rübstiel

Brassica rapa var. *rapa* subvar. *majalis* (Brassicaceae, Kreuzblütler)

Herkunft: Nicht eindeutig belegt, Mittelmeergebiet wird als Primärzentrum europäischer Formen betrachtet.

Pflanze: Einjährig, frostwiderstandsfähig.

Blatt: Grundständig, behaart, länglich bis oval, ganz, gesägt oder gefiedert.

Blüte: Im 2. Jahr, gelb im Blütenstand (terminale Traube).

Nutzung: Blattstiele als (Kohl-)Gemüse. Roh als Salat, gekocht wie Spinat, als Eintopf, rettichähnlicher Geschmack.

Gesundheitswert: Mit China-Kohl vergleichbare Inhaltsstoffe, z. B. Senföle, Monosaccharide, Fruchtsäuren, geschmacksbildende ätherische Öle, reich an Eiweiß, Vitamin C, energiearm.

Standort: Alle gemüsebaulich genutzten Böden geeignet, optimal sind leichtere, humose Sandböden, pH-Wert > 6,5.

Klima: Mittel- und westeuropäischem Klima angepasst.

Anbauzeitraum: Direktsaat unter Glas von XII–III, im Freiland von M III–A VIII. Kulturdauer ca. 60–80 Tage.

Aussaat: Reihenabstand 12–25 cm mit 2,5–4,0 g/m^2, JP-Anzucht in 4-cm-Presstopf.

Nährstoffentzug (g/10 kg Ertrag): N: 20, P: 3,6, K: 40, Mg: 3.

Düngung (g/m²): N_{min}-Sollwert: 14, P_2O_5: 4,1, K_2O: 14,4, MgO: 1,5; unter Glas N-Grunddüngung von 8 g/m^2.

Wasserbedarf (Niederschlag und Beregnung): Bei Bedarf.

Ernte: Unter Glas ab M II, im Freiland ab A V, ab einer Pflanzenhöhe von 30 cm.

Lagerung: Bei 0–0,5 °C und hoher rel. Luftfeuchte (> 97 %).

Hinweise: Weite Fruchtfolge zu anderen Kreuzblütlern einhalten, Kulturschutznetze gegen tierische Schädlinge nutzen.

Sorten: 'Namenia'.

Spinat: Blatt-Spinat

Spinacia oleracea (Chenopodiaceae, Gänsefußgewächse)

Herkunft: Unsicher, Kulturbeginn in China.

Pflanze: Einjährige Langtagpflanze, Pfahlwurzel, weibliche, männliche oder zwittrige Pflanzen, weibliche schossen später.

Blatt: Grundständig, sortenabhängig blasig strukturiert, glatt, lang dreieckig oder breitoval.

Blüte: Weibliche unscheinbar in Blattachseln, männliche deutlich sichtbar. V, VI.

Nutzung: Blätter als Gemüse. Frisch oder tiefgefroren als Beilage u. a. zu Fischgerichten, Suppen, Aufläufen.

Gesundheitswert: Reich an Vitamin C, Carotin, Mineralstoffen (Eisen, Kalium), Oxalsäure (wird durch normale Ca-, Vitamin-D-Zufuhr, z. B. Milch, neutralisiert), blutbildend, harntreibend, bei Gallen-, Leberdiäten.

Standort: Tiefgründige, humose Lehmböden, pH-Wert 6,5.

Klima: Geringe Ansprüche, Winterspinat in geschützten Lagen kultivieren.

Anbauzeitraum: Direktsaat ab E II (bis A III mit zeitweilig Folie/Vlies) bis 10. X.

Aussaat: Reihenabstand 20–30 cm, 4–7 g Saatgut/m^2, 3–4 cm tief.

Nährstoffentzug (g/10 kg Ertrag): N: 36, P: 5, K: 55, Mg: 5.

Düngung (g/m^2): N_{min}-Sollwert: 17, P_2O_5: 3,4, K_2O: 19,9, MgO: 2,5; Ammoniumdünger positiv.

Wasserbedarf (Niederschlag und Beregnung): Bis 200 mm, bei trockener, warmer Witterung vor dem Auflaufen sowie späte Aussaaten beregnen.

Ernte: 10. V–A V des Folgejahres, Blattspinat mit Stielanteil.

Lagerung: Frisch verzehren, bei 0–0,5 °C, > 97 % rel. Luftfeuchte maximal 14 Tage.

Sorten: 'Tornado', 'Cherokee'.

Spinat: Wurzel-Spinat

Spinacia oleracea (Chenopodiaceae, Gänsefußgewächse)

Herkunft: Unsicher, Kulturbeginn in China, u. a. über Spanien nach Europa gelangt.

Pflanze: Einjährige Langtagpflanze, Pfahlwurzel reicht bis 140 cm tief.

Blatt: Grundständig, 20–30 cm hoch, sortenabhängig blasig strukturiert, glatt, hell- bis dunkelgrün, lang dreieckig oder breitoval.

Blüte: Weibliche unscheinbar in Blattachseln, männliche deutlich sichtbar. V–VIII.

Nutzung: Als Blattgemüse.

Gesundheitswert: Reich an Vitamin C, Mineralstoffen (Eisen, Kalium), Oxalsäure (wird durch normale Ca-, Vitamin-D-Zufuhr, z. B. Milch, neutralisiert), blutbildend, harntreibend, bei Gallen-, Leberdiäten.

Standort: Tiefgründige, humose Lehmböden, pH-Wert 6,5.

Klima: Geringe Ansprüche, Überwinterungsanbau in geschützten Lagen.

Anbauzeitraum: Direktsaat ab E II (bis A III mit zeitweilig Folie/Vlies) bis 10. X.

Aussaat: 16 × 3 cm, 200 Korn/m^2, 3–4 cm tief.

Nährstoffentzug (g/10 kg Ertrag): N: 36, P: 5, K: 55, Mg: 5.

Düngung (g/m^2): N_{min}-Sollwert: 17, P_2O_5: 3,4, K_2O: 19,9, MgO: 2,5; ammoniumhaltige Dünger bevorzugen.

Wasserbedarf (Niederschlag und Beregnung): Bis 200 mm, bei trockener, warmer Witterung vor dem Auflaufen und späte Aussaaten beregnen.

Ernte: 10. V–A V des Folgejahres bevor erste Blütenknospen sichtbar werden, ganze Rosette dicht unter dem Boden schneiden, Wurzel wird nicht mitgeerntet.

Lagerung: Bei 0–0,5 °C, > 97 % rel. Luftfeuchte maximal 14 Tage.

Hinweise: Anbau im Winter im Gewächshaus möglich.

Süßkartoffel

Ipomoea batatas (Convolvulaceae, Windengewächse)

Herkunft: Im tropischem Amerika beheimatet.

Pflanze: Ausdauernd, einjährig kultiviert, wächst kletternd, niederliegend, am Boden kriechend, an niederliegenden Sprossen bilden sich an jedem Knoten Wurzeln, deren mittlerer Abschnitt sich knollenförmig verdickt.

Blatt: Kurz bis lang gestielt, sortenabhängig herzförmig gezähnt, tief gespalten oder verschiedenartig gelappt, grün bis purpurfarben.

Blüte: Weiß bis rötlich, trichterförmig in Trauben.

Nutzung: Knollen (= verdickte Wurzeln) als Gemüse mit süßlichem Geschmack. Gekocht, gebraten oder gebacken als Beilage u. a. zu Fisch, Fleisch, Wild, industriell zu Stärke und anderem verarbeitet.

Gesundheitswert: Stärke-, zucker-, eiweißreich, reich an Kalium, Vitamin A.

Standort: Warme, lockere, wasserdurchlässige, nährstoffreiche Böden bevorzugt, pH-Wert 5,4–6,4.

Klima: Optimal tropisches, subtropisches Klima, gemäßigte Breiten noch günstig.

Anbauzeitraum: Knollen M–E V (zeitweise unter Vlies/Folie) pflanzen.

Pflanzung: 4–6 Pfl./m^2, z. B. 45–70 × 30–50 cm.

Düngung (g/m^2): N_{min}-Sollwert: 3,5–6,7, P_2O_5: 5–29,2, K_2O: 10,2–20,5, Stalldung zur Vorfrucht.

Wasserbedarf (Niederschlag und Beregnung): Wasserbedürftig.

Ernte: E IX–E X (vor Frosteintritt), wenn die Blätter zu vergilben beginnen.

Lagerung: Bis zu 6 Monate bei 13–15 °C, 85–90 % rel. Luftfeuchte, rote Sorten sind besser lagerfähig; konserviert, getrocknet.

Hinweise: 3- bis 4-jährigen Fruchtwechsel einhalten.

Thymian

Thymus vulgaris (Lamiaceae, Lippenblütler)

Herkunft: Mittelmeerraum.

Pflanze: Ausdauernd, 20–40 cm hoher, stark verzweigter Halbstrauch, in Mitteleuropa nicht frosthart, Stängel aufrecht, im unteren Teil verholzt, vierkantig.

Blatt: Gegenständig, kurz gestielt oder sitzend, linealisch bis lanzettlich, leicht grau behaart, mit zahlreichen dunklen Drüsen, eingerolltem Rand.

Blüte: In Achseln der oberen Blätter, dunkelviolett bis rosafarben, in unpaarigem Quirl. VI–IX.

Nutzung: Blätter, junge Triebe als Würzkraut. Frisch, gemahlen als Gewürz u. a. für Fleischspeisen, Suppen, Soßen.

Gesundheitswert: Wertvoll durch ätherische Öle (u. a. 40–50 % Thymol), mit Gerb-, Bitterstoffen, Thymiankampfer, anwenden bei Symptomen von Bronchitis, Keuchhusten, Katarrhen der oberen Luftwege, gilt als stärkend und den Organismus belebend.

Standort: Locker, möglichst kalkreich, lehmig-sandig, pH-Wert 7–8.

Klima: Sonnige, trockene, windgeschützte Lagen.

Anbauzeitraum: Direktsaat M IV–M V. Vorkultivierte JP ab M V pflanzen.

Aussaat: 35–45 × 20–25 cm, flach, 50–80 g Saatgut/100 m^2.

Pflanzung: 25–30 × 15–20 cm, 20–22 Pfl./m^2.

Nährstoffentzug (g/10 kg Ertrag): N: 44, P: 5,2, K: 64, Mg: 5.

Düngung (g/m^2): N: 6,5 (in 2 Gaben), P_2O_5: 1,8, K_2O: 11,6, MgO: 1,3.

Wasserbedarf (Niederschlag und Beregnung): Nach der Ernte bei Trockenheit beregnen.

Ernte: Kurz vor der Blüte, im 1. Jahr ein Schnitt A IX, im 2. Jahr 2 Schnitte VI, A IX.

Lagerung: Getrocknet an luftigem Ort.

Hinweise: Anbau im Gewächshaus möglich.

Sorten: 'Deutscher Winterthymian', 'Tabor'.

Tomate
Lycopersicon esculentum (Solanaceae, Nachtschattengewächse)

Herkunft: Südamerika.

Pflanze: Krautartig, bei uns einjährig kultiviert, mit Seiten-(Geiz-)trieben, Buschtomaten mit begrenztem, Stabtomaten mit unbegrenztem Längenwachstum.

Blatt: Kurz gestielt, gefiedert, behaart.

Blüte: Zwittrig im Blütenstand (Traube).

Nutzung: Früchte (bot. Beere), vorzüglicher Geschmack, vielseitig verwendbar (s. S. 273).

Gesundheitswert: Reich an Vitaminen, Mineralstoffen, hoher Gehalt an sekundären Pflanzenstoffen (u. a. Lycopin, Carotine, Flavonoide), stärkt Immunsystem, gilt als antikarzinogen. Kein Genuss unreifer Tomaten!

Standort: Warme, humose, sandige Lehmböden, pH-Wert 5,5–7,0.

Klima: Optimal 21–24 °C, Bodentemperatur 18–23 °C.

Anbauzeitraum: JP im Weinbauklima ab E IV–A V unter Vlies oder Folie, sonst ab M V pflanzen.

Aussaat: Für Pflanzung A–M V von 20. III–A IV in Erdtöpfe, Multitopfplatten unter Glas aussäen.

Pflanzung: 3,3–4 Pfl./m^2, 0,50–0,75 × 0,40–0,50 m (Buschtomaten), 2,5–3 Pfl./m^2, z. B. 0,80 × 0,50 m (Stabtomaten).

Nährstoffentzug (g/10 kg Ertrag): N: 30, P: 3, K: 30, Mg: 4.

Düngung (g/m^2): N_{min}-Sollwert: 10 (nicht < 5 bis Kulturende), P_2O_5: 5, K_2O: 26, MgO: 5, N-Kopfdüngung 5–6 g ab Beginn Fruchtwachstum (bei ca. 8 kg Ertrag/m^2).

Wasserbedarf (Niederschlag und Beregnung): Hoher Bedarf, Tropfbewässerung optimal.

Ernte: Ab E VII bis zum ersten Frost.

Lagerung: Bei 8–10 °C, 80–85 % rel. Luftfeuchte 1–2 Wochen.

Hinweise: Geiztriebe entfernen, 4-jährigen Fruchtwechsel einhalten.

Sorten: 'Vanessa', 'Harzfeuer' (Stabtomaten), 'Hofmanns', 'Rentita' (Buschtomaten).

Tomate (Treib-)

Lycopersicon esculentum (Solanaceae, Nachtschattengewächse)

Herkunft: Mittel- und Südamerika.

Pflanze: Krautartig, bei günstigen Bedingungen mehrjährig, bei uns einjährig, in Blattachseln entwickeln sich Geiztriebe.

Blatt: Kurz gestielt, gefiedert, leicht behaart.

Blüte: Zwittrig im Blütenstand (Traube) mit 8–12 Blüten.

Nutzung: Früchte (bot. Beere, sortenabhängige Farben, Formen) als Gemüse. Mit vorzüglichem Geschmack, vielseitig verwendbar, u. a. roh, gekocht.

Gesundheitswert: Inhaltsstoffe, Wirkung siehe Freilandtomaten (S. 272). Aufgrund von Solaningehalt kein Verzehr unreifer Früchte!

Standort: Humose, tiefgründige Böden, pH-Wert 5,0–7,0.

Klima: Nach Pikieren tags 18–20 °C, nachts 16–18 °C, lüften ab 22 °C.

Anbauzeitraum: Vorkultivierte JP ab 20. III ins temperierte, ab 10. IV ins frostfreie Haus, ab 5. V ins Kalthaus pflanzen.

Aussaat: Für Pflanzung 20. III ab A II in Erdtöpfe oder Multitopfplatten aussäen. Keimung bei 25 °C, dann 22 °C.

Pflanzung: 2,5–3 Pfl./m^2, z. B. 100 × 33 cm.

Nährstoffentzug (g/10 kg Ertrag): N: 30, P: 3, K: 30, Mg: 4.

Düngung (g/m^2): Stark ertragsabhängig, z. B. bei 20 kg/m^2 N_{min}-Sollwert: 16 zu Kulturbeginn, jede 2. Woche um 1 reduzieren, nicht <10, P_2O_5: 13,7, K_2O: 72,2, MgO: 13,3; N, K in mehreren Gaben, Stallmistgabe positiv.

Wasserbedarf (Niederschlag und Beregnung): 600–950 l/m^2, nach dem Pflanzen zunächst sparsam bewässern, später Boden gleichmäßig feucht halten.

Ernte: Ab A VI.

Lagerung: Bei 8–10 °C, 80–85 % rel. Luftfeuchte 1–2 Wochen.

Hinweise: Geiztriebe regelmäßig entfernen.

Sorten: 'Sweet 100', 'Favorita', 'Sportivo', 'Gourmet'.

▲ Cherrytomaten: 'Favorita', 'Evita' mit roten Einzelfrüchten; 'Goldita' mit gelben Einzelfrüchten, 12–15 g schwer.

▲ Cocktail-Tomaten: 'Goldino' – Frucht 30–40 g, frischer aromatischer Geschmack. Weitere Sorten: 'Aranca', 'Flavorino' mit roten Früchten.

▲ Eiertomaten: 'Roma', 'Loreta' mit roten eiförmigen Früchten, 80–100 g schwer.

▲ Pflaumencherry-Tomate: 'Fioline' – Frucht 15–20 g, leuchtend rot.

▼ Traubentomaten: 'Bolzano' – Frucht 90–100 g, orange, gesundheitsfördernd durch besonders hohen Gehalt an Vitamin A.

▼ Balkontomate: 'Yellow Canary' – Pflanzenhöhe ca. 30 cm, gelbe aromatische Früchte mit 2,5 cm Durchmesser. Weitere Sorte: 'Red Robin' – rote Früchte.

Topinambur

Helianthus tuberosus (Asteraceae, Korbblütler)

Herkunft: In Mexiko beheimatet, von da entlang der Ostküste Nordamerikas ausgebreitet, von Nordamerika nach Europa gekommen.

Pflanze: Ausdauernde Kurztagpflanze, aus Achsen der Niederblätter entspringen unterirdische Ausläufer, an deren Spitzen kartoffelgroße Knollen entstehen.

Blatt: An verzweigtem Stängel, grob gesägt, herzförmig, eiförmig bis lanzettlich, rau.

Blüte: Ab VIII, dann mehr als 2–3 m hoch.

Nutzung: Knolle (spindelförmig, kartoffelgroß, unregelmäßig geformt, außen gelb, braun oder violett, innen weiß) als Gemüse. Wie Kartoffeln gedünstet, gebraten oder gebacken.

Gesundheitswert: Reich an Kalium, Eisen, durch Inhaltsstoff Inulin bei Diabetikern geschätzt, enthält Betain, Cholin, Saponine, gelten als krebshemmend, Eignung als Appetitregulator.

Standort: Lockere, gut durchlüftete Böden mit ausreichender Wasserdränage, pH-Wert 6,5–7.

Klima: Mitteleuropäischem Klima angepasst.

Anbauzeitraum: Pflanzung kleiner Knollen im XI oder III/IV.

Pflanzung: 60–100 × 30–40 cm, 5–10 cm tief; je nach Knollengröße 15–20 kg/100 m^2.

Nährstoffentzug (g/10 kg Ertrag): N: 18, P: 5, K: 50, Mg: 2.

Düngung (g/m^2): N_{min}-Sollwert: 8, P_2O_5: 5,7, K_2O: 30,1, MgO: 1,7.

Wasserbedarf (Niederschlag und Beregnung): In Trockenjahren wirkt Zusatzberegnung ertragssteigernd.

Ernte: Ab X bis in das Frühjahr.

Lagerung: Im Kühlschrank (Gemüsefach in Plastiktüte) oder in Feldmieten einige Wochen.

Hinweise: Bei feuchter Lagerung besteht Schimmelgefahr, deshalb rasch vermarkten.

Ysop

Hyssopus officinalis subsp. *officinalis* (Lamiaceae, Lippenblütler)

Herkunft: Südeuropa, Vorderasien.

Pflanze: Ausdauernder Halbstrauch. Stängel verästelt, vierkantig, verholzend, bis 70 cm lang.

Blatt: Kreuzgegenständig sitzend, schmal lanzettlich, am Rand etwas nach unten gerollt, mit Öldrüsen, Insektenpflanze.

Blüte: Violettblau, selten rosafarben oder weiß, in Scheinwirtel. VI–IX.

Nutzung: Blätter als Gewürz. Fein gehackt, frisch oder getrocknet zum Würzen u. a. von Fleischspeisen, Salaten, Bohnengemüse.

Gesundheitswert: Mit Bitter- und Gerbstoffen, ätherischen Ölen, Tee wird Wirkung u. a. bei Leiden der Atmungsorgane zugesprochen.

Standort: Positiv sind lockere, durchlässige, leicht kalkhaltige Böden, pH-Wert 6,5–7,5.

Klima: Vollsonnige, trockene Lagen.

Anbauzeitraum: Direktsaat IV/V. Besser M V vorkultivierte JP verwenden, mehrjährig.

Aussaat: 40–60 × 25–35 cm, 5–8 g Saatgut/10 m^2. JP-Vorkultur: M III in Anzuchtpaletten oder Erdpresstöpfen aussäen.

Pflanzung: 5–7 Pfl./m^2, 40–60 × 25–35 cm.

Düngung (g/m^2): N: 4–6, P_2O_5: 3–5, K_2O: 8–10, im 2., 3. Jahr 4 g/m^2 N zum Austrieb und nach 1. Schnitt.

Wasserbedarf (Niederschlag und Beregnung): Beregnung nicht erforderlich, in längeren Trockenperioden positiv.

Ernte: Kraut vor oder zum Blühbeginn 8–10 cm über dem Boden schneiden, im 1. Jahr eine Ernte im Spätsommer, in Folgejahren E VI/A VII und A/M IX.

Lagerung: Trocken, staubfrei.

Zitronen-Melisse

Melissa officinalis (Lamiaceae, Lippenblütler)

Herkunft: Östliches Mittelmeergebiet.

Pflanze: Staude, bedingt frosthart, 50–100 cm hoch, Stängel vierkantig, drüsig behaart.

Blatt: Gegenständig angeordnet, gestielt, eiförmig, hellgrün, Unterseite heller als Oberseite, mit Drüsen, gekerbtem Rand.

Blüte: Im 2. Jahr, mit fünf gelblichen oder bläulich weißen Kronblättern, Blütenstände in Scheinwirtel. VI–VIII.

Nutzung: Junge Triebe als Würzkraut. Mit zitronenartigem Geschmack, u. a. zu Rohkostsalaten, Eier-, Fisch-, Fleischspeisen.

Gesundheitswert: Gehalt an ätherischen Ölen (0,05–0,15 %) nimmt gegen Herbst zu, als Tee verwenden mit Wirkung gegen nervös bedingte Einschlafstörungen, Magen-Darm-Beschwerden, verdauungsfördernd, schweißtreibend.

Standort: Humose, tiefgründige Böden, pH-Wert 6,2–7,2.

Klima: Warme, sonnige, geschützte Lagen bevorzugt.

Anbauzeitraum: Vorkultivierte JP E IV–M V oder E VIII–M IX pflanzen. Direktsaat ab E IV/A V.

Aussaat: JP-Anzucht unter Glas/im Frühbeet M–E III in Anzuchtpaletten, Erdpresstöpfe. Direktsaat mit 60–65 cm Reihenabstand.

Pflanzung: 5–7 Pfl./m^2, 50–75 × 30 cm.

Nährstoffentzug (g/10 kg Ertrag): N: 50, P: 6,2, K: 63, Mg: 6.

Düngung (g/m^2): N: 15 (in Teilgaben, zumindest nach jedem Schnitt), P_2O_5: 2,1, K_2O: 22,9, MgO: 3.

Wasserbedarf (Niederschlag und Beregnung): Bei Trockenheit und nach Pflanzung.

Ernte: Junge Triebspitzen laufend schneiden, zum Trocknen vor der Blüte schneiden.

Lagerung: Luftig und trocken.

Hinweise: Vermehrung im Spätsommer durch Stecklinge oder Stockteilung möglich.

Zitronenstrauch oder Zitronen-Verbene

Aloysia triphylla (Verbenaceae, Eisenkrautgewächse)

Herkunft: Südamerika, Ende des 18. Jh. nach Europa gebracht.

Pflanze: Halbstrauch bis 2 m hoch, mit zitronenartigem Duft, nicht ganz winterhart.

Blatt: Lanzettlich, ganzrandig, in Quirlen angeordnet, Unterseite dicht mit Drüsen besetzt.

Blüte: Blassrosa, bilden endständige lange Trauben. VII–IX.

Nutzung: Blätter, junge Triebspitzen als Gewürz. Frisch, getrocknet, in kleinen Mengen zu Braten, Saucen, Salaten, zur Bereitung von Likörs, getrocknete Blätter als Tee.

Gesundheitswert: Enthält ätherische Öle, wirkt gegen Blähungen, Übelkeit, Herzklopfen (hohe Dosen oder Anwendungen über längeren Zeitraum können innere Entzündungen verursachen).

Standort: Schwere, kalkhaltige Böden.

Klima: Geschützte, sonnige Lagen, bei 4–10 °C überwintern.

Anbauzeitraum: Aussaat im Frühjahr unter Glas möglich. Vermehrung über Stecklinge im Sommer üblich.

Aussaat: Bei 18–22 °C.

Düngung (g/m²): In der Wachstumsperiode alle 3–4 Wochen nachdüngen.

Wasserbedarf (Niederschlag und Beregnung): Bei Bedarf, während der Überwinterung wenig gießen.

Ernte: Blätter können laufend gepflückt werden, Triebspitzen kurz vor der Blüte abschneiden.

Lagerung: Trocken und gut verschlossen aufbewahren.

Hinweise: Bei uns als Kübelpflanze verwendet. Im Herbst verliert der Strauch seine Blätter.

Zucker-Mais

Zea mays Saccharata Grp. (Poaceae, Gräser)

Herkunft: Mittelamerika.

Pflanze: Krautartig, einjährig.

Blatt: Lanzettähnlich, breit, grün.

Blüte: Männliche in an Halmspitze zusammengefassten Rispen, weibliche bilden Kolben in Blattachsen.

Nutzung: Maiskörner ohne/mit dem Kolben als Gemüse. Roh, gekocht, gedünstet, gegrillt, als Minimais oder süßsauer eingelegt.

Gesundheitswert: Mit hohem Zuckergehalt, günstigem Zucker-Säure-Verhältnis, bemerkenswertem Vitamin-B-, Eiweiß-, Mineralstoffgehalt.

Standort: Bei guter Struktur und Durchlässigkeit alle Böden geeignet, pH-Wert 6–7.

Klima: Trotz hoher Wärmeansprüche (optimal 15–35 °C) in Mitteleuropa kultivierbar.

Anbauzeitraum: Direktsaat in Weinbaugebieten ab M IV unter Vlies und Folie, sonst M V–M VI ins Freiland; JP bei den ersten Sätzen möglich.

Aussaat: Direkt 60–80 × 20–25 cm, 5–7 Korn/m^2 bzw. 10–12 Korn/m^2, z. B. 50 × 20 cm (minimal), 3–4 cm tief. JP-Anzucht unter Glas in 3- bis 4-cm-Töpfen. Keimung ab 10 °C, 20–25 °C optimal.

Pflanzung: 5–7 Pfl./m^2, 75 × 20 cm, Minimais 10–12 Pfl./m^2; z. B. 50 × 20 cm.

Nährstoffentzug (g/10 kg Ertrag): N: 35, P: 7, K: 22, Mg: 3,5.

Düngung (g/m²): N_{min}-Sollwert: 6, P_2O_5: 3,2, K_2O: 5,3, MgO: 1,2.

Wasserbedarf (Niederschlag und Beregnung): Bei Trockenheit mehrmals mit 20–25 mm/Gabe nach Befruchtung bis 3 Wochen nach Rispenschieben.

Ernte: M VII–E IX, ca. 3–4 Wochen nach Schieben der Narben, die braun und vertrocknet sind, schnell herunterkühlen.

Lagerung: Bei 0–0,5 °C, 92–95 % rel. Luftfeuchte 5–8 Tage.

Zuckerwurzel

Sium sisarum (Apiaceae, Doldenblütler)

Herkunft: Nicht sicher bekannt, vermutlich China, Vorderasien, Kaukasus bis Westsibirien.

Pflanze: Ausdauernd, sehr frosthart, bis 1,20 m hoch, im 1. Jahr Wurzelwerk mit 10–15 Wurzeln.

Blatt: Im 1. Jahr, grundständig, 30–50 cm hoch, untere Blätter gefiedert, obere dreizählig.

Blüte: Im 2. Jahr, weiß, an 0,80–1,50 m hohem Stängel in zusammengesetzten Dolden. VII/VIII.

Nutzung: Wurzeln (30 cm lang, 2–3 cm dick) gekocht, gebacken als Gemüse. Holziger Zentralzylinder im Wurzelzentrum stört, daher vor oder nach dem Kochen entfernen. Aromatisch süß und mehlig schmeckend.

Gesundheitswert: Geschmacksbestimmend: Stärke, Saccharose, Casein, Lignin, lösliche Salze, Pektinsäure, Mineralstoffe. Früher als Heilmittel bei Lungenerkrankungen.

Standort: Alle Böden geeignet, optimal tief gelockerte Böden.

Klima: Mitteleuropäischem Klima angepasst, lichter Schatten ist positiv.

Anbauzeitraum: Direktsaat im IV, VIII–IX und X. Vorkultivierte JP im III–IV oder IX pflanzen.

Aussaat: 20–30 × 10–15 cm, 50 g Saatgut/100 m^2. Samen bei Frühjahrs- und Spätsommersaaten vorquellen.

Pflanzung: 30 × 25 cm, 13 Pfl./m^2.

Düngung (g/m^2): N_{min}-Sollwert: 7–9, P_2O_5: 7,3, K_2O: 37,9, MgO: 2,3 (wie Möhren), K in 2–3 Gaben.

Wasserbedarf (Niederschlag und Beregnung): Bei Trockenheit bewässern.

Ernte: Von Herbst bis Frühjahr.

Lagerung: Im Sandeinschlag im Keller.

Hinweise: Vermehrung durch Wurzelschösslinge oder Wurzelkronen möglich, aber u. a. nicht so zart und wohlschmeckend.

Zwiebeln: Schalotte

Allium cepa Aggregatum Grp. (Alliaceae, Zwiebelgewächse)

Herkunft: Wildvorkommen in Vorderasien, Orient. In Europa seit dem 13. Jh. bekannt.

Pflanze: Ausdauernd, buschig, 15–25 cm hoch, mit Infloreszenzschaft 60–100 cm, Habitus ähnlich Schnitt-Lauch, geringe Schossneigung, verträgt im Boden Fröste bis −8 °C, vegetativ vermehrt.

Blatt: Röhrig, dünner, kürzer als bei Speisezwiebel.

Nutzung: Blätter wie Schnitt-Lauch. Schalotten roh, gekocht zum Würzen u. a. von Soßen, Fisch-, Fleischgerichten (Zwiebelgemüse). Gegenüber Speise-Zwiebel pikanterer, würzigerer, milderer Geschmack.

Gesundheitswert: Wie Speise-Zwiebel mit schwefelhaltigen, ätherischen Ölen, Vitaminen, Mineralstoffen, sekundären Pflanzenstoffen. Stärkt Immunsystem.

Standort: Leichte, sandige Böden, pH-Wert 6–7,5.

Klima: Warme, sonnige Lagen bevorzugt.

Anbauzeitraum: Brutzwiebelpflanzung M III–A IV, Direktsaat möglich.

Pflanzung: 25–30 × 10–20 cm, 16,6 (stark wüchsige Sorten) bis 33 (klein bleibende) Pfl./m^2, 4–5 cm tief.

Düngung (g/m²): N_{min}-Sollwert: 6, P_2O_5: 4,8, K_2O: 14,4, MgO: 1,5, keine organische Düngung.

Wasserbedarf (Niederschlag und Beregnung): In Trockenzeiten von M V–M VI beregnen.

Ernte: Zwiebeln bei mittelfrühen Reifegruppen ab M VII ca. 115–110 Tage nach Pflanzung, ab M VIII ca. 145–140 Tage nach Aussaat. Blätter können während der Vegetationszeit geschnitten werden.

Lagerung: Bei 0 °C, 70–75 % rel. Luftfeuchte mindestens 6 Monate, Pflanzgut bei 12 °C lagern.

Sorten: 'Golden Gourmet': außen goldbraun, 'Red Sun': außen rotbraun.

Zwiebel: Speise-Zwiebel

Allium cepa Cepa Grp. (Alliaceae, Zwiebelgewächse)

Herkunft: Mittel-, Westasien.

Pflanze: Zweijährig, flach wurzelnd.

Blatt: Röhrig, aufgeblasen, grün bis blaugrün.

Blüte: Etwa hundert Einzelblüten in kugeliger Scheindolde. VI–VIII.

Nutzung: Zwiebel (stark gestauchter Haupttrieb bildet Scheibe, sog. Zwiebelboden, darauf sind Schalen oder Blätter angeordnet, die von außen mit Trockenhäuten umgeben sind; in Schalen erfolgt Reservestoffeinlagerung, es entsteht Zwiebel als fleischige Verdickung). Roh, gekocht, geschmort, süß, aromatisch, scharf schmeckend als Würzgemüse.

Gesundheitswert: Ätherische Öle (Senföl) geschmacksbestimmend, mit hohem Glucose-, Fructosegehalt, Vitaminen, Kalium, sekundären Pflanzenstoffen, wirkt u. a. antikarzinogen, thrombose-, entzündungshemmend, fördert Verdauung, stärkt Immunsystem.

Standort: Warme, nährstoff-, humusreiche Böden, pH-Wert 6–7.

Klima: Anbau in weitem Temperaturbereich, günstig ist warmer, trockener Spätsommer.

Anbauzeitraum: Direktsaat III–A IV (Sommer-), 10.–25. VIII (Winteranbau).

Aussaat: 70–90 Pfl./m^2 (Einzelkornablage), 2–3 cm tief; z. B. 30 × 4 cm.

Nährstoffentzug (g/10 kg Ertrag): N: 18, P: 3,5, K: 20, Mg: 1,5.

Düngung (g/m^2): N_{min}-Sollwert: 12, P_2O_5: 4,8, K_2O: 14,4, MgO: 1,5, keine organische Düngung.

Wasserbedarf (Niederschlag und Beregnung): 400–600 mm, hoher Bedarf bei Sommerzwiebeln von VI–VII.

Ernte: Sommerzwiebeln ab E VII, Winterzwiebeln ab M VI–A VII (sortenabhängig).

Lagerung: Bei 0 °C, 60–70 % rel. Luftfeuchte mehrere Monate.

Sorten: ‘Summit’ (Sommerzwiebel).

Zwiebel: Winterheck-Zwiebel

Allium fistulosum (Alliaceae, Zwiebelgewächse)

Herkunft: China.

Pflanze: Ausdauernd, winterfest, mit porreeähnlichem Schaft, ein- bis dreijährig kultivierbar; ohne Zwiebelbildung.

Blatt: Röhrenartig, stirbt nur in ungünstigen Wintern ab, Neuaustrieb im Frühjahr.

Blüte: Weißgrün in Dolden, Blütenschaft 40–75 cm lang. VI/VII.

Nutzung: Blätter (langschäftig ähnlich Porree, gekocht, geschmort als Zwiebelgemüse, roh als Salat).

Gesundheitswert: Wie Speise-Zwiebel mit schwefelhaltigen, ätherischen Ölen, Vitaminen, Zucker, Kalium, reich u. a. an sekundären Pflanzenstoffen.

Standort: Leichte bis mittelschwere, humose Böden.

Klima: Sonnige, warme Lagen optimal.

Anbauzeitraum: Frühjahr-/Sommersaaten A III–M VII direkt ins Freiland, Herbstsaaten A–E VIII ins Freiland oder Kalthaus. JP-Verwendung im III/IV möglich. Mehrjährig.

Aussaat: Direkt 150–200 Korn/m^2, 3 cm tief. JP-Vorkultur: 3–4 Korn/Presstopf aussäen.

Pflanzung: 25–30 × 20 cm, 17–20 Töpfe/m^2.

Nährstoffentzug (g/10 kg Ertrag): N: 18, P: 3,5, K: 20, Mg: 1,5.

Düngung (g/m^2): N_{min}-Sollwert: 18, P_2O_5: 4,8, K_2O: 14,4, MgO: 1,5, keine organische Düngung, P, K im Spätherbst oder A III, N-Gaben, z. B. bei Herbstsaaten, A/M III, nach 1. Ernte A/E IV und nach weiteren 6 Wochen.

Wasserbedarf (Niederschlag und Beregnung): Im 1. Jahr ab M V, im 2. und 3. Jahr von M VI–E VII bei Trockenheit beregnen.

Ernte: A VI–M/E X bei Frühjahrs-, A IV–M V bei Herbstsaaten.

Lagerung: Bei 0,5 °C, > 95 % rel. Luftfeuchte bis zu 10 Tage.

Sorten: ‘Bunching Star’.

Pflanzenschutz

Schadursachen allgemeiner Bedeutung

Standortbedingungen

Jede Pflanzenart hat abhängig von ihrem natürlichen Vorkommen bestimmte Ansprüche an den Boden und das Klima. Manche Arten sind auf eng eingegrenzte Klima- und Bodenbedingungen angewiesen, andere sind sehr anpassungsfähig. Weichen die Bedingungen am Kulturstandort jedoch zu stark von den artspezifischen Ansprüchen ab, können die Pflanzen direkt geschädigt werden. Je weiter die Bedingungen in der Kultur vom artspezifischen Optimum abweichen, desto größer ist die Anfälligkeit für Krankheiten und Schädlinge.

Luftfeuchte in Wohnräumen. Besonders während der Heizperiode sind die Wachstumsbedingungen aufgrund der geringen Luftfeuchtigkeit in den Wohnräumen für die meisten Zimmerpflanzen ungünstig. Vertrocknete Blattspitzen und Blattränder können ein Hinweis auf zu **trockene Luft** sein. Blütenpflanzen reagieren häufig mit dem Abwerfen der Knospen oder Blüten. Spinnmilben (siehe Seite 317f.) lieben trockene Wärme und vermehren sich unter solchen Bedingungen besonders rasch. Zu feuchte Luft kommt in Wohnräumen selten vor.

In schlecht zu lüftenden Wintergärten oder Kleingewächshäusern können allerdings Bereiche mit sehr **hoher Luftfeuchte** vorhanden sein. Ist die Luft wassergesättigt, kann die Pflanze kein Wasser mehr über ihre Oberfläche verdunsten; der Nährstofftransport kommt praktisch zum Erliegen, Mangelerscheinungen können die Folge sein. Verkorkungen an Blättern und Stängeln lassen sich häufig auf zu hohe Luftfeuchtigkeit zurückführen. Darüber hinaus finden Pilzkrankheiten bei hoher Luftfeuchte – und damit verbundenen Blattnässeperioden – ideale Infektionsbedingungen.

Wasserhaushalt der Topfpflanze. Schäden an Pflanzen können auch durch ungeeignete Boden- bzw. Substratfeuchte verursacht werden. Topf- und Kübelpflanzen werden oft so häufig

Birkenfeige mit abgestorbenen Blattspitzen durch Lufttrockenheit.

Abgestorbene Wurzeln an Usambaraveilchen durch Staunässe.

gegossen, dass das Substrat nie abtrocknen kann. Die Wurzeln von Landpflanzen sind jedoch nicht auf **ständige Überflutung** eingerichtet, sondern benötigen Sauerstoff. Bei zu häufigem Gießen verdrängt das Wasser die Luft aus den Grobporen des Substrats und die Wurzeln sterben ab. Die Folgen sind im besten Fall Nährstoffmangelerscheinungen. Der Wurzelballen kann aber auch vollständig verfaulen, dann stirbt die ganze Pflanze. Feinkörnige Substrate neigen eher zu Sauerstoffmangel als Substrate mit ausreichendem Anteil an groben, langfristig strukturstabilen Bestandteilen wie zum Beispiel gebrochenem Blähton. Aus diesem Grund ist auch eine dauerhaft funktionsfähige Dränage auf dem Topfboden unverzichtbar. Diese kann durch die Verwendung von Tontopfscherben oder ähnlichem, sich nicht zersetzendem, grobem Material auf dem Topfboden sichergestellt werden. Sehr stark wurzelnde Pflanzen, die einen feinen Wurzelfilz bilden, können solche Dränagen allerdings innerhalb kurzer Zeit verstopfen. Daher muss die Funktionstüchtigkeit des Wasserabflusses regelmäßig überprüft werden. Pflanzen in Tontöpfen neigen etwas weniger zu Vernässungsschäden als Pflanzen in Kunststofftöpfen, da über die poröse Oberfläche des Tontopfs zusätzlich Wasser verdunstet wird.

Topfpflanzen, die auf der über dem Heizkörper befindlichen Fensterbank stehen, sind in den Wintermonaten durch **Trockenheit** gefährdet. Besonders bei stark torfhaltigen Substraten ist darauf zu achten, dass diese beim Austrocknen stark schrumpfen und sich nur noch schwer wieder benetzen lassen. Der Wurzelballen kann sich vom Topfrand lösen, wodurch hier ein schmaler Spalt entsteht. Beim Gießen läuft das Wasser in diesen Spalt, der trockene Ballen wird nicht benetzt. In solchen Fällen hilft kurzfristiges Tauchen des Topfes, damit sich der Wurzelballen wieder vollsaugen kann.

Im Winter vertrocknete Lebensbäume auf einer Dachterrasse.

Wasserhaushalt des Gartenbodens. Im Freiland ist die Wasserversorgung der Pflanzen auf sandigen, gut durchlässigen Böden kaum ein Problem. Staunässe kommt hier nicht vor und Wassermangel kann durch bedarfsgerechtes Gießen einfach behoben werden. Große Probleme können auf schweren, lehmigen Böden auftreten. Wenn diese zum Beispiel durch vergangene Baumaßnahmen Verdichtungshorizonte aufweisen, kann während längerer Regenperioden das Wasser im Wurzelbereich nicht versickern, die Wurzeln verfaulen. Muss der Garten auf solchen Böden angelegt werden, ist jedes Pflanzloch besonders großzügig auszuheben und mit einer Dränageschicht aus grobem Kies zu versehen. Auch **das richtige Gießen** in Trockenzeiten ist auf schweren Böden nicht einfach. Da das Gießwasser hier nur langsam in den Boden einsickert, wird meist eine zu geringe Wassermenge je Gießvorgang gegeben. Beim Aufgraben des soeben gewässerten Bodens zeigt sich dann, dass das Wasser nur wenige Zentimeter in den Boden eingedrungen ist. Grundsätzlich sollte deswegen in größeren Zeitabständen, dann aber durchdringend gegossen werden, das heißt die *gesamte* durchwurzelte Bodenschicht muss durchfeuchtet werden. Wird ein etwa 30 cm langer Pfahl senkrecht in den Boden eingegraben, kann dieser nach dem Gießen herausgenommen und die Durchfeuchtungstiefe im Loch bequem kontrolliert werden.

Im Garten werden die **Trockenschäden** meist nicht während der Vegetationsperiode verursacht. Häufig wird vergessen, dass immergrüne Pflanzen auch im Winter einen Wasserbedarf haben. Insbesondere in windexponierten und sonnigen Lagen (Dachgärten!) verdunstet die grüne Pflanze auch in der kalten Jahreszeit erhebliche Mengen Wasser. Ist nun der Wasservorrat im Boden nach einem trockenen Herbst gering und wird nicht gegossen, so kann die Pflanze den Wasserverlust durch Transpiration nicht ersetzen. Die Pflanze stirbt aufgrund **Frosttrocknis** ab. Diese Wintertrockenschäden äußern sich bei Koniferen meist erst mehrere Wochen bis Monate nach dem Schadereignis, wodurch die Zuordnung des Schadens zur Ursache erschwert wird. Um solche Schäden zu verhindern, müssen immergrüne Gehölze im Herbst vor den ersten Bodenfrösten nochmals durchdringend gegossen werden. In frostfreien Phasen während des Winters ist die Bodenfeuchte zu kontrollieren und bei Bedarf zu bewässern. Bei lang andauerndem Bodenfrost kann die Pflanze auch bei feuchtem Boden kein Wasser aufnehmen, besonders bei klarem, windigen Winterwetter verdunstet die Pflanze aber dennoch Wasser. Solche Extremsituationen können nur durch Schattierung mit Jutegewebe oder Schilfmatten entschärft werden. Dadurch kann die Transpirationsrate – und damit der Wasserverbrauch der Pflanzen – verringert werden.

Licht. Mangel oder Überschuss an Licht kann zu Pflanzenschäden führen. Zimmerpflanzen leiden sehr häufig unter **Lichtmangel**. Für die Beurteilung der für das Pflanzenwachstum maßgeblichen Lichtintensität ist das menschliche Auge nicht geeignet, deshalb werden die Lichtverhältnisse oft falsch eingeschätzt. Bei mäßigem Lichtmangel wachsen die Pflanzen einseitig in Richtung der Lichtquelle, es entstehen vergeilte (etiolierte) Triebe mit großen Abständen zwischen den Blattachseln sowie kleinen und dünnen Blättern. Mangelnde Ausfärbung der Blätter und Verlust von Panaschierungen deuten ebenfalls auf Lichtmangel hin. Unterschreitet die Lichtintensität das für die jeweilige Pflanzenart erforderliche Minimum, stellt die Pflanze das Wachstum ein und stirbt. Schäden durch zu **hohe Lichtintensität** treten oft nach dem Ausräumen von Kübelpflanzen im Frühjahr auf. Das im Überwinterungsraum gebildete Blattgewebe ist an die Lichtverhältnisse im Freiland nicht angepasst und reagiert mit Verbrennungen, betroffenes Gewebe stirbt ab. Werden Pflanzen aus dem Zimmer oder dem Gewächshaus ins Freie gestellt, sollte dies während einer trüben Witterungsphase geschehen. Vor direkter Sonneneinstrahlung muss das empfindliche Gewebe durch Schattierung mit zum Beispiel Jutegewebe geschützt werden. Bei Sonnenschein können Starklichtschäden an Blättern entstehen, auf denen sich Wassertropfen befinden. Der Wassertropfen wirkt als Sammellinse für die Sonnenstrahlen, wodurch punktförmige Gewebeverbrennungen entstehen. Beim Gießen an sonnigen Tagen muss daher die Benetzung des Laubs vermieden werden.

Korallenstrauch mit weichen, vergeilten Trieben durch zu dunkle Überwinterung.

Temperatur. Einen großen Einfluss hat die Temperatur auf das Gedeihen der Pflanzen. Zu **hohe Temperaturen** entstehen im Hochsommer gelegentlich in schlecht gelüfteten Wintergärten oder Kleingewächshäusern. Die Blütenblätter färben sich unter diesen Bedingungen weniger intensiv. Steigen die Temperaturen zum Beispiel hinter Glasscheiben über das artspezifische Maximum an, kann junges Gewebe absterben. Zu tiefe, aber noch über dem Gefrierpunkt liegende Temperaturen hemmen das Wachstum der Pflanzen. **Tiefe Bodentemperaturen** reduzieren die Aktivität der Wurzeln und können so zu Nährstoffmangelsymptomen führen („Schlechtwetterchlorosen"). Bei der Aussaat oder der Stecklingsvermehrung kann durch die Einhaltung der artspezifisch optimalen Temperatur die Phase höchster Krankheitsanfälligkeit für die empfindlichen Sämlinge und Jungpflanzen auf ein Mindestmaß reduziert werden.

Frost kann Pflanzen auf verschiedene Arten schädigen. Durch überraschende **Frühfröste** im Herbst können nicht winterharte Kübelpflanzen geschädigt werden. Unter bestimmten Voraussetzungen können Frühfröste auch in unseren Breiten winterharte Freilandpflanzen schädigen.

Sonnenbrand an Blättern einer Forsythie nach Schnittmaßnahmen.

Verbräunte Blütenblätter an einer Stern-Magnolie durch Spätfrost.

Abgestorbene weiche Triebe an einem Buchsbaum durch Spätfrost.

Besonders gefährdet sind Gehölze, die noch spät im Jahr mit Stickstoff gedüngt wurden oder unter Krankheiten litten, die zu einem vorzeitigen Laubfall führten. Solche Pflanzen werden zu einem späten Nottrieb angeregt, das Holz kann nicht genügend ausreifen und erreicht keine ausreichende Frosthärte. Optimal gepflegte und für die jeweilige Region ausreichend winterharte Gehölze werden dagegen kaum durch Winterfröste geschädigt. Eine Ausnahme ist der indirekte Schaden durch Frosttrocknis. **Spätfrost** kann an frühblühenden und frühaustreibenden Pflanzen Schäden verursachen. Häufig betroffen sind Magnolien, deren Blüten nach einer einzigen Frostnacht verbräunt sein können. In manchen Jahren fällt die gesamte Kirsch-, seltener auch die Apfelblüte den Spätfrösten zum Opfer, massive Ertragsausfälle sind die Folge. Die *Pseudomonas*-Krankheit (siehe Seite 299) an Flieder oder Forsythie wird durch Spätfröste deutlich gefördert. Durch die Frosteinwirkung entstehen am Austrieb kleine Gewe-

Nach einem Sturm abgebrochener, teilweise hohler Apfelbaum.

beverletzungen, über die Bakterien in die Pflanze eindringen können. Da bei Spätfrostschäden aber meist nur das neue, noch weiche Gewebe in Mitleidenschaft gezogen wird, werden in der Regel keine nachhaltigen Schäden verursacht. Maßnahmen gegen Spätfröste sind im Garten nur durch kurzfristige Schutzmaßnahmen für angetriebene Gehölze oder Stauden zum Beispiel durch Schilfmatten möglich.

Wind. Die Verdunstungsrate immergrüner Pflanzen wird im Winter entscheidend durch den Wind beeinflusst. In windexponierten Lagen ist daher in der kalten Jahreszeit die Gefahr eines Schadens durch Frosttrocknis deutlich erhöht. Immergrüne Gehölze in beweglichen Pflanzgefäßen auf Dachgärten oder Balkonen sollten im Winter in windgeschützte Ecken geräumt werden, um sie der austrocknenden Wirkung des Windes zu entziehen. Starker Wind schädigt während der Vegetationsperiode vor allem Pflanzen mit großem, weichem Laub. Die Blattspreite zerreißt und kann je nach Schädigungsgrad absterben. Hohe Bäume sind großen Belastungen durch Starkwinde ausgesetzt, die zum Bruch der Äste oder des Stammes bzw. zum Kippen des Baumes mitsamt seinem Wurzelteller führen können. Windwurfgefährdet sind besonders Bäume, in deren Wurzelbereich Grabungen oder sonstige, die Wurzeln schädigende Maßnahmen stattgefunden haben. Windbruch ist vor allem bei Bäumen mit Faulstellen zu befürchten. Es sollte auch darauf geachtet werden, ob in der näheren Umgebung des Baumes Veränderungen durch Neubauten oder Abriss von Gebäuden stattfinden. Der Baum kann auf schlagartig erhöhte Windbelastungen auf einer Seite, die früher dem Wind nicht ausgesetzt war, nicht reagieren und bricht oder wird geworfen.

Löcher im Blattgewebe der Japanischen Pestwurz nach Hagelschlag.

Niederschläge. In Form von **Hagel** können Niederschläge Pflanzen direkt schädigen. Betroffen sind nicht nur weichlaubige Gewächse. Große Schäden können an Kernobst verursacht werden, da die verletzten Früchte nicht mehr lagerfähig sind. Hagel spielt aber auch eine große Rolle im Zusammenhang mit einigen Krankheitserregern (zum Beispiel Feuerbrand, siehe Seite 296ff.), die durch die Gewebeverletzungen ideale Infektionspforten an den Pflanzen vorfinden. Ergiebige Regenfälle während der Kirschernte können zum Platzen der reifen Früchte führen.

Bodeneigenschaften. Einen entscheidenden Einfluss auf die Gesundheit der Pflanzen hat naturgemäß der Boden bzw. das Substrat. Ungünstige physikalische Eigenschaften wie zum Beispiel Verdichtungen können zu Staunässeschäden an den Wurzeln führen. Ein zu hoher **Salzgehalt** des Bodens durch den Eintrag von Streusalz oder durch Überdüngung kann die Wurzeln ebenfalls stark schädigen und zum Absterben bringen. Besonders in Topfkulturen, die viele Jahre gepflegt werden, treten solche Versalzungsschäden infolge einer Anreicherung von Düngesalzen sehr häufig auf. Bei den Moorbeetpflanzen ist

Eisenmangel an Zierquitte.

Absterbender Ahorn durch Bodenanfüllung am Stamm.

der **Säuregrad** oder pH-Wert des Bodens oft der begrenzende Faktor für eine Pflanzung. Da vor allem die Aufnahme der Spurennährstoffe stark vom pH-Wert des Bodens ab-hängt, zeigen Pflanzen auf ungeeigneten Böden typische Nährstoffmangelsymptome.

Meist sind zu hohe pH-Werte für die Festlegung der Nährstoffe im Boden verantwortlich. Dem kann nur durch eine entsprechende Bodenverbesserung mit Torf oder gezielte Zuführung von Spurennährstoffen begegnet werden.

Um die Situation im eigenen Garten einschätzen zu können, ist es ratsam, in regelmäßigen Abständen **Bodenuntersuchungen** durchführen zu lassen.

Fehler bei der Pflanzung

Die richtige Pflanztiefe. Durch Unkenntnis oder Unachtsamkeit werden sehr häufig gravierende Fehler schon beim Pflanzvorgang gemacht, die sich besonders bei Gehölzen oft erst Jahre später negativ auf die Vitalität der Pflanzen auswirken. So kümmern Gehölze nicht selten deshalb, weil sie zu tief gepflanzt wurden oder weil Boden unmittelbar am Gehölz aufgefüllt wurde. Dadurch geraten die Wurzeln in schlecht sauerstoffversorgte Bodenschichten, wo sie kaum mehr zur Wasser- und Nährstoffaufnahme fähig sind. Ist die Pflanze nicht in der Lage, rechtzeitig neue Wurzeln in den oberen Bodenschichten auszubilden, stirbt sie bald ab. Große Gehölze sollten aus diesem Grund sogar eher etwas höher gepflanzt werden, als sie in der Baumschule standen. Denn der vorher gut vorbereitete Boden setzt sich durch das große Gewicht der Pflanze samt Erdballen noch, die Pflanze kann so einige Zentimeter absinken.

Transport der Pflanze. Bei Gehölzen ohne Ballen ist auf einen schonenden Transport und eine möglichst kurze Lagerzeit vor der Pflanzung zu achten, da die freiliegenden Wurzeln sehr schnell austrocknen. Feuchte Tücher bewahren die Wurzeln vor Schäden.

Wässern des Ballens. Bei Ballenpflanzen, besonders aber bei Gehölzen und Stauden, die in sehr torfhaltigen Substraten angezogen wurden, muss vor der Pflanzung die Feuchte des Wurzelballens überprüft werden. Ist er sehr trocken, sollten die Ballen für kurze Zeit ins Wasser getaucht werden, damit sie sich wieder vollsaugen können. Werden ausgetrocknete Ballen mit hohem Torfgehalt gepflanzt, muss damit gerechnet werden, dass auch bei feuchtem Umgebungsboden die Durchfeuchtung des Ballens trotz intensivem Angießen sehr lange Zeit in Anspruch nimmt.

Ballentuch lösen. Ein bei kümmernden Gehölzen erschreckend oft nachzuweisender Pflanzfehler sind eingewachsene Ballentücher. Nach dem Hineinstellen des Gehölzes in das Pflanzloch *müssen* sie an der Verknotung aufgeschnitten werden. Auch Jutetücher zersetzen sich manchmal so langsam, dass der Stammumfang des Baumes vor der vollständigen Zersetzung des Ballentuches ein größeres Ausmaß erreicht als die Öffnung am Ballentuch zulässt. Ähnliche Abschnürungen können durch vergessene und mit den Jahren eingewachsene Seile an den Stämmen von Gehölzen entstehen.

Wasser- und Nährstoffversorgung nach der Pflanzung. Je nach Größe der Pflanze ist in den ersten Wochen (Stauden) bis Jahren (Großgehölze) nach der Pflanzung eine ausgeglichene Wasser- und Nährstoffversorgung sicherzustellen.

Eingewachsener Draht an Wacholder.

Längsschnitt durch den Einschnürungsbereich.

Viruskrankheiten

Pflanzenschädliche **Viren** sind nur mithilfe eines Elektronenmikroskops sichtbar. Diese Parasiten können sich ausschließlich in lebenden Zellen vermehren. Sie besitzen keinen eigenen Stoffwechsel, sondern nutzen die Syntheseleistung ihrer Wirte für sich aus. Sie werden daher nicht zu den Lebewesen gerechnet. Manche optisch reizvolle Veränderung an Pflanzen wird durch Viren verursacht. Bekannt sind zum Beispiel die Blattpanaschierungen bei der Schönmalve, *Abutilon* sp., oder manche geflammte Tulpensorte. Viren sind nicht in der Lage, in eine unverletzte Pflanze aktiv einzudringen. Sie sind auf Verletzungen oder direkten Kontakt zwischen den Pflanzen angewiesen (Wurzelverwachsungen, Veredlung!).

Viren werden häufig von Pflanzenschädlingen wie zum Beispiel Blattläusen übertragen. Diese werden als Vektoren bezeichnet und nehmen beim Saugen an einer viruskranken Pflanze Viren auf, die dann an die folgenden Nahrungspflanzen übertragen werden können. Bei einigen Viren ist die Übertragung auf die Folgegeneration durch Pollen oder Samen möglich. Viruskranke Pflanzen werden oft gar nicht als solche erkannt, da sie nicht immer auffällige Symptome zeigen, die Pflanzen wachsen nur etwas schwächer (latenter Befall). Einige Viren verursachen jedoch massive Schäden, die auch zum Absterben der befallenen Pflanzen führen können. Typische Virussymptome sind bandförmige, ringförmige oder netzartige Chlorosen an den Blättern. Sie sind oft nur schwach ausgeprägt und werden häufig übersehen. Die Symptome werden dann besonders deutlich, wenn sich die Pflanze in

Chlorosen und Blattdeformationen an einer Esche durch ein Virus.

Diffuse Blattflecken an einem Rosenblatt durch ein Virus.

Zierende Blattpanaschierung an einer Schönmalve durch ein Virus.

einer Stresssituation (zum Beispiel durch Trockenheit oder Hitze) befindet. Viren verursachen auch Formveränderungen an pflanzlichen Organen.

Bei der Vermehrung im Erwerbsanbau kann durch Wärmetherapie der Neuzuwachs der virusinfizierten Pflanzen erregerfrei gemacht werden. Die jüngsten Gewebebereiche werden entnommen, bevor sie vom Virus befallen werden können. Auf diese Weise kann virusfreies Pflanzgut gewonnen werden. Viruskrankheiten können im Hausgarten nicht direkt bekämpft werden, hier sind nur vorbeugende Maßnahmen möglich. Beim Schnitt sollten augenscheinlich viruskranke Pflanzen *am Schluss* geschnitten werden, um eine Übertragung der Viren durch die Schnittwerkzeuge zu verhindern. Da Viren auch außerhalb ihrer Wirtspflanzen sehr lange Zeit aktiv bleiben können, müssen die Schnittwerkzeuge anschließend desinfiziert werden. Am sichersten geschieht dies durch Hitze, die Messerklingen können ausgekocht oder in einer Flamme desinfiziert werden. Bei Gemüse oder Sommerblumen darf von viruskranken Pflanzen kein Saatgut gewonnen werden. In manchen Fällen kann auch durch konsequente Bekämpfung der Überträger (Vektoren) die Virusverbreitung eingeschränkt werden.

Beim Neukauf von Pflanzen, insbesondere Obstgehölzen, ist darauf zu achten, dass nur virusfreie Pflanzen eingekauft werden. Dabei wird zwischen Standardmaterial und anerkanntem Material unterschieden, wobei letzteres zusätzlich zu betriebsinternen Kontrollen und Aufzeichnungen durch den amtlichen Pflanzenschutzdienst kontrolliert wird.

Der höhere Preis virusfreier Pflanzen macht sich durch gesunden Wuchs und bessere Erntequalität bezahlt.

Bakterienkrankheiten

Im Hausgarten kommen im Verhältnis zur Vielzahl der Pilzkrankheiten nur wenige pflanzenschädliche Bakterienarten vor. Diese können jedoch den Anbau bestimmter Pflanzenarten unmöglich machen. Bakterien sind einzellige, im Lichtmikroskop noch erkennbare Lebewesen, die organische Substanzen besiedeln. Alle pflanzenschädigenden Bakterien weisen neben ihren parasitischen Lebensabschnitten, in denen sie ihre Wirtspflanze schädigen, auch Phasen auf, in denen sie sich saprophytisch, das heißt von abgestorbener organischer Substanz, ernähren. Sie vermehren sich in der Regel durch Zellteilung und können so bei günstigen Umweltbedingungen (meist feuchte Wärme) in kürzester Zeit enorme Populationsdichten erreichen. Im folgenden Abschnitt werden drei der wichtigsten Bakterienerkrankungen an Pflanzen im Garten vorgestellt.

Feuerbrand

Das **Feuerbrandbakterium**, *Erwinia amylovora*, wurde erst Mitte des zwanzigsten Jahrhunderts aus Nordamerika eingeschleppt, hat sich aber inzwischen in weiten Teilen Europas ausgebreitet. Seit der großen Infektionswelle in den 1990er-Jahren flammt der Erreger immer wieder regional begrenzt auf.

Befallen werden in der Natur nur die apfelfrüchtigen Rosengewächse. Dazu gehört neben den Frucht- und Zierformen des Apfels, *Malus*, und der Birne, *Pyrus*, auch die Quitte, *Cydonia*. Unter den Felsenmispeln sind *Cotoneaster salicifolius* und *Cotoneaster*-Watereri-Hybriden, unter den Weißdorn-Arten der Weißdorn, *Crataegus monogyna*, und der Rotdorn, *Crataegus laevigata*, unter den Sorbus-Arten die Mehlbeere, *Sorbus aria*, besonders anfällig. Auch das selten angepflanzte Funkenblatt, *Photinia davidiana*, gilt als hochanfällige Wirtspflanze für das Feuerbrandbakterium. Gelegentlich werden auch Zierquitten, *Chaenomeles*-Arten und -Hybriden, und der Feuerdorn, *Pyracantha coccinea*, befallen.

Als typisches Symptom gilt das krückstockartige Verkrümmen der Triebspitzen. Damit wird das Erscheinungsbild zwar recht gut getroffen, allerdings reagieren Gehölze auf andere Störungen im Wassertransport ebenso. Einziges sicheres Erkennungsmerkmal sind die bei feuchtem Wetter auf den Trieben, bei Apfel und Birne auch auf den Früchten erscheinenden Schleimtropfen. Diese je nach Alter und Witterung nahezu glasklaren bis bernsteinfarbigen Schleimtropfen beinhalten Millionen kleinster Bakterien. Vögel, Insekten, aber auch Menschen bei Pflegearbeiten in Gehölzbeständen verbreiten diese Bakterien auf andere Wirtspflanzen.

Die Massenverbreitung der Bakterien findet im Frühjahr während der Blüte der Kernobstgehölze statt. Ist es während dieser Zeit feucht und warm, können sich die Bakterien besonders erfolgreich vermehren und es ist eine explosionsartige Verbreitung der Krankheit zu erwarten. Die Bakterien werden durch Insekten in offene Blüten transportiert und dringen von hier aus durch den Blütenstiel in den Trieb vor. Infizierte Blüten sehen braunschwarz aus; Blätter, in die der Erreger einwächst, verfärben sich von der Mittelrippe ausgehend ebenfalls dunkel. Außer über die Blüte kann der Erreger auch über Verletzungen in die Wirtspflanze eindringen. Auf diesem Weg können nach Hagel im Hochsommer erneute Infektionen stattfinden. Der Erreger kann

Starker Feuerbrandbefall an einer großblättrigen Felsenmispel.

bis ins alte Holz einwandern, wo er in der Rinde überdauert. Diese als Canker bezeichneten Bereiche sind etwas eingesunken und verbräunt. Bei steigenden Temperaturen im Frühjahr vermehren sich die Bakterien in den Randbereichen der Canker sehr schnell und eine erneute Verbreitung des Erregers kann beginnen.

! Die gewissenhafte Kontrolle gefährdeter Gehölze im Garten ist die wichtigste Bekämpfungsmaßnahme. Werden Feuerbrandsymptome entdeckt, müssen befallene Pflanzenteile sehr *großzügig* entfernt werden. Dazu muss ein Ast mindestens 30 bis 50 cm unterhalb der sichtbaren Schadstelle entfernt werden. Dies ist notwendig, da der Erreger schon in das noch gesund erscheinende Holz vorgedrungen sein kann. Entscheidend ist die sachgerechte Entsorgung des befallenen Pflanzenmaterials. Da der Erreger auf Schnittholz überdauern kann und in den im Hausgarten eingesetzten Kompostmieten keine für die Abtötung des Erregers ausreichend hohen Temperaturen entstehen, muss das befallene Material verbrannt oder über den Hausmüll entsorgt werden. In einer gewerblichen Kom-

Triebwelke an Feuerdorn durch Feuerbrand.

Durch Feuerbrand abgestorbener Quittentrieb mit Fruchtansatz.

Canker am Zweig einer Felsenmispel.

postieranlage ist die Abtötung des Bakteriums durch die dort entstehenden hohen Temperaturen gewährleistet. Schnittwerkzeuge müssen vor der Benutzung an anderen Wirtspflanzen zum Beispiel in kochendem Wasser desinfiziert werden. Im übrigen sollte in gefährdeten Regionen auf die Anpflanzung hochanfälliger Wirtspflanzen wie die *Cotoneaster salicifolius*-Sorten ganz verzichtet werden. Auch bei den Apfel- und Birnensorten gibt es Beobachtungen, dass einige Sorten weniger anfällig sind. Für das Feuerbrandbakterium weniger anfällige Apfelsorten sind zum Beispiel 'Florina', 'Liberty', 'Ontario', 'Reanda', 'Remo', 'Rene' und 'Rewena'. Als weniger anfällig gilt auch die Birnensorte 'Gute Luise'. Allerdings liegen bezüglich der Sortenanfälligkeit von Kernobst bislang noch zu wenige langjährige Erkenntnisse vor, um abschließende Empfehlungen geben zu können.

Für die Bekämpfung von Bakterienkrankheiten sind keine Pflanzenschutzmittel ausgewiesen. In den Jahren seit 1993 wurde allerdings der Einsatz eines Antibiotikums mit dem Wirkstoff Streptomycinsulfat jeweils unter sehr strengen Auflagen für eng begrenzte Anwendungsbereiche per Sondergenehmigung ermöglicht. Diese Ausnahmegenehmigung betraf aber nur den Erwerbsanbau von Obst und Ziergehölzen. Einige fungizide Wirkstoffe besitzen allerdings eine Nebenwirkung gegen Bakterien. Regelmäßige, in kurzen zeitlichen Abständen durchgeführte Spritzungen mit kupferhaltigen Fungiziden könnten die Gehölze vor Triebinfektionen schützen, eine Ausweisung für diese Indikation besteht derzeit jedoch nicht. Allerdings können Kupferpräparate nur die Oberfläche der Pflanzen vor Infektionen schützen, der Wirkstoff dringt nicht in die Pflanze ein. Wird der Schutzfilm zum Beispiel durch Regen, Wachstum der Pflanze oder Ver-

Abgestorbene Austriebe an einer Forsythie nach einer *Pseudomonas*-Infektion.

Nekrosen am Fliedertrieb nach einer *Pseudomonas*-Infektion.

letzungen zerstört, ist eine Infektion wieder möglich. Zur Bekämpfung der Feuerbrandkrankheit wurden zahlreiche Versuche mit Präparaten auf pflanzlicher und mineralischer Basis sowie mit natürlichen Gegenspielern begonnen, die aber noch zu keinen abschließenden Ergebnissen geführt haben. Die große Bedeutung der Feuerbrandkrankheit spiegelt sich in der Feuerbrandverordnung wieder. Darin wurden rechtliche Grundlagen für Gegenmaßnahmen geschaffen, die von einer Meldepflicht bis zu Anbauverboten reichen können.

Bakterienbrand

Ganz ähnliche Symptome wie durch das Feuerbrandbakterium können nach einer Infektion durch *Pseudomonas syringae* beobachtet werden. Der **Bakterienbrand** befällt sehr viele Laubgehölze, besonders anfällig sind Flieder – *Syringa*, Forsythien – *Forsythia*, Birnen – *Pyrus* und Kirschen – *Prunus*.

Die Infektionen werden durch feuchtkühle Witterungsverhältnisse begünstigt. Nach Spätfrösten tritt der Erreger verstärkt auf, da er über kleine, vom Frost verursachte Verletzungen am jungen Gewebe besonders effektiv infizieren kann. An Kirschen dringt der Erreger oft schon im Herbst über die Blattstielnarben ein und breitet sich im Rindengewebe aus. Dieses reagiert mit Rindenbrandsymptomen und Gummifluss, betroffene Triebe können absterben. Bei Flieder, Forsythien und Birnen beschränkt sich der Schaden durch *Pseudomonas*-Befall meist auf die weichen Austriebe und erfasst nicht das verholzte Gewebe.

Befallene Triebe müssen entfernt und vernichtet werden. Aufgrund fehlender Ausweisung ist der Einsatz kupferhaltiger Fungizide, insbesondere bei Kirschen zum Schutz der Blattnarben während des Blattfalls im Herbst, derzeit nicht möglich. Grundsätzlich wäre auch eine Reduzierung der Triebinfektionen im Frühjahr durch entsprechende Spritzungen während des Austriebs möglich. Allerdings kann das empfindliche Gewebe durch die Spritzung auch geschädigt werden.

Wucherungen am Wurzelhals einer Kriechspindel durch Agrobacterium.

Wurzelkropf

Praktisch alle Laubgehölze können vom **Wurzelkropfbakterium**, *Agrobacterium tumefaciens*, befallen werden. Eine Infektion ruft auffällige Gewebeveränderungen an der Wirtspflanze hervor. Häufig im Wurzel- oder Wurzelhalsbereich, aber auch an oberirdischen Pflanzenteilen, bilden sich knorpelige Wucherungen, die mit Gewebe gefüllt sind. Durch diese Wucherungen wird der Wasser- und Assimilattransport gestört, die Pflanze bzw. der betroffene Pflanzenteil kümmert und kann bei starkem Befall nach einigen Jahren absterben. Die Bakterien dringen meist über die Wurzeln, aber auch über oberirdische Verletzungen in die Pflanze ein und werden mit dem Saftstrom in der Pflanze verbreitet. Über die auf *staunassen* Böden vergrößerten Lentizellen (Korkwarzen, die dem Gasaustausch dienen) an den Wurzeln können die Bakterien besonders gut eindringen.

Das Wegschneiden der Wucherungen ist nur eine kosmetische Maßnahme, der Erreger kann dadurch nicht aus der Pflanze entfernt werden. Maß-

Basistrieb einer Kletterrose mit Wucherungen durch Agrobacterium.

Wucherungen an einem Forsythientrieb durch Agrobacterium.

nahmen gegen den Erreger werden dadurch erschwert, dass er jahrelang im Boden überdauern kann. Ist eine Pflanze an der Wurzelkropfkrankheit zugrundegegangen und soll an der gleichen Stelle nachgepflanzt werden, muss ein sehr großzügiger Bodenaustausch vorgenommen werden. Ist dies nicht möglich, sollten Nadelgehölze oder krautige Pflanzen als Ersatzpflanzen gewählt werden, da diese nicht zum Wirtspflanzenkreis des Wurzelkropfbakteriums gehören.

Pilzkrankheiten

Der Pilzorganismus setzt sich aus Pilzfäden (Hyphen) zusammen, die in ihrer Gesamtheit als Mycel bezeichnet werden. Pilze können sowohl auf geschlechtlichem als auch auf ungeschlechtlichem Wege Sporen produzieren, die der Verbreitung oder der Überdauerung dienen. Die Sporen werden meist in artspezifischen Fruchtkörpern gebildet, die oft als kleine Pusteln am befallenen Organ zu finden sind. Die hut- und konsolenförmigen Fruchtkörper der holzbewohnenden Pilzarten sind sehr hoch entwickelte Fruchtkörperformen. Die Sporen gelangen durch Wind, Wasserspritzer oder Insekten auf andere Wirtspflanzen und keimen dort aus. Pilzliche Erreger nutzen oft Verletzungen der Pflanze als Eintrittspforten, sie können aber auch über die intakte Pflanzenoberfläche eindringen.

Pilzliche Organismen können fast immer auf geschädigten Pflanzenteilen nachgewiesen werden. Allerdings sind die dort gefundenen Pilze nicht immer die Auslöser der Schäden. Der Übergang zwischen echten Parasiten, die gesunde Pflanzen infizieren und schädigen, Schwächeparasiten, die nur vorgeschädigte Pflanzen befallen können und Saprophyten, die abgestorbenes pflanzliches Gewebe besiedeln, ist oft fließend.

Vor der Einleitung von Bekämpfungsmaßnahmen muss daher der Erreger bestimmt und es muss geklärt werden, ob es sich um einen primären Schadpilz handelt. Ist die Besiedlung durch den Pilz nur die Folge einer vorangegangenen Schädigung (andere Erreger, nichtparasitäre Ursachen), müssen zunächst die Ursachen für die Vorschädigung beseitigt werden; eine Bekämpfung ist dann oft nicht notwendig. Zur Bekämpfung mancher Pilzkrankheiten stehen Pflanzenschutzmittel zur Verfügung. Die meisten Präparate können aber lediglich die Infektion verhindern. Ist der Erreger erst einmal in die Pflanze eingedrungen, ist er kaum noch zu bekämpfen. Daher sind Kenntnisse über den Infektionszeitpunkt der Pilzart von entscheidender Bedeutung für den Bekämpfungserfolg.

Hallimasch

An Gehölzen treten **Hallimaschpilze**, *Armillaria* sp., sehr häufig auf. Einige Arten sind aggressive Primärparasiten, andere Arten besiedeln abge-

Hallimaschmycel am Stamm eines Apfelbaumes.

Fächermycel des Hallimasch unter der Rinde.

Rhizomorphen auf dem Holzkörper eines abgestorbenen Ahorn.

storbene oder sehr geschwächte Gehölze. Es können praktisch alle Laub- und Nadelgehölze befallen werden. Sammler von Speisepilzen kennen die meist an abgestorbenen Baumstümpfen büschelig wachsenden, bis 15 cm hohen, hutförmigen Fruchtkörper des Hallimaschpilzes.

Die verschiedenen Hallimascharten bilden unterschiedliche Hutformen aus, beim häufigen **Honiggelben Hallimasch**, *Armillaria mellea*, ist die Oberseite des Hutes gelblichbraun, die Lamellen an der Unterseite verfärben sich von Weiß nach Gelb. Die Fruchtkörper werden erst mehrere Jahre nach der Infektion gebildet. Lange vorher kann bei befallenen Gehölzen unter der Rinde des Wurzel- und Stammfußbereichs das auffällige weiße, fächerartige Mycel gefunden werden. Unter der Borke oder im Boden sind manchmal auch schwarzbraune, bis 2 mm dicke Mycelstränge, die Rhizomorphen, zu finden. Sie dienen vor allem der Ausbreitung des Pilzes im Boden von Wirtspflanze zu Wirtspflanze. Der Erreger nutzt meist Wurzelverletzungen als Eintrittspforten, bei trockenheits- oder staunässegeschädigten Gehölzen dringt er auch über unverletzte Wurzeln ein. Wurzelverwachsungen haben für die Ausbreitung des Erregers in einem geschlossenen Gehölzbestand oder in Hecken eine große Bedeutung. Nachdem er in die Pflanze eingedrungen ist, wächst der Pilz im Kambium aufwärts, das er nach und nach abtötet. Erfasst der auch als „Kambiumkiller" bezeichnete Hallimasch den gesamten Stammumfang, kann keine Versorgung der Pflanze mehr stattfinden, sie stirbt ab.

Seltener tritt der Hallimaschpilz als Weißfäuleerreger im Kernholz von Bäumen auf, ohne das Kambium in Mitleidenschaft zu ziehen. Die Versorgung derart befallener Bäume ist dann zwar ungestört, die Standsicherheit wird jedoch reduziert.

Wird Hallimaschbefall nachgewiesen, sind direkte Gegenmaßnahmen nicht mehr möglich. Befallene Gehölze müssen sofort gerodet werden. Da der Hallimaschpilz auch als Saprophyt auf abgestorbenem Holz wächst und dieses zersetzt, darf kein Totholz im Boden verbleiben, das als Infektionsquelle für benachbarte bzw. nachgepflanzte Gehölze dienen könnte. Deshalb müssen auch alte Baumpfähle vollständig entfernt werden. Diese dürfen nicht wiederverwendet werden, da über diesen Weg ebenfalls eine Verschleppung des Pilzes möglich ist. Soll an derselben Stelle nachgepflanzt werden, muss ein sehr großes Pflanzloch ausgehoben und zum Auffüllen Boden aus Gartenbereichen verwendet werden, die mit großer Wahrscheinlichkeit frei vom Hallimaschpilz sind. Boden von langjährig genutzten Gemüse- oder Sommerblumenbeeten mit größtmöglicher Entfernung zu Gehölzpflanzungen erfüllt diese Bedingung.

Ebenso kann durch entsprechende standortgerechte Artenauswahl, Vermeidung jeglicher Stresssituation (Dränage in zur Staunässe neigenden Böden, optimale Wasserversorgung) und Verhinderung von Wurzelverletzungen (Grabungen und Bodenbearbeitung im Wurzelbereich von Gehölzen vermeiden) einer Infektion durch den Hallimaschpilz vorgebeugt werden.

Phytophthora sp.

Pilze der Gattung *Phytophthora* haben im Pflanzenbau eine große Bedeutung. Der Pilz dringt meist über die Wurzeln in seine Wirtspflanze ein. ***Phytophthora*-Pilze** verursachen Fäulnis des Wurzel- oder Wurzelhalsgewebes und bringen die befallenen Pflanzen zum Absterben. Der Erreger überdauert mit-

Verticillium-Befall an einem Essigbaum.

Ringförmige Verfärbung eines Ahornastquerschnittes nach Verticillium-Befall.

hilfe widerstandsfähiger Dauersporen im Boden. *Phytophthora*-Arten können auch Fruchtfäulen, Blattflecken und Triebsterben verursachen. Tritt der Erreger als Stammfußfäule an Gehölzen auf, so ist eine Bekämpfung praktisch nicht möglich.

Anfällige Gehölze dürfen keinesfalls auf schweren, staunassen Böden stehen. Da der Erreger sehr widerstandsfähige Dauersporen ausbildet, muss vor einer Nachpflanzung das Erdreich großzügig ausgetauscht werden. Gießbehandlungen mit Fungiziden sind bei größeren Pflanzen kaum Erfolg versprechend. Bei krautigen Pflanzen können Fungizide (siehe Seite 397ff.) eingesetzt werden.

Pilzliche Welkeerreger

Eine Infektion krautiger oder holziger Pflanzen durch *Fusarium* sp. oder *Verticillium* sp. führt zum Abwelken von Pflanzenteilen oder ganzen Pflanzen. Diese **Welkepilze** infizieren meist über die Wurzel oder den Wurzelhals. Ist der Erreger in die Pflanze eingedrungen, wächst sein Mycel in den Leitungsbahnen weiter, die dadurch verstopft werden. Vom Pilz produzierte Giftstoffe verstärken die Welke. Die infizierte Pflanze reagiert auf einen Befall mit dem Versuch, die befallenen Bereiche abzuschotten und damit dem Pilz eine weitere Ausbreitung innerhalb der Pflanze unmöglich zu machen. Allerdings werden die Leitungsbahnen durch diese Thyllenbildung auch für Wasser und Assimilate undurchlässig; das Welkesymptom wird verstärkt. Dauerorgane der Pilze bleiben im Boden *jahrelang* infektiös.

Hat eine Infektion stattgefunden, so müssen zumindest bei Gehölzen nicht unmittelbar anschließend Schadsymptome erkennbar werden. Dies ist darauf zurückzuführen, dass nicht immer alle aktiven Leitungsbahnen des betroffenen Triebes besiedelt werden. Hat die Pflanze in solch einer Situation ausreichend Wasser zur Verfügung und sind die Witterungsbedingungen günstig, werden keine Welkesymptome ausgebildet. Sobald die befallene Pflanze in heißen Trockenperioden jedoch in Wasserstress gerät, stellen sich die Welkesymptome schlagartig ein. Da Gehölze jedes Jahr einen neuen Ring Leitungsbahnen bilden, die erneut vom Erreger besiedelt werden müssen, kann ein infiziertes Gehölz bei guten Standortbedingungen und sonst guter Gesundheit eine *Verticillium*-Infektion jahrelang überleben. Solche langjährigen Besiedlungen können im Querschnitt von abgestorbenen Ästen manchmal beobachtet werden. Dann sind ringförmig angeordnete grüne bis schwarze Verfärbungen im Bereich der Leitungsbahnen mehrerer Jahrgänge zu erkennen.

Fusarium-Pilze treten meist an krautigen Pflanzen auf. Dagegen befällt *Verticillium* sp. einen sehr großen Wirtspflanzenkreis, darunter praktisch alle Laubgehölze. Besonders anfällig sind der Trompetenbaum, *Catalpa bignonioides*, Ahorn-Arten, insbesondere *Acer palmatum*-Sorten, der Essigbaum, *Rhus typhina* und der Perückenstrauch, *Cotinus coggygria*.

Auffallend oft können Welkesymptome bei Kugelformen von Trompetenbaum, *Catalpa bignonioides* 'Nana', und Robinie, *Robinia pseudoacacia* 'Umbraculifera', auf einen Befall mit *Verticillium* sp. zurückgeführt werden. Bei diesen Wuchsformen entspringen viele Leitäste direkt aus der Veredlung. Die Konkurrenz der Triebe um das Wasser führt zu einer schnelleren Ausprägung der Welkesymptome.

Wird ein Befall an Gehölzen festgestellt, so können kaum direkte

Bekämpfungsmaßnahmen ergriffen werden. Abgestorbene Astpartien sollten ausgeschnitten werden. Es muss allerdings damit gerechnet werden, dass die Erkrankung trotz Schnittmaßnahmen weiter fortschreitet, da sich der Erreger meist schon über die ganze Pflanze ausgebreitet hat. Muss ein befallenes Gehölz gerodet werden, sollte möglichst mit weniger anfälligen Arten – insbesondere Nadelgehölzen – nachgepflanzt werden (langjährige Überdauerung des Erregers im Boden!). Auf jeden Fall muss vor einer Neupflanzung ein großzügiger Bodenaustausch vorgenommen werden, um den Erreger zumindest aus dem unmittelbaren Wurzelbereich des Gehölzes zu eliminieren. Bei der Pflanzung muss ganz besonders auf die Vermeidung jeglicher Wurzel- oder Wurzelhalsverletzung geachtet werden, da der Erreger bevorzugt über solche Wunden eindringt.

Abgestorbener Johannisbeertrieb mit Rotpustelbefall.

Rotpustel

In den Wintermonaten können an Ästen und Zweigen vieler Laubgehölze auffällige, etwa stecknadelkopfgroße, orangerot gefärbte Pusteln festgestellt werden. Hier werden ungeschlechtliche Sporen (Konidiosporen) produziert, die weitere Äste infizieren können. Im Laufe des Frühjahrs können von den in den Fruchtkörpern von *Nectria cinnabarina* gebildeten geschlechtlichen Sporen (Ascosporen) weitere Infektionen ausgehen. Der **Rotpustelpilz** besiedelt hauptsächlich totes Astmaterial und baut dieses ab. Er leistet damit einen wichtigen Beitrag im Stoffkreislauf der Natur. Sind bei anfälligen Gehölzen Aststummel oder frische Wunden vorhanden, so kann der Erreger seine Wirtspflanze über diese Schwachstellen infizieren. Der Pilz dringt in lebende Gewebebereiche vor, verstopft die Leitungsbahnen und gibt Giftstoffe ab, die zu bräunlichen Holzverfärbungen

Rotpustelbefall an einem Hainbuchenast.

Blattfleckung am Storchschnabel durch Falschen Mehltau.

und zum Absterben von Trieben führen. Durch Trockenheit, Wurzelschäden, Pflanzstress oder Frost vorgeschädigte Gehölze sind ebenfalls gefährdet und werden bei entsprechendem Infektionsdruck vom Rotpustelpilz befallen.

Da nahezu das ganze Jahr Infektionen stattfinden können, sind direkte Pflanzenschutzmaßnahmen durch den Einsatz von Fungiziden nicht praktikabel. Daher muss größtes Augenmerk auf vorbeugende Maßnahmen wie richtige Schnitttechnik und optimale Pflege der Gehölze gerichtet werden. Gefährdete Gehölze dürfen keinesfalls unter Trockenheit leiden; Neupflanzungen müssen zumindest in den ersten Standjahren besonders intensiv betreut werden. Beim Schneiden sind Aststummel zu vermeiden: Äste werden am Astring durch einen sauberen, glatten Schnitt entfernt. Eine Behandlung mit Wundverschlussmitteln (siehe Seite 419) ist bis zu einer Wundgröße von 2 bis 3 cm nicht notwendig. Wundverschlussmittel können die Besiedlung der Wundflächen mit Pilzsporen nur unzureichend verhindern und dienen eher dem Schutz des Kambiums vor dem Austrocknen. Ein Wundverschluss, der bei mehrere Tage alten Wunden aufgetragen wird, kann unter Umständen einen Befall fördern: Sporen, die sich auf der Wundfläche befinden, können unter der luftdichten Schutzschicht besonders gut auskeimen und infizieren.

Durch die Wahl des richtigen Schnittzeitpunkts kann einer Infektion ebenfalls vorgebeugt werden. Da im September der Infektionsdruck durch den Rotpustelpilz am geringsten ist, sollte dieser Zeitpunkt für Schnittmaßnahmen gewählt werden. Auch das Frühjahr ist für den Schnitt der meisten Gehölze günstig, da dann eine besonders rasche Überwallung der Wunden stattfindet. Der Winterschnitt der Gehölze ist vom Standpunkt des Pflanzenschutzes aus ungeeignet. Zu diesem Zeitpunkt besteht ein stärkerer Infektionsdruck durch den Rotpustelpilz *und* die Anfälligkeit der Gehölze ist durch deren geringeren Wassergehalt im Winter zusätzlich erhöht. Die Wunden, die in dieser Zeit am Baum entstehen, bleiben so lange ungeschützt, bis eine effektive Kallusbildung mit dem Wachstum im Frühjahr einsetzt.

Schnittholz wird regelmäßig vom Rotpustelpilz besiedelt. Deswegen sollte es nicht offen neben gefährdeten Gehölzen gelagert werden. In diesem Zusammenhang sind auch die Vor- und Nachteile bei der Verwendung von Strauchhäcksel zum Mulchen unter Gehölzen abzuwägen.

Falsche Mehltaupilze

Die **Falschen Mehltaupilze**, *Peronosporaceae*, befallen vor allem weiches, noch nicht ausreichend abgehärtetes Blattgewebe oder weiche Triebe. Falsche Mehltaupilze treten besonders bei luftfeuchten Bedingungen im Gewächshaus oder Wintergarten auf. In feucht-kühlen Witterungsperioden finden Falsche Mehltaupilze auch im Freiland gute Entwicklungsbedingungen. Der Erreger verbreitet sich mittels ungeschlechtlicher Konidiosporen, die durch Wind oder Regenspritzer verbreitet werden. Gelangen diese auf eine geeignete Wirtspflanze, keimen sie aus und dringen in das Gewebe ein. Falsche Mehltaupilze wachsen im Inneren des Blattes zwischen den Zellen. Die bei feuchter Witterung gebildeten Konidienträger ragen aus den Spaltöffnungen heraus. Sie sind auf der Blattunterseite als feiner, meist hellgrau bis hellbraun gefärbter Flaum zu finden. Auf der Blattoberseite sind in diesen Bereichen Vergilbungen oder andere Blattverfärbungen zu sehen. Als obligate Parasiten sind Falsche Mehltaupilze auf lebendes Pflanzengewebe angewiesen. Sie bilden sehr widerstandsfähige Dauersporen (Oosporen) aus, die meist im Boden überdauern.

Die Konidiosporen der Falschen Mehltaupilze sind zum Auskeimen auf einen Wasserfilm auf der Pflanzenoberfläche angewiesen. Wird durch geeignete Kulturmaßnahmen eine Benetzung des Laubs vermieden, kann das Eindringen des Erregers in die Pflanze verhindert werden. Starke Temperaturdifferenzen zwischen Tag und Nacht im Gewächshaus und im Wintergarten führen dazu, dass die Luft ihren Taupunkt unterschreitet und sich das Wasser an der Oberfläche der Pflanzen niederschlägt. Durch gezieltes Lüften und Trockenheizen können solche günstigen Infektionsbedingungen vermieden werden. Im Freiland sollte für lockere, gut durchlüftete Bestände und Kronen gesorgt werden, die ein schnelleres Abtrocknen der Pflanzenoberfläche ermöglichen. Beim Gießen sollte das Laub der Pflanzen nicht benetzt werden. Lässt sich dies nicht vermeiden, kann durch morgendliches Gießen ein möglichst schnelles Abtrocknen der Pflanzenoberfläche gewährleistet werden. Direkte Bekämpfungsmaßnahmen durch den Einsatz von Fungiziden (siehe Seite 397ff.) sind vorbeugend möglich. Wichtig ist der frühzeitige Einsatz, da bereits eingedrungene Pilzhyphen im Blattinneren von den meisten Präparaten nicht mehr erfasst werden. Vor allem beim Gemüse sind sortenspezifische Unterschiede in der Anfälligkeit gegen Falschen Mehltau vorhanden, solche robusten Sorten sollten bevorzugt angebaut werden.

Konidienträgerrasen des Falschen Mehltaupilzes auf der Blattunterseite von Storchschnabel.

Echte Mehltaupilze

Es gibt kaum eine Blattpflanze, die nicht von einem Vertreter dieser Pilzgruppe befallen werden kann. Die **Echten Mehltaupilze**, *Erysiphaceae*, sind jedoch wirtsspezifische Pilze, die meist auf eine Wirtspflanzengattung oder -art spezialisiert sind. Es ist daher nicht zu befürchten, dass Eichen neben einem stark befallenen Ahorn ebenfalls vom Mehltau befallen werden. Echte Mehltaupilze sind als „Schönwetterpilze" bekannt, da die größten Schäden in warmen, trockenen Witterungsperioden auf-

Beginnender Mehltaubefall an einem Ahorn.

treten. Die Sporen können bei einer relativen Luftfeuchte ab 70% auch auf trockener Pflanzenoberfläche auskeimen. Sie sind also nicht wie die meisten pflanzenpathogenen Pilze auf feuchte Blattoberflächen angewiesen. War eine Infektion erfolgreich, bilden Echte Mehltaupilze auf der Pflanzenoberfläche ein dichtes weißes Hyphengeflecht aus. Der Erreger dringt lediglich mit speziellen Organen in die Zellen ein. Über diese Haustorien ernährt sich der Pilz. Die Beläge sind deutlicher sichtbar als bei den Falschen Mehltaupilzen und befinden sich meist auf der Blattoberseite, an Trieben, Blütenknospen oder auch auf Früchten. Bei starkem Befall können Echte Mehltaupilze starke Zuwachsminderungen oder Deformationen des befallenen Gewebes verursachen. Echte Mehltaupilze überwintern meist als Mycel an den Trieben oder in den Knospen, manchmal überwintern auch Fruchtkörper (Kleistothezien) auf den Blättern. Als obligate Parasiten können die Echten Mehltaupilze auf abgestorbenem Material nicht überleben. Echte Mehltaupilze entwickeln sich sehr schnell, Infektionen sind praktisch täglich möglich. Durch diese rasche Generationenfolge ist die Gefahr sehr groß, dass sich Pilzstämme entwickeln, die gegenüber den eingesetzten Fungiziden nicht mehr empfindlich sind.

Starker Mehltaubefall an einer Mahonie.

Mehltaubefall an einem Rittersporntrieb.

Bei manchen Mehltauwirtspflanzen sind große sortenspezifische Unterschiede in der Anfälligkeit bekannt. Dies sollte beim Kauf neuer Pflanzen berücksichtigt werden. Eine robuste Sorte kann allerdings an einem sehr ungünstigen Standort ebenfalls befallen werden. Außerdem entwickeln sich laufend neue Pilzstämme, gegen die die jeweilige Sorte keine erhöhte Widerstandsfähigkeit besitzt, das heißt solche „Resistenzen" brechen oft nach einigen Jahren zusammen. Da Echte Mehltaupilze meist in den jungen Triebknospen ihrer Wirtspflanzen überwintern, kann durch gezieltes Ausschneiden der Triebspitzen der Befall etwas reduziert werden. Eine ausgewogene, nicht zu stickstoffbetonte Düngung erhöht die Widerstandsfähigkeit der Pflanzen. Zur direkten Bekämpfung der Echten Mehltaupilze sind zahlreiche Präparate im Handel erhältlich (siehe Seite 397ff.). Allerdings muss eine Bekämpfung sehr frühzeitig begonnen und konsequent im Abstand von zehn Tagen bis drei Wochen durchgeführt werden. Wichtig ist der regelmäßige Wechsel der Wirkstoffgruppe, um der Selektion fungizidresistenter Pilzstämme zu begegnen.

Gelbe Flecken an einem Pappelblatt durch Rostpilz.

Blattverfärbungen und Pusteln an einer Mahonie durch Rostpilz.

Rostpilze

Die **Rostpilze**, *Uredinales*, sind eine recht hoch entwickelte Gruppe der pflanzenpathogenen Pilze. Charakteristisch für Rostpilze an Laub tragenden Pflanzen sind die blattunterseits ausgebildeten, meist sehr auffällig gelb bis orange gefärbten Pusteln. Auf der Blattoberseite sind nur mehr oder weniger auffällige Blattverfärbungen zu finden. An Nadelgehölzen können Rostpilze Schäden an den Nadeln verursachen und dort auffallende Sporenlager ausbilden. Auch die Äste von Nadelgehölzen können von Rostpilzarten befallen werden. An den Infektionsstellen sind dann Deformationen zu finden, die betroffenen Äste kümmern und können absterben. Rostpilze durchlaufen eine komplizierte Entwicklung, in deren Verlauf unterschiedliche Sporenarten gebildet werden. Diese haben jeweils ganz bestimmte Aufgaben von der Massenverbreitung bis zur Überwinterung zu erfüllen. Schließlich ist zu beachten, dass viele Rostpilze auf einen Wirtswechsel angewiesen sind, das heißt sie benötigen zu ihrer vollständigen Entwicklung zwei verschiedene Pflanzenar-

Rostpusteln an Schnittlauchhalmen.

Blattfleckenpilz an einer Christrose.

Blattfleckenpilz an Efeu.

ten. Der bekannteste wirtswechselnde Rostpilz im Garten ist sicher der Birnengitterrost (siehe Seite 35f.) .

Bei wirtswechselnden Rostpilzen bietet sich eine einfache Möglichkeit, die Infektionsgefahr zumindest etwas zu reduzieren. Wird einer der beiden Wirte aus dem näheren Umkreis entfernt, ist die Übertragung der Sporen nicht mehr möglich und die Entwicklung des Erregers ist damit unterbrochen. Pilzsporen können durch den Wind allerdings über mehrere hundert Meter verfrachtet werden, der zweite Wirt kann also auch außerhalb des eigenen Grundstücks stehen. Die Bekämpfung der Rostpilze ist mit verschiedenen Wirkstoffen (siehe Seite 397ff.) möglich. Besonders die wirtswechselnden Arten haben jedoch eng begrenzte Infektionszeiträume, in denen die Bekämpfungsmaßnahmen durchgeführt werden müssen. Wirtsstete Arten erfordern meist sehr kurze Bekämpfungsintervalle zwischen sieben und zehn Tagen.

Blattfleckenpilze

Eine Vielzahl von Pilzarten kann die Blätter von Laubgehölzen, Stauden, Gemüse-, Kübel- und Zimmerpflanzen befallen und dort Blattflecken verursachen. Der befallene Gewebebereich stirbt ab, in einigen Fällen fällt das abgestorbene Gewebe auch aus, sodass Löcher im Blatt entstehen. **Blattfleckenpilze** befallen besonders häufig nicht optimal versorgte Pflanzen. Je nach Witterungsverlauf treten diese Erreger im einen Jahr stärker, im Folgejahr wieder schwächer auf. Sie führen teilweise zu einem starken Blattfall, was insbesondere bei Gehölzen zu größeren Schäden führen kann. Die Gehölze werden durch den vorzeitigen Blattfall zu einem späten Trieb angeregt und das Holz kann nur schlecht ausreifen. In der Folge kommt es sehr häufig zu Frostschäden am Holz.

Zur Bekämpfung bestimmter Blattfleckenerreger stehen v.-a. in Gemüsekulturen einige Präparate zur Verfügung (siehe Seite 397ff.). Wichtig ist die Kenntnis des Entwicklungskreislaufs der Erreger. Da diese oft einen sehr langen Entwicklungsgang durchlaufen, ist der Einsatz von Fungiziden nur während eines kurzen Zeitraumes sinnvoll. Bei vielen Arten finden die Primärinfektionen schon während der Entwicklung der ersten Blätter im Frühjahr statt, in diesem Zeitraum müssten die Wirkstoffapplikationen erfolgen. Viele Blattfleckenerreger der Laubgehölze überdauern auf dem abgefallenen Laub. Bei solchen Arten kann durch Entfernen und Vernichten des Fallaubs der Infektionsdruck im nächsten Jahr deutlich reduziert werden.

Grauschimmel

Unter luftfeuchten Bedingungen kann auf allen absterbenden pflanzlichen Geweben ein dicker, grauer Flaum aus Hyphen und Konidienträgern des **Grauschimmelpilzes**, *Botrytis cinerea*, gefunden werden. Der Erreger kann aber auch noch lebendes, meist junges und weiches Gewebe besiedeln und zum Absterben bringen. Häufig werden die spätfrostgeschädigten Austriebe von Laub- und Nadelgehölzen vom Grauschimmelpilz befallen. In feuchten Witterungsperioden werden vor allem Blütenknospen gefülltblühender Zierpflanzen und -gehölze befallen, die sich dann nicht mehr öffnen und verfaulen. Bei hoher Luftfeuchte in Kleingewächshäusern und Wintergärten tritt der Erreger manchmal explosionsartig auf.

Einseitige, vor allem stickstoffbetonte Düngung, Verletzungen an den Pflanzen und zu dichte, schlecht durchlüftete Bestände oder Kronen fördern einen Befall durch den Grauschimmelpilz. Nach dem Gießen müssen die

Grauschimmel an einer Fuchsie.

Pflanzen bis zum Einbruch der Dunkelheit wieder abtrocknen können. Im Kleingewächshaus und Wintergarten führen große Temperaturdifferenzen zwischen Tag und Nacht zu einem Wasserfilm auf den Pflanzen, wodurch Infektionen begünstigt werden. Die gewissenhafte Hygiene im Gewächshaus und Wintergarten durch regelmäßiges Entfernen abgestorbener Triebteile, Blätter und Blüten kann den Infektionsdruck deutlich verringern. Direkte Bekämpfungsmaßnahmen gegen den Grauschimmelpilz sind zwar mit einigen Präparaten (siehe Seite 397ff.) möglich. Werden die oben genannten Hygiene- und Kulturmaßnahmen aber konsequent durchgeführt, sind Spritzungen meist nicht notwendig.

Holzzerstörende Pilze

An Ästen und Stämmen von Nadel- und Laubgehölzen sind manchmal auffällige, häufig konsolenförmige Fruchtkörper **Holz zerstörender Pilzarten** zu finden. Die befallenen Gehölze leiden zunächst kaum unter dem Befall, da der Kambiumbereich nicht beeinträchtigt wird. Die Pilze bauen den Holzkörper des Baumes ab und können zu einer drastischen Reduzierung der Standsicherheit

Konsolenförmiger Fruchtkörper des Feuerschwamms an einem Weidenstamm.

führen, die Gefährdung durch Astbruch nimmt zu. Bäume in Parkanlagen und an Straßen müssen daher regelmäßig auf ihre Sicherheit kontrolliert werden, um Schäden für Menschen und Gegenstände durch herabstürzende Äste oder umstürzende Bäume zu verhindern. Allerdings darf nicht erst das Erscheinen der auffälligen Fruchtkörper Anlass für die Durchführung der Kontrollen sein. Die Holz zerstörenden Pilze können ihr Werk schon viele Jahre relativ unbemerkt durchgeführt haben, bevor die Fruchtkörper gebildet werden. So müssen zum Beispiel Beulen am Stamm, Rindenablösungen oder offene Wunden Anlass für eingehende Untersuchungen sein.

[!] Holz zerstörende Pilze dringen meist über Wunden in die Gehölze ein. Diese Verletzungen können zum Beispiel kleine Druckstellen am Stamm durch unsachgemäßen Transport zum Pflanzort, Anfahrwunden vom Rasenmäher oder Sägewunden nach dem Entfernen großer Äste sein. Da Bekämpfungsmaßnahmen nicht möglich sind, muss die Entstehung solcher Wunden vermieden werden.

Fadenwürmer

In Böden leben viele **Älchen** oder **Fadenwürmer**, *Nematoda*, die zum Abbau organischer Stoffe beitragen. Andere Arten parasitieren im Boden lebende Tiere und töten diese ab. Im biologischen Pflanzenschutz werden solche Nematodenarten zum Beispiel gezielt zur Bekämpfung der Larven des Gefurchten Dickmaulrüsslers (siehe Seite 329ff.) oder der Trauermückenlarven (siehe Seite 391f.) eingesetzt. Aber zahlreiche Arten schädigen lebende Pflanzen und führen besonders in ackerbaulichen Kulturen zu großen Ertragseinbußen. Nematoden legen meist Eier, aus denen die nur durch ihre geringere Größe unterscheidbaren Larven schlüpfen.

Pflanzen schädigende **Nematodenarten** sind etwa 1 mm lang und besitzen einen Mundstachel, mit dessen Hilfe sie Pflanzenzellen anstechen und aussaugen. Die meisten Nematodenarten besiedeln die Wurzeln ihrer Wirtspflanzen. Durch die dabei verursachten Verletzungen können sich Erreger pilzlicher Wurzelfäulen besonders gut ansiedeln. Manche Arten stechen an den Wurzeln sitzend die Zellen an, andere dringen in das Wurzelgewebe ein und besaugen dort die Pflanzenzellen. Die Wurzeln können nahezu symptomlos bleiben oder mit Verkorkungen oder Gewebewucherungen, so genannten Gallen, auf die Besiedlung reagieren. Besiedelte Pflanzen sind in ihrem Wuchs gehemmt. Blattälchenbesatz äußert sich an den Pflanzen durch Verfärbungen des Blattgewebes, die meist von den Blattadern begrenzt werden. An einigen gärtnerischen Kulturpflanzen kommen auch Nematoden in Stängeln oder Blättern vor, die dort Deformationen, Ver-

Blattflecken an Gemswurz durch Nematoden.

Blattdeformationen an einer Flammenblume durch Nematoden.

färbungen oder Nekrosen hervorrufen. Über die direkten Schäden hinaus werden auch Krankheiten, insbesondere Virosen, übertragen. Nematoden breiten sich aktiv nur sehr langsam aus, größere Bedeutung hat die Verschleppung der Nematoden durch die Bodenbearbeitung. Häufig wird die Besiedlung von Gartenpflanzen durch Wurzelnematoden übersehen, wenn sich die Schäden auf weniger auffällige Wachstumsminderungen beschränken. In einigen Kulturen können Wurzelnematoden aber große Schäden anrichten, dazu gehören Erdbeeren, Tomaten und Gurken. Im Staudengarten verursachen Stock- und Stängelälchen große Probleme. Die charakteristischen Blattdeformationen sind an Staudenphlox, *Phlox paniculata,* sehr häufig zu finden.

[!] Nematoden werden im Erwerbsanbau durch Bodenentseuchung bekämpft. Die dafür zur Verfügung stehenden Präparate sind aber für einen Einsatz im Kleingarten nicht geeignet. Auch die Bekämpfung der Nematoden durch Dämpfen des Bodens wird kaum durchführbar sein. Einzige praktikable Möglichkeit bei Nematodenbesatz im Boden ist daher der Flächenwechsel, das heißt auf den verseuchten Flächen werden nur noch Kulturen angebaut, die durch Nematoden nicht geschädigt werden können. Einige freilebende Nematodenarten lassen sich durch den Anbau von Studentenblumen, *Tagetes erecta* oder *Tagetes patula*, zumindest zurückdrängen, sodass auf diesen Flächen später wieder nematodenanfällige Kulturpflanzen angepflanzt werden können.

Schnecken

Schnecken, *Gastropoda*, legen ihre Eier in Höhlungen im Boden ab. Die Tiere sind bei feuchtem Wetter und nachts aktiv, tagsüber halten sie sich unter Steinen oder in der Bodenstreu auf. Die größten Schäden werden im Garten von **Nacktschneckenarten** verursacht. Sehr häufig sind **Garten-Wegschnecken**, *Arion hortensis*, und **Genetzte Ackerschnecken**, *Deroceras reticulatum*, für die Fraßschäden im Garten verantwortlich.

Rote Wegschnecken an Buschbohnen.

Schneckenfraß an einer Erdbeere.

Schnecken fressen besonders gerne die zarten Gemüsesetzlinge oder neu austreibende Stauden, aber auch an Erdbeerfrüchten können sie große Schäden anrichten. Schneckenschäden sind eigentlich recht eindeutig zu bestimmen, auch wenn der Verursacher selbst nicht gefunden werden kann: Dickere Gewebe – wie Keimblätter oder Früchte – weisen einen charakteristischen Schabefraß auf, es entstehen flache, ausgedehnte Fraßgruben. Junges und weiches Gewebe wird ganz abgefressen, an größeren Blättern hinterlassen sie Löcher. Untrügliches Kennzeichen für einen Schneckenbesatz sind die Schleimspuren, die die Tiere bei der Fortbewegung hinterlassen.

Schnecken verstecken sich bei trockener Witterung tagsüber in Bodenhohlräumen. Durch feinkrümelige Bodenbearbeitung finden sie weniger Versteckmöglichkeiten, sie sind dadurch ihren natürlichen Feinden besser ausgeliefert. Dazu gehören Igel, Kröten und Blindschleichen, aber auch Laufkäfer und deren Larven vertilgen viele Schnecken. Seit Mitte der 90er-Jahre sind Nematoden der Art *Phasmarhabditis hermaphrodita* im Handel, die eine biologische Bekämpfung der Schnecken ermöglichen. Die Nematoden dringen in die Schnecken ein und geben ein für die Tiere tödliches Bakterium ab. Die Schnecken stellen ihre Fraßtätigkeit nach wenigen Tagen ein und sterben. Von den Nematoden werden nicht alle Schneckenarten zuverlässig erfasst, gute Wirkung ist gegen die Genetzte Ackerschnecke zu erwarten. Mindestens 300 000 Nematoden je Quadratmeter sollten schon einige Tage vor der Saat oder Pflanzung der gefährdeten Kulturen auf den feuchten Boden ausgebracht werden, der Boden darf die nächsten Wochen nicht austrocknen. Unter 10 °C Bodentemperatur wirkt diese biologische Methode nicht ausreichend, da die Nematoden dann weniger aktiv sind.

Durch das Streuen scharfer Materialien wie zum Beispiel Kalk um die gefährdeten Beete oder Einzelpflanzen können Schnecken von ihren Fraßpflanzen ferngehalten werden. Allerdings sind solche gestreuten Barrieren nach einem Regenguss nicht mehr funktionsfähig und müssen erneuert werden. Hindernisse aus Metall oder Kunststoff, deren Kante an der Außenseite nach unten gebogen wurde, erfüllen die gleiche Aufgabe. Die Schnecken können solche Barrieren nicht überwinden. Es sind auch batteriebetrie-

Verschiedene Schneckenzaunmodelle.

bene, ähnlich wie Weidezäune funktionierende Modelle auf dem Markt. Sollen solche Schneckenzäune eingesetzt werden, müssen Brücken durch überhängende Gräser oder größere Laubblätter regelmäßig entfernt werden, die die Schnecken zum Einwandern nutzen können. Die zum Zeitpunkt der Aufstellung des Zauns innerhalb der umzäunten Fläche befindliche Schneckenpopulation muss zusätzlich bekämpft werden. Dies kann durch den Einsatz von Molluskiziden (siehe Seite 414) geschehen. Auf kleineren Flächen genügt meist das Absammeln der Tiere in den Morgenstunden; das Auslegen alter Brettchen, unter denen sich die Schnecken tagsüber verstecken, erleichtert diese Arbeit. Auf solchen abgegrenzten Flächen verspricht auch der Einsatz von Bierfallen einigen Erfolg. Dazu werden Becher oder Gläser etwa zur Hälfte mit Bier gefüllt und eingegraben. Die Schnecken werden vom Bierduft angelockt und ertrinken in der Falle. Der Einsatz der Schneckenzäune ist zum Schutz kleinerer Flächen, zum Beispiel der Aussaatflächen oder des Salatbeetes, geeignet.

Schabefraß an Keimblättern von Zucchini durch Schnecken.

Die Molluskizid-Granulate mit den Wirkstoffen Metaldehyd und Methiocarb (siehe Seite 414) werden am besten in speziellen, mit einem Dach als Schutz vor

Blattdeformationen an Efeu verursacht durch Weichhautmilben.

Blattdeformationen an einer Zimmeraralie durch Weichhautmilben.

Regen versehenen Köderstationen ausgelegt. Durch den Schutz vor Regen ist eine längere Wirksamkeit der Granulate gewährleistet, Vögel und Säugetiere können kaum an das Präparat gelangen. Das Präparat Ferramol (Wirkstoff Eisen-III-phosphat) muss dagegen breitwürfig ausgestreut werden, um eine gute Wirkung entfalten zu können. Bei trockener Witterung sollte sogar etwas gewässert werden, da gequollene Granulatkörner eine bessere Lockwirkung zeigen.

Milben

Viele **Milben**, *Acari*, ernähren sich von toten organischen Substanzen und haben keine Bedeutung für den Pflanzenschutz. Einige Arten saugen andere Milben oder Insekten aus und können im Garten gefördert oder im Kleingewächshaus oder Wintergarten als Nützlinge gezielt eingesetzt werden. Neben den Spinn- und Gallmilben können gelegentlich auch **Weichhautmilben**, *Tarsonemidae*, Schäden an Gartenpflanzen verursachen. Weichhautmilben verursachen meist Triebstauchungen, Blattverkrümmungen oder Korkflecken, sie treten besonders bei hoher Luftfeuchte auf.

Spinnmilben

Spinnmilben, *Tetranychidae*, kommen an Pflanzen in Haus und Garten regelmäßig vor und verursachen große Schäden. Die nur etwa 0,5 mm großen, achtbeinigen Tiere besaugen einzelne Pflanzenzellen, die in der Folge absterben. Dadurch entsteht das charakteristische Schadbild mit fein gesprenkeltem Gewebe, bei starkem Besatz vertrocknen die Blätter. Nicht alle Arten produzieren die namensgebenden feinen Gespinste an Triebspitzen und auf den Blattunterseiten. Spinnmilben legen Eier, aus denen die sechsbeinigen Larven schlüpfen. Schon diese saugen Pflanzenzellen aus. Zwei bis drei Wochen später haben sich die Larven nach mehreren Häutungen zu den erwachsenen, nunmehr achtbeinigen Spinnmilben entwickelt. Bei einigen Arten überwintern die erwachsenen Tiere, meist dienen aber die robusten Wintereier der Überdauerung. Die Tiere sind meist hell gefärbt, je nach Art und Nahrungspflanze können nahezu durchscheinende über grünlich gefärbte bis dunkelbraune Individuen auftreten. Der oft verwendete Name „Rote Spinne" rührt von der orangeroten Färbung der überwinternden Weibchen der Gewächshausspinnmilbe, *Tetranychus urticae*, her. Spinnmilben bevorzugen trocken-warme Klimate. Die trockene

Blattvergilbungen an einer Linde durch starken Spinnmilbenbesatz.

Heizungsluft im Winter begünstigt ihre Entwicklung an den Zimmerpflanzen. Auch im Freiland treten diese Schädlinge oft auf, besonders gefährdet sind Gehölze und Stauden in trockenen Südlagen oder Trogbepflanzungen. Besiedelt werden praktisch alle Laub- und Nadel-

Feine Gespinste an einem Australischen Flaschenbaum durch Spinnmilben.

Spinnmilben auf der Unterseite eines Rosenblattes.

Knöpfchengallen an Ahornblatt.

Durch Gallmilben verursachter Haarfilz auf der Unterseite eines Buchenblattes.

Starke Blattfaltungen durch Gallmilben an Hainbuchenblättern.

gehölze, Stauden und Topfpflanzen, unter den Gemüsearten sind Bohnen besonders gefährdet. Es kommen Arten vor, die auf bestimmte Wirtspflanzen spezialisiert sind, die Gewächshausspinnmilbe, *Tetranychus urticae*, kann sich auf einer Vielzahl verschiedener Laubpflanzen entwickeln.

Spinnmilbenbesatz im Zimmer ist immer ein Hinweis auf zu geringe Luftfeuchtigkeit. Werden Schäden durch Spinnmilben festgestellt, sollte zuerst geprüft werden, ob die Luftfeuchtigkeit durch technische Maßnahmen (Luftbefeuchter) erhöht werden kann oder ob ein Standortwechsel der betroffenen Pflanze möglich ist. Das regelmäßige Besprühen der Pflanzen mit weichem Wasser verbessert das Kleinklima für die Pflanze und verschlechtert die Lebensbedingungen für Spinnmilben. Zur direkten Bekämpfung sind Nützlinge im Handel erhältlich, die im Zimmer oder Wintergarten eingesetzt werden können (siehe Seite 393). Es stehen auch Pflanzenschutzmittel (siehe Seite 398ff.) zur Verfügung, die wiederholt im Abstand von etwa einer Woche gegen die Spinnmilben eingesetzt werden müssen. Bei Spritzungen ist auf eine gute Benetzung der Blattunterseiten zu achten.

Gallmilben

Blätter von Laubgehölzen sind oft mit auffällig gefärbten Auswüchsen in Form kleiner Kugeln oder Zipfel übersät. Solche Erscheinungen können von **Gallmilben**, *Eriophyoidea*, verursacht werden. Durch das Besaugen der Zellen wird das Pflanzengewebe zu unnormalen Gewebebildungen angeregt. Die Verursacher leben in diesen Gallen, die einen effektiven Schutz für die Bewohner bilden.

Neben kleinen Gallen auf der Blattoberseite können auch auffällig gefärbte

Haarfilzteppiche auf der Blattunterseite oder Verkrüppelungen des Blattrandes durch Gallmilben verursacht werden. Es kommen auch Arten vor, die Knospen besiedeln, diese treiben dann nicht mehr aus oder bringen nur einen stark deformierten Trieb hervor. Auch Fruchtbefall durch Gallmilben kann in manchen Kulturen bedeutende Schäden verursachen. Neben den Arten, die auffällige Veränderungen an ihren Wirtspflanzen verursachen, kommen auch freilebende Gallmilben vor. Sie halten sich meist auf den Blattunterseiten auf und besaugen dort einzelne Zellen, die in der Folge absterben.

Gallmilben sind etwa 0,1 bis 0,2 mm lang, haben einen keilförmigen Körper und besitzen nur zwei Beinpaare. Sie legen während der Vegetationsperiode Eier, die erwachsenen Milben überwintern meist unter den Knospenschuppen oder in Rindenritzen.

Gallen oder Filzrasen an Blättern verringern zwar den Zierwert, nachhaltige Schäden für die Pflanze sind aber nicht zu erwarten. Bei einigen Wirtspflanzen scheint ein Gallmilbenbesatz Infektionen durch Blattfleckenpilze zu begünstigen. Eine Bekämpfung ist aber in den meisten Fällen nicht notwendig. Diese wäre nur vor der Bildung der Galle möglich, da die Tiere später von Pflanzenschutzmitteln nicht mehr erfasst werden können. Knospengallmilben müssen bekämpft werden, da die Wirtspflanzen nach jahrelangem Besatz zunehmend verkrüppeln. Zunächst müssen die besiedelten Knospen entfernt werden. Sollen Pflanzenschutzmittel (siehe Seite 398ff.) eingesetzt werden, ist der richtige Zeitpunkt der Spritzung entscheidend für einen Bekämpfungserfolg. Die Knospengallmilben können nur während eines sehr kurzen Zeitraums, in dem sie frei auf der Pflanze beweglich sind, durch Pflanzenschutzmittel erfasst werden. Diese Phase beginnt etwa mit dem Austrieb der Wirtspflanze und dauert einige Wochen an.

Insekten

Außer zahlreichen pflanzenschädlichen **Insekten**, *Insecta*, kommen viele nützliche und indifferente Arten im Garten vor. Beim Einsatz von Insektiziden muss berücksichtigt werden, dass viele Präparate ein sehr breites Wirkungsspektrum besitzen. Neben den eigentlichen Zielorganismen wird eine Vielzahl anderer, nicht schädlicher Insekten abgetötet.

Saugende Insekten

Blattläuse

Blattläuse, *Aphidoidea*, saugen meist in den Leitungsbahnen ihrer Wirtspflanzen und entziehen große Mengen Pflanzensaft. Die Folgen reichen von geringen Wachstumsminderungen über deutliche Triebstauchungen bis zum Absterben der besiedelten Pflanzenteile. Manche Arten verursachen an den besaugten Pflanzenorganen auffällige

Eine geflügelte Blattlaus an einer Schönmalve.

Blattlaus und Larven an einem Iris-Austrieb.

Deformationen in Form von Blattkräuselungen oder Gallen. Einige kleinere Arten besaugen einzelne Zellen, die daraufhin absterben; es entstehen kleine braune Blattflecken. Blattläuse können sich in kürzester Zeit von wenigen Exemplaren zu einer große Teile der Pflanze bedeckenden Kolonie entwickeln. Da der Pflanzensaft im Verhältnis zum Eiweiß zu viel Zucker enthält, scheiden viele Läusearten eine stark zuckerhaltige Flüssigkeit, den Honigtau, aus. Dieser Honigtau lockt viele Insekten, vor allem Bienen und Ameisen, an. Die klebrigen Honigtaubeläge auf Blättern oder Gegenständen unter den Pflanzen werden rasch von **Rußtaupilzen** besiedelt, dadurch entstehen unschöne schwarze Beläge. Sie beeinträchtigen die Pflanzen zwar nicht direkt, da sie sich nur von den zuckerhaltigen Belägen auf der Pflanzenoberfläche ernähren und nicht in das Pflanzengewebe eindringen. Allerdings wird durch die schwarzen Beläge die eingestrahlte Lichtenergie stark reduziert, die Assimilationsrate der Pflanzen sinkt ab. Unter sehr dicken Rußtaubelägen sterben die Nadeln, Blätter oder Triebteile ab. Einige Blattlausarten übertragen Viruskrankheiten und müssen aus diesem Grund konsequent bekämpft werden.

Blattläuse können sich auf verschiedene Weise vermehren. Im Frühjahr und Sommer sind bei vielen Arten nur weibliche Tiere zu finden, die lebende Jungtiere ohne vorherige Befruchtung gebären. Dadurch ist eine sehr hohe Vermehrungsrate möglich, die eine explosionsartige Verbreitung der Schädlinge nach sich ziehen kann. Erst im Herbst erscheinen

Blattlauskolonie mit Ameisenbesuch an einem Birnentrieb.

Durch Blattläuse verursachte Blattrollungen an Liguster.

Schildläuse und Larven an einem Wacholdertrieb.

Schildläuse an einer Phoenix-Palme.

die männlichen Blattläuse. Nach der Befruchtung legen die weiblichen Tiere widerstandsfähige Wintereier ab, die die kalte Jahreszeit überdauern. Manche Arten überwintern als erwachsene Laus.

Ob die Bekämpfung von Blattläusen im Einzelfall erforderlich ist, sollte bei Freilandpflanzen sehr zurückhaltend beurteilt werden. Blattläuse vermehren sich zwar sehr schnell, sie haben aber auch eine Vielzahl natürlicher Feinde. Wird den Nützlingen genügend Zeit gegeben, sind sie häufig in der Lage, den Schädlingsbesatz unter die Schadschwelle zu reduzieren. Neben vielen Singvogelarten tragen Spinnen, Gallmückenlarven, Schlupfwespen, Florfliegenlarven und Marienkäfer sowie deren Larven zu einer effektiven Reduzierung einer Blattlauspopulation bei. Im Wintergarten und Kleingewächshaus können Nützlinge gezielt eingesetzt werden (siehe Seite 393). Ist in Einzelfällen der Einsatz von Insektiziden (siehe Seite 398ff.) nicht zu umgehen, sollten nur nützlingsschonende Präparate eingesetzt werden.

Schild-, Woll- und Schmierläuse

Eng mit den Blattläusen verwandt sind die **Schild-, Woll- und Schmierläuse**, *Coccina*. Diesen Arten ist die Ausbildung spezieller Schutzmechanismen in Form von robusten Schilden oder Wachswollfäden gemeinsam. Dadurch sind die Schädlinge weniger durch Fressfeinde gefährdet und auch die Bekämpfung mit Pflanzenschutzmitteln wird erschwert. Die auf den Pflanzen zu findenden Tiere sind fast immer Weibchen. Männliche Tiere sehen deutlich anders aus, sie besitzen im Gegensatz zu den Weibchen Flügel. Meist sind nur die ersten Larvenstadien beweglich, sie werden als „Crawler" bezeichnet. Später setzen sie sich – wie die erwachsenen Weibchen – an ihrem Saugort fest. Die „Crawler" sorgen auch für die Neubesiedlung anderer Pflanzen, indem sie durch Wind oder andere Tiere verbreitet werden. Die Läuse saugen in den Leitungsbahnen, einige Arten besaugen auch einzelne Zellen. Häufig ist auch eine starke Rußtaubildung zu beobachten.

Schmierlauslarven und Eisäcke an einer Hortensie.

Schmierläuse an Falschem Jasmin.

Die Tiere können sich geschlechtlich oder ungeschlechtlich vermehren, meist werden Eier unter den Schilden oder Wachsschichten abgelegt.

Auch wenn die Schutzmechanismen die Gefährdung durch Gegenspieler reduzieren, gibt es einige auf diese Arten spezialisierte Nützlinge. Dazu gehören insbesondere Erzwespen bei den Schildläusen und bestimmte Marienkäferarten bei den Schmierläusen. Da diese Nützlinge oft nur ganz bestimmte Läusearten fressen bzw. parasitieren, muss der Schädling vor einem Nützlingseinsatz genau bestimmt werden (siehe Seite 393). Ist der Einsatz von Insektiziden (siehe Seite 398ff.) nicht zu umgehen, ist mehrmals in kürzeren Abständen zu spritzen. Dies ist notwendig, da mit den verfügbaren Präparaten die Alttiere und ihre Larven unter den starken Schilden nicht erfasst werden. Bei Zimmerpflanzen oder kleinen Gehölzen empfiehlt sich das mechanische Ablösen der Schilde mittels einer Bürste vor dem Ausbringen des Pflanzenschutzmittels. Damit können die unter dem schützenden Deckel befindlichen Larven oder Eier dem Pflanzenschutzmittel direkt ausgesetzt werden, was dessen Wirksamkeit deutlich erhöht.

Weiße Fliegen

Besonders unter Glas können **Mottenschildläuse** oder **Weiße Fliegen**, *Aleurodidae*, massive Schäden an den Pflanzen verursachen. Es kommen verschiedene Arten vor, in Gewächshäusern, Wintergärten oder an Zimmerpflanzen ist die Mottenschildlaus, *Trialeurodes vaporariorum*, besonders häufig zu finden. Im Freiland schädigt an Kohlarten die Kohlmottenschildlaus, *Aleurodes proletella*, und an Rhododendren die Art *Dialeurodes chittendeni*. Die Tiere saugen in den Leitungsbahnen, ein Besatz wird oft erst durch die schwarzen Rußtaupilze auf den Honigtauausscheidungen erkannt. Werden besiedelte Pflanzen berührt, fliegen die erwachsenen Tiere kurz auf, um sich sofort wieder auf der Pflanze, meist auf der Blattunterseite, niederzulassen. Die erwachsenen Tiere sind etwa 1 bis 2 mm lang, weiß bepudert und besitzen dachartig gestellte Flügel. Die Weibchen legen kleine, milchig weiße Eier auf den Blattunterseiten ihrer Wirtspflanzen ab. Die meist kreisförmige Anordnung der Eier kommt dadurch zustande, dass das Muttertier während der Eiablage mit ihrer Stechborste an der Saugstelle verankert bleibt; sie dreht sich um den Einstichpunkt. Das erste Larvenstadium ist noch frei beweglich, spätere Stadien sitzen an der Blattunterseite und sind unbeweglich. Sie gleichen einer winzigen Heringsdose mit Behaarung an der Oberkante. Das letzte Larvenstadium wird als Puparium bezeichnet. In diesem Stadium sind die Tiere durch Pflanzenschutzmittel praktisch nicht zu erfassen, da sie keine Nahrung mehr aufnehmen. Dies erklärt

Mottenschildlaus an einer Schönmalve.

Puparien der Mottenschildlaus an Tomatenblatt.

auch die häufig auftretenden Schwierigkeiten bei der Bekämpfung. Eine Generation entwickelt sich je nach Temperatur in 18 bis 35 Tagen.

Die Bekämpfung der Mottenschildläuse mit Insektiziden (siehe Seite 398ff.) wird durch die Tatsache erschwert, dass die Puparien nicht erfasst werden können. Der Schädling kann also nur innerhalb eines recht kurzen Abschnitts seines Lebenszyklus bekämpft werden, sodass Spritzungen in kurzen Abständen mehrmals wiederholt werden müssen. Da sich die Tiere bevorzugt auf den Blattunterseiten aufhalten, müssen diese gut benetzt werden. Im Wintergarten und im Kleingewächshaus können Erzwespen, *Encarsia formosa*, zur Bekämpfung der Mottenschildläuse eingesetzt werden (siehe Seite 393).

Zikaden

Zikaden, *Auchenorrhyncha*, sind saugende Insekten, die an vielen Pflanzen vorkommen können. Sie saugen in den Leitungsbahnen oder direkt im Blatt- oder Nadelgewebe. Die meisten bei uns vorkommenden Zikaden sind recht klein und erreichen nur Größen von etwa 2 bis 4 mm. Zikaden können zwar gut fliegen, auffallender ist aber ihr gutes Springvermögen, das bei Störungen eingesetzt wird. Zikaden vermehren sich durch Eiablage an ihrer Wirtspflanze, meist überwintern die Eier. Aus diesen schlüpfen Larven, die den erwachsenen Tieren schon sehr ähnlich sehen und sich über mehrere Häutungen entwickeln. Zikaden sind an ihrer keilförmigen Gestalt und dem nahezu dreieckigen Kopf gut zu erkennen. Viele Zikaden sind als Überträger von Viruskrankheiten bekannt, aber auch Pilzkrankheiten können von ihnen übertragen werden. Recht auffällige Schäden werden durch **Zwergzikaden**, *Cicadellidae*, an Laubgehölzen

Saugschaden am Ahornblatt durch Zwergzikaden.

Eine Schaumzikadenlarve an einer Rose.

verursacht. Die Tiere saugen auf der Blattunterseite einzelne Zellen aus und verursachen so feine Sprenkelungen des Blattgewebes. Vor allem an Stauden und Gräsern, aber auch an Gehölzen saugen die **Schaumzikaden**, *Cercopidae*, deren Larven durch ihre mit Luft vermischten Ausscheidungen gut gegen Fressfeinde und Pflanzenschutzmaßnahmen geschützt sind.

Der direkte Schaden durch Zikaden ist nur selten so groß, dass sich eine Bekämpfung lohnt. Ist sie dennoch notwendig, müssen mit den Insektiziden (siehe Seite 398ff.) insbesondere die Blattunterseiten benetzt werden. Bei kühler Witterung sind die Tiere weniger aktiv und können vor einer Spritzung nicht so schnell fliehen.

Wanzen

Unter den **Wanzen,** *Heteroptera,* gibt es einige sehr effektive Nützlinge, die Raupen, Blattläuse oder Thripse erbeuten. Im Handel sind Raubwanzen, *Orius* sp., erhältlich, die in Wintergärten gezielt gegen Blattläuse eingesetzt werden können (siehe Seite 393).

Große Löcher in den Blättern können von **Weichwanzen**, *Miridae*, verursacht worden sein. Durch deren Saugtätigkeit und der damit verbundenen Verletzung des Blattes zu einem sehr frühen Entwicklungsstadium, kann das Blattgewebe nicht mehr weiterwachsen und reißt auf. Besaugte Blätter sind darüber hinaus oft stark verformt. Die im Herbst an geschützten Stellen abgelegten Eier überdauern den Winter.

Aufgrund der versteckten Lebensweise ist eine Bekämpfung der Weichwanzen meist nicht möglich. Sind größere Schäden aufgetreten, kann mit Insektiziden (siehe Seite 398ff.) versucht werden, die Schädlinge zu bekämpfen. Die Spritzung sollte in den frühen Morgenstunden durchgeführt werden, da die Wanzen zu diesem Zeitpunkt noch recht träge sind und so besser erfasst werden können.

In manchen Regionen schädigen **Netzwanzen**, *Tingidae*, Rhododendren, Lavendelheide und Platanen. Sie sind etwa 2 bis 4 mm lang und an der netzartigen Musterung der Flügel zu erkennen. Sie saugen an den Blattunterseiten und verursachen Blattsprenkelungen. Störend sind bei den Netzwanzen auch die dunklen Kottröpfchen, die in großen Mengen produziert werden.

Durch Wanzen verursachter Blattschaden an einer Engelstrompete.

Feuerwanzen am Lindenstamm.

Die wenig aktiven Netzwanzen können an Rhododendren und Lavendelheide durch Behandlung der Blattunterseiten mit Insektiziden (siehe Seite 398ff.) bekämpft werden, an Platanen scheitern solche Maßnahmen an der Größe der Bäume.

Im Garten recht auffallend sind die etwa 10 mm großen, schwarz und rot gezeichneten **Feuerwanzen**, *Pyrrhocorus apterus*, die an warmen Frühjahrstagen gelegentlich in großer Zahl an Stämmen zu finden sind. Diese Wanzenart schädigt aber keine Pflanzen, sondern besaugt Samen verschiedener Pflanzen, zum Beispiel der Linden.

Thripse

Besonders im Zimmer und im Wintergarten können **Fransenflügler** oder **Thripse**, *Thysanoptera*, große Schäden anrichten. Einige Arten saugen an den Blättern und verursachen dort charakteristische Sprenkelungen. Stark besiedelte Blätter sehen durch das Eindringen von Luft in die abgestorbenen Zellen silbrig aus. Blütenthripse sind in Blüten verschiedener Zierpflanzen, sehr

Thripsschaden an Kranzschlinge.

Pollenauswurf durch Blütenthrips am Usambaraveilchen.

Larve und erwachsener Thrips an einer Bergpalme.

häufig von Korbblütlern, zu finden; sie verursachen Verfärbungen und Deformationen der Blüten. Thripse sind stäbchenförmige, etwa 1 bis 2 mm lange Insekten, die hell oder dunkel gefärbt sein können. Sie vermehren sich durch Eiablage und entwickeln sich über mehrere Häutungen innerhalb von zwei bis vier Wochen zum Vollinsekt. Auffällig sind die kleinen dunklen Kottröpfchen auf den Blättern, die eine zusätzliche optische Beeinträchtigung darstellen.

Thripse können auch durch den Einsatz von Nützlingen bekämpft werden. Hier sind zum Beispiel Raubmilben, *Amblyseius cucumeris*, im Handel erhältlich, aber auch Florfliegenlarven, *Chrysoperla carnea*, nehmen Thripse als Nahrung an (siehe Seite 393). Die chemische Bekämpfung der Thripse ist mit einer Reihe von Insektiziden (siehe Seite 398ff.) möglich, die mehrmals im Abstand von etwa einer Woche auf die Blattunterseiten appliziert werden müssen. Beim Auftreten von Blütenthripsen ist der Einsatz von Pflanzenschutzmitteln oft nicht möglich, da die Blüten durch die Präparate geschädigt werden können.

Beißende Insekten

Blattwespen

Erwachsene **Blattwespen**, *Symphyta*, ernähren sich von Nektar und Pollen. Die Larven der meisten Blattwespenarten ernähren sich dagegen von Pflanzengewebe und können dadurch große Schäden anrichten. Laub- und Nadelgehölze werden häufig von den unterschiedlich gestalteten Larven besiedelt. Sie können kleinen Schmetterlingsraupen ähneln. Solche Arten fressen meist Löcher in die Blätter, Nadeln werden oft bis auf einen Stummel abgefressen. Die Larven anderer Arten sind mit einem schleimigen Sekret bedeckt und sehen daher eher wie kleine Schnecken aus. Sie schädigen die Blätter ihrer Wirtspflanzen durch einen charakteristischen Fensterfraß, das heißt die Blattepidermis bleibt stehen.

Manche Blattwespenlarven dringen auch in das Pflanzengewebe ein oder verursachen Deformationen der Blätter.

Freifressende Blattwespenlarve an einer Rose.

Gesellig fressende Blattwespenlarven an einer Eiche.

Die meisten Arten entwickeln nur eine Generation im Jahr.

Bei geringem Besatz können Blattwespenlarven an kleineren Pflanzen durch Absammeln ausreichend dezimiert werden. An größeren Gehölzen können sie auch durch den Einsatz von Insektiziden (siehe Seite 398ff.) bekämpft werden. Zur Bekämpfung der freilebenden Arten werden die Präparate beim ersten Erscheinen der Larven ausgebracht. Bei Arten, die in die Pflanze eindringen, sind Spritzungen nur während der Eiablage Erfolg versprechend.

Mine durch Schlangenminiermotte an einem Apfelblatt.

Schmetterlinge

Schmetterlinge, *Lepidoptera*, ernähren sich vom Blütennektar. Ihre Raupen kommen an praktisch allen Gartenpflanzen vor, sie sind aber häufig auf bestimmte Futterpflanzen spezialisiert. Schmetterlingsraupen können an Blättern oder Nadeln fressen, manche Arten dringen auch in die Pflanze ein und verursachen auffällige Minen. Einige Arten entwickeln sich in Früchten und können so das Erntegut entwerten. Meist überwintern die im Herbst abgelegten Eier, die bei vielen Arten mit Schutzschichten überdeckt werden. Viele Minierer überwintern als Raupen oder Puppen im besiedelten Pflanzenorgan.

Kahlfraß durch Gespinstmotten an Schlehe.

Fraßschaden an einem Schildblatt durch Blattkäfer.

Da die Raupen meist in großer Anzahl vorkommen und in kürzester Zeit große Mengen Pflanzenmaterial fressen, ist eine Bekämpfung nicht zu umgehen. Kleine Pflanzen (Gemüse, Stauden, Sträucher) können durch Absammeln der Raupen vor weiterem Fraß geschützt werden. Die Entwicklung der Minierer kann oft durch rechtzeitiges Vernichten der besiedelten Pflanzenteile unterbrochen werden. Gegen freifressende Schmetterlingsraupen können Insektizide (siehe Seite 398ff.) eingesetzt werden. Minierende Arten sind mit den meisten Insektiziden nur bis zum Einbohren der Larven bekämpfbar.

Blattkäfer

Blattkäfer, *Chrysomelidae*, kommen an verschiedenen Laubgehölzen vor, auch Stauden und Gemüsearten (siehe Seite 372) gehören zum Wirtspflanzenkreis der Familie. Bei den Blattkäfern schädigen sowohl die Larven als auch die erwachsenen Käfer durch ihren

Fraßschaden durch Seerosenblattkäferlarven.

Fenster- oder Lochfraß an Blättern. Die Eier werden im Boden oder an der Fraßpflanze abgelegt. Artabhängig entwickeln sich eine oder mehrere Generationen im Jahr. Bei vielen Arten überwintern die erwachsenen Käfer, es kommt aber auch Eiüberwinterung vor.

! Da die meisten Arten recht groß sind, kann manchmal durch Absammeln ein ausreichender Bekämpfungserfolg erzielt werden. Ist der Einsatz von Pflanzenschutzmitteln (siehe Seite 398ff.) nicht zu umgehen, sollten sich die Bekämpfungsmaßnahmen bevorzugt gegen die Larven richten, da diese in der Regel empfindlicher auf die Insektizide reagieren.

Der **Gefurchte Dickmaulrüssler**, *Otiorhynchus sulcatus*, ist ein weit verbreiteter Schädling an Gehölzen, Stauden und Topfpflanzen. Der nachtaktive Käfer wird meist nicht entdeckt, seine charakteristischen Fraßspuren sind dagegen sehr leicht zu finden. An Blättern sitzt er meist so auf dem Blattrand, dass drei Beine auf der Blattoberseite und drei Beine auf der Blattunterseite sind; er reitet auf dem Blattrand. In dieser Stellung frisst er vom Blattrand ausgehend das Gewebe, sodass halbkreisförmige Fraßbuchten entstehen. Neben Blättern werden auch Nadeln und Triebe der Wirtspflanzen befressen.

Der **Gefurchte Dickmaulrüssler** bevorzugt zur Eiablage Pflanzungen in torfhaltigen, humosen Substraten, sodass Probleme meist in Moorbeetpflanzungen, Trog- oder Dachgärten auftreten. Die Larven ernähren sich von unterirdischen Pflanzenteilen. Es werden sowohl Feinwurzeln als auch holzige Wurzeln befressen, wobei bei letzteren

Gefurchter Dickmaulrüssler

Larve des Gefurchten Dickmaulrüsslers.

nur der Wurzelzylinder übrigbleibt. Derart besiedelte Pflanzen welken und sterben ab. Der etwa 10 mm lange, dunkel gefärbte Käfer mit rüsselartig verlängertem Kopf ist flugunfähig, kann aber sehr schnell laufen. Im Juli legen die Jungkäfer nach ihrem Reifungsfraß bis zu 500 gelbbraune, kugelförmige Eier in kleinen

Geringelter Eibentrieb verursacht durch den Gefurchten Dickmaulrüssler.

Buchtenfraß durch den Gefurchten Dickmaulrüssler an einer Kriechspindel.

Häufchen in das Substrat ab. Nach zwei bis drei Wochen schlüpfen die weißen, beinlosen, bauchwärts gekrümmten Larven mit brauner Kopfkapsel. Die Larven fressen den ganzen Sommer und Herbst an Wurzeln und Wurzelhals, nur bei tiefen Wintertemperaturen wird die Fraßtätigkeit eingestellt. Im Frühjahr setzen die Larven ihr zerstörerisches Werk bis in den April hinein fort. Die inzwischen etwa 10 mm große Larve verpuppt sich dann im Boden, nach zwei bis drei Wochen Puppenruhe erscheinen die Jungkäfer der neuen Generation.

! Werden erste Schäden durch Dickmaulrüssler festgestellt, sollten Bretter in der Nähe befallener Pflanzen ausgelegt werden. Darunter verstecken sich die Käfer tagsüber, wo sie dann bequem abgesammelt werden können. Das Fangen der Käfer nachts mithilfe einer Taschenlampe ist meist nicht sehr erfolgreich, da sich die Käfer bei der geringsten Störung fallenlassen und in der Bodenstreu kaum mehr aufzufinden sind. Sind schon zahlreiche Larven im Boden, so können sie sehr erfolgreich mithilfe von Nutzorganismen bekämpft werden. Es handelt sich um Nematoden der Gattungen *Heterorhabditis* und *Steinernema*, die in die Dickmaulrüsslerlarven eindringen und ein tödlich wirkendes Bakterium übertragen. Entscheidend für einen Bekämpfungserfolg ist der optimale Einsatzzeitpunkt. Kriterien für den richtigen Zeitpunkt sind neben dem Vorhandensein von Larven eine ausreichend hohe Bodentemperatur (über 12 °C) und gleichmäßige Bodenfeuchte. Daraus ergeben sich prinzipiell zwei Bekämpfungszeiträume: im Mai gegen die Altlarven bzw. im August bis September gegen die Junglarven. Dabei ist die Bekämpfung im Spätsommer empfehlenswerter, da zu diesem Zeitpunkt sicher Larven im Boden sind und noch einige Wochen ausreichende Bodentemperaturen herrschen. Bei der Frühjahrsbehandlung ist die Gefahr groß, dass bei etwas zu frühem Einsatz die Bodentemperaturen noch zu gering sind, bei etwas zu später Ausbringung sind die Larven schon verpuppt. In beiden Fällen ist die Wirksamkeit deutlich reduziert. Die Nematoden können mithilfe einer Gießkanne oder Rückenspritze (Feinsiebe entfernen, Druck nicht über

3 bar) in einer Aufwandmenge von 500 000 Stück/m^2 ausgebracht werden. Insektizidspritzungen gegen die Käfer sind nicht Erfolg versprechend.

Die braunen, recht großen **Maikäfer**, *Melolontha* sp., **Junikäfer**, *Amphimallon solstitialis*, und **Gartenlaubkäfer**, *Phyllopertha horticola*, fressen vor allem an den Blättern von Gehölzen und können diese bei starkem Auftreten vollständig entlauben. Der größere Schaden wird aber von den im Boden lebenden Larven verursacht, die als Engerlinge bezeichnet werden. Die bis 45 mm großen, schmutzig-weißen, bauchseits gekrümmten Larven mit brauner Kopfkapsel und sechs Beinen fressen an den Pflanzenwurzeln. Die Engerlinge der *Melolontha*-Arten benötigen meist vier Jahre, bis sie sich verpuppen. Der Jungkäfer schlüpft noch im Herbst, verlässt den Boden aber erst im Folgejahr. Der Junikäfer entwickelt sich in zwei bis drei Jahren, der Gartenlaubkäfer schließt seine Entwicklung manchmal schon nach einem Jahr ab. Die Weibchen bevorzugen zur Eiablage lückige Pflanzenbestände. Brachflächen und dicht bewachsene Flächen werden kaum mit Eiern belegt.

Sind Engerlinge im Boden, lassen sie sich nur noch sehr schwer bekämpfen. Mechanische Bodenbearbeitung im Frühjahr und Sommer, wenn die Larven nahe der Bodenoberfläche fressen, kann einen Teil von ihnen abtöten. Im Obst- und Weinbau werden im Flugjahr Netze am Boden ausgelegt, um die Eiablage durch die Weibchen zu verhindern. Der Einsatz insektenpathogener Pilze zur Bekämpfung der Engerlinge ist zurzeit noch nicht praxisreif. Fressen die Käfer am Laub von Gehölzen, können sie mit Insektiziden (siehe Seite 398ff.) bekämpft werden.

An einer Pflanzenwurzel fressender Engerling.

Bohrmehl an Einbohrlöchern und in der Astgabel einer Kiefer.

Einige Käfergattungen nutzen das Holz von Nadel- und Laubgehölzen als Entwicklungsort ihrer Larven. Besiedelte Bäume kümmern und können bei starkem Besatz auch ganz absterben. Die meisten **Holz bewohnenden Käferarten** besiedeln allerdings bevorzugt geschwächte Gehölze, zum Beispiel nach Trockenheit. Großgehölze sind besonders in den ersten Jahren nach der Pflanzung anfällig für eine Besiedlung durch Holz bewohnende Käfer. Der Schaden wird am Anfang oft nicht erkannt, da das Gehölz je nach Besatzdichte mehrere Jahre oberflächlich symptomlos bleiben kann.

Harzendes Einbohrloch des Riesenbastkäfers.

Untrüglicher Hinweis auf eine beginnende Besiedlung durch **Borkenkäfer**, *Scolytidae*, sind die Bohrmehlhäufchen, die in Astgabeln oder auf anderen Unebenheiten am Stamm zu finden sind. Die Einbohrlöcher selbst sind je nach Käferart so klein, dass sie erst bei genauer Kontrolle gefunden werden können. Die Bohrlöcher können sich abhängig vom Verursacher konzentriert im Stammfußbereich, über den Stamm verteilt oder an stärkeren Ästen befinden. Besteht der Verdacht einer Besiedlung durch Borkenkäfer, sollte die Rinde im Bereich eines Einbohrloches angeschnitten werden. Je nach Zeitpunkt der Untersuchung befinden sich die dunkel

Fraßbilder von Borkenkäfern an einem abgestorbenem Stamm.

gefärbten, meist kleinen Käfer (2 bis 6 mm lang) noch im unmittelbaren Bereich des Einbohrloches. Später können auch die für die jeweilige Art charakteristischen Fraßbilder und die beinlosen, hell gefärbten Larven mit brauner Kopfkapsel gefunden werden.

Der typische, allerdings artspezifisch variierende Entwicklungsgang der rindenbrütenden Borkenkäfer beginnt mit der Besiedlung der Stämme durch die erwachsenen Käfer im Frühjahr. Die Käfer werden bei sonnigem Wetter vor allem durch baumeigene Lockstoffe zu ihren Wirtspflanzen geleitet. Durch das Einbohren der ersten Käfer entstehen Verletzungen an der Rinde, diese Lockstoffe werden vermehrt frei, wodurch die Primärlockwirkung verstärkt wird. Zusätzlich produzieren die Käfer eigene Lockstoffe, die weitere Individuen zum Fraßbaum führen. Diese Lockstoffe haben auch die Aufgabe, konkurrierende Borkenkäferarten sowie bei Erreichen der optimalen Besiedlungsdichte des Wirtsbaumes weitere Käfer der eigenen Art von einem Anflug abzuhalten. Nach der Begattung werden die Eier in einem vom erwachsenen Käfer angelegten Gang im Kambiumbereich des Wirtsbaumes abgelegt. Die daraus schlüpfenden Larven legen weitere Gänge an. Die meisten Arten der rindenbrütenden Borkenkäfer ernähren sich von den Zellinhalten des Rindengewebes, des Kambiums und des äußeren Splintholzes. Am Ende der Larvengänge verpuppen sich die Larven und die Jungkäfer nagen ein Ausflugloch, durch das sie den Brutbaum verlassen. Je nach Art und Witterungsverlauf können sich eine oder mehrere Generationen im Jahr entwickeln. Die Käfer sind recht langlebig und können ihrerseits mehrere Bruten durchführen.

Bekämpfungsmaßnahmen gegen rindenbrütende Borkenkäfer sind

nicht einfach, da die Käfer nach dem Einbohren und die Larven in ihren Gängen nur noch schwer mit Insektiziden erfasst werden können. Voraussetzung für einen Bekämpfungserfolg ist daher das frühzeitige Erkennen eines Besatzes. Der Einsatz von käuflichen Lockstoffen (Pheromonen) zur Bestimmung des Flugzeitraums und damit des optimalen Zeitpunkts zur Bekämpfung ist im Garten kaum durchzuführen. Für die Praxis wird es in der Regel sinnvoller sein, gefährdete Bäume auf Einbohrlöcher zu kontrollieren. Wird ein Besatz sehr frühzeitig erkannt, kann auch das Freilegen der Fraßgänge und das mechanische Abtöten von Käfern und Larven zum Erfolg führen. Die Behandlung besiedelter Stämme mit Insektiziden, wie sie im Waldbau durchgeführt wird, ist mit den für den Haus- und Kleingartenbereich zugelassenen Wirkstoffen nicht möglich. Bei starkem Besatz sollte der betroffene Baum zugunsten noch befallsfreier Nachbarbäume entfernt werden. Dadurch kann die Verbreitung der Schädlinge verhindert werden. Besonders gefährdet sind Gehölze in unmittelbarer Waldnähe, da hier jederzeit mit dem Zuflug von Borkenkäfern zu rechnen ist.

Splintkäfer gehören ebenfalls zur Familie der Borkenkäfer. Ihre Lebensweise unterscheidet sich aber deutlich von jener der rindenbrütenden Borkenkäfer. Wie der Name verrät, dringen diese Käfer tiefer in das Holz ein. Dadurch sind sie auch als Wegbereiter Holz zerstörender Pilze und als Auslöser für statische Probleme der besiedelten Bäume gefürchtet. An Obstbäumen und anderen Laubgehölzen tritt recht häufig der **Ungleiche Holzbohrer**, *Anisandrus dispar*, auf.

Die etwa 3 mm großen, dunkel gefärbten Weibchen werden von den kleineren und gedrungeneren Männchen noch in ihrem Brutsystem begattet und fliegen etwa im April zu neuen Wirtspflanzen. Die Weibchen bohren sich dort zunächst senkrecht in den Stamm und legen dann Gänge entlang der Jahresringe an, wo die Eier abgelegt werden. Die Larven fertigen keine eigenen Gänge an, sondern ernähren sich von Pilzen, die in den Käfergängen wachsen. Diese als Ambrosiapilze bezeichneten Organismen zerstören das umgebende Holz, sodass besiedelte Äste absterben. Bei starkem Besatz ist zusätzlich mit Sekundärschäden durch Holz zerstörende Pilze zu rechnen.

Die **Obstbaumsplintkäfer** (z.B. der Ungleiche Holzbohrer) können mithilfe von Alkoholfallen zumindest teilweise abgefangen werden. Bei den im Handel erhältlichen Rebell-Fallen werden die Weibchen durch Aethyl-Alkohol angelockt und bleiben auf beleimten Farbtafeln kleben. Die direkte Bekämpfung der Käfer ist mit den zur Verfügung stehenden Insektiziden nicht Erfolg versprechend.

Stämme und Starkäste von Gehölzen werden gelegentlich von **Prachtkäfern**, *Buprestidae*, besiedelt. Die schlanken, meist glänzend gefärbten Prachtkäfer besiedeln bevorzugt kümmernde oder neugepflanzte Gehölze. Im Frühjahr werden die Eier von den Weib-

Ungleicher Holzbohrer

Freigelegter Fraßgang einer Prachtkäferlarve am Weißdorn.

chen auf die Borke der Stämme abgelegt, die Larven bohren sich in den Stamm ein. Ihre kleinen Einbohrlöcher sind nur schwer zu finden. Die Larven fressen im Kambium meist charakteristisch geschlängelte Gänge entlang des Stammes. An den Fraßstellen platzt die Borke später oft auf, sodass dadurch eine Besiedlung deutlich erkennbar wird. Nach zwei Jahren Fraßzeit im Holz verpuppen sich die Larven. Die Käfer verlassen ihre Wirtspflanze durch ein linsenförmiges Bohrloch.

[!] Wird ein Besatz festgestellt, so kann versucht werden, den Fraßgang freizulegen und die darin fressende Larve mechanisch abzutöten. Stammbehandlungen sind mit den zur Verfü-

Gänge der Maulwurfsgrille unter Trittplatten. Kleines Bild: erwachsene Maulwurfsgrille.

gung stehenden Insektiziden nicht Erfolg versprechend. Vor jeglichen Bekämpfungsmaßnahmen ist zu beachten, dass einige Prachtkäferarten unter Naturschutz stehen.

Maulwurfsgrillen oder **Werren**, *Gryllotalpa gryllotalpa*, können auch Schädlinge wie Drahtwürmer oder Schnecken dezimieren. Sie befressen gelegentlich pflanzliches Gewebe, der Schaden, der durch das Abfressen von Wurzeln verursacht wird, ist jedoch recht gering. Dennoch sind Bekämpfungsmaßnahmen meist notwendig, da die Tiere durch ihre Grabtätigkeit die zarten Wurzeln von Gemüsepflanzen, Sommerblumen oder Stauden abreißen und so zum Absterben der Pflanzen beitragen können. Die bis 50 mm großen Tiere legen im Boden Nesthöhlen an, in denen im Sommer über mehrere Wochen verteilt die Eier abgelegt werden. Aus diesen schlüpfen bald die Larven, die meist nach zwei Jahren ausgewachsen sind. Seit 2002 stehen die Maulwurfgrillen auf der Roten Liste gefährdeter Tiere.

Erste Bekämpfungsmaßnahme ist das Abfangen der Tiere mithilfe eingegrabener Becher oder Gläser. Allerdings müssen die Fallen rechtzeitig aufgestellt werden, bevor die Tiere ihre Erdnester anlegen und sich vermehren. Es kann auch versucht werden, diese Erdnester auszugraben und so einen Besatz zu reduzieren. Auf kleinen Flächen können die Maulwurfsgrillen auch mit folgender Methode bekämpft werden: In eine Gangöffnung wird zunächst etwas Wasser, dann Speiseöl und erneut Wasser gegossen. Die Maulwurfsgrillen kommen dann sehr schnell an die Oberfläche, wo sie aufgrund der durch das Öl verstopften Atemöffnungen absterben. Seit 1998 sind Nematoden der Art *Steinernema carpocapsae* im Handel erhältlich, die in die Tiere eindringen und ein tödliches Bakterium abgeben. 500 000 Nematoden je Quadratmeter werden im April bis Mai auf den mindestens 12 °C warmen Boden ausgebracht, der die nächsten Wochen nicht austrocknen darf. Diese Methode kann bei richtiger Anwendung die erwachsenen Tiere effektiv dezimieren, die Larven werden von den Nematoden allerdings nicht parasitiert.

Wirbeltiere

In Gärten können hin und wieder auch Wirbeltiere Schäden anrichten oder zumindest lästig werden. Das trifft auch unter Umständen auf Katzen oder streunende Hunde zu, die durch Scharren in frisch angelegten Saatbeeten größere Schäden anrichten können. Hier bietet der Handel entsprechende Duftstoffe an, die Katzen oder Hunde fernhalten sollen.

Wühlmaus

Gärten mitten im Siedlungsbereich werden nur in Ausnahmefällen von **Wühlmäusen**, *Arvicola terrestris* – auch **Schermäuse** genannt – besiedelt. Dagegen können sie in unmittelbar an Streuobstwiesen grenzenden Randlagen große Schäden anrichten. Wühlmäuse fressen praktisch alle unterirdischen Pflanzenteile und können Schäden an Gemüsepflanzen, Sommerblumen, Stauden, Zwiebelblumen und Gehölzen anrichten.

Die Wühlmaus ist 15 bis 20 cm lang und besitzt einen runden, 10 bis 15 cm langen Schwanz. Ihr Fell ist oberseits dunkel graubraun, an den Flanken und der Bauchseite heller gefärbt. Die weit verzweigten Baue werden bevorzugt in bindigen, wenig bearbeiteten Böden

Sitzstange für Greifvögel.

angelegt. Sie werden häufig mit den Gängen des Insekten vertilgenden und unter Artenschutz stehenden Maulwurfs verwechselt. Maulwürfe halten sich jedoch eher in lockeren, frisch bearbeiteten Böden auf, ihre Haufen sind höher aufgeworfen. Der Querschnitt eines Maulwurfsganges ist breitoval im Gegensatz zum hochovalen Gang der Wühlmaus. Wird der Gang geöffnet, unterwühlt der Maulwurf den alten Gang, die Schermaus verstopft die Öffnung mit einem festen Erdpfropfen.

[!] Wühlmausübervermehrungen treten nur alle zwei bis vier Jahre auf, dazwischen können deren natürliche Feinde die Population wirksam begrenzen. Dazu gehören insbesondere Greifvögel, die am Siedlungsrand durch das Aufstellen von Sitzstangen gefördert werden können; das Kurzhalten des

Wühlmaushaufen in einer Wiese.

Grasbewuchses erhöht den Fangerfolg der Greifvögel. Durch das Anlegen von Stein- und Holzhaufen können Marder und Wiesel in Gärten angesiedelt werden. Auch Katzen und Hunde fangen gelegentlich Wühlmäuse.

Sind in gefährdeten Gärten Neupflanzungen von Gehölzen vorgesehen, so können die Wurzeln durch Drahtgeflechte im Boden in den ersten Jahren vor einem Wühlmausfraß geschützt werden. Wird das Drahtgeflecht um den gesamten gefährdeten Gartenbereich bis in mindestens 80 cm Tiefe eingegraben, kann die Besiedlung durch Wühlmäuse verhindert werden. Unter Obstbäumen sollte das Fallobst entfernt werden, um die Tiere nicht unnötig anzulocken. Zur direkten Bekämpfung der Wühlmaus werden im Hausgarten am besten Fallen eingesetzt. In zusammenhängenden Gartensiedlungen sollten solche Bekämpfungsaktionen gemeinsam durchgeführt werden, am besten im Herbst oder frühen Frühjahr. Zunächst muss durch die so genannte Verwühlprobe geprüft werden, ob der Bau noch von einer Wühlmaus bewohnt wird. Dazu wird ein Gangstück von etwa 20 cm Länge geöffnet und markiert. Ist der geöffnete Gang noch bewohnt, so schiebt die Wühlmaus die Öffnung nach kurzer Zeit mit Erde zu. Ist dies der Fall, wird der Gang erneut geöffnet und eine Falle eingesetzt, die in kurzen Abständen überprüft werden muss. Der Fachhandel bietet verschiedene Fallentypen an, die teilweise mit Ködern versehen werden; auch Lebendfallen sind auf dem Markt. Außer dem Einsatz von Fallen können auch Gas erzeugende Produkte oder Giftköder (siehe Seite 415) in die Gänge eingebracht werden. Alternative Methoden wie das Anpflanzen von Kaiserkronen oder Knoblauch zeigen nur eine sehr begrenzte Wirkung. In Versuchen unabhängiger Prüfstellen konnte keine Wirkung von Schallwellen erzeugenden Geräten zur Wühlmausvertreibung nachgewiesen werden.

Nagerschäden an Stämmen werden durch eine Schutzmanschette verhindert.

Hasen, Kaninchen

Hasen oder **Kaninchen** können an Gartenpflanzen massive Fraßschäden verursachen. An Gemüse und Stauden werden grüne Pflanzenteile abgefressen. Einige Staudenarten wie Haselwurz – *Asarum europaeum*, Lerchensporn – *Corydalis cava,* oder Bingelkraut – *Mercurialis perennis,* und einige Farne wie Frauenfarn – *Athyrium filix-femina*, Wurmfarn – *Dryopteris filix-mas,* oder Straußfarn – *Matteucia struthiopteris,* werden weniger von Kaninchen befressen. Im Winter dient die Rinde von Gehölzen als Nahrungsquelle. Betroffen sind meist Obstgehölze, die durch den Fraß stark leiden und absterben können.

Netze schützen die Kirschernte vor Vögeln.

Durch das Anbringen von Draht- oder Kunststoffmanschetten um den Stamm kann ein Fraßschaden verhindert werden. Die gefährdeten Gartenbereiche können auch durch engmaschige Zäune vor dem Eindringen der Nager geschützt werden. Solche Zäune müssen aber auch etwa 30 cm tief in den Boden eingegraben werden, damit sich die Schädlinge nicht darunter durchgraben können. Die Höhe von Baumschutzmanschetten und Zäunen ist so zu bemessen, dass sie auch im Winter bei möglicher Schneeauflage noch mindestens 1 m hoch reichen! Werden mit Wildschadenverhütungsmitteln (siehe Seite 415) getränkte Stofflappen an Pfählen im Abstand von drei bis sechs Metern um den gefährdeten Gartenbereich angebracht, können die Hasen und Kaninchen ferngehalten werden. Diese Maßnahme muss etwa alle vier bis sechs Wochen wiederholt werden.

Vögel

Im Garten verursachen **Vögel** Schäden durch Fraß an Früchten und Knospen (Winter). Geschädigt werden vor allem Kirschen während der Reife und Weintrauben.

Eine Abwehrmöglichkeit bietet der Einsatz spezieller Schutznetze, die zur Fruchtreife über die gefährdeten Kulturen gelegt werden. Damit die Vögel aber tatsächlich von den verlockenden Früchten ferngehalten werden können, dürfen keine Lücken im Netz vorhanden sein. Insbesondere bei Kirschbäumen genügt es nicht, das Netz lediglich über die Krone zu legen und unten zu fixieren. Hier muss das Netz dicht am Stamm befestigt werden. Andernfalls ist damit zu rechnen, dass die Vögel zwar noch den Weg unter das Netz finden und sich an den Kirschen satt fressen, sie verenden dann aber oft in den Netzen, weil sie nicht mehr heraus finden. Reflektierende Metallstreifen zeigen zumindest eine Zeitlang eine abschreckende Wirkung auf die Vögel. Schutz vor Knospenfraß kann durch das Spritzen gefährdeter Gehölze mit Weißspritzmitteln geschehen. Dazu kann zum Beispiel 1,5 kg Branntkalk mit 0,6 l angesetztem Tapetenkleister in 10 l Wasser eingemischt und auf die gefährdeten Gehölze gespritzt werden. Dies sollte aber erst dann geschehen, wenn tatsächlich Schäden aufgetreten sind, um den Überraschungseffekt zu nutzen.

Obstkrankheiten

Apfel

Absterben des gesamten Baumes

Nichtparasitäre Ursachen wie Trockenheit oder Staunässe können zum Absterben neu gepflanzter Bäume führen. Apfelbäume können wie alle Gehölze auch vom Hallimaschpilz (siehe Seite 301ff.) befallen und abgetötet werden.

Sind am Stammfuß nach dem Anschneiden schokoladenbraune Verfärbungen zu finden, handelt es sich um einen Befall durch den Pilz *Phytophthora cactorum*, der an Apfelbäumen als **Kragenfäule** auftritt. Das Fallobst hat eine große Bedeutung als Infektionsquelle. Auf ihm kann sich der Erreger vermehren und dringt dann insbesondere über Verletzungen im Bereich der Veredlungsstelle in den Stamm ein. Das Kambium wird abgetötet und nimmt schließlich eine schwammige Struktur an.

Fallobst sollte nie unter den Apfelbäumen liegengelassen werden. Wird ein *Phytophthora*-Befall frühzeitig erkannt, sollten die abgestorbenen Gewebebereiche herausgeschnitten werden, um die Krankheitsentwicklung zu stoppen. Im fortgeschrittenen Stadium sind Maßnahmen jedoch kaum mehr möglich.

Krebs an einem altem Apfelbaum.

Durch **feuerbrandinfizierte Unterlagen** (siehe Seite 296ff.) kleinerer Baumformen fällt oft der ganze Baum der Krankheit zum Opfer.

Sind keine Anzeichen für einen Pilz- oder Bakterienbefall im Stammfußbereich zu finden, kommen auch **Wühlmäuse** (siehe Seite 335ff.) und **Engerlinge** (siehe Seite 331) als Verursacher des Schadens infrage. Besonders Neupflanzungen sind durch deren Fraß an den Wurzeln sehr gefährdet.

Absterben von Ästen und Trieben

Eine an Apfelbäumen regelmäßig auftretende Holzkrankheit ist der durch den Pilz *Nectria galligena* hervorgerufene **Obstbaumkrebs**. Der Erreger dringt im Herbst über Wunden oder Blattstielnarben in die Äste ein und tötet das Rindengewebe ab. Der Baum versucht, die abgetöteten Rindenbereiche zu überwallen, dadurch entstehen an den Ästen umfangreiche Gewebewucherungen, die sich immer weiter vergrößern. Im Herbst sind auf den tumorartigen Rindenwucherungen etwa 0,5 mm große, kugelige, rot gefärbte Fruchtkörper zu finden. Befallene Pflanzenteile werden nicht mehr ausreichend versorgt und können absterben. Der Erreger kann während des ganzen Jahres infizieren, größte Infektionsgefahr herrscht im Herbst und frühen Winter.

Befallene Äste müssen frühzeitig entfernt werden. Befinden sich die Infektionsstellen an älterem Holz, ist eine Entfernung der befallenen Astpartien ohne zu große Eingriffe in die Krone oft nicht möglich. Dann werden die befallenen Rindenpartien großzügig ausgeschnitten oder ausgefräst. Die entstandenen Wunden können mit Wundverschlussmitteln (siehe Seite 419) versorgt werden. Um die frischen Blattnarben vor Infektionen zu schützen, können während des Laubfalls wiederholt Fungizide (siehe Seite 397ff.) eingesetzt werden.

Die Apfelsorten sind unterschiedlich anfällig gegenüber dem Obstbaumkrebs. Als anfällig gelten die Sorten 'Berlepsch', 'Gloster', 'Goldparmäne', 'James Grieve', 'Jonagold' und 'Red Delicious', die zumindest auf kühlen – und damit krebsgefährdeten – Standorten nicht gepflanzt werden sollten. Weniger anfällig sind dagegen unter anderem die Sorten 'Discovery' und 'Ontario'.

Wucherungen an den Ästen von Apfelbäumen können auch von **Blutläusen**, *Eriosoma lanigerum*, verursacht werden. Im Bereich der knotigen Gewebeanschwellungen sind schwarze, etwa 1 bis 2 mm große, dunkel gefärbte Läuse zu finden, die von einer dichten, fädigen Wachswollschicht bedeckt sind. Diese schützt die Tiere vor manchem natürlichen Feind, sie erschwert auch die Bekämpfung mit Pflanzenschutzmitteln.

Die Bäume leiden durch den Blutlausbesatz unter einem behinderten Wasser- und Nährstofftransport in den betroffenen Ästen; bei sehr starkem Besatz können dünnere Äste absterben. Die Larven überwintern am Stammfuß, in Rindenritzen oder an oberflächennahen Wurzeln. Im Frühjahr setzt die ungeschlechtliche Vermehrung ein, die Tiere wandern in die Krone ihres Wirtsbaumes und besiedeln dort Schnittstellen oder Triebe. Im Sommer entwickeln sich geflügelte Läuse, die andere Bäume besiedeln können. Je nach Witterung können sich sechs bis acht Generationen im Jahr entwickeln.

Zur biologischen Bekämpfung der Blutlaus wurde ein Gegenspieler aus dem natürlichen Verbreitungsgebiet Nordamerika eingebürgert. Die Blutlauszehrwespe, *Aphelinus mali*, legt jeweils ein Ei in die Blutlaus ab, die Wespenlarve entwickelt sich im Schädling, der dadurch abstirbt. Die erwachsene, dunkel gefärbte, nur etwa 2 mm große Wespe verlässt ihren Wirt durch ein rundes Loch auf dem Rücken der Laus. Durch Einbringen von Astabschnitten mit parasitierten Blutlauskolonien in

Blutlauskrebs an Apfelzweigen.

Abgetötete Blutläuse mit Ausschlupflöchern der Zehrwespe.

noch nützlingsfreie Baumkronen kann die Zehrwespe gezielt angesiedelt werden. Die Blutlauszehrwespe erfüllt ihre Aufgabe in der Regel so gut, dass der Schädling nicht bekämpft werden muss. Bevor ein gezieltes Vorgehen gegen die Blutlaus in Erwägung gezogen wird, sollte daher überprüft werden, ob die Blutlauszehrwespe vorhanden ist. Sind auf dem Rücken der Läuse runde Löcher zu erkennen, kann von einer erfolgreichen Parasitierung ausgegangen werden. Ist dies nicht der Fall, können die Blutlauskolonien zunächst mechanisch mit einer kräftigen Bürste entfernt werden. Der Schädling kann auch mit Insektiziden (siehe Seite 398ff.) bekämpft werden, die am besten mithilfe eines Pinsels gezielt auf die Blutlauskolonien gestrichen werden.

Blutlauskolonie an einem Apfelzweig.

Sterben Triebspitzen an Apfelbäumen ab, ist in Befallslagen und -jahren oft das **Feuerbrandbakterium** (siehe Seite 296ff.) dafür verantwortlich.

Blattflecken und -beläge

Die bedeutendste Pilzkrankheit im Apfelanbau ist der **Apfelschorf**, *Venturia inaequalis*. Der Pilz verursacht Blattflecken und kann bei starkem Befall zum vorzeitigen Blattabwurf führen. Auch die Früchte werden von ihm infiziert, dabei entstehen Schäden, die die Lagerfähigkeit der Früchte stark beeinträchtigen (siehe Seite 347). Die Erstinfektion im Frühjahr geht meist von den auf dem abgefallenen Laub ausgebildeten Sporen aus. Schorfsymptome können oft schon an den ersten Blättchen festgestellt werden. Auf der Blattoberfläche ist dann ein olivgrüner Schimmer zu finden. Später stirbt das Blattgewebe in diesem Bereich ab und wird braun. Während des Sommers finden innerhalb der Baumkrone laufend Neuinfektionen statt.

Um die recht aufwändige Schorfbekämpfung zu vermeiden oder zumindest einzuschränken, sollte bei Neupflanzungen auf Apfelsorten zurückgegriffen werden, die wenig anfällig gegen diesen Erreger sind. Dazu gehören zum Beispiel 'Florina', 'Reglindis', 'Remo'

Beginnender Schorfbefall an einem Apfelblatt.

Starker Schorfbefall an einem Apfelblatt.

Mine in einem Apfelblatt durch die Larve der Schlangenminiermotte.

oder 'Rewena', aber auch ältere Sorten wie 'Berlepsch', 'Glockenapfel', 'Jonathan' oder 'Roter Boskoop'.

Um die entscheidenden Erstinfektionen zu verhindern, darf unter den Apfelbäumen und in deren unmittelbarer Umgebung im Frühjahr kein unverrottetes Laub mehr vorhanden sein. Einige Fungizide (siehe Seite 397ff.) haben eine gute Wirkung gegen den Schorfpilz; entscheidend für den Bekämpfungserfolg sind regelmäßige Spritzungen ab Laubaustrieb bei Infektionsgefahr. Infektionsgefahr besteht immer dann, wenn die jungen Blättchen ausreichend lange feucht waren, also nach Morgentau oder Niederschlag. Die für das Auskeimen der Schorfsporen notwendige Zeit ist von den Temperaturen abhängig: Je wärmer es ist, desto schneller keimen die Sporen.

Mehr oder weniger geschlängelte braune Linien auf den Blättern werden von den Larven der **Schlangenminiermotte**, *Lyonetia clerkella*, verursacht, die im Blattgewebe schmale Fraßgänge anlegen. Meist entwickeln sich drei Generationen im Jahr, die etwa 5 mm großen Falter der letzten Generation überwintern.

Der Schaden für den Baum hält sich in Grenzen, sodass Bekämpfungsmaßnahmen nicht notwendig sind. Bei kleinen Bäumen kann die Population durch Abpflücken und Vernichten der besiedelten Blätter etwas dezimiert werden.

Echter Mehltau an Apfelblättern.

An manchen Apfelsorten tritt der **Apfelmehltau**, *Podosphaera leucotricha*, so stark auf, dass die Triebspitzen absterben. Neben den weißen Belägen führt der Erreger auch zu Blattrollungen. Der Pilz überwintert in den Knospen und beginnt von dort aus zum Zeitpunkt des Austriebes die Besiedlung des sich neu entwickelnden Gewebes. Besonders gefährdet ist junges, weiches Pflanzengewebe bei schwül-warmer Witterung.

Werden widerstandsfähige Sorten wie zum Beispiel 'Elstar', 'Piros', 'Remo' oder 'Rewena' gepflanzt, kann der Einsatz von Fungiziden deutlich reduziert werden. Befallene Triebspitzen müssen spätestens im Frühjahr entfernt werden. Anfällige Sorten müssen vom Laubaustrieb bis mindestens Anfang oder Mitte Juni *regelmäßig* im Abstand von zehn bis vierzehn Tagen mit Fungiziden (siehe Seite 397ff.) behandelt werden.

Fahle Blattverfärbungen können durch die Saugtätigkeit der **Obstbaumspinnmilbe** verursacht worden sein (siehe Seite 317).

Diffuse, aufgehellte, ring- oder bandförmige Flecken weisen auf **Viruserkrankungen** hin (siehe Seite 294ff.).

Blütenschäden

Verbräunte Blüten können durch **Spätfröste** (siehe Seite 290) oder durch Bakterienkrankheiten wie **Feuerbrand** (siehe Seite 296ff.) oder ***Pseudomonas*** (siehe Seite 299) verursacht werden.

Öffnen sich die Blüten nicht, sondern verharren im Ballonstadium, ist der **Apfelblütenstecher**, *Anthonomus pomorum*, für den Schaden verantwortlich. Der dunkle, etwa 4 mm große Rüsselkäfer kann so den Fruchtansatz deutlich reduzieren. Die in Rindenritzen überwinternden Weibchen legen im Frühjahr je ein Ei in die Blütenknospe ab. Hier entwickelt sich in wenigen Wochen die Käferlarve, die sich von den Blütenorganen ernährt. Die Larve verpuppt sich in der Knospe und verlässt diese im Juni bis Juli als Käfer, der an den Blättern frisst, aber dem Baum damit kaum schadet.

Hat der Apfelbaum sehr viele Blütenknospen angesetzt, lohnt sich die Bekämpfung des Apfelblütenstechers meist nicht, da sich trotzdem noch genügend Früchte entwickeln. Soll bei geringem Blütenansatz eine Bekämpfung durchgeführt werden, muss der optimale Zeitpunkt ermittelt werden. Ist die Eiablage erst einmal erfolgt, haben Spritzun-

Schadbild durch den Apfelblütenstecher.

Vertrocknete Blüte, verursacht durch einen Apfelblütenstecher.

gen keinen Effekt mehr. Als Orientierungshilfe können Wellpapperinge vor dem Austrieb an den Stämmen angebracht und regelmäßig kontrolliert werden. Sind hier viele Käfer zu finden, kann an einem warmen Tag gegen den Schädling gespritzt werden (siehe Seite 398ff.).

Fruchtschäden

Der **Apfelschorf**, *Venturia inaequalis*, befällt neben dem Laub (siehe Seite 344f.) auch die Früchte. An diesen können zwei verschiedene Symptome auftreten: Findet eine Infektion zu einem sehr frühen Zeitpunkt der Fruchtentwicklung statt, reißt die Schale an der verkorkenden Infektionsstelle auf. Es entstehen tiefe Verletzungen, die von Fäulepilzen als Eintrittspforten genutzt werden. Späte Infektionen, wenn die Frucht ihre Endgröße schon erreicht hat, führen nur zu graubraunen, grindigen Schorfflecken auf der Schale.

Spätschorf an einem Apfel.

Die bedeutendsten Fruchtschäden am Apfel werden durch verschiedene Schmetterlingsraupen verursacht, die als **Fruchtwicklerarten** zusammengefasst werden. Meist verursachen die verschiedenen Schalenwicklerarten der Gat-

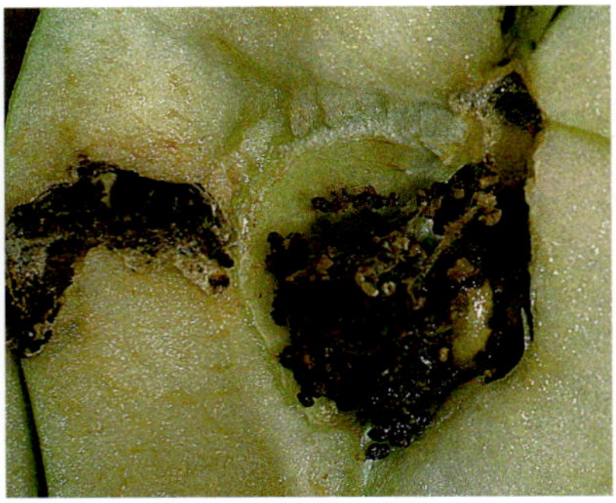

Links: Apfelwicklerraupe. Rechts: Mit Kotkrümeln gefüllter Fraßgang der Apfelwicklerraupe.

Lockstoff-Falle zur Apfelwicklerbekämpfung.

tungen *Adoxophyes*, *Pandemis* und *Archips* die geringeren Schäden, da sich die Fraßtätigkeit der Räupchen auf die Fruchtschale oder das direkt darunter liegende Fruchtfleisch beschränkt. Charakteristisch für Schalenwicklerraupen sind an die Frucht gesponnene Blätter, unter denen die Räupchen an der Fruchtschale fressen.

[!] Der unbedeutende Schaden lohnt keine Bekämpfung im Hausgarten. Im übrigen werden sie durch die meisten Insektizide, die gegen den Apfelwickler eingesetzt werden, ebenfalls erfasst.

Die Raupen des **Apfelwicklers**, *Laspeyresia pomonella,* werden als Obstmaden bezeichnet und verursachen massive Schäden an den Früchten. Die im Mai bis Juni aus ihren Kokons an der Baumrinde schlüpfenden Falter legen im Juni bis Juli ihre Eier an den sich entwickelnden Früchten ab. Die jungen Räupchen bohren sich durch die Schale und legen einen Fraßgang in Richtung des Kernhauses an. Dieser verbräunt und öffnet Fäulepilzen den Weg in die Frucht. Die Larven verlassen nach etwa drei Wochen Fraßzeit die Frucht und verpuppen sich in einem Gespinst am Stamm. Je nach Witterung und Lage der Apfelanlage können sich ein bis zwei Generationen im Jahr entwickeln, wobei die letzte Generation den wirtschaftlich größeren Schaden anrichtet. Die Raupen überwintern in einem Kokon an der Rinde, wo sie sich im Frühjahr verpuppen.

[!] Im Hausgarten kann durch einfache Methoden der Besatz zumindest verringert werden. Die Apfelwicklerpopulation kann durch konsequentes Aufsammeln des Fallobstes reduziert werden, die darin befindlichen Larven können sich dann nicht zum Schmetterling entwickeln. Am Stamm angebrachte

Wellpappegürtel werden von den Raupen als Verpuppungsort genutzt und können mit diesen dann vernichtet werden. Sie müssen etwa Ende Juli und im Oktober entfernt werden, um beide Generationen zu erfassen. Ist der Einsatz von Insektiziden (siehe Seite 398ff.) notwendig, sollten die von den örtlichen Witterungsbedingungen abhängigen Terminempfehlungen der amtlichen Pflanzenschutzdienste genutzt werden, um einen möglichst hohen Wirkungsgrad zu erreichen. Das Apfelwickler-Granulosevirus wirkt ausschließlich gegen den Apfelwickler und kann die Schalenwicklerarten nicht erfassen.

Im Erwerbsobstbau werden neben dem Einsatz von Insektiziden gegen den Wickler nach Warndienstaufruf auch Pheromone eingesetzt. Diese Sexuallockstoffe können einerseits zur Bestimmung der Flugzeit des Falters dienen, andererseits werden sie auch zur Verwirrung eingesetzt. Durch massiven Einsatz dieser Duftstoffe finden die Männchen die paarungsbereiten Weibchen nicht mehr, wodurch eine Vermehrung unterbunden ist. Diese Methode ist aber nur in geschlossenen Anlagen durchführbar. Recht neu ist der Einsatz von artspezifischen Schlupfwespen, die bei den Nützlingszüchtern erworben werden können.

Früchte mit leicht eingesunkenen Stellen, denen im schalennahen Bereich des Fruchtfleisches Verbräunungen entsprechen, sind die Folge einer ernährungsphysiologischen Störung. Diese als **Stippigkeit** des Apfels bezeichnete Erscheinung wird auf ein unausgewogenes Verhältnis zwischen Calciumversorgung einerseits und Kalium- und Magnesiumversorgung andererseits zurückgeführt. Sehr große Früchte sind ebenso stippegefährdet wie zu früh geerntete oder zu lange gelagerte Früchte.

Flecken auf Apfelschale durch Stippigkeit.

Fruchtfleischverbräunungen durch Stippigkeit.

Maßnahmen gegen Stippigkeit sollten zunächst in einer ausgewogenen Nährstoffversorgung bestehen.

Im Erwerbsobstbau werden während der Fruchtentwicklung spezielle Präparate auf Calcium-Basis (zum Beispiel Anti-Stipp) gespritzt, um der Erscheinung vorzubeugen.

Auch wenn gesund erscheinende Äpfel eingelagert werden, können manchmal im Lagerraum **Fruchtfäulen** auftreten. Je ungünstiger die vorhandenen Lagermöglichkeiten im Keller oder Vorratsraum sind, desto eher treten Probleme mit verschiedenen Pilzkrankheiten

Lagerfäulen an Äpfeln.

an den Früchten auf. Die Früchte wurden meist schon am Baum infiziert, die Entwicklung des Pilzes erfolgt erst im Lager.

Durch sorgfältiges Sortieren der Früchte vor der Einlagerung können diese Probleme vermindert werden. Alle verletzten oder mit Infektionsstellen versehenen Früchte müssen für den sofortigen Verzehr verwendet werden und dürfen erst gar nicht in den Lagerraum gelangen. Werden die Lagerbehälter jedes Jahr gründlich gesäubert, kann die Überdauerung von Pilzen und die Infektion gesunder Früchte im Lagerraum verhindert werden. Natürlich muss auch die sortenspezifische Lagereignung berücksichtigt werden. Ratsam ist auch die Einlagerung in kleinen, voneinander getrennten Portionen, um auftretende Erreger von der Infektion des gesamten Lagerbestandes abzuhalten.

Birne

Absterben von Trieben

Junge, weiche Triebe können von den Bakterienkrankheiten ***Pseudomonas*** (siehe Seite 299) oder **Feuerbrand** (siehe Seite 296ff.) abgetötet werden.

Blattdeformationen

Die **Birnblattsauger**, *Psylla* sp., können durch ihre Saugtätigkeit Krankheiten von infizierten auf gesunde Birnbäume übertragen. Besonders häufig kommt dies beim Birnenverfall vor, einer Krankheit, die zu einer frühen Rotfärbung des Laubes und langfristig zum Absterben der infizierten Bäume führen kann. Der direkte Schaden durch die Birnblattsauger ist dagegen eher gering. Der Besatz äußert sich im Frühjahr durch verkrüppelte junge Blättchen. Zur Zeit des Austriebs können an den Trieben oder den jungen Blättchen die aus gelben, etwa 0,5 mm großen, länglich ovalen Eiern bestehenden Gelege gefunden werden. Daraus schlüpfen die Larven, die sich nach mehreren Häutungen zu den geflügelten, etwa 4 mm großen, grün bis braun gefärbten erwachsenen Tieren entwickeln. Diese wandern teilweise auf andere Gehölze ab, überwintern und legen zum Zeitpunkt des Austriebs ihre Eier an den Birnen ab.

Erwachsener Birnblattsauger.

Durch Birnblattsauger hervorgerufene Blattdeformationen.

Treten diese Schädlinge an Neupflanzungen verstärkt auf, kann eine Bekämpfung notwendig werden. Dazu sind wiederholte Insektizidspritzungen (siehe Seite 398ff.) von April bis Juni notwendig.

Blattschäden

Der Pilz *Gymnosporangium sabinae* verursacht an Birnenblättern, gelegentlich auch an den Früchten, sehr auffällige Symptome; die Krankheit wird als **Birnengitterrost** bezeichnet. Nach erfolgreicher Infektion sind auf der Blattoberseite junger Blättchen zunächst nur kleine gelbe Flecken zu finden. Mit fortschreitender Jahreszeit vergrößern sich diese Flecken bis auf 10 mm Durchmesser, sie verfärben sich dunkler und nehmen eine orangerote Färbung an. Auf der Blattunterseite bildet sich zunächst ein knorpeliger Auswuchs. Auf diesem entstehen die namensgebenden, gitterartig aufreißenden, zwiebelförmigen Sporenlager, die selten auch auf Früchten oder Blattstielen gebildet werden. Die hier gebildeten Sporen werden vom Wind verfrachtet und infizieren im

Gelborangegefärbte Blattflecken durch den Birnengitterrost.

Herbst den Hauptwirt Wacholder über die Nadeln bzw. Schuppen. Befallene Wacholdertriebe schwellen spindelförmig an, im Frühjahr können an den Trieben des Wacholders gallertartige, orangebraune Fruchtkörper gefunden werden. Hier werden die Sporen gebildet, die für die Infektionen der Birnenblätter verantwortlich sind.

Fruchtkörper des Birnengitterrostes auf der Blattunterseite.

Das auffälligere Symptom wird zwar auf den Birnenblättern ausgebildet, der Schaden für den Baum ist aber selten nachhaltig. Mit dem Laubfall ist der Birnbaum in der Regel wieder befallsfrei. In Einzelfällen überwintert das Mycel in den Knospen. Auch optisch recht eindrucksvoller Befall von drei bis fünf Infektionsflecken je Blatt kann noch toleriert werden. Die Assimilationsleistung ist allerdings reduziert und es muss mit vorzeitigem Laubfall gerechnet werden. Bei mehrjährigem Befall in Folge können Birnbäume darunter leiden. Der Erreger des Birnengitterrostes ist zwingend auf beide Wirtspflanzen angewiesen, um seine Entwicklung zu beenden.

[!] Bei solchen Erregern kann schon durch die räumliche Trennung der beiden Wirtspflanzen der Befall reduziert werden. Allerdings muss berücksichtigt werden, dass Pilzsporen über sehr große Strecken verfrachtet werden können und auch ein mehrere hundert Meter entfernt stehender Wacholder den Birnbaum noch infizieren kann. Fungizidspritzungen zur Verhinderung der Blattinfektionen an Birnen sind derzeit mangels ausgewiesener Präparate nicht möglich.

Im Durchmesser nur 1 bis 2 mm große, flache Pickel auf der Oberseite von Birnenblättern werden von der **Birnenpockenmilbe**, *Eriophyes pyri*, verursacht. Diese nur etwa 0,2 mm große Gallmilbenart überwintert unter Knospenschuppen und besiedelt während des Austriebs die Blattunterseiten. Durch die Saugtätigkeit der Milben entstehen die Gallen, in denen sie sich vermehren.

[!] Die Bekämpfung der Birnenpockenmilbe ist meist nicht notwendig, sie wäre zum Zeitpunkt des Austriebs mit Pflanzenschutzmitteln (siehe Seite 398ff.) möglich.

Hellgrüne, meist ringförmige Blattfleckungen weisen auf eine **Viruserkrankung** (siehe Seite 294ff.) hin. Fraßschäden am Laub können unter anderem von den Raupen des **Frostspanners** verursacht werden.

Kirsche

Absterben von Trieben

Welken die gerade entwickelten Austriebe im Frühjahr, kann es sich um einen Befall durch den Pilz *Monilia laxa* handeln. Später können auch ganze Äste von der **Monilia-Spitzendürre** betroffen sein; im älteren Holz kommt der Erreger jedoch meist zum Stillstand. Ist die Witterung im Frühjahr zur Zeit der Kirschblüte feucht und kühl, findet der Erreger besonders gute Infektionsbedingungen vor. Die Sporen gelangen in die Blüten und keimen dort aus. Der Erreger dringt über den Blütenstiel in den Trieb ein. Dort wachsen die Hyphen in den Leitungsbahnen weiter und verstopfen diese. Durch Welketoxine, die vom Pilz produziert werden, wird der Wasser- und Nährstofftransport im infizierten Ast

Durch Monilia abgetötete Triebspitzen an Kirsche.

noch weiter gestört. Die Nebenfruchtform des Pilzes ist an Fruchtfäulen (siehe Seite 356) beteiligt.

Das Abpflücken und Vernichten solcher Fruchtmumien spätestens im Winter kann das Infektionspotenzial reduzieren. Befallene Zweige und Äste müssen schnellstmöglich entfernt werden, um ein Vordringen des Erregers ins gesunde Holz zu verhindern. Die Schnittfläche muss genau kontrolliert werden. Es dürfen keine dunklen Verfärbungen mehr erkennbar sein, sonst muss nochmals tiefer nachgeschnitten werden. Die Blüteninfektionen können durch Spritzungen mit Fungiziden (siehe Seite 397ff.) in die Blüte verhindert werden. Kurz vor dem Öffnen der Blüte sollte die erste Behandlung durchgeführt werden. Je nach Witterungsverlauf sind insgesamt zwei bis drei Spritzungen erforderlich. Bei trockenem Wetter während der Kirschblüte sind solche Maßnahmen nicht notwendig.

Kirschen werden auch von der Bakterienkrankheit ***Pseudomonas*** (siehe Seite 299) befallen, die zum Absterben von Trieben führen kann.

Blattschäden

Nach niederschlagsreicher Frühjahrswitterung tritt die durch den Pilz *Blumeriella jaapii* verursachte **Sprühfleckenkrankheit** verstärkt auf. Die befallenen Blätter sind ab Juni mit zahlreichen kleinen, auf der Blattoberseite rötlichen Flecken versehen. Auf der Blattunterseite sind die Flecken durch die dort gebildeten Konidien der Nebenfruchtform, *Phloeosporella padi*, weiß gefärbt. Bei starkem Befall vergilben die infizierten Blätter und fallen vorzeitig ab. Der Pilz überwintert auf dem Falllaub und an jungen Trieben. Durch den vorzeitigen Laubfall leidet die Holzausreife und das Wachstum der befallenen Kirschbäume. Unter den gleichen Witterungsbedingungen tritt auch die durch verschiedene Pilzarten verursachte **Schrotschusskrankheit** auf. Hier entstehen zunächst braune Blattflecken, die später aus der Blattspreite herausfallen; stark befallene Blätter sind dann durchlöchert.

Im Hausgarten sollte dafür gesorgt werden, dass das Falllaub bis zum

Blattvergilbungen durch die Sprühfleckenkrankheit an Kirschblättern.

Blattflecken und Löcher: Schrotschusskrankheit

nächsten Frühjahr verrottet oder entfernt ist. Treten die Erreger erfahrungsgemäß stärker auf, können bedrohte Bäume in niederschlagsreichen Frühjahren kurz nach der Blüte mit Fungiziden (siehe Seite 397ff.) behandelt werden. Die Spritzung sollte etwa drei Wochen später wiederholt werden.

Häufig sind an Süßkirschentrieben stark deformierte, nach unten eingerollte Blätter zu finden, die eine brüchige Struktur haben. Diese werden durch die an den Blattunterseiten saugenden, bis 2 mm großen **Schwarzen Kirschenläuse**, *Myzus cerasi*, verursacht. Die Wintereier überdauern an der Rinde, aus ihnen schlüpfen im April die dunkel gefärbten Larven. Bis Juni saugen sie an den Blättern, dann wandern die geflügelten Läuse auf krautige Sommerwirte (zum Beispiel Ehrenpreis) ab. Im Herbst besiedeln die Läuse wieder Kirschbäume, um dort ihre Wintereier abzulegen. Vor allem an frisch gepflanzten Bäumen können durch die Saugtätigkeit größere Triebschäden verursacht werden, sodass Maßnahmen notwendig werden.

Dicht besiedelte Blätter sollten an Jungbäumen entfernt werden. Anschließend kann mit Insektiziden (siehe Seite 398ff.) mehrmals behandelt werden. Ab Mitte Juni lohnen sich Spritzungen nicht mehr, da die Läuse zu diesem Zeitpunkt abwandern.

Fraßschäden an Kirschblättern werden häufig durch die Raupen des **Frostspanners** oder schneckenähnliche **Blattwespenlarven** (siehe Seite 326f.) verursacht. Chlorotische Ringe oder Linien auf der Blattoberfläche sind meist auf **Virusbefall** zurückzuführen (siehe Seite 294ff.).

Blütenschäden

Verbräunte Blüten an Kirschen können durch **Spätfröste** oder die Bakterien-

Durch die Schwarze Kirschenlaus hervorgerufene Blattrollungen.

Kolonie der Schwarzen Kirschenlaus auf der Blattunterseite.

krankheit ***Pseudomonas*** (siehe Seite 299) verursacht werden. Ist es während der Kirschblüte feucht und kühl, sind die abgestorbenen Blüten meist auf einen **Monilia-Befall** (siehe Seite 352f.) zurückzuführen.

Fruchtschäden

Die Maden der **Kirschfruchtfliege**, *Rhagoletis cerasi*, sind in manchen Jahren so zahlreich vorhanden, dass die gesamte Ernte nicht mehr verwertbar ist. Die Larven richten durch ihre Fraßgänge in den Kirschen großen Schaden an.

Die erwachsenen, bis 5 mm großen Fliegen schlüpfen im Frühsommer aus den Puppenhüllen im Boden. An reifende Kirschen und andere Wildfrüchte wird jeweils ein Ei abgelegt, die grüngelbe Farbe der Früchte lockt die Fliegen an. Die hellen Larven bohren sich in die Frucht und fressen einen Gang bis zum Kern. Bald verlassen die Larven die Früchte und verpuppen sich im Boden.

Die Bekämpfung der Kirschfruchtfliege durch Spritzmaßnahmen (siehe Seite 398ff.) wird dadurch erschwert, dass nur ein sehr kurzer Zeitraum zur Bekämpfung zur Verfügung steht. In die Früchte eingedrungene Maden werden durch Insektizide nicht mehr erfasst. Der richtige Zeitpunkt zur Bekämpfung kann mithilfe von Gelbtafeln selbst ermittelt werden. Erfahrungsgemäß kann die Blüte der Scheinakazien, *Robinia pseudoacacia,* als Orientierungshilfe für den richtigen Bekämpfungszeitpunkt herangezogen werden. Eine biotechnische Bekämpfungsmöglichkeit ist der Einsatz der im Handel erhältlichen Kirschfruchtfliegenfallen. Dies sind beleimte gelbe Tafeln, die aufgrund ihrer Färbung die Fliegen anlocken sollen. Die Tiere setzen sich auf die Tafel, kleben fest und verenden. Es sind etwa sechs bis zehn solcher Gelbtafeln je Baum notwendig. Sie müssen rechtzeitig vor dem Flugbeginn – etwa Mitte Mai – in die gefährdeten Baumkronen gehängt werden. Erfolg versprechend ist diese Methode bei isoliert stehenden Einzelbäumen oder bei großflächiger Anwendung unter Einbeziehung der Kirschbäume in den Nachbargärten. Nicht zu empfehlen ist der Einsatz dieser Fallen, wenn in unmittelbarer Nachbarschaft unbehandelte Kirschbäume stehen. In solchen Fällen ist mit starkem Zuflug von Kirschfruchtfliegen zu rechnen, von denen trotz hoher Fangzahlen noch zu viele die Kirschen mit Eiern belegen.

Kirschfruchfliege an einer reifenden Kirsche.

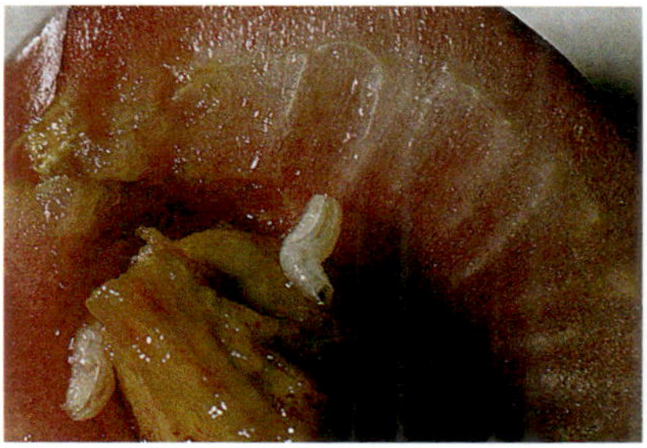

Maden der Kirschfruchtfliege in reifer Kirsche.

Besonders in feuchten Sommern faulen die Kirschen noch am Baum. Die **Fruchtfäuleerreger**, *Monilia laxa* und *Monilia fructigena*, verursachen charakteristische, kreisförmig angeordnete Pusteln auf der Fruchtschale, die aus einer Unmenge von Konidienträgern bestehen. Besonders gefährdet sind Früchte, deren Schale zum Beispiel durch Wespen oder Hagel verletzt wurde.

Ein Befall durch Fruchtfäuleerreger kann verringert werden, wenn Fruchtmumien konsequent entfernt, Verletzungen vermieden und zu starker Fruchtansatz ausgedünnt wird.

Bei **Starkregen** platzen reife Kirschen. Über die halbdurchlässige Fruchtschale nehmen die Kirschen Wasser auf und ihr Volumen vergrößert sich über die Dehnbarkeit der Fruchtschale.

Gelbe Flecken auf der Blattoberseite durch den Pflaumenrost.

Pflaume

Blattschäden

Eine häufig auftretende Blattkrankheit an Pflaumen ist der **Pflaumenrost**, *Tranzschelia pruni-spinosae*. Die Blätter sind auf der Oberseite zunächst fein gesprenkelt, die kleinen gelben Flecken wachsen auf etwa 1 mm Durchmesser an. Auf der Blattunterseite können je nach Zeitpunkt der Untersuchung zunächst gelbbraune, später dann dunkle Pusteln festgestellt werden. Die dort gebildeten Sporen dienen der Verbreitung des Pilzes. Starker Befall führt zu vorzeitigem Laubfall. Tritt dieser jährlich auf, ist eine Schwächung des befallenen Baumes zu befürchten. Die Holzausreife ist verschlechtert, was zu Frostschäden am neuen Trieb führen kann.

Rostpusteln auf der Unterseite eines Pflaumenblattes.

Der Pflaumenrost tritt nicht regelmäßig so stark auf, dass eine Bekämpfung immer erforderlich ist. In Befallsjahren kann der Schaden durch den wiederholten Einsatz von Fungiziden begrenzt werden (siehe Seite 397ff.). Die Spritzungen müssen ab Juni im Abstand von etwa zwei Wochen durchgeführt werden. Ab August lohnt sich die Bekämpfung nicht mehr.

Fruchtschäden

Ein mit den Fruchtwicklerarten am Kernobst eng verwandter Schädling entwickelt sich in den Pflaumenfrüchten. Die aus den Anfang Juni auf die reifende Frucht abgelegten Eiern schlüpfenden rötlichen Larven des **Pflaumenwicklers**, *Grapholita funebrana*, bohren sich durch die Schale in das Fruchtfleisch und fressen einen Gang in Richtung zum Kern. Im Fraßgang sind die dunklen Kotkrümel zu finden. Die Raupen verlassen die inzwischen abgefallenen Früchte nach etwa drei bis vier Wochen und verpuppen sich am Stamm oder am Boden. Im Juli schlüpfen die Falter der zweiten Generation, die erneut Früchte mit ihren Eiern belegen. Die Larven der zweiten Generation bohren sich ebenfalls in die Frucht ein und fressen im Fruchtfleisch, sie können oft noch bei der Ernte in den Früchten gefunden werden. Die Raupen überwintern meist im Boden und verpuppen sich dort im Frühjahr. Im nächsten Jahr schlüpfen die Falter und beginnen mit der Eiablage.

Abgefallene Früchte sollten eingesammelt und mit den darin befindlichen Larven vernichtet werden. Die Bekämpfung des Pflaumenwicklers kann auch durch termingerechte Spritzmaßnahmen (siehe Seite 398ff.) zur Flugzeit der Falter erfolgen. Der Flug der beiden Faltergenerationen findet im Juni bzw. im Juli statt und kann mithilfe von Pheromonfallen (Sexuallockstoffe) ermittelt werden. In größeren Anlagen können auch Pheromone zur Verwirrung der Falter eingesetzt werden.

In manchen Jahren kann an Pflaumen, aber auch an Schlehen, eine unnatürliche Verformung der Früchte festgestellt werden. Die Früchte wachsen nicht normal weiter, sondern verformen sich bohnenartig und besitzen keinen Stein. Das Fruchtfleisch ist hart und ungenießbar. Später erscheint auf den befallenen und deformierten Früchten ein grauer Belag, der aus den Sporenträgern des Pilzes *Taphrina pruni*, besteht. Die Krankheit wird als **Narren- oder Taschenkrankheit** bezeichnet. Der Erreger infiziert schon ab Austriebsbeginn.

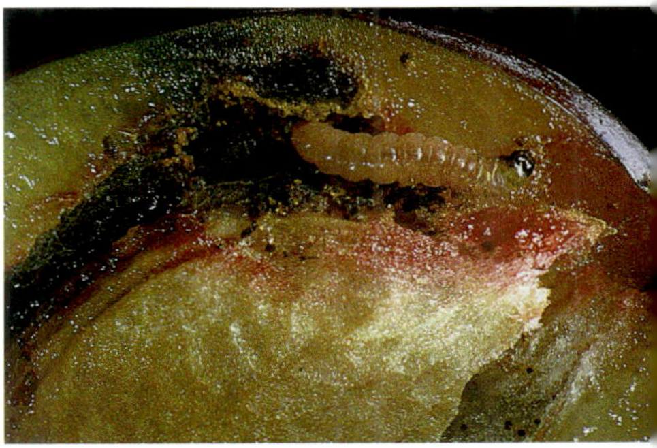

Pflaumenwicklerlarve in einer reifen Frucht.

Deformierte Frucht durch die Narren- oder Taschenkrankheit.

Verkümmerter Kern in einer deformierten Frucht durch die Narren- oder Taschenkrankheit.

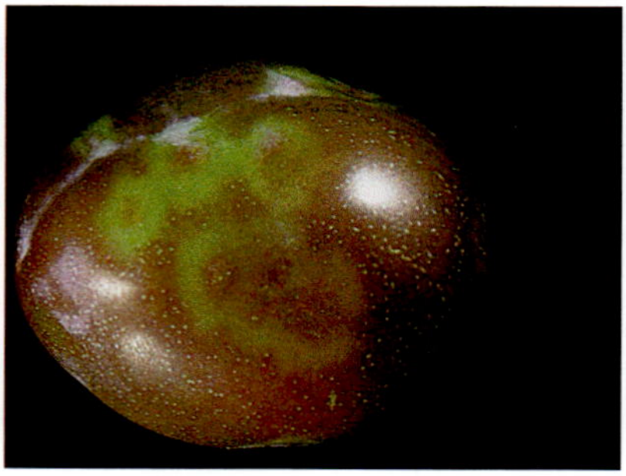

Scharkasymptome auf der Fruchtschale.

Infizierte Früchte fallen meist nicht ab, sie müssen spätestens im Herbst abgepflückt werden, da von ihnen die Neuinfektionen im Frühjahr ausgehen. Spritzmaßnahmen sind nur notwendig, wenn während der Blüte niederschlagsreiche Witterungsbedingungen herrschen. Dann können ein bis zwei Spritzungen mit Fungiziden (siehe Seite 397ff.) oder dem Pflanzenstärkungsmittel Neudo-Vital im Abstand von zwei Wochen durchgeführt werden.

Treten an Früchten zunächst diffuse Zeichnungen auf, die sich später zu Einsenkungen entwickeln, besteht der Verdacht eines Befalls durch das **Scharka-Virus**. Das Fruchtfleisch befallener Früchte ist im Bereich der Einsenkungen zäh und oft dunkel verfärbt. Die Viruskrankheit wird durch Blattläuse übertragen. Neben den Fruchtsymptomen können auf den Blättern verwaschene Ringe oder Flecke auftreten, manche Sorten reagieren auch mit Nekrosen an der Rinde.

Eine direkte Bekämpfung des Virus ist nicht möglich. Inzwischen sind aber einige Sorten bekannt, die zwar vom Virus befallen werden, jedoch keine oder nur schwache Symptome an den Früchten ausbilden. Dazu gehören zum Beispiel 'Katinka' oder 'Elena'.

Fruchtfleischverbräunungen durch Scharka.

Auf Pflaumenfrüchten sind häufig auch die Fruchtpolster des **Monilia-Pilzes** (siehe Seite 356) zu finden.

In manchen Jahren verursachen **Wespen** größere Fruchtschäden durch ihren Fraß und nachfolgende Fäule der Früchte.

Pfirsich

Blattschäden

Unnatürlich verformte und teilweise rötlich verfärbte Blätter am Pfirsichbaum werden vom Pilz *Taphrina deformans* verursacht. Die von der **Kräuselkrankheit** befallenen Blätter werden bald abgestoßen. Bei hohem Befallsdruck können auch Früchte deformiert sein.

Der Erreger überwintert an den Knospen und infiziert die jungen Blättchen bereits sehr früh im Jahr beim ersten Lösen der Knospenschuppen.

Ist eine Infektion erst einmal erfolgt, helfen Bekämpfungsmaßnahmen nicht mehr. Die Anfälligkeit für die Kräuselkrankheit ist sortenabhängig unterschiedlich stark. Weniger anfällig sind zum Beispiel die Sorten 'Amsden' oder 'Revita'. Spritzungen wären nur vorbeugend möglich und müssten schon ab dem Lösen der Knospenschuppen – je nach Standort des Pfirsichs kann dies schon Ende Januar der Fall sein – erfolgen. Derzeit sind allerdings keine Fungizide zur Bekämpfung der Kräuselkrankheit ausgewiesen.

Eine Besiedlung der Blätter durch die **Grüne Pfirsichlaus,** *Myzus persicae,* führt zu ähnlichen Blattdeformationen. Die Läuse wandern im Laufe des Sommers auf krautige Pflanzen ab, sodass sich eine Bekämpfung erübrigt.

Durch die Kräuselkrankheit deformierte Pfirsichblätter.

Von der Kräuselkrankheit befallene, absterbende Pfirsichblätter.

Walnuss

Blattschäden

Dunkle Flecken an Walnussblättern werden meist vom **Blattfleckenpilz** *Marssonina juglandis* oder von der **Bakterienkrankheit,** *Pseudomonas juglandis,* verursacht. Beide Erkrankungen führen zunächst zu kleinen dunklen, von den Adern begrenzten Flecken auf den Blät-

Blattnekrosen durch Marssonina an einer Walnuss.

Von Pseudomonas infiziertes Walnussblatt.

Infektionsflecken durch Marssonina an einem Walnussblatt.

Haarfilzgalle auf der Blattunterseite.

tern der Walnussbäume. Später vergrößern sich diese Nekrosen und können zusammenhängende Flächen auf der Blattspreite umfassen. Stark befallene Blätter fallen vorzeitig ab. Eine Infektion durch *Pseudomonas juglandis* unterscheidet sich vom Pilzbefall durch die zunächst wässrig durchscheinenden Flecken. Ist der Pilz *Marssonina juglandis* für die Schäden verantwortlich, können später im Jahr auf der Blattunterseite kleine schwarze Punkte, die Fruchtkörper des Pilzes, gefunden werden. Beide Krankheiten werden durch nasse Sommer gefördert.

Aufgrund der Größe der Bäume sind Spritzungen meist nicht durchführbar. Einzige praktikable Möglichkeit ist daher das Entfernen des Falllaubs im Herbst, um Neuinfektionen im nächsten Frühjahr zu verhindern. Auch bei kleinen Bäumen in den ersten Jahren nach der Pflanzung sind derzeit Spritzungen nicht möglich, da weder zur Bekämpfung der Pilzkrankheit noch der Bakteriose Pflanzenschutzmittel ausgewiesen sind.

Auf der Oberseite von Walnussblättern sind manchmal auffällige, bis 10 mm große blasige Aufwölbungen zu finden. Diesen Deformationen entsprechen auf der Blattunterseite mit Haarfilz bedeckte, kammerartige Strukturen. Diese Blattveränderungen werden durch die Saugtätigkeit einer **Gallmilbe**, *Eriophyes erineum*, verursacht.

Die Blätter leiden kaum unter der Besiedlung, sodass Maßnahmen nicht notwendig sind.

Fruchtschäden

Auf der grünen Schale sind eingesunkene, schwarze Nekrosen zu finden, die sich oft bis in den Kern hinein ausdehnen, die Nuss ist dann nicht mehr zu verwerten. Diese Schäden entstehen durch die Erreger ***Pseudomonas juglandis*** oder ***Marssonina juglandis***, die auch für Blattnekrosen (siehe Seite 359) verantwortlich sind.

Verdickte Haselnussknospe nach Besiedlung durch Gallmilben.

Einbohrloch des Haselnussbohrers.

Larve des Haselnussbohrers in einer geöffneten Nuss.

Haselnuss

Deformationen der Triebknospen

Treiben die Knospen im Frühjahr nicht oder stark deformiert aus, ist die **Haselnussknospengallmilbe,** *Phytocoptella avellanae,* dafür verantwortlich. Die nur etwa 0,2 mm großen Tiere befinden sich in der Knospe und verhindern durch ihre Saugtätigkeit einen normalen Austrieb. Später wandern sie auf den Trieben und besiedeln die neuen Knospen.

Die verdickten Rundknospen mit den darin befindlichen Gallmilben müssen vor dem Austrieb entfernt werden. Eine direkte Bekämpfung der Milben mit Akariziden (siehe Seite 398ff.) ist nur während ihrer Wanderung auf den Trieben im Frühjahr möglich.

Fruchtschäden

Die Larven des **Haselnussbohrers**, *Curculio nucum*, fressen das Innere der Nuss aus; besiedelte Nüsse fallen meist vorzeitig ab. In manchen Jahren kann nahezu die gesamte Ernte durch diesen Rüsselkäfer vernichtet werden.

Die etwa 7 mm großen erwachsenen Käfer fressen am Laub verschiedener Bäume. Nach der Begattung stechen die Weibchen mit ihrem Rüssel junge, noch weiche Nüsse an und legen ein Ei in die Nuss ab. Die weiße Larve mit hellbrauner Kopfkapsel ernährt sich vom Kern, meist siedeln sich sekundär Fäulepilze an. Im Herbst verlassen die ausgewachsenen Larven die am Boden liegenden Nüsse und wandern in das Erdreich ein. Dort verpuppen sie sich im Frühjahr.

[!] Die jungen Nüsse an den Haselnusssträuchern sollten zu einem frühen Zeitpunkt der Nussentwicklung auf die beschriebenen Einstichlöcher untersucht werden. Während der Reife müssen abgefallene Nüsse bald aufgesammelt und vernichtet werden, um eine Entwicklung der darin befindlichen Larven zu verhindern. Der Einsatz von Insektiziden gegen die Käfer ist derzeit mangels ausgewiesener Präparate nicht möglich.

Johannisbeere

Deformationen der Triebknospen

Im Frühjahr ist vor allem an Sträuchern der Schwarzen Johannisbeere häufig zu beobachten, dass die schon im Winter unnatürlich dick angeschwollenen Knospen nicht austreiben. Dieser Schaden wird durch die **Johannisbeerknospengallmilbe**, *Cecidophyopsis ribis*, verursacht.

Die nur 0,2 mm großen Milben leben in den Knospen und schädigen diese durch ihre Saugtätigkeit. Etwa zur Blüte der Johannisbeersträucher verlassen sie die alten Knospen, wandern auf den

Rundknospen an einem Johannisbeerstrauch durch Gallmilben.

Längsschnitt durch eine Rundknospe mit Gallmilben.

Trieben und besiedeln bald die neu gebildeten Knospen.

Die kugelig angeschwollenen Knospen müssen spätestens im Frühjahr ausgebrochen werden. Nach dem Austrieb wandern die Milben auf den Trieben und Blättern und können durch den wiederholten Einsatz von Pflanzenschutzmitteln (siehe Seite 398ff.) bekämpft werden.

Blattschäden

Eine der häufigsten Blattkrankheiten an Schwarzen Johannisbeeren ist der **Johannisbeersäulenrost**, *Cronartium ribicola*. Der Erreger wechselt im Laufe seiner Entwicklung zwischen seinem Hauptwirt Johannisbeere und dem Nebenwirt Kiefer, wo er als **Blasenrost** auftritt. Befallene Kiefern reagieren mit auffälligen Ast- oder Zweiganschwellungen. Auf der Blattoberseite der Johannisbeere äußert sich der Befall durch gelbbraune Flecken im Blattgewebe. Blattunterseits werden Sporenlager gebildet, die wie kleine, braunorange gefärbte Säulen aussehen. Stark befallene Blätter fallen vorzeitig ab. Gegen Jahresende werden auf der Blattunterseite Sporen gebildet, die wieder die Kiefer infizieren können.

Befinden sich anfällige Kiefern und Johannisbeersträucher in enger räumlicher Nähe, ist mit regelmäßigen Infektionen zu rechnen. Da der Erreger zu seiner vollständigen Entwicklung auf beide Wirtspflanzenarten zwingend angewiesen ist, kann durch Entfernen einer Wirtspflanze der Kreislauf unterbrochen werden. Allerdings können Pilzsporen über Entfernungen von mehreren hundert Metern verfrachtet werden. Fungizidspritzungen zum Schutz der Blätter vor Infektionen sind derzeit mangels ausgewiesener Präparate nicht möglich.

Chlorosen am Johannisbeerblatt, hervorgerufen durch Säulenrost.

Sporenlager des Säulenrostes auf der Blattunterseite.

Stachelbeere

Beläge auf Blättern, Trieben und Früchten

Der **Amerikanische Stachelbeermehltau**, *Sphaerotheca mors-uvae*, ist der bedeutendste Schaderreger an Stachelbeeren. Der Mehltaupilz schädigt nicht nur die Blätter, sondern auch die Triebe und die Früchte. Auf befallenen Organen sind die charakteristischen weißen Beläge zu erkennen, die später eine schmutzig-braune Farbe annehmen.

Vom Amerikanischen Stachelbeermehltau befallene Früchte.

Befallene Blätter sind deformiert, befallene Triebe sind in ihrem Längenwachstum gehemmt oder sterben ab. Der Pilz überwintert in den Knospen der Triebspitzen.

Die Anpflanzung widerstandsfähiger Sorten kann das Mehltauproblem schon im Vorfeld entschärfen. Unter den grünfruchtigen Sorten sind zum Beispiel 'Invicta', 'Reflamba' und 'Rixanta' recht widerstandsfähig, die rotfruchtigen Sorten 'Remarka', 'Rokula' und 'Rolanda' werden in geringem Maße vom Mehltaupilz befallen. Durch den alljährlichen Spitzenschnitt im Winter kann der dort überdauernde Erreger weitgehend aus dem Bestand entfernt werden. Sind anfällige Sorten im Garten vorhanden, können in schwül-warmen Sommern ab Erscheinen der ersten Symptome Fungizidspritzungen (siehe Seite 397ff.) im Abstand von ein bis zwei Wochen notwendig werden.

Himbeere

Absterben von Trieben

Bläuliche bis graue Flecken an den jungen Ruten besonders im Bereich der Knospen sind ein Hinweis auf einen Befall durch die **Rutenkrankheit**. Die Schäden werden durch mehrere Pilze verursacht, meist sind *Didymella applanata* und *Leptosphaeria coniothyrium* nachzuweisen. Im ersten Jahr ist der betroffenen Rute neben der Verfärbung noch keine Schädigung anzusehen. Erst im zweiten Jahr, also wenn die Rute Ertrag bringen sollte, stirbt sie ab oder ist zumindest so stark geschwächt, dass sie nur einen geringen Ertrag bringt. Später können auf den Rindenflecken schwarze Pusteln festgestellt werden.

Die Infektion erfolgt im Jahr des Rutenwachstums über kleine Verletzungen oder die Knospen. Tritt die **Himbeer-**

Rutenkrankheit an Himbeeren.

Starker Phytophthora-Befall in einer Himbeeranlage.

rutengallmücke, *Thomasiniana theobaldi*, auf, ist mit besonders starkem Befall durch die Rutenkrankheit zu rechnen. Die Larven dieser Gallmücke fressen im Rindengewebe und verursachen dadurch Verletzungen, die den Pilzen als Eintrittspforten dienen können.

! Auf leichten Böden mit ausgeglichener Bodenfeuchte tritt dieser Krankheitskomplex deutlich seltener auf. Durch Mulchen in der Himbeeranlage kann eine ausgeglichene Bodenfeuchte gefördert werden. Gleichzeitig unterdrückt die Mulchschicht den Unkrautwuchs, dadurch kann die Rutenbasis schneller abtrocknen. Außerdem erübrigt sich so das Hacken in der Kultur, die Gefahr mechanischer Verletzungen der Ruten sinkt. Die Pflanzen sollten schon im Juni soweit ausgelichtet werden, dass nur noch die tatsächlich für das Folgejahr benötigten Tragruten stehenbleiben. Als weniger anfällig für die Rutenkrankheit gelten zum Beispiel die Sorten 'Rutrago' und 'Rumiloba'. Spritz-

Die Larve des Himbeerkäfers in der Frucht.

maßnahmen gegen diese Krankheit sind nicht praktikabel.

Das durch den Pilz *Phytophthora* sp. verursachte **Wurzelsterben** der Himbeere hat schon in manchen Gärten dazu geführt, dass der Himbeeranbau aufgegeben wurde. Der Erreger befällt die Wurzeln und zerstört sie vollständig, die Pflanze stirbt ab. Besonders problematisch ist die Tatsache, dass der Erreger im Boden langlebige Sporenformen ausbildet, sodass nach der Rodung abgestorbener Pflanzen ein Nachbau nur eingeschränkt möglich ist.

Befallene Pflanzen müssen sofort gerodet und vernichtet werden. Die Ersatzpflanzung muss auf einem Boden erfolgen, der in den letzten Jahren nicht mit Himbeeren bewachsen war. Es sind auch sortenspezifische Unterschiede bezüglich der Anfälligkeit bekannt. So gilt zum Beispiel die bewährte Sorte 'Schönemann' als hochanfällig, die Sorten 'Meeker', 'Rubaca' und 'Rutrago' als widerstandsfähig. Es hat sich aber auch gezeigt, dass Sorten, die zunächst als widerstandsfähig eingestuft wurden, inzwischen auch stark unter der Krankheit leiden (zum Beispiel 'Autumn Bliss'). Besonders förderlich für eine Infektion sind schwere, nasse und kühle Böden. Direkte Pflanzenschutzmaßnahmen gegen den Erreger sind im Hausgarten nicht durchführbar.

Fruchtschäden

In den Früchten können manchmal die bis 6 mm großen Larven des **Himbeerkäfers,** *Byturus tomentosus*, gefunden werden. Sie fressen das Fruchtfleisch und verpuppen sich später am Boden oder an den Trieben. Die etwa 4 mm großen Käfer fressen in den Blüten und legen ihre Eier an die sich entwickelnden Früchte.

Durch das vollständige Ernten der reifen Früchte kann der Besatz langfristig reduziert werden. Der Einsatz von Insektiziden gegen die Käfer ist derzeit mangels ausgewiesener Präparate nicht möglich.

Die weichen Himbeerfrüchte werden bei feuchter Witterung oft vom **Grauschimmelpilz** (siehe Seite 311) befallen.

Brombeere

Absterben der Ruten

Brombeerruten können von pilzlichen **Rutenkrankheiten** befallen werden. Der im Frühjahr infizierende Pilz *Rhabdospora ramealis* und der im Hochsommer infizierende Pilz *Gnomonia rubi* werden recht häufig nachgewiesen. Auf den Ranken sind dunkle Flecken zu finden, bei Umgürtung der Ranke stirbt sie ab. Meist sind Verletzungen und Schnittwunden die Eintrittspforte für diese Erreger.

Bekämpfungsmaßnahmen mit Fungiziden sind aufgrund des langen Infektionszeitraums kaum möglich. Befallene Ranken müssen entfernt wer-

Ungleichmäßige Fruchtfärbung an Brombeeren durch Gallmilben.

den, Seitentriebe mit Symptomen müssen zurückgeschnitten werden, damit der Erreger nicht in den Haupttrieb einwandern kann.

Fruchtschäden

Einzelne Beeren der Sammelfrucht färben sich nicht schwarz, sondern bleiben rot, hart und geschmacklos. Oft sind zwar nur wenige Beeren je Sammelfrucht betroffen, die Ernte kann aber zu großen Teilen entwertet werden. Der Schaden wird durch die nur etwa 0,1 mm großen **Brombeergallmilben**, *Acalitus essigi*, verursacht, die an den Früchten saugen.

Die Tiere überwintern in den Knospen und besiedeln im nächsten Frühjahr die frischen Blätter und Blüten.

Ist in den Vorjahren verstärkt Befall aufgetreten, sollten im Frühjahr, wenn die neuen Triebe etwa 10 cm lang sind, mehrere Spritzungen mit einem gegen Gallmilben wirksamen Pflanzenschutzmittel (siehe Seite 398ff.) durchgeführt werden. Kurz vor der Blüte ist meist noch eine abschließende Behandlung notwendig.

Erdbeere

Absterben ganzer Pflanzen

Erdbeeren werden von verschiedenen Pilzen befallen, die zum Absterben der gesamten Pflanze führen können. Die Erreger zerstören die Wurzeln oder befallen die Leitungsbahnen. Eine Infektion durch die **Rote Wurzelfäule**, *Phytophthora fragariae*, können die Pflanzen einige Zeit überleben. Befallene Pflanzen kümmern und welken in Trockenphasen. Steht wieder ausreichend Wasser zur Verfügung, erholen sie sich wieder. Der Erreger zerstört zunächst nur die Seitenwurzeln, die Hauptwurzel bleibt noch einige Zeit intakt. Der verwandte Erreger *Phytophthora cactorum*

Abgeknickte Erdbeerknospe nach dem Blütenstecherbesuch.

Grauschimmelbefall an einer Erdbeere.

führt zu einer **Fäule im Wurzelhalsbereich**, betroffene Pflanzen sterben ab. Schlagartiges Abwelken und Absterben der Pflanzen wird meist von dem in den Leitungsbahnen wachsenden **Welkepilz** *Verticillium albo-atrum* verursacht.

Wird der Befall frühzeitig erkannt, können die Pilze der Gattung *Phytophthora* durch Spritzungen mit Fungiziden (siehe Seite 397ff.) bekämpft werden. Gegen den *Verticillium*-Pilz können keine Pflanzenschutzmaßnahmen für den Hausgarten empfohlen werden. Die Optimierung der Standort- und Wachstumsbedingungen reduziert die Anfälligkeit der Pflanzen. Entscheidenden Einfluss hat der Boden, der keinesfalls Staunässe aufweisen darf. Befallene Pflanzen sind zu vernichten, auf verseuchten Flächen ist ein weiterer Erdbeeranbau nicht möglich. Außerdem sollte beim Kauf auf anerkanntes Pflanzgut geachtet werden. Inzwischen sind auch Sorten bekannt, die widerstandsfähiger gegen diese Krankheiten sind. Dazu gehören zum Beispiel 'Darrow', 'Earliglow' und 'Saladin'.

Erdbeeren können von **Wurzelnematoden** (siehe Seite 312f.) besiedelt werden. Die Wurzeln sterben ab, die Pflanzen welken.

Blattschäden

In warmen, trockenen Jahren können Erdbeeren unter massivem **Spinnmilbenbesatz** (siehe Seite 317f.) leiden. Die Blätter verfärben sich fahlgrün und sterben ab.

Blütenschäden

Schon vor dem Öffnen der Blütenknospen hängen diese herab und vertrocknen. Das Weibchen des etwa 3 mm großen **Erdbeerblütenstechers**, *Anthonomus rubi*, nagt den Blütenstiel etwa zur Hälfte an und legt in die Blütenknospe ein Ei ab. Die Larve entwickelt sich dann in der welkenden und meist abfallenden Blütenknospe und verpuppt sich dort. Im Sommer treten die Jungkäfer auf, die am Laub fressen. Der Käfer legt seine Eier auch in die Blütenknospen von Himbeeren, Brombeeren und Rosen.

Werden angenagte Blütenstiele gefunden, sollten die Knospen entfernt und vernichtet werden. Insektizide gegen den Erdbeerblütenstecher sind derzeit nicht ausgewiesen, sie müssten vor der Blüte eingesetzt werden.

Fruchtschäden

Häufig werden die Erdbeerfrüchte vom **Grauschimmelpilz**, *Botrytis cinerea*, (siehe Seite 311) befallen. Besonders große Schäden entstehen bei sehr feuchter Witterung zur Reifezeit und an Früchten, die durch Schnecken verletzt wurden.

Das Unterlegen von Stroh hält die Früchte trockener. Manche Sorten wie zum Beispiel 'Florika' bilden ihre Früchte auf kräftigen, über dem Laub stehenden Stielen aus; die Früchte können dadurch besser abtrocknen und sind weniger gefährdet. Der Grauschimmelpilz kann auch durch den wiederholten Einsatz von Fungiziden (siehe Seite 397ff.) bekämpft werden.

Eine weitere gelegentlich auftretende Pilzkrankheit an den Früchten ist die **Lederbeerenfäule,** die durch den Pilz *Phytophthora cactorum* verursacht wird. Dabei sehen die Früchte fahl aus und werden später braun, es ist aber kein Schimmelrasen auf deren Oberfläche zu erkennen.

Zur Reduzierung des Befalls empfiehlt sich das Einsammeln und Vernichten befallener Früchte. Maßnahmen gegen den Grauschimmelpilz reduzieren auch den Befall durch die Lederbeerenfäule.

Gemüsekrankheiten

Radies und Rettich

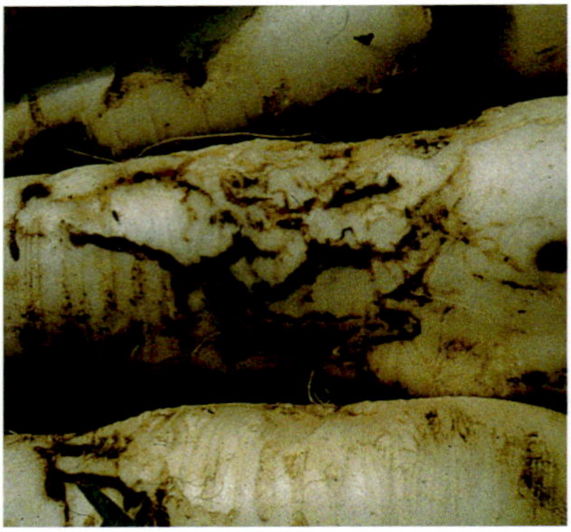

Fraßgänge durch Kohlfliegenmaden in Rettich.

Blattschäden

Schon kurz nach dem Auflaufen der Saat sind an den Keimblättern kleine Fraßgrübchen zu finden. Verursacher sind nur etwa 2 mm große, meist dunkel gefärbte Käfer der Gattung *Phyllotreta*. Sie werden als **Erdflöhe** bezeichnet, da sie ein ausgeprägtes Sprungvermögen besitzen. Später fressen sie auch an den Laubblättern und verursachen dort kleine Löcher. Die Larven der meisten Erdfloharten fressen an den Wurzeln, die Pflanzen leiden aber kaum darunter. Es entwickelt sich nur eine Generation im Jahr, die Käfer überwintern im Boden.

Erdflöhe treten besonders auf schweren, schnell verkrustenden Böden und bei trockener Witterung auf. Durch entsprechende Kulturmaßnahmen zur Verhinderung solcher Bedingungen wie regelmäßiges Hacken, Mulchen und Wässern kann das Auftreten dieses Schädlings verringert werden. Kulturschutznetze hindern die Käfer an der Neubesiedlung der Beete. Direkte Bekämpfungsmaßnahmen sind meist nicht notwendig und sind derzeit mangels ausgewiesener Präparate auch nicht möglich.

Erdflohschaden an Radieskeimlingen.

Wurzelschäden

Die in den Radies und Rettichen fressenden, gelblichweißen, bis 9 mm großen Maden sind die Larven der **Kleinen Kohlfliege**, *Phorbia brassicae*. Die erwachsenen, etwa 6 mm großen, stubenfliegenähnlichen Tiere legen ihre Eier an die Basis der jungen Pflänzchen oder in den Boden. Die Larven bohren sich in die sich verdickende Wurzel ein und fressen einen Gang im Gewebe, der durch den Kot der Larven und sekundäre Fäuleerreger verbräunt.

Die Kleine Kohlfliege entwickelt bis zu drei Generationen im Jahr, sodass praktisch alle Kultursätze gefährdet sind. Die Eiablage der ersten Generation findet etwa Ende April zur Blütezeit der Rosskastanien statt. Die letzte Generation überwintert als Puppe im Boden.

Kulturschutznetze können die Beete vor einer Besiedlung durch die Kohlfliege schützen. Diese engmaschigen Netze werden direkt nach der Saat auf die Beete gelegt und verhindern so den Zuflug der Fliegen. Wichtig ist dabei, dass die Ränder ringsum eingegraben werden, da die Kohlfliegen sonst über Lücken in der Befestigung unter das Netz gelangen können. Um zu verhindern, dass die aus den im Boden überdauernden Puppen schlüpfenden Fliegen unter das Netz gelangen, müssen die Anbauflächen nach jedem Satz gewechselt werden. Für den Einsatz in Radies und Rettich sind derzeit keine Insektizide gegen die Kohlfliege ausgewiesen.

Kulturschutznetz, wie es auch zur Abwehr von Kohlfliegen eingesetzt werden kann.

Möhre

Wurzelschäden

Wie bei den Radies und den Rettichen treten auch in Möhren hin und wieder Maden auf. Am häufigsten sind die weißen, bis 8 mm großen Maden der **Möhrenfliege**, *Psila rosae*, zu finden. Die Fraßgänge der Maden befinden sich vor allem in der unteren Hälfte der Möhre im äußeren Bereich; sie sind meist nach außen offen.

Die Möhrenfliege tritt in zwei Generationen Mitte Mai und Mitte August auf. Die schlanken, etwa 5 mm großen Fliegen legen ihre Eier in den Boden in unmittelbarer Nähe der Möhrenpflanzen. Die daraus schlüpfenden Larven bohren sich in der unteren Hälfte der Möhre ein und befressen das Gewebe. Die Verpuppung erfolgt im Boden, die Puppen der zweiten Generation überwintern dort.

Sind die Fraßgänge mehr im oberen Teil der Möhre zu finden und dringen

Ein Fraßschaden durch Möhrenfliegenmaden.

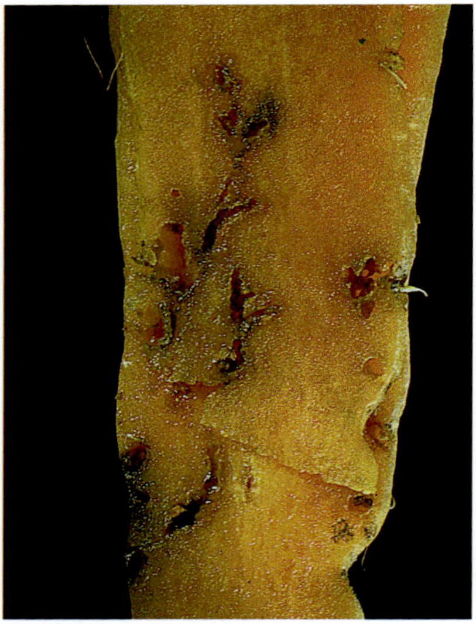

Schnitt durch eine befressene Möhre.

diese tiefer in die Möhre ein, so handelt es sich um Schäden durch die Maden der **Möhrenminierfliege**, *Agromyza carotae*. Erkennbar ist die Besiedlung auch an den Miniergängen im Laub. Durch den Fraß der Maden beider Arten in den Möhren sind diese oft deformiert oder eingeschnürt. Über die Verletzungen dringen sekundäre Fäuleerreger ein, die besonders an eingelagerten Möhren große Schäden anrichten können.

Die Möhrenminierfliege kann ebenfalls in zwei Generationen etwa zum gleichen Zeitpunkt wie die Möhrenfliege auftreten. Sie legt ihre Eier an die Blätter der Möhren, die daraus schlüpfenden Larven fressen sich durch Blatt und Blattstiel bis in die Möhre durch. Die Larven der zweiten Generation dringen meist nicht in den Möhrenkörper vor.

Die geeignetste Bekämpfungsmethode im Hausgarten ist der Einsatz von Kulturschutznetzen (siehe Seite 373). Während der Eiablage können auch Insektizide (siehe Seite 398ff.) eingesetzt werden.

Spinat

Blattschäden

Die in den Blättern verlaufenden Fraßgänge werden von den Larven der **Rübenfliege**, *Pegomyia hyoscyami*, verursacht. Die aus der überwinternden Puppe geschlüpfte, etwa 5 mm große Fliege legt ihre Eier an die Blattunterseite. Die gelblichen Larven dringen in das Blatt ein und verursachen die auffälligen, geschlängelten Minen. Nach etwa zwei Wochen verlassen die dann etwa 9 mm großen Maden das Laub und verpuppen sich im Boden. Es können drei bis vier Generationen im Jahr auftreten.

Die Population kann durch Abpflücken befallener Blätter reduziert werden. Der Einsatz von Insektiziden lohnt im Hausgarten kaum.

In feuchten Jahren wird Spinat regelmäßig vom **Falschen Mehltau**, *Peronospora farinosa*, befallen. Typische

Maden der Rübenfliege an Spinat.

Falscher Mehltau an Spinat.

Absterbende Salatköpfe durch Sclerotinia-Befall.

Symptome sind Aufhellungen blattoberseits, denen auf den Blattunterseiten Bereiche mit graubraunem Konidienträgerrasen entsprechen.

Es sollte nur Saatgut von widerstandsfähigen Sorten wie zum Beispiel 'Tetona' verwendet werden. Derzeit sind keine Fungizide zur Bekämpfung des Falschen Mehltaus an Spinat ausgewiesen.

Gekräuselte und gelbgefleckte Blätter können von **Viren** (siehe Seite 294ff.) verursacht werden.

Salat

Kümmern und Absterben ganzer Pflanzen

Im Beet sterben zunächst Einzelpflanzen ab, der Befall breitet sich aber meist sehr schnell über den gesamten Bestand aus. Die Salatköpfe brechen regelrecht zusammen und sind von einem grauen Schimmelbelag überzogen. Verursacher ist der **Grauschimmelpilz**, *Botrytis cinerea* oder ***Sclerotinia*-Arten**. Bei *Sclerotinia*-Befall sind später an der Basis der Salatpflanzen die charakteristischen harten, kugeligen Dauerorgane des Pilzes zu finden, mit deren Hilfe der Erreger jahrelang im Boden überdauern kann. Beide Fäulen werden durch feuchte Witterung und zu tiefen Stand der Salatpflanzen gefördert.

Die Setzlinge sollten recht hoch gepflanzt werden, sodass der Ballen über die Erdoberfläche heraussteht. Gießen in den Morgenstunden ermöglicht ein Abtrocknen der Pflanzen bis zum Abend und verringert so die Infektionsgefahr. Jegliche Verletzung des Pflanzengewebes erleichtert vor allem dem Grauschimmelpilz das Eindringen in die Pflanze. Mulchfolien können den Befall durch Salatfäulen verringern. Fungizidspritzungen gegen die genannten Erreger sind derzeit mangels ausgewiesener Präparate nicht möglich.

Blattschäden

Ein Befall durch den **Falschen Mehltau**, *Bremia lactucae*, äußert sich durch Aufhellungen auf der Blattoberseite, die sich später braun verfärben. Bei hoher Luftfeuchte bildet sich blattunterseits ein weißgrauer Konidienträgerrasen.

Falscher Mehltau an Kopfsalat.

Konidienträger des Falschen Mehltaus auf der Blattunterseite.

Beste Vorbeugung gegen einen Befall ist der Anbau widerstandsfähiger Kopfsalatsorten wie zum Beispiel 'Marion' oder 'Milan'. Um den Salatköpfen ein Abtrocknen bis zum Abend zu ermöglichen, sollte morgens gegossen werden. Bei anfälligen Sorten kann in Befallsjahren eine Bekämpfung durch den wiederholten Einsatz von Fungiziden (siehe Seite 397ff.) notwendig werden.

Kopfsalatblätter zeigen im Sommer manchmal auffällige Scheckungen. Die Pflanzen bleiben kleiner, ihre Blätter können auch stark gekräuselt sein. Solche Symptome werden von **Viren** (siehe Seite 294ff.) verursacht.

Saatgut virustoleranter Sorten wie 'Marion' oder 'Milan' ist im Handel erhältlich und sollte bevorzugt werden. Die Viruskrankheiten werden vor allem durch Blattläuse übertragen, sodass Maßnahmen gegen diesen Überträger indirekt die Gefahr einer Viruserkrankung reduzieren.

Manchmal sind die Blätter von geschlängelten Fraßgängen durchzogen, die von **Minierfliegenlarven**, *Agromyzidae*, verursacht werden. Verschiedene Arten der meist etwa 2 mm großen Fliegen legen ihre Eier an den Blättern ab. Die Larven dringen in das Blattgewebe ein und legen dort einen charakteristischen Fraßgang an. Sie fressen meist nur etwa eine Woche und verpuppen sich dann im Boden.

In einem Jahr können sich zwei bis drei Generationen entwickeln. Im Hausgarten genügt das Entfernen der besiedelten Blätter. Wenn im Vorjahr viele solcher Minen beobachtet wurden, sollte die Anbaufläche gewechselt werden, da die Neubesiedlung von den im Boden überwinternden Puppen ausgeht.

Blattläuse (siehe Seite 319ff.) sind praktisch in jeder Salatkultur vorhanden.

Braun- und rotlaubige Sorten wie zum Beispiel 'Barbarossa' oder 'Pirat' werden deutlich weniger besiedelt als hellgrüne Sorten. Eine Blattlausbekämpfung ist mit Insektiziden (siehe Seite 166ff.) möglich. Spritzungen sind jedoch nur bis zur Kopfbildung sinnvoll, da die Tiere später kaum mehr erfasst werden können bzw. sehr hohe Rückstände auftreten.

Kohlgemüse

Kümmern und Absterben ganzer Pflanzen

Die wohl bekannteste Krankheit der Kohlarten ist die **Kohlhernie** oder **Kropfkrankheit**, die durch den Pilz *Plasmodiophora brassicae* verursacht wird. An der Basis der befallenen Pflanzen werden Wucherungen ausgebildet, die die Versorgung der Pflanze stören. Befallene Pflanzen kümmern, bei trockener Witterung welken sie. Die Wucherungen sind mit Gewebe gefüllt, was eine Unterscheidung zu den ähnlichen, von den Larven des Kohlgallenrüsslers, *Ceutorhynchus pleurostigma*, verursachten Gallen ermöglicht. Der Erreger der Kohlhernie kann viele Jahre im Boden überdauern.

Setzlinge müssen auf die oben beschriebenen Symptome kontrolliert und dürfen bei Befall nicht gepflanzt werden. Sehr feuchte Böden, unzureichend zersetzter Kompost und frischer Mist fördern den Erreger. Bei tiefen pH-Werten des Bodens kann sich der Erreger besonders gut entwickeln. Durch entsprechende Kalkdüngung kann der pH-Wert auf verträglichere Werte angehoben werden. Die erforderliche Kalkmenge ist von der Bodenart abhängig und muss durch eine Bodenuntersuchung bestimmt werden. Um eine Verseuchung des Bodens zu verhindern, müssen erkrankte Pflanzen vom Beet entfernt und vernichtet werden, bevor die Strünke im Boden zerfallen. Grundsätzlich sollten Kohlarten höchstens alle fünf Jahre auf der gleichen Fläche angebaut werden. Die Krankheit kann *alle* Kreuzblütler befallen. So werden zum Beispiel auch Unkräuter wie Hirtentäschelkraut oder Gründüngungspflanzen wie Gelbsenf befallen, die in der Anbaupause nicht auf dem ehemaligen Kohlbeet wachsen dürfen! Wird Befall an Kohlpflanzen während der Kopfbildung festgestellt, können die Pflanzen durch Anhäufeln zur Bildung von Adventivwurzeln oberhalb der Wucherung angeregt werden, wodurch der Kohl noch zur Reife gelangen kann.

Kohlhernie an Chinakohl.

Jungpflanzen können unter einer Besiedlung durch die Maden der **Kohlfliege** (siehe Seite 372f.) leiden, sie welken und können auch absterben. Bei Kohlrabi können die Maden auch in die Knolle eindringen und diese entwerten.

Blattschäden

Fraßschäden an Kohlblättern können durch verschiedene **Schmet-**

Fraßschaden durch Kohlmotte an einem Weißkohl.

Kolonie der Mehligen Kohlblattlaus an Kohlrabi.

Kohlfliegenmade.

terlingsraupen, *Lepidoptera*, verursacht, werden. Neben **Weißlingsarten**, *Pieris* sp., die einen umfangreichen Lochfraß verursachen, tritt auch hin und wieder die zunächst minierende, später den charakteristischen Fensterfraß durchführende Raupe der **Kohlmotte**, *Plutella xylostella*, auf. Die Schmetterlinge legen ihre Eier einzeln oder in größeren Gelegen an die Blattunterseite. Die Kohlmotte entwickelt zwei bis drei Generationen im Jahr.

! Kohlpflanzen müssen regelmäßig auf eine Besiedlung durch Raupen kontrolliert werden. Im Hausgarten kann ein Besatz durch Absammeln der Raupen ausreichend reduziert werden. Auf den Einsatz von Insektiziden (siehe Seite 398ff.) kann meist verzichtet werden.

Kohlarten werden regelmäßig von **Blattläusen** (siehe Seite 319ff.) und **Mottenschildläusen** (siehe Seite 321f.) besiedelt.

Erdflöhe (siehe Seite 372) sind für kleine Löcher in den Blättern verantwortlich.

Schadbild durch die Lauchmotte.

Mine der Lauchmotte.

Lauch

Lauchmotte.

Blattschäden

Manchmal können entlang der Blattadern verlaufende Fraßgänge der Larve der **Lauchmotte**, *Acrolepia assectella*, gefunden werden. Meist entwickeln sich zwei Generationen im Jahr, die im Juni bis Juli beziehungsweise August bis September schädigen. Die gelblichweißen, bis 13 mm großen Raupen verursachen zunächst einen Schabefraß an den Blättern, später dringen sie in das Blattgewebe ein und verursachen dort die charakteristischen Fraßgänge. An den Fraßstellen siedeln sich häufig sekundäre Fäuleerreger an, die die Pflanzen zum Absterben bringen können.

Wird der Anbau unter Kulturschutznetzen (siehe Seite 373) durchgeführt, ist ein Befall praktisch ausgeschlossen. Sind nur wenige Blätter besiedelt, können die Räupchen in den Minen zerdrückt werden. Insektizide, die zur Flugzeit der Falter eingesetzt werden, sind derzeit nicht verfügbar.

An Lauch, aber auch an Schnittlauch, kann der **Rostpilz**, *Puccinia* sp., größere Schäden verursachen. An den

Rostpusteln an Lauch.

Blättern sind charakteristische gelborange Rostpusteln zu finden, die aus schlitzförmigen Öffnungen hervorbrechen.

Der Einsatz von Fungiziden zur Bekämpfung des Rostpilzes an Lauch ist derzeit mangels ausgewiesener Präparate nicht möglich.

An Lauchblättern sind häufig silbrige Saugstellen durch **Thripse** (siehe Seite 325f.) zu finden.

Zwiebel

Absterben ganzer Pflanzen

Für das Vergilben des Laubs und Fäulnis am Blattgrund können die etwa 8 mm großen Maden der stubenfliegenähnlichen **Zwiebelfliege,** *Phorbia antiqua*, verantwortlich sein. Die Maden können zwischen den Zwiebelschuppen gefunden werden. Die erste Fliegenge-

Durch die Zwiebelfliege absterbendes Zwiebellaub.

neration schlüpft etwa Anfang Mai aus den im Boden überwinternden Puppen. Im Laufe eines Jahres können sich bis zu drei Generationen entwickeln.

Unter Kulturschutznetzen (siehe Seite 373) tritt der Schädling kaum auf. Allerdings ist zu beachten, dass die Puppen der letzten Generation im Boden überwintern und die erwachsenen Fliegen Anfang Mai aus diesen Puppen schlüpfen. Dadurch können sie unter die Netze gelangen. Der Schädling kann auch durch den Einsatz von Insektiziden (siehe Seite 398ff.) während der Flugzeiten der Fliegen bekämpft werden.

Blattschäden

Der **Falsche Mehltau**, *Peronospora destructor*, verursacht fahle Flecken an den Blättern, bei feuchter Witterung ist ein feiner, violettgrauer Konidienträgerrasen zu finden. Das Laub kann nahezu vollständig absterben, der Zwiebelertrag ist deutlich reduziert.

Gegen den Falschen Mehltau an Zwiebeln sind derzeit keine Fungizide ausgewiesen.

Tomate

Kümmern und Absterben ganzer Pflanzen

In niederschlagsreichen Jahren können ganze Bestände durch den **Braunfäulepilz**, *Phytophthora infestans*, vernichtet werden. Am Trieb sind dunkle Flecken zu erkennen, die sich auf die Blätter ausdehnen. Diese sterben ab, bei triebumfassendem Befall an der Basis der Tomatenpflanze stirbt die gesamte Pflanze. Auch die Früchte können befallen werden.

Maden der Zwiebelfliege.

Phytophthora-Infektion an einem Tomatentrieb.

Blattflecken an einer Tomate durch Alternaria.

Lang andauernde Blattnässe begünstigt Infektionen durch den Pilz. Deshalb darf das Laub beim Gießen nicht benetzt werden. In nassen Jahren hilft der Bau eines kleinen Daches über der Tomatenreihe. Die im Handel erhältlichen Tomatenhauben sind allerdings für diesen Zweck nicht geeignet, da unter der Kunststoffhülle eine zu hohe Luftfeuchtigkeit entsteht. Vorbeugende Behandlungen sind mit Fungiziden (siehe Seite 397ff.) möglich, die in feuchten Witterungsperioden mehrmals im Abstand von etwa einer Woche gespritzt werden müssen. Da der Befall meist von Kartoffelbeständen ausgeht, sollten Tomaten nie direkt neben Kartoffeln angebaut werden. Die Sorten 'Diplom', 'Fleischmaster', 'Martina' und 'Vanessa' haben sich in Jahren mit hohem Befallsdruck als recht widerstandsfähig erwiesen.

Tomaten können auch von **Welkeerregern** der Gattungen *Fusarium* und *Verticillium* befallen werden, die zum Absterben der Pflanzen führen.

Da hier keine chemischen Bekämpfungsmaßnahmen möglich sind, müssen Sorten gewählt werden, die gegen die Erreger widerstandsfähig sind. Dies sind zum Beispiel 'Diplom', 'Ranger' oder 'Vanessa'.

Blattschäden

In feucht-warmen Sommern verursacht der Pilz *Alternaria solani* große Schäden: er bildet graubraune Flecken an Tomatenblättern. Ein Befall durch die **Dürrfleckenkrankheit** beginnt meist an den untersten Laubblättern, die bei starkem Befall absterben. Die Dürrfleckenkrankheit befällt auch Kartoffeln und kann von dort die Tomaten infizieren. Der Pilz überdauert im Boden oder an Tomatenpfählen.

Sobald erste Laubsymptome festgestellt werden, müssen die befallenen Blätter entfernt werden. Es können auch Fungizide (siehe Seite 397ff.) in etwa zweiwöchigem Rhythmus zur Bekämpfung eingesetzt werden.

Tomatenblätter werden häufig von **Weißen Fliegen** (siehe Seite 322f.) und **Spinnmilben** (siehe Seite 317f.) besiedelt.

Fruchtschäden

An den Tomatenfrüchten können Schäden durch die **Braunfäule**, *Phytophthora infestans*, verursacht werden. Die braunen Flecken sind etwas ein-

Regendach zur Vorbeugung von Phytophthora-Infektionen.

Echter Mehltau an Zucchiniblatt.

gesunken, die Verbräunung reicht tief in das Fruchtfleisch.

Vorbeugende und bekämpfende Maßnahmen siehe Seite 382.

Braune Flecken können auch durch den Pilz *Alternaria solani* (siehe Seite 382) verursacht werden.

Gurke und Zucchini

Absterben ganzer Pflanzen

Vor allem Gurken können von verschiedenen **Pilzkrankheiten** befallen werden, die Wurzeln, Wurzelhals oder Leitungsbahnen zerstören.

Alle Erreger können im Hausgarten nicht direkt bekämpft werden, sodass der Vorbeugung große Bedeutung zukommt. Da die Pilze im Boden überdauern können, müssen die Anbauflächen regelmäßig gewechselt werden. Werden die Gurken auf den Feigenblattkürbis, *Cucurbita ficifolia*, veredelt, können sie auch auf mäßig verseuchten Flächen noch angebaut werden.

Blattschäden

Die **Echten Mehltaupilze**, *Erysiphe cichoracearum* und *Sphaerotheca fuliginea*, verursachen zunächst weiße Punkte, die sich später zu Flächen

Falscher Mehltau an Gurkenlaub.

deckenden weißen Belägen auf der Blattoberseite von Gurken und Zucchini ausdehnen. Der Erreger kann sich in trocken-warmen Witterungsphasen besonders gut ausbreiten. Bei starkem Befall sterben die Blätter ab, was zu spürbaren Ertragseinbußen führt. Selten werden auch die Früchte befallen.

Durch die Auswahl widerstandsfähiger Sorten wie zum Beispiel die Freilandgurke 'Burpless Tasty Green', die Hausgurken 'Bella', 'Euphya' oder 'Paska' und die Einlegegurken 'Colet' oder 'Stimora' kann der Befall deutlich reduziert werden. Tritt der Erreger dennoch auf, können Fungizide (siehe Seite 397ff.) in kurzen zeitlichen Abständen eingesetzt werden, die teilweise auch gegen andere Blattfleckenkrankheiten an Gurken wirksam sind.

In feuchten Jahren oder bei regelmäßiger Taubildung durch große Temperaturunterschiede zwischen Tag und Nacht kann der **Falsche Mehltau**, *Pseudoperonospora cubensis*, große Schäden an Gurken und Zucchini anrichten. Ein Befall äußert sich blattoberseits durch gelbe, von den Blattadern begrenzte Gewebeverfärbungen. Bei hoher Luftfeuchte ist in diesen Bereichen auf der Blattunterseite ein graubrauner Belag zu finden, der aus den Konidienträgern des Pilzes besteht. Befallene Blätter sterben ab, der Ertrag wird gemindert. Die Krankheit kann in sehr kurzer Zeit den gesamten Bestand befallen.

Tolerante Freilandgurken sind zum Beispiel 'Jazzer' und 'Marketmore 76', unter den Hausgurkensorten werden zum Beispiel 'Bella' und 'Euphya' kaum befallen. Um das Laub möglichst trocken zu halten, sollte nur in den Morgenstunden und direkt an die Wurzel gegossen werden. Im Kleingewächshaus muss für eine ausreichende Lüftung gesorgt werden. Eine Bekämpfung ist nur so lange

Gelbe Verfärbungen durch Falschen Mehltau am Gurkenblatt.

möglich, wie der Erreger noch nicht in das Blattgewebe eingedrungen ist. In Befallsjahren können Fungizide (siehe Seite 397f.) eingesetzt werden.

Bohne

Absterben ganzer Pflanzen

Bohnen können von verschiedenen **Bodenpilzen** befallen werden, die zum schlagartigen Absterben der Pflanzen führen.

Direkte Bekämpfungsmaßnahmen sind im Hausgarten nicht möglich. Auf lockeren Böden werden die Bohnen weniger befallen, der regelmäßige Wechsel der Anbauflächen kann die Infektionsgefahr reduzieren.

Fruchtschäden

Besonders bei Buschbohnen können an den Hülsen Schäden durch die **Brennfleckenkrankheit,** *Colletotrichum lindemuthianum,* verursacht werden. Die Hülsen weisen braune, eingesunkene Flecke auf. Auch das Laub wird befallen und zeigt dann meist entlang der Blattadern braune Nekrosen. Der

Hülsenbefall kann sich auf die Samen ausdehnen, dadurch ist die Übertragung auf die nächste Generation möglich.

Durch die Wahl widerstandsfähiger Sorten kann das Problem eingegrenzt werden. Die Stangenbohnensorte 'Marga' ist gegenüber der Brennfleckenkrankheit widerstandsfähig. Unter den vielen Buschbohnensorten werden zum Beispiel 'Caruso', 'Dufrix', 'Marion', 'Montana' und 'Rondina' kaum befallen. Infizierte Pflanzen müssen vernichtet, Saatgut von befallenen Pflanzen darf nicht verwendet werden. Direkte Bekämpfungsmaßnahmen durch den Einsatz von Fungiziden sind derzeit mangels ausgewiesener Präparate nicht möglich.

Erbse

Absterben ganzer Pflanzen

Erbsen können von ähnlichen **Bodenpilzen** wie die Bohnen befallen werden.

Regelmäßiger Flächenwechsel und beste Kulturbedingungen helfen den Schaden zu begrenzen.

Blattschäden

Erbsenlaub kann vom **Echten Mehltau**, *Erysiphe pisi*, befallen werden. Er verursacht charakteristische, mehlig-weiße Beläge, die sich später grau verfärben.

Neben der Wahl widerstandsfähiger Sorten wie zum Beispiel die Schalerbse 'Frühe Harzerin' oder die Zuckererbsen 'Norli' und 'Sugar Bon' besteht die Möglichkeit, den Erreger durch den wiederholten Einsatz von Fungiziden (siehe Seite 397ff.) zu bekämpfen.

Außerdem kommen an Erbsen verschiedene **Viruskrankheiten** (siehe Seite 294ff.) vor, die zu Blattfleckungen oder Blattrollungen führen können.

Kartoffel

Absterben ganzer Pflanzen

Die **Kraut- und Braunfäule**, *Phytophthora infestans*, war im 19. Jahrhundert die Ursache für große Hungersnöte. Heute hat die Krankheit zwar nicht mehr diese große Bedeutung, in feuchten Jahren kann sie aber zum Zusammenbrechen ganzer Bestände führen. Der Erreger befällt das Laub, das dunkelbraune bis schwarze Flecken zeigt. Auf der Blattunterseite bildet sich bei feuchter Witterung das grauweiße Mycel aus. Es werden auch die Stängel und in der Folge die Knollen befallen.

Da der Erreger im Boden lange Zeit überdauern kann, kommt einem regelmäßigen Flächenwechsel große Bedeutung zu. Bekämpfungsmaßnahmen sind meist nur in sehr nassen Jahren notwendig. Der wiederholte Einsatz von Fungiziden (siehe Seite 397ff.) ermöglicht eine wirksame Bekämpfung.

Blattschäden

Der **Kartoffelkäfer**, *Leptinotarsa decemlineata*, und seine Larven fressen am Laub der Kartoffeln. Der etwa 10 mm große plumpe Käfer hat gelbe

Phytophthora-Mycel auf der Blattunterseite.

Flügeldecken, die mit zehn schwarzen Längslinien gezeichnet sind. Die Eier werden an der Blattunterseite in größeren Gruppen abgelegt. Aus den gelben Eiern schlüpfen die Larven, die zunächst Schabefraß, später auch Lochfraß an den Blättern verursachen. Die großen, rötlich gefärbten Larven mit den schwarzen Punkten auf den Körperseiten verpuppen sich im Boden. In manchen Jahren können zwei Generationen auftreten. Die Käfer überwintern im Boden.

[!] Im Hausgarten ist die effektivste Bekämpfung immer noch das Absammeln der Käfer und Larven. Spritzungen mit Insektiziden (siehe Seite 398ff.) sind meist nicht notwendig.

Rechts: Der Kartoffelkäfer und seine unterschiedlichen Larvenstadien an einem Kartoffelblatt.

Phytophthora-Befall an Kartoffelkraut.

Rasenkrankheiten

Flächige Absterbeerscheinungen

Rasengräser können unter ungünstigen Wachstumsbedingungen von verschiedenen Pilzkrankheiten befallen werden. Es handelt sich meist um **Schneeschimmel**, *Microdochium nivale*, **Typhula-Fäule**, *Typhula incarnata*, oder **Rotspitzigkeit**, *Laetisaria fuciformis*. In der Rasenfläche sind dann mehr oder weniger große, meist annähernd kreisrunde Bereiche zu finden, in denen die Gräser kümmern oder ganz absterben.

Schäden durch Pilzkrankheiten treten meist nur zeitlich begrenzt, auf verdichteten Böden oder auf stark verfilzten Rasenflächen auf.

Direkte Bekämpfungsmaßnahmen durch den Einsatz von Fungiziden sind daher in der Regel nicht angebracht. Vielmehr muss durch Verbesserung der Wachstumsbedingungen für die Rasengräser deren Widerstandskraft gestärkt werden. Durch Vertikutieren (Rasenfilz wird aufgerissen und entfernt), Aerifizieren (in den Boden gestochene Löcher werden mit Sand verfüllt) und Besanden der betroffenen Flächen können die Krankheiten oft zurückgedrängt werden. Stark befallene Bereiche sollten großzügig ausgegraben werden.

Kreisförmig im Rasen erscheinende Hutpilze werden als **Hexenringe** bezeichnet. Die auffälligen Fruchtkörper entstehen nur am Rand der Besiedlungsfläche, der Durchmesser der Kreise wächst deshalb von Jahr zu Jahr. Viele Arten beeinflussen das Wachstum der Gräser überhaupt nicht, einige Arten scheiden aber Stoffe aus, die das Gräserwachstum kurzfristig hemmen. Dann können vorübergehend kreisförmige Kahlstellen im Rasen entstehen.
Andere Arten fördern das Gräserwachstum durch eine zusätzliche Stickstoff-Freisetzung, was an einem Ring aus intensiv grün gefärbten Gräsern zu erkennen ist.

Das wasserabweisende Mycel im Boden kann dazu führen, dass der Boden im besiedelten Bereich nur noch sehr schwer Wasser aufnehmen kann und so das Gräserwachstum negativ beeinflusst wird. Abhilfe ist nur durch eine intensive Lockerung des Bodens möglich.

Auf Rasenflächen, aber auch in Pflanzbeeten brechen vor allem bei feuchter Witterung gelegentlich sehr viele hutförmige oder anders gestaltete **Fruchtkörper** von Pilzen hervor. Dabei handelt es sich meist um ausschließlich saprophytische Pilzarten, die abgestorbenes organisches Material zersetzen. Diese Pilze finden auf den heute oft verwendeten holz- oder rindenhaltigen Substraten optimale Lebensbedingungen vor und erfüllen eine wichtige Aufgabe im natürlichen Kreislauf der Natur. Mit zunehmendem Abbau des organischen Materials im Boden verändert sich das Artenspektrum der auftretenden Pilze, langfristig verschwinden diese Pilze wieder. Wenn nach der Fällung von Gehölzen deren Wurzeln im Boden belassen wurden, brechen solche Fruchtkörper oft entlang der sich zersetzenden Wurzelstränge aus dem Boden hervor. Solche Hutpilze können den optischen Eindruck des Gartens stören, Maßnahmen sind aber nicht gerechtfertigt.

Rasenflächen können auch durch das Auftreten von **Maikäferengerlingen** (siehe Seite 331) und Larven der **Wiesenschnake**, *Tipula paludosa*, geschädigt werden. Die erwachsenen, bis 30 mm großen langbeinigen Schnaken sind auf Rasen- und Wiesenflächen oft zu finden. Aus den in feuchte, lockere Böden abgelegten Eiern entwickeln sich schmutziggraue, bis 40 mm große beinlose Larven. Diese ernähren sich von abgestorbenem organischen Material, befressen aber auch die Gräserwurzeln und können bei Massenauftreten zum Absterben größerer Rasenflächen führen. Nachts und an trüben Tagen kommen die Larven an die Oberfläche und fressen dort an oberirdischen Pflanzenteilen.

Die Bekämpfung der Wiesenschnakenlarven kann auf kleinen Flächen durch Absammeln der Tiere an feuchten Tagen durchgeführt werden. Dann können auch Insektizide (siehe Seite 398ff.) eingesetzt werden.

Unerwünschte Kräuter und Moose

Die größten Probleme bereiten auf Rasenflächen aber **unerwünschte Kräuter und Moose**, die die Rasengräser verdrängen. Vor Bekämpfungsmaßnahmen müssen zunächst die Bedingungen festgestellt werden, die zu einer übermäßigen Ausbreitung der Moose oder Kräuter geführt haben. Grundsätzlich können sich unerwünschte Kräuter und Moose nur dort ausbreiten, wo die Rasengräser durch ungünstige Standortbedingungen konkurrenzschwach sind. Moose können nicht nur auf sauren Böden wachsen, die Kalkung der Rasenfläche kann das Problem also nicht immer lösen. Häufig ist verdichteter Boden mit staunassen Bereichen der Auslöser für übermäßige Moosausbreitung. Auf beschatteten Flächen müssen spezielle Gräsermischungen für die Ansaat verwendet werden. Die darin enthaltenen Gräserarten sind auch bei mäßiger Beschattung noch ausreichend konkurrenzfähig und können Moose und Kräuter an der Ausbreitung hindern.

Durch die an die Verhältnisse im Garten und die Bedürfnisse der Gräsermischung angepasste Schnitthäufigkeit, Schnitthöhe und Nährstoffversorgung kann die Konkurrenzkraft der Gräser erhalten werden. Wurden die für die Rasengräser ungünstigen Wachstumsbedingungen durch Vertikutieren, Aerifizieren oder Besanden beseitigt, können die unerwünschten Beipflanzen durch den Einsatz von meist mit Düngern kombinierten Präparaten (siehe Seite 417) bekämpft werden.

Gallertartige oder fadenförmige Algenarten oder Flechten können bei übermäßiger Vermehrung die Rasengräser ersticken.

Die bei Trockenheit krustigen Überzüge müssen aus dem Rasen herausgekratzt werden. Um einer erneuten Ansiedlung solcher Konkurrenten vorzubeugen, muss die Durchlässigkeit des Bodens verbessert werden.
Nach dem Entfernen von Unkräutern, Moos, Algen oder Flechten müssen größere Kahlstellen sofort nachgesät werden, da sich die unerwünschten Pflanzen sonst sehr schnell wieder ansiedeln.

Unkrautbekämpfung im Garten

Unkraut siedelt sich nur dort an, wo Lücken in der Pflanzung vorhanden sind. Dichte Unterpflanzungen mit konkurrenzstarken bodendeckenden Stauden lassen nur wenigen Unkräutern ausreichend Lebensraum. Unbewachsener Boden sollte vermieden werden, Freiflächen zwischen den Pflanzen können mit geeigneten Mulchmaterialien bedeckt werden. Im Gemüsegarten können dazu schwarze Mulchfolien oder -vliese verwendet werden, die bei wärmeliebenden Kulturen zusätzlich eine Ernteverfrühung bewirken können. Im Ziergarten wird meist Rindenmulch verwendet, der das Auskeimen zufliegender Unkrautsamen fast unmöglich macht. Rindenmulch darf in Staudenpflanzungen immer nur in recht dünner Schicht ausgebracht werden, zwischen Gehölzen und unter Hecken sind bis 10 cm dicke Auflagen möglich. Vor dem Ausstreuen muss ein langsam wirkender Stickstoffdünger (z. B. Hornspäne) gestreut werden. Ansonsten kann es zu Mangelerscheinungen an den Pflanzen kommen, weil bei der Umsetzung des Rindenmulchs Stickstoff festgelegt wird. Neben Rindenmulch eignen sich Falllaub, Strauchhäcksel oder mineralische Materialien wie Lavagranulat zum Abdecken des Bodens. Neben der Unkraut hemmenden Wirkung haben Mulchmaterialien noch zahlreiche andere Vorteile: Der Boden trocknet nicht so schnell aus, die Bodentemperaturen schwanken weniger stark, das Bodenleben wird durch das gleichmäßigere Klima gefördert. Die organischen Mulchmaterialien erhöhen darüber hinaus langfristig den Humusanteil des Bodens und verbessern so die Bodenstruktur.

Rindenmulch zur Abdeckung des Bodens in Pflanzungen.

Die Bekämpfung **unerwünschter Beikräuter** in Pflanzungen sollte im Garten möglichst mechanisch erfolgen. Kleine Sämlinge können durch Hacken bei trockener Witterung zum Absterben gebracht werden, größere Pflanzen oder Wurzelunkräuter müssen gejätet werden. Hartnäckige Wurzel- oder Rhizomunkräuter wie Giersch – *Aegopdium podagraria*, Ackerwinde – *onvulvulus arvensis*, oder Quecke – *Agropyron repens*, müssen möglichst mit den gesamten unterirdischen Organen entfernt werden. Ist dies in bestehenden Pflanzungen nicht möglich, können die Pflanzen durch wiederholtes Entfernen der oberirdischen Pflanzenorgane in möglichst kurzen Zeitabständen auch „ausgehungert" werden. In Ausnahmefällen können auch Herbizide (siehe Seite 418) eingesetzt werden. Die im Haus- und Kleingarten ausgewiesenen Herbizide wirken jedoch nicht selektiv, das heißt, alle vom Spritznebel getroffenen Kulturpflanzen sterben ebenfalls ab oder werden stark geschädigt. Solche Herbizide müssen deshalb mit einem Spritzschirm ausgebracht werden. In dichten, verunkrauteten Beständen kann das Dochtstreichverfahren mit Glyphosat angewendet werden.

Pflanzenkrankheiten in Unterglaskulturen

Auf der Substratoberfläche von Topf- und Kübelpflanzen können oft kleine, weiße, beim Gießen hochspringende Tiere gefunden werden. Es handelt sich um **Springschwänze**, *Collembola*, die sich vor allem von vermoderndem organischen Material ernähren, bei Massenauftreten aber auch Feinwurzeln befressen. Die nur etwa 1 mm großen, flügellosen Tiere vermehren sich in feuchten Substraten massenhaft.

Werden die Topfpflanzen trockener gehalten, geht der Besatz auf ein unschädliches Maß zurück. Direkte Bekämpfungsmaßnahmen sind nicht notwendig.

Manchmal treten im Gewächshaus kleine, nur etwa 2 bis 3 mm große, dunkel gefärbte Mücken auf, die taumelnd umherfliegen. Die Larven dieser **Trauermücken**, *Lycoriidae*, entwickeln sich in humosen Substraten, wo sie sich von abgestorbenen organischen Materialien ernähren. Treten sie allerdings in

Springschwanz.

Trauermücke.

Trauermückenlarven an einer Wurzeln.

Gelbtafel zum Abfangen von Trauermücken.

Massen auf, fressen sie an Pflanzenwurzeln und können so vor allem in Saatkisten und an Jungpflanzen große Schäden anrichten. Die bis 10 mm langen, beinlosen, weißen Larven mit schwarzer Kopfkapsel verpuppen sich im Boden, die Entwicklung vom Ei zur erwachsenen Mücke ist schon nach etwa drei Wochen abgeschlossen.

! Werden die Topfpflanzen etwas trockener kultiviert, treten Trauermücken weniger auf. Beleimte Gelbtafeln können die erwachsenen Mücken abfangen. Bei Massenauftreten reicht dies zur Bekämpfung aber nicht aus. Gegen die Larven können Nematoden eingesetzt werden, die mit dem Gießwasser in das Substrat eingebracht werden. Sie dringen in die Trauermückenlarven ein und übertragen ein tödlich wirkendes Bakterium. Seit einigen Jahren ist auch die Raubmilbenart *Hypoaspis miles* im Handel erhältlich, die die Trauermückenlarven im Boden erbeutet.

An Pflanzen im Kleingewächshaus kommen außerdem praktisch alle auch im Freiland schädigenden Organismen vor. Sie können mit den zur Verfügung stehenden Pflanzenschutzmitteln bekämpft werden. Spinnmilben, Mottenschildläuse und Schildläuse werden durch den Einsatz von Blattglanzsprays stark geschädigt.

Viele tierische Schädlinge können in Räumen durch Nützlinge dezimiert werden.

Eigelege der Florfliege

Schwebfliege.

Für den Einsatz unter Glas geeignete Nützlinge.

Schädling	Nützling	begrenzender Faktor
Spinnmilben	Raubmilbe (*Phytoseiolus persimilis*) Florfliege (*Chrysoperla carnea*)	Luftfeuchte
Blattläuse	Florfliege (*Chrysoperla carnea*) Räuberische Gallmücke (*Aphidoletes aphidimyza*) Schwebfliege (*Episyrphus balteatus*)	Luftfeuchte, Tageslänge
Woll- und Schmierläuse	Australischer Marienkäfer (*Cryptolaemus montrouzieri*) Schlupfwespen (*Leptomastix* sp. und *Leptomastidea* sp.)	Luftfeuchte Luftfeuchte, hohe Artspezifität
Schildläuse	Marienkäfer (*Chilocorus* sp.) div. Schlupfwespenarten	Tageslänge Tageslänge, hohe Artspezifität
Mottenschildläuse	Schlupfwespe (*Encarsia formosa*)	Tageslänge
Thripse	Florfliege (*Chrysoperla carnea*) Raubmilbe (*Amblyseius cucumeris*)	Luftfeuchte
Dickmaulrüssler	Nematoden (*Heterorhabditis* sp. oder *Steinernema* sp.)	Bodentemperatur
Trauermücken	Nematoden (*Steinernema feltiae*) Raubmilbe (*Hypoaspis miles*)	Bodentemperatur

Marienkäferlarve.

Schwebfliegenlarve.

Anwendung von Pflanzenschutzmitteln im Kleingarten

Wurde an der geschädigten Pflanze ein Schaderreger nachgewiesen, ist zunächst zu klären, ob **Kulturfehler** das Auftreten des Erregers begünstigt haben. Bevor der Einsatz von Pflanzenschutzmitteln erwogen wird, müssen alle anderen Maßnahmen zur Begrenzung der Schaderreger wie Sortenwahl, Kulturtechnik und biologische oder biotechnische Methoden ausgeschöpft werden.

Sollen nur **Zimmer-, Balkon- oder Kübelpflanzen** behandelt werden, bietet sich der Einsatz **anwendungsfertiger Sprays** an. Für diesen Bereich sind auch **Pflanzenschutzstäbchen** zur Bekämpfung saugender Schädlinge entwickelt worden, die in das Substrat gesteckt werden. Die Stäbchen geben den insektiziden Wirkstoff langsam ab, der dann von den Pflanzenwurzeln aufgenommen und im Saftstrom transportiert wird. Die Wirkungsdauer dieser Stäbchen beträgt etwa vier bis sechs Wochen. Ähnlich wirken **insektizide Granulate**, die in das Topfsubstrat eingearbeitet werden.

Um **Pflanzenschutzmittel im Garten** sachgerecht ausbringen zu können, ist eine **Grundausstattung an Geräten** erforderlich. Der Fachhandel bietet tragbare Pflanzenschutzspritzen zwischen 3 und 20 Liter Füllmenge an, zu denen passende Verlängerungsrohre erhältlich sind. Dosierhilfen wie Messbecher in verschiedenen Größen und eine genaue Waage sind zum exakten Abmessen der oft sehr kleinen Mengeneinheiten unverzichtbar. Beim Ansetzen und Ausbringen der Spritzbrühe müssen Schutzhandschuhe und möglichst auch Schutzkleidung getragen werden. Eimer, Trichter und Rührstäbe vervollständigen die Grundausstattung. Zur Ausbringung blattwirksamer Herbizide in Pflanzungen sollte ein Spritzschirm eingesetzt werden.

Die **Witterung** zum Zeitpunkt der Ausbringung hat einen entscheidenden Einfluss auf die Wirksamkeit der Pflanzenschutzmaßnahme. Spritzungen dürfen nicht bei windigem oder sehr heißem, sonnigen Wetter durchgeführt werden. Sonst muss mit übermäßiger Abdrift beziehungsweise Verdunsten des feinen Spritznebels vor dem Auftreffen auf der zu behandelnden Pflanze gerechnet werden. Vor der Behandlung muss das Laub der Pflanzen trocken sein, der Pflanzenschutzmittelbelag muss auf der Pflanzenoberfläche antrocknen können. Wird ein Wirkstoff sehr häufig eingesetzt, werden schnell resistente Schadorganismenpopulationen selektiert. Das Präparat verliert dadurch seine Wirksamkeit. Durch regelmäßigen Wirkstoffwechsel kann die Wirksamkeit der Präparate langfristig erhalten werden. Insbesondere bei der in der Regel recht häufig im Jahr durchzuführenden Bekämpfung von Spinnmilben und Blattläusen sowie der Pilzkrankheiten Echter Mehltau, Sternrußtau, Rost und Schorf ist ein Wirkstoffwechsel dringend zu empfehlen.

Im **Obst- und Gemüseanbau** ist besonders zurückhaltend mit den Präparaten umzugehen, da das behandelte Erntegut verzehrt werden soll. Für Pflanzenschutzmittel, die in Obst- oder Gemüsekulturen zugelassen sind, werden von amtlicher Seite **Wartezeiten** bestimmt. Sie sagen aus, wie viele Tage vor der Ernte ein Präparat in der jeweiligen Kultur mit der zugelassenen Anwendungskonzentration eingesetzt werden kann, ohne dass gesundheitlich bedenkliche Pflanzenschutzmittelrückstände auf dem Erntegut zurückbleiben.

In diesem Zusammenhang müssen die festgelegten Anwendungsbedingungen beachtet werden. Keinesfalls kann aus einer nicht festgesetzten Wartezeit geschlossen werden, dass der Wirkstoff bezüglich seiner Rückstände völlig unproblematisch ist. Bei manchen Präparaten wurden nur deshalb keine Wartezeiten festgelegt (Kennzeichnung F), weil die Anwendung nur zu einem sehr frühen Zeitpunkt – z. B. vor der Blütezeit – erlaubt ist und dadurch ein sehr langer Zeitraum zwischen Applikation des Pflanzenschutzmittels und dem Verzehr des Erntegutes gewährleistet ist.

Diese Wartezeit ist aber auch dann zu beachten, wenn bei der Behandlung von Zierpflanzen eine Abdrift des Spritzmittels auf Obst- oder Gemüsekulturen nicht zu vermeiden ist. Obst- oder Gemüsekulturen können zum Beispiel während der Spritzung benachbarter Ziergehölze mit Folie abgedeckt werden und so vor einer unbeabsichtigten Kontamination mit Pflanzenschutzmitteln geschützt werden.

Bevor Pflanzenschutzmittel in den Handel kommen, werden sie umfangreichen Prüfungen unterzogen. Dabei werden neben der Wirksamkeit vor allem umweltrelevante Daten (Auswirkung auf Nützlinge, Wasserorganismen, Belastung des Grundwassers, etc.) untersucht. Aus diesen Untersuchungen resultieren dann **Auflagen**, die beim Einsatz des Präparates zu beachten sind.

In den Zulassungsbescheiden werden die Kulturen und Schaderreger genannt, gegen die das Präparat geprüft und zugelassen wurde. Hier sind auch detailliert die

Pflanzenschutzausrüstung für den Hobbygärtner.

Anwendungsbedingungen festgelegt, unter denen ein Einsatz erlaubt ist. Der Einsatz von Pflanzenschutzmitteln in anderen Kulturen, gegen andere Schaderreger oder unter anderen Anwendungsbedingungen als in der Zulassung genannt ist verboten! Dadurch ist es nicht mehr möglich, Präparate mit einer Ausweisung gegen Blattläuse in Gemüse grundsätzlich auch in Zierpflanzen einzusetzen. Bei Gemüse und Zierpflanzen ist auch die Unterscheidung zwischen Gewächshaus und Freiland wichtig.

Sollen nun z. B. Blattläuse bekämpft werden, können auch für übergeordnete Indikationen zugelassene Pflanzenschutzmittel eingesetzt werden – in diesem Fall Präparate, die gegen saugende Insekten ausgewiesen sind. Außerdem dürfen die für die Anwendung in Kern- und Steinobst bzw. Apfel, Kirsche und Pflaume ausgewiesenen Mittel auch in den Zierformen dieser Gehölze eingesetzt werden. Ziergehölze werden als Untergruppe innerhalb der Zierpflanzen betrachtet, so dass Präparate mit einer Ausweisung in Zierpflanzen im Freiland auch in Ziergehölzen eingesetzt werden dürfen (nicht umgekehrt!). Einige Krankheiten und Schädlinge können allerdings derzeit mangels ausgewiesener Präparate nicht mehr bekämpft werden.

Außerdem legt die Zulassungsbehörde fest, ob ein Pflanzenschutzmittel für den Einsatz im Haus- und Kleingarten geeignet ist. Solche Präparate werden mit der Angabe „Anwendung im Haus- und Kleingarten zulässig" gekennzeichnet, Präparate ohne diese Kennzeichnung dürfen im Hobbygarten nicht verwendet werden. Für die Beurteilung der Eignung für Hobby- und Kleingärtner werden sowohl in der Art des Wirkstoffes begründete Kriterien als auch die Anwendung des Mittels betreffende Faktoren herangezogen. Grundsätzlich nicht geeignet sind solche Präparate, die als sehr giftig (T+) oder ätzend (C) eingestuft sind. Als giftig (T) eingestufte Pflanzenschutzmittel können für den Haus- und Kleingarten geeignet sein, wenn diese Einstufung nicht aufgrund Krebs erzeugender, Erbgut verändernder oder Fortpflanzung gefährdender Eigenschaften erfolgt ist. Allerdings müssen solche Präparate ebenso wie die als gesundheitsschädlich (Xn) oder reizend (Xi) eingestuften Mittel dahingehend überprüft werden, ob durch die Art der Formulierung, Dosiereinrichtung, Verpackung und Anwendeform eine Gefährdung von Mensch, Tier, Naturhaushalt und Grundwasser ausgeschlossen ist. Für die Anwendung in Innenräumen ausgewiesene Präparate dürfen keine nachhaltige Belastung der Innenraumluft nach sich ziehen.

Außerdem wurden Kriterien für die Dosierfähigkeit des Präparates festgelegt. So muss grundsätzlich eine Dosiergenauigkeit von ± 10% gewährleistet sein. Das Dosiersystem muss so beschaffen sein, dass eine Gefährdung des Anwenders bei bestimmungsgemäßer und sachgerechter Anwendung ausgeschlossen ist. Schließlich hat auch die Packungsgröße einen Einfluß auf die Eignung für den Haus- und Kleingarten. So dürfen mit der größten Packungseinheit von Haus- und Kleingartenpräparaten nicht mehr als 500 m^2 (berechnet bei niedrigster Aufwandmenge) behandelt werden können; zusätzlich ist aber eine weitere, für eine kleinere Fläche ausreichende Packung anzubieten.

Die folgenden Tabellen sollen lediglich einen Überblick über die für den Hausgarten geeigneten Wirkstoffe und Präparate geben, wichtige Einzelheiten zur Anwendung, Sicherheitshinweise und Anwendungsbeschränkungen müssen den Angaben auf der Packung entnommen werden. Da laufend neue Präparate zugelassen werden, gleichzeitig aber auch Zulassungen beendet werden, sind die folgenden Tabellen nur Momentaufnahmen (Zulassungsstand: März 2008) und müssen laufend fortgeschrieben werden. Die aktuelle Zulassungssituation kann im Internet unter www.bvl.bund.de abgerufen werden.

Präparate zur Bekämpfung von Pilzkrankheiten
Fungizide Wirkstoffe und Handelspräparate (Auswahl)

Wirkstoff	Präparate	B	GS	NO
Azoxystrobin	Ortiva Rosen-Pilzfrei Boccacio	B4	N	+
Benthiavalicarb + Mancozeb	Valbon	B4	N, Xi	+
Cyprodinil + Fludioxinil	SWITCH Erdbeerspritzmittel Botrysan	B4	N	+
Fenarimol	Pflanzen Paral Pilz-Frei N Pilzfrei Saprol	B4		+
Fenhexamid	Teldor Bayer Garten Obst-Pilzfrei	B4		+
Fosetyl	Aliette WG Spezial-Pilzfrei Aliette	B4	Xi	+/–
Fosetyl + Propamocarb	Previcur Energy	B4	Xi	+/–
Kupferhydroxid	Cuprozin WP	B4	N, Xn	+/–
Kupferoktanoat	Cueva Pilzfrei Cueva	B4	N	+/–
	Cueva AF Tomaten-Pilzfrei	B4		+/–
Kupferoxychlorid	Funguran Obst- und Gemüsespritzmittel	B4	N, Xn	+/–
Lecithin	BioBlatt Mehltaumittel	B4	Xi	+/–
Mancozeb	Dithane Neo Tec PILZFREI DITHANE	B4	N, XN	+/–
Maneb	Trimangol	B4	N, Xn	+
Metiram	Polyram WG Gemüse-Pilzfrei Polyram WG	B4	N, Xi	+/–
Myclobutanil	Pilzfrei Ectivo	B4		+/–
	Pilzfrei Saprol Neu AF Celaflor Pilzfrei Saprol	B4		+/–
Schwefel	THIOVIT Jet Asulfa Jet	B4		+/–
	Kumulus WG Netz-Schwefelit WG	B4		+/–
Tebuconazol	Bayer Garten Rosen-Pilzfrei Spray	B4	F+, N, Xi	+/–
Triticonazol	Rosen-Pilzfrei Saprol	B4		+/–

B: Wirkung auf Bienen.
B4: Das Mittel wird bis zur höchsten durch die Zulassung festgelegten Aufwandmenge bzw. Anwendungskonzentration als nicht bienengefährlich eingestuft.

GS: Gefahrensymbole.
Xn: gesundheitsschädlich, Xi: reizend, N: umweltgefährlich
F+: hochentzündlich
NO: Wirkung auf Nutzorganismen.
+: schont Nützlinge, +/–: schädigt manche Nützlinge,

Präparate zur Bekämpfung von Schadtieren
Akarizide und insektizide Wirkstoffe und Handelspräparate (Auswahl)

Wirkstoff	Präparate	B	GS	NO
Apfelwickler-Granulose-virus	MADEX 3	B4		+
	Granupom	B4		+
Abamectin + Thiamethoxam	COMPO Axoris Insekten-frei AF	B1	N	–
Acequinocyl	Kanemite SC Bayer Garten Spinnmilbenfrei	B4	N	+
Acetamiprid	Schädlingsfrei Careo Spray	B4		+/–
	Schädlingsfrei Careo Combi-Granulat[1)]	B3	N	+
	Schädlingsfrei Careo Combi-Stäbchen	B3	N	+
	Schädlingsfrei Careo Konzentrat	B4	N	+/–
Azadirachtin	NeemAzal-T/S Schädlingsfrei Neem	B4		+/–
Bacillus thuringiensis	XenTari	B4	Xi	+
Chlorpyrifos	Insekten-Streumittel NEXION NEU	B3	N	–
Codlemone + Cyfluthrin	Appeal	B3		+
Dimethoat	PERFEKTHION Insekten-Spritzmittel Roxion	B1	N, Xn	–
	COMPO Zierpflanzen-Spray D Gabi Pflanzenspray	B1	F+	–
	Etisso Blattlaus-Sticks Pflanzenschutz-Zäpfchen	B3		+
Fenpyroximat	Kiron	B4	Xn, N	–
Imidacloprid	Provado 5 WG Bayer Garten Universal-Schädlingsfrei	B1		–
	Lizetan Neu Zierpflanzenspray	B1	F+	–
	Lizetan-Combistäbchen Combi-Stäbchen Hortex Plus	B3		+
	Lizetan Kombigranulat[1)] Bayer Garten Combigranulat[1)]	B3		+
Imidacloprid + Methiocarb	Lizetan Plus Zierpflanzenspray Provado Gartenspray	B1	F+, Xi	–
Kali-Seife	Neudosan Neu Blattlausfrei Neudosan Neu	B4	Xi	+/–
	Neudosan AF Neu Blattlausfrei Blusana Pflanzen Sprühmittel	B4		+

Akarizide und insektizide Wirkstoffe und Handelspräparate (Auswahl, Forts.)

Wirkstoff	Präparate	B	GS	NO
Methoxyfenozide	Runner Bayer Garten Raupenfrei	B4		+
Mineralöle	Promanal Neu Para Sommer S	B4	N	+/–
	Para Sommer	B4	N	+/–
	ELEFANT-SOMMERÖL Kontralineum	B4		+/–
	Chrysal Schildläuse Stop Schildlaus-Pumpspray	B3		–
Pyrethrine	Chrysal Pflanzenspray Schädlingsfrei Spray	B1		–
Pyrethrine + Abamectin	COMPO Fazilo Garten-Spray COMPO Fazilo Pflanzen-Spray	B1	N	–
Pyrethrine + Rapsöl	Spruzit Neu Spruzit Schädlingsfrei	B4	N	–
	Spruzit AF Schädlingsfrei Raptol Schädlingsspray	B4		–
Rapsöl	MICULA Schädlingsfrei Naturen	B4		+
	Promanal Austriebsspritzmittel	B3		+
	SCHÄDLINGSFREI NATUREN AF Pflanzen Paral Schädlings-Frei S	B4		+
Thiacloprid	Bayer Garten Kombi-Schädlingsfrei Bayer Garten Gießmittel gegen Schädlinge	B4	Xi, N	–
Thiamethoxam	COMPO Axoris Insekten-frei Quick-Granulat[1)]	B3		
	COMPO Axoris Insekten-frei Quick-Sticks	B3		

B: Wirkung auf Bienen.
B1: Das Mittel ist bienengefährlich, Bienenschutzverordnung beachten.
B3: Aufgrund der durch die Zulassung festgelegten Anwendungen des Mittels werden Bienen nicht gefährdet.
B4: Das Mittel wird bis zur höchsten durch die Zulassung festgelegten Aufwandmenge bzw. Anwendungskonzentration als nicht bienengefährlich eingestuft.

GS: Gefahrensymbole.
F+: hochentzündlich.
Xn: gesundheitsschädlich.
Xi: reizend.
N: umweltgefährlich.
NO: Wirkung auf Nutzorganismen.
+: schont Nützlinge.
+/–: schädigt manche Nützlinge.
–: schädigt die meisten Nützlinge.
1): Granulat zum Einarbeiten in das Topfsubstrat.

Anwendungsgebiete und Wartezeiten in Tagen der bei Gemüse ausgewiesenen Fungizide

Kultur	Schaderreger	**Wirkstoff: Präparatebeispiel**	Azoxystrobin: Ortiva	Benthiavalicarb + Mancozeb: Valbon	Fenhexamid: Teldor	Fosetyl: Aliette WG	Kupferoktanoat: Cueva	Kupferoktanoat: Cueva AF Tomaten-Pilzfrei	Kupferoxychlorid: Funguran	Lecithin: BioBlatt-Mehltaumittel	Mancozeb: Dithane NeoTec	Maneb: Trimangol	Metiram: Polyram WG	Schwefel: THIOVIT Jet	Schwefel: Kumulus WG
Tomate Fl	Kraut- und Braunfäule						7	7	7						
	Blattflecken *(Septoria)*								7						
	Dürrflecken *(Alternaria)*								7						
	Stängelfäule *(Didymella)*								7						
Tomate uG	Echter Mehltau		3												
	Kraut- und Braunfäule		3					7							
	Samtfleckenkrankheit		3												
	Grauschimmel				3										
Gurke Fl	Echter Mehltau		3							F				6	3
	Falscher Mehltau		3			4									
Gurke uG	Echter Mehltau		3							F					
	Falscher Mehltau		3			4									
Zucchini Fl	Echter Mehltau		3												
Erbse Fl	Echter Mehltau													7	7
Kopfsalat Fl	Falscher Mehltau					14									
Spargel Fl	Rost		F[1)]						F[1)]				F		
	Laubkrankheit *(Stemphylium)*		F[1)]												
Wurzel- und Knollengemüse Fl	Echter Mehltau													7	
Kartoffel Fl	Kraut- und Braunfäule			7			14		14		7	7	14		
	Dürrflecken *(Alternaria)*								14				14		
Knollensellerie Fl	Blattflecken *(Septoria)*								14						

Fl: Anwendung in Freilandkulturen
uG: Anwendung im Gewächshaus
F: Die Wartezeit ist durch die Anwendungsbedingungen abgedeckt bzw. die Festsetzung einer Wartezeit ist nicht erforderlich.
[1)]: Anwendung nur in Junganlagen oder nach dem Stechen

Anwendungsgebiete und Wartezeiten in Tagen der bei Gemüse ausgewiesenen Akarizide und Insektizide

Kultur	Schaderreger	**Wirkstoff: Präparatebeispiel**	Azadirachtin: NeemAzal-T/S	Bacillus thuringiensis: Xen Tari	Chlorpyrifos: Insekten-Streumittel NEXION NEU	Fenpyroximat: Kiron	Kali-Seife: Neudosan Neu	Kali-Seife: Neudosan AF Neu Blattlausfrei	Pyrethrine + Rapsöl: Spruzit Neu	Pyrethrine + Rapsöl: Spruzit AF Schädlingsfrei	Rapsöl: Schädlingsfrei Naturen AF	Rapsöl: MICULA
Gemüsekulturen Fl + uG	Spinnmilben										F	
	Blattläuse[A)]										F	
	Weiße Fliege										F	
Gemüsekulturen uG (Anzucht)	saugende Insekten							F				
frische Kräuter uG	saugende Insekten							F				
Fruchtgemüse Fl	Spinnmilben						F					
	Blattläuse						F	F				
Fruchtgemüse uG	Spinnmilben						F					
	Blattläuse						F					
	Weiße Fliege						F					F
Gurke, Kürbis, Zucchini FL	Spinnmilben					3						
Hülsengemüse Fl	saugende Insekten							F				
Hülsengemüse uG	Weiße Fliege											F
Blatt- und Stielgemüse Fl	Blattläuse						F	F				
Blattgemüse uG	saugende Insekten							F				
	Weiße Fliege											F
Sprossgemüse uG	saugende Insekten							F				
	Weiße Fliege											F
Zwiebelgemüse Fl	saugende Insekten							F				
Zwiebelgemüse uG	Weiße Fliege											F
Wurzel- und Knollengemüse Fl	saugende Insekten							F				
Wurzel- und Knollengemüse uG	saugende Insekten							F				
	Weiße Fliege											F

Anwendungsgebiete und Wartezeiten in Tagen der bei Gemüse ausgewiesenen Akarizide und Insektizide (Forts.)

Kultur	Schaderreger	Wirkstoff: Präparatebeispiel	Azadirachtin: NeemAzal-T/S	Bacillus thuringiensis: Xen Tari	Chlorpyrifos: Insekten-Streumittel NEXION NEU	Fenpyroximat: Kiron	Kali-Seife: Neudosan Neu	Kali-Seife: Neudosan AF Neu Blattlausfrei	Pyrethrine + Rapsöl: Spruzit Neu	Pyrethrine + Rapsöl: Spruzit AF Schädlingsfrei	Rapsöl: Schädlingsfrei Naturen AF	Rapsöl: MICULA
Kohlgemüse Fl[B)]	saugende Insekten							F				
	Mehlige Kohlblattlaus											F
	freifressende Schmetterlings-raupen			F								
	Kleine Kohlfliege				F[1)]							
Kohlgemüse uG	saugende Insekten							F				
	Mehlige Kohlblattlaus											F
	Weiße Fliege											F
Kohlrabi Fl	Blattläuse								3	3		
Buschbohne Fl	Spinnmilben											F
Busch- und Stangenbohne uG	Spinnmilben											F
Möhre Fl	Möhrenfliege				F[1)]							
Speisezwiebel Fl	Zwiebelfliege				F[1)]							
Kartoffel Fl	Kartoffelkäfer		F						3			

Fl: Anwendung in Freilandkulturen
uG: Anwendung im Gewächshaus
[A)]: außer Mehlige Kohlblattlaus
[B)]: z. T. auf bestimmte Kohlarten beschränkt (siehe Gebrauchsanweisung)

F: Die Wartezeit ist durch die Anwendungsbedingungen abgedeckt bzw. die Festsetzung einer Wartezeit ist nicht erforderlich.
[1)]: Anwendung nur bei der Saat oder beim Pflanzen

Rechte Seite: Die Larven der Florfliege sind wirkungsvolle Gegenspieler von Spinnmilben und Blattläusen.

Anwendungsgebiete und Wartezeiten in Tagen der bei Obst und Wein ausgewiesenen Akarizide und Insektizide

A): außer Blutlaus
B): außer Mehlige Apfelblattlaus
F: Die Wartezeit ist durch die Anwendungsbedingungen abgedeckt bzw. die Festsetzung einer Wartezeit ist nicht erforderlich.
1): Anwendung nur vor der Blüte
2): Anwendung nur vor Austrieb
3): Anwendung ab Knospenschwelle bis 3 entfaltete Blätter

Kultur	Schaderreger	**Wirkstoff: Präparatebeispiel**	Acequinocyl: Kanemite SC	Apfelwickler-Granulosevirus: MADEX 3	Azadirachtin: NeemAzal-T/S	Bacillus thuringiensis: XenTari	Codlemone + Cyfluthrin: Appeal	Fenpyroximat: Kiron	Kali-Seife: Neudosan Neu
Kernobst	Gallmilben								
	Spinnmilben		30						F
	saugende Insekten								F[A)]
	Blattläuse								
	freifress. Schmetterlingsraupen					F			
	Frostspanner				F[1)]				
	Apfelwickler			F			F		
Apfel	Spinnmilben								
	Mehlige Apfelblattlaus				F[1)]				
Steinobst	Gallmilben								
	Spinnmilben								
	saugende Insekten								F
	Blattläuse								
	Frostspanner				F[1)]				
Sauer- und Süßkirsche	Schwarze Kirschenlaus								
Pflaume	Spinnmilben								
	Schildläuse								
Beerenobst außer Erdbeere	Gallmilben								
	Spinnmilben								
	saugende Insekten								F
	Frostspanner				F[1)]				
himbeerartiges Beerenobst	Spinnmilben							F	
	Gallmilben							F	
johannisbeerart. Beerenobst	Spinnmilben							F	
Schwarzer Holunder	Holunderlaus				F[1)]				
Erdbeere	Blattläuse								F
Weinrebe	Spinnmilben							35	
	Zikaden							35	
	Traubenwickler					F			

Anwendungsgebiete und Wartezeiten in Tagen der bei Obst und Wein ausgewiesenen Akarizide und Insektizide (Fortsetzung)

[A)]: außer Blutlaus
[B)]: außer Mehlige Apfelblattlaus
F: Die Wartezeit ist durch die Anwendungsbedingungen abgedeckt bzw. die Festsetzung einer Wartezeit ist nicht erforderlich.
[1)]: Anwendung nur vor der Blüte
[2)]: Anwendung nur vor Austrieb
[3)]: Anwendung ab Knospenschwelle bis 3 entfaltete Blätter

Kultur	Schaderreger	Wirkstoff: Präparatebeispiel	Kali-Seife: Neudosan AF Neu Blattlausfrei	Methoxyfenozide: Runner	Mineralöl: Promanal Neu	Mineralöl: Para Sommer	Pyrethrine + Rapsöl: Spruzit Neu	Rapsöl: MICULA	Rapsöl: Promanal Austriebsspritzmittel	Rapsöl: Schädlingsfrei Naturen AF
Kernobst	Gallmilben						F			
	Spinnmilben		F	F[2)]					F[2)]	F
	saugende Insekten		F[A)]							
	Blattläuse						3[B)]	F		F
	freifress. Schmetterlingsraupen			14						
	Frostspanner									
	Apfelwickler			14						
Apfel	Spinnmilben						F			
	Mehlige Apfelblattlaus					F[1)]				
Steinobst	Gallmilben							F		
	Spinnmilben				F[2)]				F[2)]	F
	saugende Insekten		F							
	Blattläuse									F
	Frostspanner									
Sauer- und Süßkirsche	Schwarze Kirschenlaus							F		
Pflaume	Spinnmilben							F		
	Schildläuse							F		
Beerenobst außer Erdbeere	Gallmilben							F		
	Spinnmilben				F[2)]				F[2)]	
	saugende Insekten		F							
	Frostspanner									
himbeerartiges Beerenobst	Spinnmilben									
	Gallmilben									
johannisbeerart. Beerenobst	Spinnmilben									
Schwarzer Holunder	Holunderlaus									
Erdbeere	Blattläuse		F							
Weinrebe	Spinnmilben				F[2)]	F[3)]		F[2)]		
	Zikaden									
	Traubenwickler			14						

Anwendungsgebiete und Wartezeiten in Tagen der bei Obst und Wein ausgewiesenen Fungizide

Kultur	Schaderreger	**Wirkstoff: Präparatebeispiel**	Cyprodinil + Fludioxonil: SWITCH	Fenhexamid: Teldor	Fosetyl: Aliette WG	Kupferhydroxid: Cuprozin WP	Kupferoktanoat: Cueva	Kupferoxychlorid: Funguran	Lecithin: BioBlatt Mehltaumittel	Mancozeb: Dithane Neo Tec	Metiram: Polyram WG	Myclobutanil: Pilzfrei Ectivo	Schwefel: THIOVIT Jet	Schwefel: Kumulus WG
Kernobst	Echter Mehltau												7	7
	Schorf											14	7	7
	Kragenfäule							14						
	Obstbaumkrebs					F[3]								
Apfel	Echter Mehltau								F			14		
Sauer- und Süßkirsche	Triebmonilia			3								21		
	Fruchtmonilia			3										
	Grauschimmel			3										
Pflaume	Triebmonilia			3										
	Fruchtmonilia			3										
Beerenobst	Grauschimmel			7										
Stachelbeere	Echter Mehltau								F				7	7
Erdbeere	Grauschimmel		7	3										
	Phytophthora cactorum, P. fragariae				F[1]									
	Rot- und Weißflecken-krankheit							F[2]						
Weinrebe	Echter Mehltau						35					28	56[5]	56[5]
	Falscher Mehltau						35			56	56			
	Grauschimmel		35	21[4]										
	Roter Brenner									56	56			
	Phomopsis viticola									56	56			

F: Die Wartezeit ist durch die Anwendungsbedingungen abgedeckt bzw. die Festsetzung einer Wartezeit ist nicht erforderlich.
[1]): Anwendung nur als Tauchbehandlung vor dem Pflanzen bzw. als Spritzbehandlung bei erster Laubentwicklung oder Ende September
[2]): Anwendung nur vor der Blüte oder nach der Ernte
[3]): Anwendung nur nach der Ernte
[4]): bei Keltertrauben, bei Tafeltrauben sind nur 14 Tage Wartezeit erforderlich
[5]): bei Keltertrauben, bei Tafeltrauben sind nur 28 Tage Wartezeit erforderlich

Anwendungsgebiete der bei Zierpflanzen ausgewiesenen Fungizide

Kultur	Schaderreger	**Wirkstoff: Präparatebeispiel**	Azoxystrobin: Ortiva	Fenarimol: Pilzfrei Saprol	Fenhexamid: Teldor	Fosetyl: Aliette	Fosetyl + Propamocarb: Previcur Energy	Kupferoktanoat: Cueva	Kupferoxychlorid: Funguran	Lecithin: BioBlatt-Mehltaumittel	Metiram: Polyram WG	Myclobutanil: Pilzfrei Ectivo	Myclobutanil: Celaflor Pilzfrei Saprol	Schwefel: THIOVIT Jet	Schwefel: Kumulus WG	Tebuconazol: Bayer Garten Rosen-Pilzfrei Spray	Triticonazol: Rosen-Pilzfrei Saprol
Zierpflanzen Fl	Echter Mehltau			X						X		X	X	X	X	X	
	Rostpilze			X							X	X	X			X	
	Falscher Mehltau								X		X						
Zierpflanzen Fl außer Rasen	Rostpilze		X														
Zierpflanzen uG	Echter Mehltau									X						X	
	Rostpilze		X								X					X	
	Grauschimmel				X												
	Phytophthora					X											
	Falscher Mehltau						X				X						
Rosen Fl	Echter Mehltau							X								X	X
	Rost							X								X	X
	Sternrußtau			X								X	X			X	X
Rosen uG	Echter Mehltau							X								X	
	Rost															X	
	Sternrußtau															X	
Zierpflanzen im Zimmer, in Büroräumen und auf Balkonen	Echter Mehltau									X			X			X	
	Rostpilze												X			X	
	Phytophthora					X											
Rosen in Räumen und auf Balkonen	Sternrußtau												X				

Fl: Anwendung in Freilandkulturen
uG: Anwendung im Gewächshaus

Anwendungsgebiete der bei Zierpflanzen ausgewiesenen Akarizide und Insektizide

Kultur	Schaderreger	Wirkstoff: Präparatebeispiel	Abamectin + Thiamethoxam: COMPO Axoris Insekten-frei AF	Acequinocyl: Kanemite SC	Acetamiprid: Schädlingsfrei Careo Konzentrat	Acetamiprid: Schädlingsfrei Careo	Acetamiprid: Schädlingsfrei Careo Combi-Granulat	Acetamiprid: Schädlingsfrei Careo Combi-Stäbchen	Azadirachtin: NeemAzal-T/S	Dimethoat: PERFEKTHION	Dimethoat: COMPO Zierpflanzen-Spray D	Dimethoat: Etisso Blattlaus-Sticks	Fenpyroximat: Kiron	Imidacloprid: Provado 5 WG	Imidacloprid: Lizetan Neu Zierpflanzenspray	Imidacloprid: Lizetan-Combistäbchen	Imidacloprid: Lizetan Kombigranulat	Imidacloprid + Methiocarb: Provado Gartenspray
Zierpflanzen Fl																		
	Spinnmilben		X						X									X
	saugende Insekten		X		X	X			X					X				X
	Blattläuse										X				X			
	Schildläuse		X		X	X					X			X				
	Woll- oder Schmierläuse		X			X												
	Weiße Fliege		X		X	X			X									
	Zikaden														X			
	beißende Insekten				X	X												
Ziergehölze Fl																		
	Spinnmilben																	
	saugende Insekten					X												
	Schildläuse					X												
	Woll- oder Schmierläuse					X												
	Weiße Fliege					X												
	beißende Insekten					X												
	Gespinstmotten								X									
	Frostspanner								X									
Zierkoniferen Fl																		
	Sitkafichtenlaus																	

Anwendungsgebiete der bei Zierpflanzen ausgewiesenen Akarizide und Insektizide (Forts.)

Kultur	Schaderreger	**Wirkstoff: Präparatebeispiel**	Kali-Seife: Neudosan Neu	Kali-Seife: Neudosan AF Neu Blattlausfrei	Mineralöl: Schildlaus-Pumpspray	Mineralöl: Promanal Neu	Mineralöl: ELEFANT SOMMERÖL	Pyrethrine: Chrysal Pflanzenspray	Pyrethrine + Abamectin: COMPO Fazilo Garten-Spray	Pyrethrine + Rapsöl: Spruzit Schädlingsfrei	Pyrethrine + Rapsöl: Spruzit AF Schädlingsfrei	Rapsöl: MICULA	Rapsöl: Promanal Austriebsspritzmittel	Rapsöl: SCHÄDLINGSFREI NATUREN AF	Thiacloprid: Bayer Garten Kombi-Schädlingsfrei	Thiamethoxam: COMPO Axoris Insekten-frei Quick-Granulat	Thiamethoxam: COMPO Axoris Insekten-frei Quick-Sticks
Zierpflanzen Fl																	
	Spinnmilben		X	X			X		X			X		X			
	saugende Insekten						X		X	X	X	X[A)]			X		
	Blattläuse		X	X										X			
	Schildläuse						X		X			X		X	X		
	Woll- oder Schmierläuse																
	Weiße Fliege											X		X			
	Zikaden																
	beißende Insekten														X		
Ziergehölze Fl																	
	Spinnmilben					X	X										
	saugende Insekten						X										
	Schildläuse						X										
	Woll- oder Schmierläuse																
	Weiße Fliege																
	beißende Insekten																
	Gespinstmotten																
	Frostspanner																
Zierkoniferen Fl																	
	Sitkafichtenlaus											X					

Anwendungsgebiete der bei Zierpflanzen ausgewiesenen Akarizide und Insektizide (Forts.)

Kultur	Schaderreger	**Wirkstoff: Präparatebeispiel**	Abamectin + Thiamethoxam: COMPO Axoris Insekten-frei AF	Acequinocyl: Kanemite SC	Acetamiprid: Schädlingsfrei Careo Konzentrat	Acetamiprid: Schädlingsfrei Careo	Acetamiprid: Schädlingsfrei Careo Combi-Granulat	Acetamiprid: Schädlingsfrei Careo Combi-Stäbchen	Azadirachtin: NeemAzal-T/S	Dimethoat: PERFEKTHION	Dimethoat: COMPO Zierpflanzen-Spray D	Dimethoat: Etisso Blattlaus-Sticks	Fenpyroximat: Kiron	Imidacloprid: Provado 5 WG	Imidacloprid: Lizetan Neu Zierpflanzenspray	Imidacloprid: Lizetan-Combistäbchen	Imidacloprid: Lizetan Kombigranulat	Imidacloprid + Methiocarb: Provado Gartenspray
Zierpflanzen uG																		
	Weichhautmilben												X					
	Spinnmilben		X	X		X			X				X					X
	saugende Insekten		X		X	X			X	X	X							X
	Blattläuse														X			
	Schildläuse		X		X	X				X	X							X
	Woll- oder Schmierläuse					X									X			X
	Weiße Fliege		X		X	X			X						X			X
	Thripse														X			X
	Blattwanzen														X			
	Zikaden														X			
	beißende Insekten				X	X												X
	Minierfliegen								X									
Zierpflanzen im Zimmer in Büroräumen und auf Balkonen																		
	Spinnmilben		X			X			X									
	saugende Insekten		X			X	X	X	X		X	X		X		X	X	
	Blattläuse		X												X			
	Weiße Fliege		X			X	X	X	X						X	X	X	
	Schildläuse		X			X	X	X			X			X		X		
	Napfschildläuse																X	
	Woll- oder Schmierläuse					X									X			

Anwendungsgebiete der bei Zierpflanzen ausgewiesenen Akarizide und Insektizide (Forts.)

Kultur	Schaderreger	**Wirkstoff: Präparatebeispiel**	Kali-Seife: Neudosan Neu	Kali-Seife: Neudosan AF Neu Blattlausfrei	Mineralöl: Schildlaus-Pumpspray	Mineralöl: Promanal Neu	Mineralöl: ELEFANT SOMMERÖL	Pyrethrine: Chrysal Pflanzenspray	Pyrethrine + Abamectin: COMPO Fazilo Garten-Spray	Pyrethrine + Rapsöl: Spruzit Schädlingsfrei	Pyrethrine + Rapsöl: Spruzit AF Schädlingsfrei	Rapsöl: MICULA	Rapsöl: Promanal Austriebsspritzmittel	Rapsöl: SCHÄDLINGSFREI NATUREN AF	Thiacloprid: Bayer Garten Kombi-Schädlingsfrei	Thiamethoxam: COMPO Axoris Insekten-frei Quick-Granulat	Thiamethoxam: COMPO Axoris Insekten-frei Quick-Sticks
Zierpflanzen uG																	
	Weichhautmilben		X	X	X	X											
	Spinnmilben		X	X	X	X			X	X	X	X		X			
	saugende Insekten								X	X	X	X			X		
	Blattläuse		X	X										X		X	X
	Schildläuse				X	X			X	X	X	X		X	X	X	X
	Woll- oder Schmier-läuse				X	X				X	X						X
	Weiße Fliege		X	X					X	X	X	X		X	X	X	
	Thripse																
	Blattwanzen																
	Zikaden																
	beißende Insekten														X		
	Minierfliegen																
Zierpflanzen im Zimmer in Büroräumen und auf Balkonen																	
	Spinnmilben		X	X	X	X		X	X	X	X	X		X			
	saugende Insekten							X	X	X	X	X			X		
	Blattläuse		X	X										X		X	X
	Weiße Fliege		X	X				X	X	X	X	X		X	X	X	X
	Schildläuse				X	X		X	X	X	X	X		X	X	X	X
	Napfschildläuse																
	Woll- oder Schmier-läuse				X	X		X		X	X						

Anwendungsgebiete der bei Zierpflanzen ausgewiesenen Akarizide und Insektizide (Forts.)

Kultur	Schaderreger	Wirkstoff: Präparatebeispiel	Abamectin + Thiamethoxam: COMPO Axoris Insekten-frei AF	Acequinocyl: Kanemite SC	Acetamiprid: Schädlingsfrei Careo Konzentrat	Acetamiprid: Schädlingsfrei Careo	Acetamiprid: Schädlingsfrei Careo Combi-Granulat	Acetamiprid: Schädlingsfrei Careo Combi-Stäbchen	Azadirachtin: NeemAzal-T/S	Dimethoat: PERFEKTHION	Dimethoat: COMPO Zierpflanzen-Spray D	Dimethoat: Etisso Blattlaus-Sticks	Fenpyroximat: Kiron	Imidacloprid: Provado 5 WG	Imidacloprid: Lizetan Neu Zierpflanzenspray	Imidacloprid: Lizetan-Combistäbchen	Imidacloprid: Lizetan Kombigranulat	Imidacloprid + Methiocarb: Provado Gartenspray
Zierpflanzen im Zimmer in Büroräumen und auf Balkonen																		
	Thripse														X			
	Blattwanzen														X			
	Zikaden														X			
	beißende Insekten					X												
	Minierfliegen								X									
	Trauermückenlarven		X															
	Dickmaulrüssellarven																	
Zierpflanzen in Räumen																		
	Spinnmilben																	X
	saugende Insekten																	X
	Woll- oder Schmierläuse																	X
	Schildläuse																	X
	Weiße Fliege																	X
	Thripse																	X
	beißende Insekten																	X
Hydrokulturen in Zimmern oder Büroräumen																		
	saugende Insekten							X										
	Blattläuse															X		
	Weiße Fliege							X										
	Schildläuse							X										

Anwendungsgebiete der bei Zierpflanzen ausgewiesenen Akarizide und Insektizide (Forts.)

A): außer Sitkafichtenlaus
B): vor Austrieb
Fl: Anwendung in Freilandkulturen
uG: Anwendung im Gewächshaus

Kultur	Schaderreger	Wirkstoff: Präparatebeispiel	Kali-Seife: Neudosan Neu	Kali-Seife: Neudosan AF Neu Blattlausfrei	Mineralöl: Schildlaus-Pumpspray	Mineralöl: Promanal Neu	Mineralöl: ELEFANT SOMMERÖL	Pyrethrine: Chrysal Pflanzenspray	Pyrethrine + Abamectin: COMPO Fazilo Garten-Spray	Pyrethrine + Rapsöl: Spruzit Schädlingsfrei	Pyrethrine + Rapsöl: Spruzit AF Schädlingsfrei	Rapsöl: MICULA	Rapsöl: Promanal Austriebsspritzmittel	Rapsöl: SCHÄDLINGSFREI NATUREN AF	Thiacloprid: Bayer Garten Kombi-Schädlingsfrei	Thiamethoxam: COMPO Axoris Insekten-frei Quick-Granulat	Thiamethoxam: COMPO Axoris Insekten-frei Quick-Sticks
Zierpflanzen im Zimmer in Büroräumen und auf Balkonen																	
	Thripse																
	Blattwanzen																
	Zikaden																
	beißende Insekten														X		
	Minierfliegen																
	Trauermückenlarven														X		
	Dickmaulrüssellarven														X		
Zierpflanzen in Räumen																	
	Spinnmilben																
	saugende Insekten																
	Woll- oder Schmierläuse																
	Schildläuse																
	Weiße Fliege																
	Thripse																
	beißende Insekten																
Hydrokulturen in Zimmern oder Büroräumen																	
	saugende Insekten																
	Blattläuse																X
	Weiße Fliege																X
	Schildläuse																X

Schneckenbekämpfung

Wirkstoff	Präparate	B	GS	NO	Anwendungsgebiete	Ort	Hinweise
Eisen-III-phosphat	Ferramol Schneckenkorn	B3		+	G: Salat, Kohlgemüse	Fl, uG	flächig ausstreuen, keine Köderstationen verwenden!
					O: Erdbeere	Fl, uG	
					Z: Zierpflanzen	Fl, uG	
	NEU 1165 Garten	B3		+	G, O, Z	Fl, uG	
Metaldehyd	Delicia Schnecken-Linsen[2]	B3		+	G: Salat, Kohlgemüse	Fl, uG	
	Etisso Schnecken-Linsen Power-Packs[2]				G: Gemüsekulturen außer Gewürzkräuter, Teekräuter, Arzneipflanzen	uG	
					O: Erdbeere	Fl, uG	
					Z: Zierpflanzen	Fl, uG	
	Schneckentod recozit Schneckenkorn	B3		+	G: Salat, Kohlgemüse	Fl	
					O: Erdbeere	Fl	
					Z: Zierpflanzen	Fl	
	METAREX Clartex blau	B3		+	G: Salat, Spinat, Sellerie, Gurke, Zucchini, Tomate, Hülsengemüse, Porree, Kohlgemüse	uG	
					Z: Zierpflanzen	uG	
	Pro Limax COMPO Schneckenkorn	B3		+	G: Salat, Kohlgemüse	Fl	
					O: Erdbeere	Fl	
					Z: Zierpflanzen	Fl, uG	
Methiocarb	Mesurol Schneckenkorn	B3	Xn	–	G: Kohlarten[1], Spinat	Fl	WZ 14
	Bayer Garten Schneckenkorn				G: Salat	Fl, uG	WZ 14
					O: Erdbeere	Fl	WZ 14
					Z: Zierpflanzen	Fl, uG	

B: Wirkung auf Bienen. B3: Aufgrund der durch die Zulassung festgelegten Anwendungen des Mittels werden Bienen nicht gefährdet. GS: Gefahrensymbole. Xn: gesundheitsschädlich. NO: Wirkung auf Nutzorganismen.
+: schont Nützlinge. -: schädigt die meisten Nützlinge. G: Gemüsebau, O: Obstbau, Z: Zierpflanzen,
Fl: Anwendung in Freilandkulturen, uG: Anwendung im Gewächshaus, WZ: Wartezeit in Tagen

[1]: auf einzelne Kohlarten beschränkt (siehe Gebrauchsanweisung)

[2]: auch gegen verschiedenene Gehäuseschnecken ausgewiesen (siehe Gebrauchsanweisung)

Nagerbekämpfung (die Präparate sind für Gemüse, Obst und Zierpflanzen ausgewiesen)

Art	Wirkstoff	Präparate	B	GS	WS	Anwendung
Wühlmaus-bekämpfung	Aluminium phosphid	PHOSTOXIN WM[1)]	B3	F, N, T+	WS	5 Stück je 8–10 m Ganglänge
	Chlorphacinon	Prontox Wühl-mausköder[2)]	B3			200 g/100 m²
	Begasungsmittel	Wühlmaus-Patrone Arrex Patrone[1)]	B3		WS	1 Stück je 5–7 m Ganglänge
	Warfarin	Quiritox Neu Wühlmausköder[1)]	B3			2 Messlöffel je Gangöffnung
	Zinkphosphid	Wühlmausköder WUELFEL	B3	Xn		5 g je 8–10 m Ganglänge
		DELU-Wühlmaus-köder	B3	Xn, N		3 g je 8–10 m Ganglänge
		Delicia Wühlmaus-Riegel	B3	N		1 Stück je 3–5 m Ganglänge
Wühlmaus-vergrämung	Calciumcarbid	Prontox-Wühl mausgas	B3	F, Xi		5–10 g je Gang
		DELU Wühlmaus-gas	B3	F, Xi	WS	5 g je Bau, zur Maul-wurfvergrämung 20 g je Bau
Hasen, Kaninchen, Rehe, Rotwild	Wildschaden-verhütungs-mittel	Arbin	B3	Xn		im Abstand von 4 bis 6 Wochen wieder-holen

B: Wirkung auf Bienen.
B3: Aufgrund der durch die Zulassung festgelegten Anwendungen des Mittels werden Bienen nicht gefährdet.
GS: Gefahrensymbole.
F: leichtentzündlich.
Xn: gesundheitsschädlich.
Xi: reizend.
T+: sehr giftig.
N: umweltschädlich
WS: Das Mittel darf in Wasserschutzgebieten nicht eingesetzt werden.
1): Ausweisung auch in Rasenflächen
2): Ausweisung nur in Obstkulturen

Herbizide

Der Einsatz von Herbiziden sollte im Hausgarten nur dann erwogen werden, wenn alle anderen kulturtechnischen Maßnahmen den Wuchs unerwünschter Beikräuter nicht reduzieren konnten. Herbizide bergen immer die Gefahr in sich, Schäden an den Kulturpflanzen anzurichten. Daher muss sehr *genau* nach **Gebrauchsanweisung** gearbeitet werden. Alle derzeit für die Anwendung im Haus- und Kleingarten ausgewiesenen Herbizide sind sogenannte Kontaktherbizide. Sie wirken nicht selektiv, sondern schädigen alle grünen Pflanzenteile. Daher muss bei der Anwendung gewissenhaft darauf geachtet werden, dass Kulturpflanzen keinesfalls mit behandelt und nicht durch Abdrift mit Spritznebel in Berührung kommen. Dazu muss in Pflanzungen ein Spritzschirm verwendet werden oder es kommen Präparate mit dem Wirkstoff Glyphosat zum Einsatz, die mit Hilfe eines Dochtstreichgerätes unmittelbar auf das Laub der einzelnen zu bekämpfenden Pflanze appliziert werden. Die derzeit zugelassenen Herbizide schädigen die zum Anwendungszeitpunkt vorhandenen Unkräuter, sie haben keine Dauerwirkung.

Der Einsatz von Moosvernichtern in Rasenflächen führt ohne vorherige Standortverbesserung nur zu einem sehr kurzfristigen Erfolg.

Zeichenerklärung zur Tabelle Seite 417:

B: Wirkung auf Bienen. B3: Aufgrund der durch die Zulassung festgelegten Anwendungen des Mittels werden Bienen nicht gefährdet. B4: Das Mittel wird bis zur höchsten durch die Zulassung festgelegten Aufwandmenge bzw. Anwendungskonzentration als nicht bienengefährlich eingestuft.

GS: Gefahrensymbole. Xn: gesundheitsschädlich. Xi: reizend

NO: Wirkung auf Nutzorganismen. +: schont Nützlinge. [R]: schädigt Regenwürmer leicht. R: schädigt Regenwürmer

Bekämpfung von Unkräutern und Moosen in Rasenflächen, keine Anwendung im Jahr der Ansaat, Wasseraufwandmenge ca. 50 ml/m² bei Spritzanwendung

gegen	Wirkstoff	Präparate	B	GS	NO	Ausbringung
zweikeimblättrige Unkräuter	2,4-D + Dicamba	UV RASEN FLORANID egesa Unkrautvernichter Neu mit Rasendünger	B4		+	frühestens 3 Monate nach der Saat streuen
	2,4-D + MCPA + Dicamba + Mecoprop-P	DICOTEX	B4	Xi	–	gießen
	2,4-D + Mecoprop-P	Duplosan KV-Combi	B4	N, Xn	+	spritzen
	Dicamba + MCPA	BANVEL M Gabi Rasenunkraut-Vernichter	B4	Xi	+	gießen oder spritzen
	Diflufenican + Mecoprop-P	LOREDO Rasen-Unkrautvernichter Anicon	B4	Xi	+	gießen oder spritzen
Moosarten	Eisen-II-Sulfat	Gabi-Anti-Moos-S	B4	Xi	R	gießen oder streuen
		Stodiek Moosvernichter mit Rasendünger MV RASEN FLORANID	B4		+	streuen
		EUFLOR Rasendünger mit Moosvernichter Moosvernichter mit Rasendünger	B4	Xi	+	streuen
		Gabi-Antimoos, flüssig Moosvertilger Gesamoos flüssig	B4	Xi	R, +	gießen oder spritzen
		SUBSTRAL Rasendünger plus Moosvernichter MANNADUR Moosvernichter plus	B3	Xi	[R], +	streuen
	Eisen-II-Sulfat + Eisen-III-Sulfat	SUBSTRAL Rasendünger mit MOOSVERNICHTER Rasen-Floranid Rasendünger mit Moosvernichter	B4		[R], +	streuen
	Essigsäure	TEM 123 COMPO Filacid Moos-frei	B4	Xi	+	gießen
	Quinoclamin	Mogeton Moos-Frei Moos-Frei Moosuran	B4	N, Xn	+/-	gießen oder spritzen
	Pelargonsäure	Finalsan Unkrautfrei Finalsan	B4	Xi	+	gießen

B: Wirkung auf Bienen. B3: Aufgrund der durch die Zulassung festgelegten Anwendungen des Mittels werden Bienen nicht gefährdet. B4: Das Mittel wird bis zur höchsten durch die Zulassung festgelegten Aufwandmenge bzw. Anwendungskonzentration als nicht bienengefährlich eingestuft.
GS: Gefahrensymbole. Xn: gesundheitsschädlich. Xi: reizend. N: umweltschädlich
NO: Wirkung auf Nutzorganismen. +: schont Nützlinge. +/-: schädigt manche Nützlinge. [R]: schädigt Regenwürmer leicht. R: schädigt Regenwürmer

Bekämpfung vorhandener Unkräuter (Kulturpflanzen dürfen nicht vom Spritznebel getroffen werden)

gegen	Wirkstoff	Präparate	B	GS	NO	Anwendung	Ausbringung
einjährige ein- und zweikeimblättrige Unkräuter	Essigsäure	TEM 123 COMPO Filacid Moos-frei	B4	Xi	+	KO, SO, Z, W+P	unverdünnt spritzen
ein- und zweikeimblättrige Unkräuter	Glyphosat	Roundup Alphee	B4		+/–	Rasen	vor Umbruch und Neusaat
						KO, Z, W+P	unverdünnt spritzen als Einzelpflanzenbehandlung
		Roundup Ultragran Roundup Gran	B4		+/–	Rasen	vor Umbruch und Neusaat
						KO, Z, W+P	Spritzschirm
		Roundup Ultra Roundup LB Plus	B4		+/–	Rasen	vor Umbruch und Neusaat
						KO, Z, W+P	Spritzschirm, Dochtstreichgerät
		GLYFOS Keeper Unkrautfrei	B4		+	Rasen	vor Umbruch und Neusaat
						KO, SO, Z, W+P	Spritzschirm, Dochtstreichgerät
		Keeper Select	B4		+	KO, Z, W+P	Dochtstreichgerät
	Glyphosat + Pelargonsäure	Roundup Speed	B4		+	Rasen	vor Umbruch und Neusaat
					+	KO, Z, W+P	unverdünnt spritzen als Einzelpflanzenbehandlung
	Pelargonsäure	Finalsan Unkrautfrei Finalsan	B4	Xi	+	Z, W+P	Einzelpflanzenbehandlung mit Spritzschirm
		Finalsan AF Unkrautfrei Finalsan Unkrautspray	B4		+	Z, W+P	unverdünnt spritzen als Einzelpflanzenbehandlung

B: Wirkung auf Bienen. B4: Das Mittel wird bis zur höchsten durch die Zulassung festgelegten Aufwandmenge bzw. Anwendungskonzentration als nicht bienengefährlich eingestuft.
GS: Gefahrensymbole. Xi: reizend
NO: Wirkung auf Nutzorganismen. +: schont Nützlinge. +/-: schädigt manche Nützlinge.
KO: Kernobst
SO: Steinobst
Z: Zierpflanzen
W+P: Wege und Plätze mit Holzgewächsen

Wundverschlussmittel

Der Fachhandel bietet eine Vielzahl so genannter **Wundverschluss**- oder **Wundbehandlungsmittel** an. Diese Produkte werden nach Schnittmaßnahmen an Gehölzen auf die Schnittflächen aufgebracht und sollen die Wundheilung beschleunigen. Ein Schutz der Wundflächen vor einer Besiedlung mit Pilzsporen kann durch den Einsatz von Wundverschlussmitteln nicht immer gewährleistet werden. Der Haupteffekt des Wundverschlusses ist der Schutz des Kambiums vor dem Zurücktrocknen. Damit kann die Überwallung der Wunde beschleunigt werden. Kleinere Schnittwunden bis etwa 3 cm Durchmesser müssen nicht behandelt werden. Größere Sägewunden werden am Rand glattgeschnitten, der Wundrand kann anschließend mit einem Wundverschlussmittel behandelt werden. Im Handel werden sowohl Präparate mit Fungizidzusatz als auch reine Wundwachse angeboten.

Pflanzenstärkungsmittel

Neben den von der Biologischen Bundesanstalt zugelassenen Pflanzenschutzmitteln sind viele Produkte im Handel erhältlich, die als **Pflanzenstärkungs-** oder **Pflanzenhilfsmittel** bezeichnet werden. Meist handelt es sich um Produkte auf der Basis von Gesteinsmehlen und/oder Pflanzenauszügen.

Solche Präparate sollen die **Widerstandsfähigkeit** der Pflanzen gegenüber Schadorganismen stärken. Sie dürfen keine direkte Wirkung auf die Schadorganismen haben, da sie sonst als Pflanzenschutzmittel eingestuft werden und die aufwändige und kostenträchtige Zulassung über sich ergehen lassen müssen. Solche Pflanzenstärkungsmittel sind daher auch nicht von unabhängigen Stellen auf ihre Wirksamkeit geprüft worden. Es kann sich aber durchaus lohnen, solche Produkte im eigenen Garten einmal auszuprobieren. Die Behandlungsintervalle sind aber in der Regel deutlich kürzer als bei Pflanzenschutzmitteln, *grundsätzlich* ist ein **vorbeugender Einsatz** erforderlich.

Arbeiten im
Kleingärtnerjahr

Januar

Obstgarten

- Junggehölze bei günstiger Witterung pflanzen.
- Winterschnitt von Bäumen und Sträuchern.
- Wildtriebe von Obstgehölzen direkt am Stamm abschneiden.
- Fruchtmumien sowie geschädigte Äste und Triebe entfernen.
- Um Tiere von Junggehölzen abzulenken, das gesunde Schnittgut liegen lassen.
- Alte, kranke Obstbäume roden.
- Edelreiser schneiden und bis zum Frühjahr in feuchtem Sand einlagern.
- Kompost an frühblühende Gehölze ausbringen.
- Bäume und Sträucher von zu großer Schneelast befreien.
- Stützpfähle und Baumbänder kontrollieren.
- Rindenanstriche zum Schutz vor Frostrissen anbringen.
- Von Gallmilben befallene Johannisbeerknospen und -triebe entfernen.
- Baumrinden abbürsten, um Eigelege von Schädlingen zu entfernen.
- Lager kontrollieren und an frostfreien Tagen lüften.

Gemüsegarten

- Ernte von Wintergemüsen wie Feldsalat, Schwarzwurzeln, Sellerie, Pastinaken, Wirsing-Kohl, Porree, Grün-Kohl, Spinat, Winterportulak, Chicorée und Topinambur.
- Möglichst bei frostfreiem Wetter ernten. Gefroren geerntetes Gemüse in einem kühlen Raum auftauen.
- Bei Frost Rosenkohlstrünke ernten und im Lager aufhängen.
- Wurzeln von Chicorée und Wurzel-Petersilie antreiben.
- Sprossen in einer Keimschale auf der Fensterbank heranziehen.
- Fruchtfolge für die Gemüsebeete planen.
- Wartungsarbeiten durchführen.
- Saatgut überprüfen und neu kaufen.
- Lager regelmäßig kontrollieren und an frostfreien Tagen lüften.

Februar

Obstgarten

- Junggehölze bei günstiger Witterung pflanzen.
- Obstbaumschnitt in der Regel vor dem Blattaustrieb beenden. Ausgenommen sind zu stark wachsende Bäume und empfindliche Kernobstsorten.
- Weinreben und Kiwi auslichten.
- Frostwunden, Krebs und Verletzungen an Obstbäumen ausschneiden und Wunden verschließen.
- Kernobstbäume, die umgepfropft werden sollen, abwerfen.
- Kopulationen auf einjährige Unterlagen durchführen und bei offenem Boden auspflanzen.
- Bei Okkulationen des Vorjahres den Sproß der Unterlage abwerfen.
- Austriebsspritzung bei früh austreibenden Obstarten nach Bedarf ausbringen.
- Bei Erdbeeren den ältesten Blattkranz und sonstiges welkes Laub entfernen; Pflanzen mit Vlies abdecken.
- Überzählige Blütenknospen bei Obstbäumen abstreifen.
- Leimringe an Bäumen überprüfen und bestreichen.
- Baumrinden abbürsten um Eigelege von Schädlingen zu entfernen.

Gemüsegarten

- Ernte von Wintergemüsen wie Feldsalat, Pastinaken, Chicorée, Grün-Kohl, Poree, Schwarzwurzeln, Rosenkohl, Wirsing-Kohl, Spinat, Winterportulak und Topinambur.
- Unter Folie Aussaat von Rettichen und Radieschen.
- Unter Glas Aussaat von Kresse, Rübstiel, Mairüben, Kopfsalat, Römischer Salat, Schnittsalat, Rotkohl und Pak Choi.
- Bei günstigen Bedingungen Spinat, Möhren und Dicke Bohnen ins Freiland säen.
- Auf Beeten, die später bepflanzt werden, Gründüngung säen.
- Artischocken, Blumenkohl, Brokkoli, Sellerie, Weiß-Kohl und Wirsing-Kohl vorkultivieren.
- Rhabarber mit Folie abdecken, damit er früher austreibt.
- Bei frostfreiem Wetter den Boden vorbereiten.
- Pferdemist-Packung im Frühbeet und Kleingewächshaus ausbringen.

März

Obstgarten

- Ideale Pflanzzeit für Beerensträucher und empfindliche Obstgehölze. Bei Bedarf Phosphor- und Kali-Düngung ins Pflanzloch geben.
- Vorkultivierte Erdbeerableger auspflanzen.
- Nach den starken Frösten den Hauptschnitt von Weinreben durchführen.
- Winterschnitt je nach Anbauregion beenden. Bei Kirsche, Pflaume, Aprikose, Pfirsich und Strauchbeeren sowie zu stark wachsenden Bäumen ist ein später Schnitt oft vorteilhaft.
- Verletzungen, Kragenfäule und Krebs an Bäumen ausschneiden und mit Wundverschlussmittel behandeln.
- Bei Okkulationen des Vorjahres den Spross der Unterlage abwerfen (= abschneiden).
- Veredlungen durch Rindenpfropfen und Kopulation bei Apfel, Birne und Quitte.
- An Ältere Sträucher, Bäume und Erdbeerpflanzungen organische Gründüngung ausbringen.
- Bio-Baumanstrich als Schutz vor Temperaturschwankungen anbringen.
- Leimringe um die Obstbäume befestigen.

Gemüsegarten

- Ernte von Wintergemüsen und durch Folienabdeckung verfrühten Rhabarber.
- Aussaat von verschiedenen Erbsenarten, Dicken Bohnen, Schnitt-Knoblauch, Spinat, Petersilie, Kerbel, Kerbelrüben, Möhren, Radieschen, Schwarzwurzeln, Mai-Rüben, Stielmus, Pastinaken Speise-Zwiebeln und anderen Gemüsen.
- Pflanzen unter anderem von verschiedenen Salat- und Sommerkohlsorten, Dicken Bohnen, Spargel, Rhabarber, Knoblauchzehen und Meerrettichfechsern.
- Empfindliche Saaten und Pflanzungen unter Vlies und/oder Folie kultivieren!
- Frühkartoffeln vorkeimen und pflanzen.
- Wärmeliebende Gemüse wie Tomaten, Paprika, Auberginen, Zucchini und Sellerie vorkultivieren.
- Gewächshaus und Frühbeet ausreichend lüften und schattieren.
- Winterbohnenkraut, Salbei und Thymian zurückschneiden. Oregano direkt über dem Boden abschneiden.
- Boden hacken, angemessen düngen und Kompost ausbringen.
- Rankhilfen des Vorjahres desinfizieren.

April

Obstgarten

- Kiwipflanzen nach den letzten Frösten pflanzen.
- Letzter Pflanztermin für Erdbeerpflanzen; Stroh in die Reihen einlegen.
- Weinreben schneiden.
- Pfirsichbäume während der Blüte schneiden.
- Pfropfen von Obstreisern. Auch ältere Obstbäume bei Bedarf umpfropfen.
- Beerensträucher durch Absenker vermehren.
- Organisches Material an Strauchbeeren ausbringen.
- Anbindestellen bei Obstbäumen kontrollieren.
- Bei Befall durch den Ungleichen Holzbohrer Alkoholfallen anbringen.
- Zur Blattlausbekämpfung mit Holzwolle gefüllte Blumentöpfe als Unterschlupf für Ohrwürmer in die Bäume hängen.

Gemüsegarten

- Ernte von Spargel und Rhabarber, Unterglaskulturen und letzten Wintergemüsen.
- Vorgekeimte Speise-Kartoffeln, Speise-Zwiebeln sowie verschiedene Salat- und Sommerkohlarten pflanzen.
- Aussaat von Spinat, Mangold, Petersilie, Poree, Möhren, Radieschen, Pastinaken, Rettich, Roten Rüben, Kerbel, Fenchel, Knollenfenchel, verschiedenen Salat- und Sommerkohl- und Erbsenarten sowie anderen Gemüsen.
- Gemüsekulturen bei Bedarf vereinzeln.
- Wärmeliebende Gemüse wie Tomaten, Paprika, Auberginen, Zucchini und Sellerie vorkultivieren.
- Frühbeetkästen bei Bedarf schattieren und lüften.
- Überwinterten Mangold anhäufeln und düngen.
- Humuserde ausbringen.
- Schnecken durch Schneckenzäune, Absammeln oder unbedenkliche Materialien bekämpfen.
- Pflanzenschutznetze gegen die Gemüsefliege anbringen.

Mai

Obstgarten

- Frostempfindliche Baum- und Straucharten erst nach den Eisheiligen pflanzen!
- Frigo-Erdbeeren pflanzen; Stroh zwischen den Reihen einlegen.
- Heckenerziehung von Stachel- und Johannisbeeren.
- Überzählige Früchte an den Obstbäumen ausdünnen.
- Obstbäume und Sträucher nach Bedarf düngen. Besonders Neupflanzungen ausreichend gießen.
- Pfirsiche, Nektarinen und Aprikosen bei Frost durch Vlies schützen.
- Leimringe von den Bäumen entfernen.
- Bei Feuerbrand-Befall das Kernobst ins gesunde Holz zurückschneiden.
- Blüten- und Zweigmonilia bei Kirschen und Aprikosen ausschneiden.
- Bei Kräuselkrankheit am Pfirsich kranke Blätter ausbrechen.
- Gegen die Maden von Apfelwickler und Apfelschalenwickler Kärtchen mit der Schlupfwespe Trichogramma aufhängen.
- Maßnahmen gegen Mehlige Apfellaus, Larven des Kleinen Frostspanners und andere Schädlinge ergreifen.

Gemüsegarten

- Ernte von Spargel, Rhabarber, verschiedenen Salatsorten, Stielmus, verfrühten Radieschen, Rettich und Unterglaskulturen.
- Aussaat von Chicorée, Einlege-Gurken, Zuckermais, Mangold, Basilikum, Dill, Borretsch, Kresse, verschiedenen Salat-, Bohnen- und Sommerkohlarten sowie vielen anderen Gemüsen.
- Empfindliches Gemüse erst nach den Eisheiligen säen!
- Vorkultvierte Tomaten, Paprika, Auberginen, Zucchini, Sellerie und andere Gemüsearten auspflanzen.
- Winterkohlarten vorkultivieren und auspflanzen.
- Frühbeetkasten ausreichend schattieren und lüften.
- Tomatenpflanzen wässern und anbinden. Die Seitentriebe in den Blattachseln ausbrechen.
- Rankhilfen für Bohnen aufstellen und Ranken aufleiten.
- Gemüsebeete mit Grasschnitt mulchen.
- Pflanzenschutznetze anbringen.
- Gemüse auf Schädlingsbefall kontrollieren und geeignete Maßnahmen ergreifen.

Juni

Obstgarten

- Ernte von Erdbeeren, Himbeeren, Johannisbeeren und Kirschen.
- Bei der Ernte beschädigte Früchte entfernen.
- Triebwachstum der Bäume durch Herausbrechen von Wasserschossen beruhigen (Juniriss).
- Korrekturmaßnahmen an jungen Bäumen durchführen.
- Bei Him- und Brombeeren schwache Ruten am Boden abschneiden, starke Ruten anbinden.
- Überzählige Früchte an den Obstbäumen ausdünnen.
- Späte Obstsorten bei Bedarf bewässern.
- Erdbeeren mit Stroh abmulchen und bei Trockenheit wässern.
- Feuerbrand-Infektionen von Kernobst und Wirtspflanzen beachten. Befallenes Kernobst ins gesunde Holz zurückschneiden und befallene Zierpflanzen roden.
- Von Raupengespinsten und Mehltau befallene Triebe abschneiden.

Gemüsegarten

- Ernte von Rhabarber, Spargel, Speise-Kartoffeln, Möhren, Mai-Rüben, Einlege-Gurken, verschiedenen Salat- Erbsen- und Sommerkohlarten.
- Aussaat von Zucker-Mais, Endivie, Feldsalat, Fenchel, Borretsch, Schnitt-Knoblauch, Dill, Kresse, Kohlrüben und anderen Gemüsen.
- Sellerie-, Salat- und Kohlarten pflanzen.
- Beim Blumenkohl die Blätter über den Kopf knicken, damit die Blume zart bleibt.
- Gemüsekulturen ausreichend vereinzeln und ein Kulturschutznetz anbringen.
- Bohnenranken aufleiten.
- Späte Kartoffelsorten anhäufeln.
- Kleingewächshaus und Frühbeet ausreichend schattieren und lüften.
- Unkraut jäten, Boden hacken und bei Bedarf nachdüngen.
- Gemüse gut bewässern.

Juli

Obstgarten

- Ernte von Steinobst, Beerenobst und Frühäpfeln.
- Erdbeeren pflanzen.
- Sommerschnitt bei stark wachsenden Obst- und Strauchgehölzen.
- Wasserschosse beim Kernobst entfernen.
- Laubarbeiten an Jung- und Ertragsbäumen durchführen.
- Walnussbäume vor dem Laubfall scheiden.
- Beerenobst und empfindliche Steinobstarten nach der Ernte schneiden.
- Jungtriebe von Brombeeren und Kiwis anheften. Fruchtragende Triebe der Kiwi zurückschneiden.
- Weinrebentriebe anheften, überzählige Triebspitzen entfernen.
- Erdbeerpflanzen nach der Ernte bodentief abmähen.
- Zur Vermehrung von Erdbeeren kräftige Ausläufer eintopfen.

Gemüsegarten

- Ernte von Roten Beten, Knollen-Fenchel, Tomaten, Zucchini(blüten), frühen Bohnenarten, verschiedenen Erbsen- Salat und Sommerkohlarten sowie vielen anderen Gemüsen.
- Aussaat von Rettich, Radieschen, Roten Beten, Grünkohl, Chinakohl, Busch-Bohnen.
- Pflanzen von Kohl- und Salatarten, Raddichio, Endivie, Knollen-Fenchel, Bleich-Sellerie und Porree.
- Gemüsesetzlinge und Aussaaten reichlich gießen!
- Auf abgeerntete Beete am besten Feldsalat, Radieschen, Rettich, Frühlingszwiebeln oder Gründüngung säen.
- Starkzehrer ausreichend düngen.
- Bei Tomaten die Seitentriebe in den Blattachseln ausbrechen.
- Saat und Setzlinge mit Schattierleinen oder Gemüsefliegennetzen vor zu starker Sonneneinstrahlung schützen.
- Wärmeliebende Gemüse mit einer Plastikhaube versehen.
- Gemüsefliegennetze gegen die Eiablage der Rettichfliege spannen.

August

Obstgarten

- Ernte von Äpfeln, Birnen, Pflaumen, Pfirsichen und Haselnüssen.
- Pfirsiche direkt nach der Ernte auslichten.
- Obst am besten morgens ernten.
- Kranke Früchte und faulendes Fallobst entfernen.
- Erdbeeren pflanzen.
- Sommerschnitt zu stark wachsender Obstbäumen.
- Störende diesjährige Obstbaumtriebe schneiden.
- Brombeerranken aufbinden und Seitentriebe einkürzen.
- Spalierobst erziehen, bevor die Triebe verholzen.
- Offene Baumscheiben wässern.
- Als Schutz vor Vogelfraß Schreckstreifen anbringen und Wasserschalen als Alternative anbieten.
- Himbeerpflanzungen nicht Hacken (Gefahr der Rutenkrankheit!) sondern mulchen.
- Von der Rutenkrankeit befallene Himbeerruten entfernen.
- Erdbeermehltau mit Pflanzenschutzmitteln behandeln und stark befallene Blätter entfernen.

Gemüsegarten

- Ernte von Auberginen, Tomaten, Zucchini, späten Bohnenarten, verschiedenen Kräutern, Zwiebeln und Salaten.
- Aussaat von Feldsalat, Raddichio, Spinat, Radieschen, Petersilie, Brunnenkresse, Speise-Zwiebeln.
- Pflanzen von verschiedenen Salat- und Winterkohlarten, Endivien und Radicchio,
- Gemüsesetzlinge und Saat reichlich gießen und vor starker Sonneneinstrahlung schützen.
- Spargellaub zurückschneiden.
- Buschbohnen, Fenchel, Kohl und Poree anhäufeln.
- Sellerieknollen freilegen, damit sie besser wachsen.
- Wintergemüse hacken, düngen, gießen und mulchen.
- Kürbisse auf zwei Früchte pro Pflanze reduzieren. Die Früchte zum Schutz vor Feuchtigkeit unterlegen.
- Porree auf Fraßgänge der Poreemotte überprüfen, befallene Blätter entfernen.
- Busch-Bohnen mit Spinnmilbenbefall nach dem Abernten verbrennen.

September

Obstgarten

- Ernte von Holunderbeeren, Äpfeln, Birnen und Walnüssen.
- Beste Schnittzeit für stark blutende Bäume wie Walnuss.
- Bei späten Apfelsorten können Stippebehandlungen bis zur Ernte ausgebracht werden.
- Zur Bekämpfung des Kleinen Frostspanners Leimringe an Bäume anlegen.
- Erdbeerpflanzen auf Fraßschäden durch Raupen kontrollieren und die Schädlinge absammeln.
- Als Überwinterungshilfe für Florfliegen das Laub unter den Büschen liegen lassen oder geeignete Überwinterungskästen aufstellen.
- Obst kühl (1–2 °C) und feucht (ca. 80% Luftfeuchte) lagern.
- Früchte mit hoher Ethylenausscheidung nicht mit Ethylen-empfindlichem Obst/ Gemüse lagern.
- Obst und Gemüse möglichst getrennt lagern.

Gemüsegarten

- Ernte von Zuckermais, Tomaten, Auberginen, Einlege-Gurken, Zucchini, Brokkoli, Speise-Kürbis und anderen Gemüsen.
- Aussaat von Feldsalat, Spinat, Radieschen, Petersilie ins Frühbeet oder bei günstigen Bedingungen ins Freiland.
- Auf abgeerntete Beete Gründüngung säen.
- Gemüsekulturen ausreichend vereinzeln.
- Endivien zusammenbinden, damit die Bätter bleichen.
- Bleichsellerie mit Erde anhäufeln.
- Chicoréewurzeln zum Bleichen in Gefäße setzen, bedecken und in den Keller stellen.
- Späte Blütenstände von Gurken, Zucchini und Tomaten entfernen.
- Wärmeliebende Gemüse mit einer Plastikhaube bedecken.
- Bei Rosenkohl, der bis Mitte des Monats keine Röschen angesetzt hat, die Triebspitze herausbrechen und die Pflanze gut gießen.
- Salate mit einem einfachen Foliendach vor starken Niederschlägen schützen.
- Kohlpflanzen auf Schädlingsbefall kontrollieren und Maßnahmen ergreifen.
- Mit Kohlhernie befallenes Erntegut vernichten, Algenkalk auf Beet ausbringen, dort 3–4 Jahre keine Kohlgewächse pflanzen.

Oktober

Obstgarten

- Beginn der Pflanzzeit für Gehölze.
- Beim Kauf von Obstgehölzen auf die richtige Unterlage achten!
- Ernte von Quitten, Walnüssen, späten Apfel- und Birnensorten.
- Fruchtholzschnitt bei Spalierobst (Apfel, Birne).
- Abgestorbene Äste und Zweige entfernen.
- Obstbaumstämme zum Schutz vor Frost und Schädlingen kalken.
- Junggehölze gegen Wildverbiss schützen.

Gemüsegarten

- Ernte von Brokkoli, Grünkohl, Rosenkohl, Meerrettich, Schwarzwurzeln, Roten Beten, Speiserüben.
- Feldsalat und Spinat zur Überwinterung bis Mitte des Monats säen.
- Knoblauchzehen pflanzen.
- Endivienpflanzen abdecken. Bei Gefahr von Temperaturen unter −5 °C abernten.
- Kräuter abernten. Frostanfällige Kräuter wie Salbei, Thymian, Lavendel und Rosmarin nicht zu kurz zurückschneiden.
- Voll entwickelte, noch unreife Tomaten ernten und nachreifen lassen.
- Lager-Gemüse nicht an Regentagen ernten, das erhöht die Schimmelgefahr.
- Damit kleinere Verletzungen bei Kartoffelknollen heilen, zunächst eine Woche warm und dunkel lagern. Danach bei 5 °C lagern.
- Rhabarberpflanzen nach 8 Jahren teilen.
- Empfindliches Gemüse mit Abdeckungen gegen Frost schützen.
- Einen kleinen Möhrenbestand für die Raupen des seltenen Schwalbenschwanzes stehen lassen.
- Saatgut für die nächste Saison sammeln.

November

Gemüsegarten

- Ernte von Wintergemüse wie Grünkohl, Rosenkohl, Spinat, Poree, Feldsalat und Schwarzwurzeln.
- Küchenkräuter ausgraben und an einer kühlen, hellen Stelle in Töpfen aufstellen.
- Wenn Poree durch Rost befallen war, Erntereste entfernen.
- Alle 2–3 Jahre Stallmist flach einarbeiten.
- leere Gemüsebeete abdecken.
- Wintergemüse vor Frost durch Vlies oder ähnliches schützen.
- Zwiebeln, Knoblauch und Nüsse kühl und trocken lagern.
- Kohlköpfe, Steckrüben, Chinakohl und Wirsing im Holzregal oder mit den Wurzeln in feuchtem Sand lagern. Die Köpfe sollten sich dabei nicht berühren.
- Wurzelgemüse kühl (1–3 °C) und feucht (80–95% Luftfeuchtigkeit) lagern.
- Nur gesundes Gemüse einlagern.
- Gelagertes Gemüse vor Mäusen schützen.
- Kartoffeln kühl, feucht und nie direkt auf dem Boden lagern.
- Für die Planung der nächstjährigen Fruchtfolge die diesjährige Belegung dokumentieren.

Obstgarten

- Ernte von Sanddorn.
- Obstbäume und Sträucher pflanzen. Bei sehr nassem Wetter besser im Frühjahr pflanzen.
- Obstbäume und Strauchbeeren an frostfreien Tagen schneiden.
- Fruchtmumien und krankes Fallobst bei Apfel, Birne und Pflaume entfernen.
- Nach der Erntesaison die Nährstoffreserven der Obstbäume mit Blattdüngern ergänzen.
- Bei offenem Boden Wurzelschnittlinge von Himbeeren ziehen.
- Stachelbeeren und Brombeeren durch Absenker vermehren.
- Zur Vermehrung von Johannis-, Stachelbeer- und Heidelbeersträuchern nach dem Laubfall Steckhölzer schneiden. Diese in feuchtem Sand lagern und im Frühjahr auspflanzen.
- Stämme von jungen Bäumen zum Schutz vor Wildverbiss umhüllen.
- Empfindliche Obstgehölze mit Reisig oder Reetmanschetten vor Frost schützen.
- Zur Verringerung der Neuinfektion mit Schaderregern das Laub unter Apfelbäumen entfernen.
- Schorfbefallene Apfelbäume mit Harnstoff behandeln und das Laub fein zerkleinern, das senkt die Gefahr einer Neuinfektion.

Dezember

Gemüsegarten

- Ernte von Wintergemüse wie Grünkohl, Feldsalat, Petersilie, Schwarzwurzeln und Poree.
- Wintergemüse bei Bedarf abdecken.
- Beim Umgraben den Schnee nicht mit eingraben, dies verzögert im Frühjahr die Erwärmung des Bodens.

Obstgarten

- Winterschnitt von Bäumen und Sträuchern.
- An frostfreien Tagen Edelreiser von Obstbäumen schneiden.
- Leimringe an Obstbaumstämmen bei Bedarf erneuern.
- Erdbeerpflanzen kontrollieren, ob sie durch Frost aus der Erde gehoben wurden, freiliegende Wurzeln mit Erde oder Kompost abdecken.

Hilfreiche Adressen

Bodenuntersuchung

Landesamt für Verbraucherschutz, Landwirtschaft und Flurneuordnung
Abteilung 4 – Landwirtschaft und Gartenbau
Dorfstr. 1, 14513 Teltow, OT Ruhlsdorf
Tel. 03328/436-101, Fax 03328/436-118
E-Mail: referateruhlsdorf@lvlf.brandenburg.de
www.mluv.brandenburg.de/info/lvlf

Landesanstalt für Landwirtschaftliche Chemie
Emil-Wolff-Str. 14, 70599 Stuttgart
Tel. 0711/4592-2671, Fax 0711/4592-3495
E-Mail: postmaster@lachemie.uni-hohenheim.de
www.uni-hohenheim.de

Landesbetrieb Hessisches Landeslabor
Am Versuchsfeld 13, 34128 Kassel
Tel. 0561/9888-0, Fax 0561/9888-300
E-Mail: poststelle.lufa@lhl-wi.hessen.de
www.llh-hessen.de

Landwirtschaftskammer Nordrhein-Westfalen
Nevinghoff 40, 48147 Münster
Telefon 0251/2376-0, Fax 0251/2376-521
E-Mail: info@lwk.nrw.de
www.lufa-nrw.de

LUFA Augustenberg
Neßlerstr. 23, 76227 Karlsruhe
Tel. 0721/9468-0, Fax 0721/9468-112
E-Mail: poststelle@lufa.bwl.de
www.landwirtschaft-bw.info

LUFA – ITL GmbH
Dr.-Hell-Str. 6, 24107 Kiel
Tel. 0431/1228-0, Fax 0431/1228-498
E-Mail: zentrale@lufa-itl.de
www.agrolab.de

LUFA Nord-West
Finkenborner Weg 1 a, 31787 Hameln
Tel. 05151/9871-0, Fax 05151/9871-11
E-Mail: ifb@lufa-nord-west.de
www.lufa-nord-west.de

LUFA Rostock
Graf-Lippe-Str. 1, 18059 Rostock
Tel. 0381/20307-0, Fax 0381/20307-90
E-Mail: info@lms-lufa.de
www.lms-lufa.de

Sächsische Landesanstalt für Landwirtschaft/LUFA
Gustav-Kühn-Str. 8, 04159 Leipzig
Tel. 0341/9174-0, Fax 0341/9174-211
E-Mail: lothar.suntheim@leipzig.lfl.smul.sachsen.de
www.landwirtschaft.sachsen.de/lfl

Universität Hamburg – Fachbereich Biologie, Biozentrum Klein Flottbek
Pflanzenschutzamt Hamburg
Ohnhorststrasse 18, 22609 Hamburg
Tel. 040/428165-56, Fax 040/428165-55
E-Mail: pflanzenschutz@iangbot.uni-hamburg.de
www.biologie.uni-hamburg.de

VDLUFA
Obere Langgasse 40, 67346 Speyer
Tel. 06232/136-0, Fax 06232/136-110
E-Mail: poststelle@lufa-speyer.de
www.lufa-speyer.de

Bezugsquellen für Nützlinge/ Biologischen Pflanzenschutz

Hatto & Patrick Welte GbR
Maurershorn 18 a, 78479 Insel Reichenau
Tel. 07534/7190, Fax 07534/1458
E-Mail: info@welte-nuetzlinge.de
www.welte-nuetzlinge.de

Katz Biotech AG
An der Birkenpfuhlheide 10, 15837 Baruth
Tel. 033704/675-10, Fax 033704/675-79
E-Mail: info@katzbiotech.de
www.katzbiotech.de

ÖRE Bio-Protect GmbH
Neuwührener Weg 26–40, 24223 Raisdorf
Tel. 04307/6981, Fax 04307/7128
E-Mail: info@nuetzlingsberater.de
www.nuetzlingsberater.de

Regenwurmfarm Tacke GmbH
Klosterdiek 61, 46325 Borken-Burlo
Tel. 02872/2066, Fax 02872/8240
E-Mail: info@eisenia.de
www.regenwurm.de

Sautter & Stepper GmbH
Rosenstr. 19, 72119 Ammerbuch
Tel. 07032/9578-30, Fax 07032/9578-50
E-Mail: info@nuetzlinge.de
www.nuetzlinge.de

Gartenbauverbände

Bundesverband Deutscher Gartenfreunde
Platanenallee 37, 14050 Berlin
Tel. 030/302071-40, Fax 030/302071-39
E-Mail: oeffentlichkeitsarbeit@kleingarten-bund.de
www.kleingarten-bund.de

Deutsche Gartenbau-Gesellschaft 1822 e.V.
Lauenhaus, 78465 Insel Mainau
Tel. 07531/15288, Fax 07531/26530
E-Mail: info@dgg1822.de
www.dgg1822.de

Zentralverband Gartenbau e.V.
Godesberger Allee 142–148, 53175 Bonn
Tel. 0228/81002-0, Fax 0228/81002-48
E-Mail: info@g-net.de
www.g-net.de

Organisationen für seltene alte Sorten

Arbeitskreis „Historische Obstsorten der Pfalz“
Klaus Hünerfauth
Haardtweg 12, 67377 Gommersheim
Tel. 06327/5304, Fax 06327/5320
E-Mail: klaus.huenerfauth@t-online.de

Arche Noah
Obere Str. 40, A-3553 Schloss Schiltern
Tel. 0043(0)2734/86-26,
Fax 0043(0)2734/86-27
E-Mail: info@arche-noah.at
www.arche-noah.at

Boomgarden-Verein
Kampweg 4, 21279 Hollenstedt
E-Mail: info@boomgarden.de
www.boomgarden.de

Bundesanstalt für Züchtungsforschung an Kulturpflanzen
Pillnitzer Platz 3 a, 01326 Dresden
Tel. 0351/26162-14, Fax 0351/26162-13
E-Mail: bafz-oz@bafz.de
www.bafz.de

Fördergemeinschaft regionaler Streuobstbau
Beate Friedetzki/Dagmar Brede
Gerbodoweg 33, 69123 Heidelberg
Tel. 06221/380914
E-Mail: dagmar.brede@t-online.de oder

Forschungsanstalt Geisenheim
Von-Lade-Straße 1, 65366 Geisenheim
Tel. 06722/502-0, Fax 06722/502-212
E-Mail: info@fa-gm.de
www.campus-geisenheim.de

Höhere Bundeslehranstalt und Bundesamt für Wein- und Obstbau
Wiener Str. 74, A-3400 Klosterneuburg
Tel. 0043(0)2243/37910,
Fax 0043(0)2243/26705
E-Mail: direktion@hblawo.bmlfuw.gv.at
www.weinobstklosterneuburg.at

Institut für Sonderkulturen und Produktionsphysiologie (370)
Universität Hohenheim, 70593 Stuttgart
Tel. 0711/459223-50, Fax 0711/459223-51
E-Mail: rblaich@uni-hohenheim.de
www.uni-hohenheim.de

Landesverband für Obstbau, Garten und Landschaft Baden-Württemberg e.V.
Klopstockstr. 6, 70193 Stuttgart
Tel. 0711/632901, Fax 0711/638299
E-Mail: info@logl-bw.de
www.gartenbauvereine.de

Landwirtschaftliche Lehranstalten Triesdorf
Markgrafenstr. 12, 91746 Weidenbach
Tel. 09826/1810-0, Fax 09826/1810-6
E-Mail: lla@triesdorf.de
www.triesdorf.de/lla/

Pomologen-Verein e.V.
Deutschherrenstr. 94, 53177 Bonn
Tel. 0151/52910564
E-Mail: info@pomologen-verein.de
www.pomologen-verein.de

Stiftung Pro Specie Rara
Pfrundweg 14, CH-5000 Aarau
Tel. 0041(0)62/83208-20,
Fax 0041(0)62/83208-25
E-Mail: info@psrara.org
www.psrara.org

Verband der Gartenbauvereine Saarland-Pfalz e.V.
Kulturzentrum Bettinger Mühle
Hüttersdorfer Str. 29, 66839 Schmelz
Tel. 06887/9032999, Fax 06887/9032998
E-Mail: saarland-pfalz@gartenbauvereine.de
www.gartenbauvereine.de

Verein zur Erhaltung der Nutzpflanzenvielfalt e.V
Sandbachstr. 5, 38162 Schandelah
Tel. 05306/1402, Fax 05306/932946
E-Mail: ven.nutz@gmx.de
www.nutzpflanzenvielfalt

Saatgut, Pflanzen und Zubehör

Baldur-Garten GmbH
Elbinger Str. 12, 64625 Bensheim
Tel. 01805/1035-11 (Bestellung)
01805/1035-55 (Kundenservice)
E-Mail: bestellen@baldur-garten.de
www.baldur-garten.de

Bingenheimer Saatgut AG
Kronstr. 24, 61209 Echzell
Tel. 06035/1899-0, Fax 06035/1899-40
E-Mail: info@oekoseeds.de
www.oekoseeds.de

Bio-Saatgut
Eulengasse 3, 55288 Armsheim
Tel. 06734/960-379, Fax 06734/960-014
E-Mail: ulla.grall@bio-saatgut.de
www.bio-saatgut.de

Carl Sperling & Co. GmbH
Hamburger Str. 35, 21339 Lüneburg
Tel. 04131/3017-0, Fax 04131/3017-45
www.sperli.de

Conrad Appel Samen und Pflanzen GmbH
Bismarckstr. 59, 64293 Darmstadt
Tel. 06151/9292-0, Fax 06151/9292-10
E-Mail: conrad.appel@t-online.de
www.conrad-appel.de

Dehner GmbH & Co. KG
Donauwörther Str. 5, 86641 Rain
Tel. 09090/77-0, Fax 09090/77-7153
E-Mail: info@dehner.de
www.dehner.de

Dreschflegel GbR
Biologisches Saatgut aus langjähriger Sortenentwicklung
In der Aue 31, 37213 Witzenhausen
Tel. 05542/5027-44, Fax 05542/5027-58
E-Mail: info@dreschflegel-saatgut.de
www.dreschflegel-saatgut.de

Flora Mediterranea GbR
Seltene Kräuter
Christoph und Maria Köchel
Königsgütler 5, 84072 Au/Hallertau
Tel. 08752/1238, Fax 08752/9930
E-Mail: info@floramediterranea.de
www.floramediterranea.de

Flora Toskana
Kübel- und Wintergartenpflanzen
Schillerstraße 25, 89278 Nersingen OT Strass
Tel. 07308/983387, Fax 07308/9283389
E-Mail: info@flora-toskana.de
www.flora-toskana.de

Hof Berg-Garten GbR, Großherrischwand
Pflanzenversand – Blumenzwiebeln
Lindenweg 17, 79737 Herrischried
Tel. 07764/239, Fax 07764/215
E-Mail: info@hof-berggarten.de
www.hof-berggarten.de

Keller GmbH & Co. KG
Konradstr. 17, 79100 Freiburg i. Br.
Tel. 0761/7063-13, Fax 0761/7063-14
E-Mail: info@biokeller.de
www.biokeller.de

Kiepenkerl Pflanzenzucht
Bruno Nebelung GmbH & Co. KG
Freckenhorster Str. 32, 48351 Everswinkel
Tel. 02582/670-0, Fax 02582/670-270
E-Mail: kiepenkerl@nebelung.de
www.kiepenkerl.de

L. Stroetmann Saat GmbH & Co. KG
Harkortstr. 30, 48163 Münster
Tel. 0251/7182-0, Fax 0251/7182-130
E-Mail: info@stroetmann.de
www.stroetmann.de

N. L. Chrestensen
Erfurter Samen- und Pflanzenzucht GmbH
Witterdaer Weg 6, 99092 Erfurt
Tel. 0361/2245-0, Fax 0361/2245-112
E-Mail: info@chrestensen.com
www.chrestensen.de

Quedlinburger Saatgut GmbH
Neuer Weg 21, 06484 Quedlinburg
Tel. 03946/9040, Fax 03946/2966
E-Mail: info@quedlinburger-saatgut.de
www.quedlinburger-saatgut.de

Raiffeisen Zentralgenossenschaft
Lauterbergstr. 1, 76137 Karlsruhe
Tel. 0721/352-0, Fax 0721/352-1509
E-Mail: info@zg-raiffeisen.de
www.zg-raiffeisen.de

Rühlemanns Kräuter & Duftpflanzen
Auf dem Berg 2, 27367 Horstedt
Tel. 04288/928558, Fax 04288/928559
E-Mail: info@ruehlemanns.de
www.ruehlemanns.de

Stegmeier Gartenbau
Unteres Dorf 7, 73457 Essingen
Tel. 07365/23-0, Fax 07365/6872
E-Mail: info@pelargonien-stegmeier.de
www.gaertnerei-stegmeier.de

Syringa Duftpflanzen und Kräuter
Bachstr. 7, 78247 Hilzingen-Binningen
Tel. 07739/1452, Fax 07739/677
E-Mail: info@syringa-samen.de
www.syringa-samen.de

Pflanzenschutzfragen

Landesanstalt für Pflanzenschutz Stuttgart
E-Mail: poststelle@lfp.bwl.de
www.lfp-bw.de

Bayerische Landesanstalt für Landwirtschaft, Institut für Pflanzenschutz
E-Mail: pflanzenschutz@lfl.bayern.de
www.lfl.bayern.de

Pflanzenschutzamt Berlin
E-Mail: pflanzenschutzamt@senstadt.verwalt-berlin.de
www.stadtentwicklung.berlin.de/pflanzenschutz

Lebensmittelüberwachungs-,Tierschutz- und Veterinärdienst des Landes Bremen
E-Mail: birte.mersch@veterinaer.bremen.de
www.lmtvet-bremen.de

Pflanzenschutzamt Hamburg
E-Mail: pflanzenschutz@iangbot.uni-hamburg.de
www.pflanzenschutzamt-hamburg.de

Regierungspräsidium Gießen
Pflanzenschutzdienst Hessen
E-Mail: psd.kassel@hlrl-hessen.de
www.rp-giessen.de

Landwirtschaftskammer Niedersachsen
E-Mail: vonkroecher.carolin@lawikhan.de
www.lwk-niedersachsen.de

Pflanzenschutzdienst der Landwirtschaftskammer Nordrhein-Westfalen
E-Mail: pflanzenschutzdienst@lwk.nrw.de
www.pflanzenschutzdienst.de

Gartenakademie Rheinland-Pfalz
E-Mail: gartenakademie@dlr.rlp.de
www.gartenakademie.rlp.de

Landwirtschaftskammer für das Saarland
E-Mail: lwk-saar-hinrichs@t-online.de
www.lwk-saarland.de

Sächsische Landesanstalt für Landwirtschaft
E-Mail: peter.gruebner@fb4d.lfl.smul.sachsen.de
www.landwirtschaft.sachsen.de

Landesanstalt für Landwirtschaft, Forsten und Gartenbau
E-Mail: poststelle@llg.mlu.lsa-net.de
www.llg-lsa.de

Amt für ländliche Räume Kiel
E-Mail: pflanzenschutz@pfs.alr-kiel.landsh.de
www.landesregierung.schleswig-holstein.de

Thüringer Landesanstalt für Landwirtschaft (TLL) Jena
E-Mail: postmaster@kuehnhausen.tll.de
www.tll.de

Literatur

Bundessortenamt (Hrsg.): Beschreibende Sortenliste Kartoffeln. Deutscher Landwirtschaftsverlag GmbH, Hannover 2002.

Bundessortenamt (Hrsg., 1995): Beschreibende Sortenliste Beerenobst. Landbuch Verlagsgesellschaft, Hannover.

Bundessortenamt (Hrsg., 1997): Beschreibende Sortenliste Steinobst. Landbuch Verlagsgesellschaft, Hannover.

Bundessortenamt (Hrsg., 1999): Beschreibende Sortenliste Wildobstarten. Landbuch Verlagsgesellschaft, Hannover.

Bundessortenamt (Hrsg., 2000): Beschreibende Sortenliste Kernobst. Landbuch Verlagsgesellschaft, Hannover.

Bärtels, A.: Pflanzen des Mittelmeerraumes. 2. Auflage. Verlag Eugen Ulmer, Stuttgart 2003.

Bauer, K.: Gemüse – Frische Ideen für den Garten. Verlag Eugen Ulmer, Stuttgart 2005.

Becker, K., John, S.: Farbatlas Nutzpflanzen in Mitteleuropa. Verlag Eugen Ulmer, Stuttgart 2000.

Blancke, R.: Farbatlas Exotische Früchte – Obst und Gemüse der Tropen und Subtropen. Verlag Eugen Ulmer, Stuttgart 2000.

Bohne, B.: Taschenatlas Küchenkräuter. Verlag Eugen Ulmer, Stuttgart 2008.

Feucht, W., Vogel, T., Schimmelpfeng, H., Treutter, D., Zinkernagel, V. (2001): Kirschen- und Zwetschenanbau. Verlag Eugen Ulmer, Stuttgart.

Fink, M., Institut für Gemüse- und Zierpflanzenbau, Großbeeren/Erfurt (Hrsg): Düngung im Freilandgemüsebau. UNZE Verlags- und Druckgesellschaft mbH, Potsdam, 2001.

Fischer, M. (Hrsg., 2003): Apfelanbau, integriert und biologisch. Verlag Eugen Ulmer, Stuttgart.

Fischer, M. (Hrsg., 2003): Die Sorte als Innovationsfaktor. Vorträge Pflanzenzüchtung 57, GPZ Göttingen.

Fischer, M. (Hrsg., 2003): Farbatlas Obstsorten. 2. Aufl., Verlag Eugen Ulmer, Stuttgart.

Fischer, M., Weber, H. J. (Hrsg., 2005): Birnenanbau, integriert und biologisch. Verlag Eugen Ulmer, Stuttgart.

Hartmann, H. D., Pfülb, E., Zengerle, K. H.: Wasserverbrauch und Bewässerung von Gemüse. Gesellschaft zur Förderung der Forschungsanstalt Geisenheim, 2000.

Hartmann, H. D.: Düngung im Gemüsebau. COMPO GmbH, Münster 1997.

Hartmann, W. (Hrsg.): Farbatlas Alte Obstsorten. 2. Aufl., Verlag Eugen Ulmer, Stuttgart 2003.

Herrmann, K.: Inhaltsstoffe von Obst und Gemüse. Verlag Eugen Ulmer, Stuttgart 2001.

Kellerhals, M., Müller, W., Bertschinger, L., Darbellay, C., Pfammatter, W. (1997): Obstbau. Landwirtschaftliche Lehrmittelzentrale, Zollikofen.

Kreuzer, J.: Kreuzers Gartenpflanzen Lexikon 7: Gemüse, Kräuter, Kulturpilze. 1. Auflage. Verlag Bernhard Thalacker, Braunschweig 1998.

Krug, H., Liebig, H.-P., Stützel, H. (Hrsg): Gemüseproduktion. Verlag Eugen Ulmer, Stuttgart 2002.

Krüssmann, G. (1977): Handbuch der Laubgehölze II. Verlag Paul Parey, Berlin, Hamburg.

Petzold, H. (1990): Apfelsorten. 4. Aufl., Neumann Verlag, Radebeul.

Rolff, J.H. (2001): Der Apfel, Sortennamen und Synonyme. -Selbstverlag, -Kiefersfelden.

Rolff, J.H. (2002): Die Birne, Sortennamen und Synonyme. Selbstverlag, -Kiefersfelden.

Schuman, E.: Chili, Paprika & Co. Verlag Eugen Ulmer, Stuttgart 2005.

Silbereisen, R., Götz, G., Hartmann, W. (1996): Obstsortenatlas. 2. Aufl., Verlag Eugen Ulmer, Stuttgart.

Störtzer, M., Wolfram, B., Schuricht, W., Männel, R. (1992): Steinobst. Neumann Verlag, Radebeul.

Veser, J.: Pflanzenschutz im Garten. Verlag Eugen Ulmer, Stuttgart 2008.

Vogel, G.: Handbuch des speziellen Gemüsebaus. Verlag Eugen Ulmer, Stuttgart 1996.

Wonneberger, C., Keller, F.: Gemüsebau. Neufassung. Verlag Eugen Ulmer, Stuttgart 2004.

Zander: Handwörterbuch der Pflanzennamen. 17. Auflage bearbeitet von Erhardt, W., Götz, E., Bödeker, N. und Seybold, S., Verlag Eugen Ulmer, Stuttgart 2002.

Register deutsche Pflanzennamen

Fettgedruckte Seitenzahlen verweisen auf Schwerpunkte im Kapitel Pflanzenschutz.

Botanische Pflanzennamen

Sachregister deutsche Pflanzennamen

Seitenzahlen mit * verweisen auf Abbildungen, **fettgedruckte** Seitenzahlen auf Schwerpunkte.

Bildquellen

Die Abbildungen der Seiten 127–283 stammen von Elke Mattheus-Staack, die Abbildungen der Seiten 286–419 stammen von Jochen Veser mit Ausnahme der folgenden:

Albrecht, H.-J.; Berlin: Seite 58–66, 67 li., 68–70, 71 re., 94 li.
Bärtels, Andreas; Waake: Seite 158
Becker, Klaus; Freiburg/Br.: Seite 134, 139, 190, 193, 199
Bildagentur Waldhäusl/Arco Images/Diez O.: Seite 420/421
Bildagentur Waldhäusl/Panther Media/ Signert Georgi: Seite 4/5
Biologische Bundesanstalt; Braunschweig: Seite 364 u., 375 o. li., 374 u. re.
Buchter-Weisbrodt, Helga; Rödersheim: Seite 205 u. re.
Ernst, Beat; Basel: Seite 283
Fischer, M.; Dresden-Pillnitz: Seite 7, 9, 11, 12, 17, 18–41, 42 re., 43–57, 67 re., 71 li., 72–74, 75 li., 76 li., 77–79, 81–93, 94 re., 95, 97–100, 101 re., 102, 103, 104 li., 105 re., 106 re., 107, 108 li., 109, 110, 111 li., 112, 113, 114 li., 115–117
Forschungsanstalt Geisenheim, Fachgebiet Phytomedizin: Seite 359 o., 362 u. li., 372 o. re.
Fuchs, E.; Halle: Seite 96 li.
GBA/Bellmann: Seite 127
Geibel, M.; Dresden: Seite 42 li., 118, 119 re., 121 re.
Günther, M.; Neustadt/W.: Seite 96 re.
Haberer, Martin, Raidwangen: Seite 364 o.
Hartmann, W.; Stuttgart-Hohenheim: Seite 75 re., 76 re., 80
John, Stefan; Kiel: Seite 217
Kost, Werner; Reutlingen: Seite 164, 170, 272
M.A.P., F. Didilon; Every (Frankreich): Seite 340/341
Mauritius images/Phovoir: Titelfoto
Papouschek, Elke und Thinschmidt, Alice; Wien: Seite 280
Redeleit, Wolfgang; Bienenbüttel: Seite 162, 237, 243, 255, 284/285
Reinhard, Hans; Heiligkreuzsteinach: Seite 122/123, 128/129, 142, 147, 149, 154, 157, 161, 163, 171, 181, 183, 189 o. re., 191, 195, 196, 201, 202, 204, 226, 228 u. re., 229, 236, 245, 263, 274 o. li., 279, 282
Reinhard, Nils; Heiligkreuzsteinach: Seite 153, 256
Schaefer, Bernd; Berlin: Seite 293 (2), 298 u., 301 u., 302 o., 303 o., 310 o., 311 o., 313 o. li., 324 o. re., 326 u., 329 (2), 331 o. re., 333, 347 (2) o., 355 o., 357 o., 358 o. re., 358 Mi., 367, 373 u., 374 o. li., 376 (2), 377, 378 o. li., 378 Mi., 379 o. li., 379 u. re., 380 u., 381 u. li., 382, 387 o., 391 o. re., 391 u. re., 392 o., 392 u. li., 393 u. re., 403
Schulte, E.; Wurzen: Seite 101 li., 104 re., 105 li., 106 li., 108 re., 111 re., 114 re., 119 li., 120 li., 121 li.
Spellerberg, B.; Burgdorf: Seite 120 re.
Stein, Brigitte und Siegfried; Vastorf: Seite 136, 177, 189 o. li., 246, 264, 265, 275, 370/371
Strauß, Friedrich; Au/Hallertau: Seite 146

Bibliografische Information der Deutschen Nationalbibliothek
Die Deutsche Nationalbibliothek verzeichnet diese Publikation in der Deutschen Nationalbibliografie; detaillierte bibliografische Daten sind im Internet über http://dnb.d-nb.de abrufbar.

Wollgrasweg 41, 70599 Stuttgart (Hohenheim)
E-Mail: info@ulmer.de
Internet: www.ulmer.de
Umschlagentwurf: Atelier Reichert, Stuttgart
Lektorat: Doris Kowalzik, Helen Haas
Herstellung: Thomas Eisele
Satz: Typomedia GmbH, Ostfildern
Druck und Bindung: Offizin Andersen Nexö, Zwenkau
Printed in Germany

ISBN 978-3-8001-5732-7